DEPREDADORES

DEPREDADORES

**De Hollywood a Washington. El complot
para silenciar a las víctimas de abuso**

RONAN FARROW

Traducción de María Enguix Tercero

rocabolsillo

Título original: *Catch and Kill. Lies, Spies, and a Conspiracy to Protect Predators*

© 2019, Ronan Farrow

© de las ilustraciones: 2019, Dylan Farrow

Primera edición en este formato: junio de 2021

© de la traducción: 2020, María Enguix Tercero
© de esta edición: 2021, 2020, Roca Editorial de Libros, S. L.
Av. Marquès de l'Argentera 17, pral.
08003 Barcelona
actualidad@rocaeditorial.com
www.rocabolsillo.com

Diseño de cubierta: Gregg Kulick
Fotografía del autor: Miller Mobley
© Cubierta: 2019, Hachette Book Group, Inc.

Impreso por NOVOPRINT
Sant Andreu de la Barca (Barcelona)

ISBN: 978-84-17821-45-6
Depósito legal: B. 7821-2021
Código IBIC: JPJ; JPZ; JPSH

RB21456

Índice

Nota del autor 13

PRÓLOGO 15

PARTE I. El Valle del Veneno
1. Cinta 21
2. Morder 27
3. Cloacas 33
4. Botón 39
5. Kandahar 47
6. Continental 54
7. *Phantoms* 62
8. Pistola 68
9. Minions 74
10. Mamá 82
11. Bloom 88
12. Graciosos 94
13. Capullo 101

PARTE II. La ballena blanca
14. Principiante 111
15. Parásitos 117
16. A. H. 125
17. 666 132
18. Quidditch 138
19. Espiral 147
20. Secta 154
21. Escándalo 160

22. Todoterreno 167
23. «Candy» 173
24. Pausa 180
25. Pundit 187
26. Chico 193
27. Altar 200
28. Pavo 204

PARTE III. Un ejército de espías
29. *Fakakta* 215
30. Botella 224
31. Sizigia 232
32. Huracán 239
33. *Goose* 245
34. Carta 251
35. *Mimic* 256
36. Cazador 263
37. Robo 270
38. Famoso 275
39. Refugio 280
40. Dinosaurio 287
41. Maldad 292

PARTE IV. *Sleeper (El dormilón)*
42. Instruir 299
43. Contubernio 307
44. Cargador 313
45. Camisón 320
46. *Pretexting* 328
47. Corre 334
48. Espejismo 339
49. Aspirador 345
50. *Playmate* 352
51. Chupacabras 357

PARTE V. Ruptura
52. Círculo 369
53. Axioma 376

54. Pegasus 382
55. Deshaciendo 388
56. *Zdorovie* 399
57. Cortapisas 410
58. Blanqueamiento 414
59. Fichados 419

EPÍLOGO 431

Agradecimientos 433
Notas 439
Índice onomástico 469

Para Jonathan

Nota del autor

Depredadores es el resultado de dos años de investigación. Se inspira en entrevistas a más de doscientas fuentes, además de cientos de páginas de contratos, correos electrónicos y mensajes de texto, y docenas de horas de grabaciones. Para su redacción se ha seguido la misma rigurosidad en la verificación de los hechos que con los artículos de *The New Yorker* en los que se basa.

Todos los diálogos del libro han sido extraídos directamente de relatos y grabaciones que datan del período de los hechos. Como se trata de una historia de vigilancia, con frecuencia las conversaciones fueron presenciadas o grabadas a escondidas por terceros, y a veces me fue posible obtener sus testimonios y grabaciones. Cuando hice mis propias grabaciones, siempre observé las normas legales y éticas.

La mayoría de las fuentes que encontrarán en estas páginas me han permitido utilizar sus nombres completos. Sin embargo, algunas siguen sin poder hacerlo por temor a represalias legales o por amenazas a su integridad física. En estos casos, se han utilizado los mismos nombres en clave que se usaron para las fuentes durante el proceso de investigación. Antes de publicar *Depredadores* me puse en contacto con todos sus protagonistas para darles la oportunidad de defenderse de cualquier acusación que se hubiera vertido contra ellos. Si decidieron hablar, sus respuestas se han incluido en este libro. En caso contrario, se ha hecho un esfuerzo de buena fe por incluir sus declaraciones públicas hasta la fecha. En cuanto al material escrito que aparece a lo largo del libro, se han conservado las citas originales, incluidos los errores de ortografía y tipográficos.

Depredadores transcurre entre 2016 y 2020. Contiene descripciones de violencia sexual que pueden resultar perturbadoras o traumáticas para algunos lectores.

PRÓLOGO

$\mathcal{L}$os dos hombres estaban sentados en un rincón del Nargis Cafe, un restaurante uzbeko y ruso en la bahía de Sheepshead, en Brooklyn. Era finales de 2016 y hacía frío. El local estaba adornado con cachivaches de las estepas y cerámicas con escenas campesinas: abuelas con *babushkas* y agricultores con ovejas.

Uno de los hombres era ruso y el otro ucraniano, pero esta era una distinción sin diferencia alguna: ambos eran hijos de la desintegrada Unión Soviética y ya habrían rebasado la treintena. Roman Khaykin, el ruso, era bajito, flaco y calvo, de nariz respingona y pendenciera y ojos oscuros. El resto de su ser era enteramente pálido: las cejas, una raya apenas, el rostro exangüe, el cráneo liso y reluciente. Era originario de Kislovodsk, que traducido literalmente significa «aguas ácidas». Sus ojos recorrían la sala con constante recelo.

Igor Ostrovsky, el ucraniano, era más alto y rollizo. Tenía el cabello rizado, indomable cuando se lo dejaba crecer. Había huido con su familia a Estados Unidos a principios de los años noventa. Al igual que Khaykin, siempre buscaba la manera de burlar las normas. También era curioso y entrometido. En el instituto sospechó que varios de sus compañeros de clase se dedicaban a vender números de tarjetas de crédito robadas, sondeó el asunto hasta cerciorarse y ayudó a las autoridades a interrumpir la operación.

Khaykin y Ostrovsky hablaban con un acento inglés salpicado de modismos nativos. «*Krasavchik!*», decía Khaykin, una palabra que derivaba de «guapo» pero que en la práctica se usaba para alabar el talento o el trabajo bien hecho. Los dos hombres se dedicaban al negocio de la estafa y la vigilancia. Cuando, en 2011, Ostrovsky se quedó sin trabajos de investigación, tecleó «detectives privados rusos» en Google y, sin pensarlo dos veces, le envió un correo electrónico a Khaykin pidiéndole trabajo. A este le gustó el *chutzpah*[1] de Ostrovsky y empezó a recurrir a él para trabajos de vigilancia. Después tuvieron una discusión a propósito de los métodos de Khaykin y cada cual siguió por su cuenta.

Cuando llegaron los platos de kebab, Khaykin le explicó lo lejos que había llevado el negocio desde su última colaboración. Un nuevo cliente enigmático había entrado en juego: una empresa, cuyo nombre no dijo, que lo utilizaba a él de subcontratista. Estaba haciendo grandes negocios. «Ando metido en algo cojonudo. Movidas turbias», dijo. Había adoptado nuevos métodos también. Podía conseguir documentos bancarios e informes de crédito no autorizados. Sabía la manera de obtener los datos de geolocalización de un teléfono móvil para rastrear objetivos sin que estos lo sospecharan. Describió cuánto costaban las gamberradas telefónicas: un puñado de miles de dólares para el procedimiento habitual, con opciones más económicas para los pringados más crédulos y con opciones más caras para los más escurridizos. Khaykin le dijo que la táctica ya le había funcionado en el caso de un cliente que lo había contratado para localizar a un pariente suyo.

Ostrovsky concluyó que Khaykin era un fanfarrón, pero necesitaba trabajar. Y, casualidades de la vida, Khaykin necesitaba más manos para ocuparse de su nuevo cliente misterioso.

Antes de despedirse, Ostrovsky volvió a preguntarle sobre el rastreo de teléfonos móviles.

—¿Eso no es ilegal? —quiso saber.

—Ehhhh —dijo Khaykin.

En una pared de azulejos cercana, un nazar azul y blanco colgaba de un hilo, atento.

---

1. «Descaros.» (*Esta nota, como las siguientes, es de la traductora.*)

PARTE I
EL VALLE
DEL VENENO

1

Cinta

—¿ *Q* ué quieres decir con que no se emite mañana?

Mis palabras flotaron por la sala de redacción que empezaba a vaciarse en la cuarta planta del 30 Rockefeller Plaza, antes conocido como el edificio GE, y antes de eso como el edificio RCA. Al otro lado del teléfono, Rich McHugh, mi productor en NBC News, hablaba por encima de lo que sonaba como el bombardeo de Dresde pero no era sino el ambiente natural de un hogar con dos parejas de niños gemelos.

—Acaban de llamar, van a... No, Izzy, tienes que compartirlo... Jackie, no la muerdas, por favor... Papá está al teléfono...

—Pero si es la historia más potente de la serie —dije—. No será la mejor televisión, pero sí la mejor *historia* de fondo...

—Han dicho que tenemos que aplazarla. Es *fakakt* —dijo, comiéndose la última sílaba. (McHugh tenía la costumbre de probar a decir palabras yidis, pero nunca le salía bien.)

Emitir una serie de investigaciones consecutivas como la que McHugh y yo estábamos a punto de lanzar precisaba una coreografía. Cada historia implicaba largas y agotadoras jornadas en las salas de montaje de la cadena. Reprogramar una era mucho trabajo.

—¿Aplazarla hasta cuándo? —le pregunté.

Al otro lado de la línea se oyó un crac amortiguado y varias carcajadas seguidas.

—Luego te llamo —me dijo.

Rich McHugh era un veterano de la televisión que había

trabajado en la Fox y en MSNBC y, buena parte de la década, en *Good Morning America*. Era ancho de pecho, pelirrojo y rubicundo, y vestía camisas de guinga en el trabajo. Tenía un trato franco y lacónico que contrastaba con la jerga pasivo-agresiva de la burocracia empresarial.

—Tiene pinta de campesino —dijo el jefe de la unidad de investigación que nos había juntado un año antes—. En cualquier caso, habla como un campesino. No pegáis ni con cola.

—¿Y por qué este encargo, entonces? —pregunté.

—Formaréis un buen equipo —respondió encogiéndose de hombros.

McHugh se mostró escéptico. A mí no me gustaba hablar de la historia de mi familia, pero casi todo el mundo la conocía: mi madre, Mia Farrow, era actriz; mi padre, Woody Allen, era director de cine. Mi infancia había quedado estampada a lo largo y ancho de los tabloides sensacionalistas después de que mi hermana Dylan de siete años lo acusara de agresión sexual y de que él iniciara una relación sexual con otra de mis hermanas, Soon-Yi, con la que se acabó casando. Hubo un puñado más de titulares en la prensa cuando ingresé en la universidad a una edad inusualmente joven y cuando partí rumbo a Afganistán y Pakistán como consejero en asuntos de juventud del Departamento de Estado. En 2013 firmé un contrato de cuatro años con NBCUniversal para presentar un programa de mediodía en su canal de noticias por cable, MSNBC, durante su primer año de emisión. Yo soñaba con convertirlo en un programa serio, que se basara en datos fehacientes, y hacia el final me enorgullecí de haber utilizado una franja horaria tan poco propicia para mis historias de investigación. El programa recibió algunas críticas malas al comienzo, buenas críticas al final, y pocos espectadores de principio a fin. Su cancelación pasó prácticamente desapercibida; después, durante años, alegres conocidos me abordarían en fiestas para decirme que les encantaba el programa y que seguían viéndolo a diario. «Muy amable por su parte», les respondía yo.

Luego me integré en la cadena como corresponsal de investigación. En cuanto a Rich McHugh, yo era para él un joven peso pluma con un apellido famoso en busca de algo que hacer porque mi contrato estaba durando más que mi programa televisivo. En este punto es cuando debería decir que el escepticismo era mutuo, pero yo solo quiero caerle bien a todo el mundo.

Trabajar con un productor fuera de casa implicaba pasar con él mucho tiempo en vuelos y coches de alquiler. En nuestros primeros rodajes se hacía el silencio entre nosotros mientras los guardarraíles destellaban por las ventanas, o yo colmaba ese silencio con un parloteo incesante sobre mí que arrancaba algún que otro gruñido a mi compañero.

Pero el dúo empezó a producir poderosas historias para *Today*, mi programa diario de series de reportajes, y para *Nightly News*, así como un reticente respeto mutuo. McHugh era la persona más lista que yo había conocido en el negocio de las noticias y un agudo redactor de guiones. Y a los dos nos gustaban los temas peliagudos.

Después de la llamada de McHugh, miré los titulares de la televisión por cable en uno de los televisores de nuestra sala de redacción y luego le escribí un mensaje de texto: «¿No se atreven con la agresión sexual?». La historia que nos habían pedido que reprogramáramos iba de universidades que torpedeaban investigaciones de agresiones sexuales en sus campus. Nosotros habíamos hablado tanto con las víctimas como con los supuestos autores de las agresiones, que unas veces se habían echado a llorar y otras habían pedido salir con el rostro oculto. Era la clase de reportaje que, en la franja horaria de las ocho de la mañana prevista para su emisión, hubiera provocado que Matt Lauer frunciera el ceño, expresara su más sincera preocupación y acto seguido pasara a un segmento sobre el cuidado de la piel de los famosos.

McHugh contestó a mi mensaje: «Sí. Primero lo de Trump y ahora las agresiones sexuales».

Era un domingo por la tarde de principios de octubre de 2016. El viernes anterior, el *Washington Post* había publicado un artículo que tituló con mesura: «Trump grabado en conversación extremadamente obscena sobre mujeres en 2005». Un vídeo, de esos que entraban en la categoría de «no apto para ver en el trabajo», acompañaba el artículo. En un soliloquio grabado por *Access Hollywood*, un programa de noticias sobre famosos, Donald Trump salía perorando sobre cómo agarrar a una mujer «del coño». «Intenté follármela. Estaba casada. Ahora se ha puesto unas tetazas falsas y toda la parafernalia», decía.

El interlocutor de Trump era Billy Bush, el presentador de *Access Hollywood*, un hombre menudo con un pelazo. Si lo colocabas al lado de cualquier famoso, producía una lluvia incesante de chistes de alfombra roja nada memorables pero alguna vez curiosos. «¿Cómo lleva tener ese culo?», le preguntó una vez a Jennifer López. Cuando ella, visiblemente incómoda, le replicó: «¿Se está quedando conmigo? No puedo creer que me haya preguntado eso», él respondió: «Pues ¡acabo de hacerlo!».

Total, que cuando Trump describía sus proezas, Bush gorjeaba y soltaba risitas de aprobación. «¡Sí! ¡Donald se ha marcado un tanto!»

Access Hollywood era propiedad de NBCUniversal. Después de que el *Washington Post* diera la primicia aquel viernes, las plataformas de la NBC retransmitieron sus propias versiones. Cuando *Access* divulgó la cinta, suprimió algunos de los comentarios más picantes de Bush. Algunos críticos preguntaron en qué momento los directivos de la NBC habían sabido de la existencia de la cinta y si la habían ocultado a propósito. Las distintas versiones filtradas presentaban distintas cronologías. En llamadas «oficiosas» a reporteros, algunos directivos de la NBC dijeron que la historia aún no estaba lista, que requería un mayor análisis desde el punto de vista jurídico. (Un colaborador del *Washington Post* observó con aspereza tras una de estas llamadas: «El directivo desconocía cualquier cuestión jurídica específica que pudiera plantear la difusión de una grabación hecha once años atrás a un candidato presidencial que, al parecer, estaba al corriente de que un programa de televisión lo estaba grabando en aquel momento».) Dos abogadas de NBCUniversal, Kim Harris y

Susan Weiner, revisaron la cinta y autorizaron su difusión, pero la NBC dudó, perdiendo así una de las historias electorales más importantes de una generación.

Había un problema más: *Today* acababa de incluir a Billy Bush en su elenco de presentadores. Ni siquiera dos meses antes habían retransmitido el vídeo «Conoce mejor a Billy», con secuencias en las que salía depilándose el pelo del pecho en directo.

McHugh y yo llevábamos meses editando e investigando los aspectos jurídicos de nuestras series. Sin embargo, el problema se hizo visible en el momento en que empecé a promocionarlas en las redes sociales. «Ven a ver la disculpa de #BillyBush, quédate a ver cómo #RonanFarrow explica por qué es necesaria una disculpa», tuiteó un espectador.

«Pues *claro* que han aplazado lo de las agresiones sexuales —escribí al móvil de McHugh una hora más tarde—. Billy Bush tendría que salir a disculparse por la conversación del coño e iría pegado a nuestro tiempo en antena.»

Billy Bush no pidió disculpas ese día. Mientras yo aguardaba entre bastidores en el Studio 1A a la mañana siguiente, echándole una ojeada a mi guion, Savannah Guthrie anunció: «Hasta que se investigue más a fondo el asunto, NBC News ha suspendido a Billy Bush, el presentador de la tercera hora de *Today*, por su participación en la conversación con Donald Trump». Y, sin más demora, enlazaron con un programa de cocina, risas descontroladas, y luego con mi historia del abuso de anfetaminas en los campus universitarios, que adelantaron apresuradamente para sustituir el de las agresiones sexuales.

En los años que precedieron a la difusión de la cinta de *Access Hollywood* habíamos asistido a un reflote de acusaciones de agresión sexual contra el comediante Bill Cosby. En julio de 2016, Gretchen Carlson, antigua figura de Fox News, presentó una demanda de acoso sexual contra el director de esa cadena, Roger Ailes. Poco después de que se difundiera la cinta de Trump, mujeres de al menos quince ciudades protagonizaron sentadas y protestas delante de edificios Trump, entonando consignas de emancipación y portando carteles con imágenes de gatos: gatos aullando o arqueándose, engalanados con la frase SI ME AGARRAS, TE AGARRO.[2] Cuatro mujeres declararon públicamente que Trump las había sobado o besado sin su consentimiento de manera muy similar a la que había descrito como una práctica rutinaria a Billy Bush. La campaña de Trump las acusó de fabuladoras. Un *hashtag*, popularizado por la comentarista Liz Plank, pedía explicaciones de por qué #WomenDontReport (Las mujeres no denuncian). «Una abogada penalista dijo que, como yo había rodado una escena de sexo en una película, jamás ganaría contra el jefe del estudio», tuiteó la actriz Rose McGowan. «Ha sido un secreto a voces en Hollywood/los medios, y a mí me culpaban mientras que a mi violador lo adulaban. Ya es hora de que haya un poco de honradez en este mundo de mierda», añadió.

2. En inglés *pussy* puede significar «gato» o «coño». Trump dijo que agarraba a las mujeres «*by the pussy*», «por el coño».

2

Morder

*D*esde la creación de los primeros estudios, pocos producto-res de la industria del cine han sido tan dominantes, o déspo-tas, como este al que McGowan se estaba refiriendo. Harvey Weinstein fue cofundador de las compañías de producción y distribución Miramax y Weinstein Company, y contribuyó a reinventar el modelo de cine independiente con películas como *Sexo, mentiras y cintas de vídeo, Pulp Fiction* y *Shakespeare enamorado*. Sus películas han obtenido más de trescientas no-minaciones a los Óscar y, en las ceremonias anuales, Weins-tein se ha llevado más agradecimientos que cualquier otra per-sona en la historia del cine, solo por debajo de Steven Spielberg y varios puestos por encima de Dios. En ocasiones, hasta esta distinción parecía acertada: una vez Meryl Streep bromeó di-ciendo que Weinstein *era* Dios.

Weinstein medía un metro ochenta y dos y era corpulento. Tenía la cara torcida y uno de sus ojos era más pequeño y biz-queaba. Solía llevar holgadas camisetas sobre vaqueros caídos por detrás que le daban un perfil orondo. Hijo de un cortador de diamantes, se había criado en Queens. De adolescente, él y su hermano menor, Bob, se escabulleron para ver *Los 400 gol-pes* en un cine de arte y ensayo, creyendo que sería una «pelí-cula de sexo». En cambio, se toparon con François Truffaut y nació su amor por el cine intelectual. Weinstein se matriculó en la Universidad Estatal de Nueva York en Búfalo, en parte porque la ciudad contaba con múltiples salas de cine. A los die-ciocho años, él y un amigo llamado Corky Burger crearon una columna para el periódico estudiantil *Spectrum*, protagonizada por un personaje al que llamaron Denny el Buscavidas, que amenazaba a mujeres hasta someterlas. «Denny el Buscavidas no aceptaba un no por respuesta —podía leerse en la columna—. Él siempre se te acerca con una psicología de mando, o para profanos en la materia: "Mira, cielo, soy probablemente la persona más atractiva y excitante que vayas a conocer en tu vida... Y, si te niegas a bailar conmigo, lo más probable es que te rompa esta botella de Schmidt en el cráneo".»

Weinstein dejó la universidad para abrir un negocio con su hermano Bob y con Burger. Primero usaron la marca Harvey and Corky Productions, que se especializó en la promoción de conciertos. Pero en una sala que compró en Búfalo, Weinstein empezó a proyectar las películas independientes y extranjeras que le habían enamorado. Al final, Harvey y Bob Weinstein fundaron Miramax, llamada así en honor a sus padres, Miriam y Max, y empezaron a comprar pequeñas producciones extranjeras. Weinstein demostró que tenía un don para convertir las películas en todo un acontecimiento. Los hermanos recibieron premios, como la inesperada Palma de Oro en Cannes por *Sexo, mentiras y cintas de vídeo*. A principios de los noventa, Disney compró Miramax. Durante una década entera, Weinstein fue la gallina que ponía un huevo de oro tras otro. Y en la década del 2000, cuando la relación con Disney se rompió y los hermanos fundaron una nueva empresa, la Weinstein Company, rápidamente recaudaron fondos por valor de cientos de millones de dólares. Weinstein ni siquiera había recuperado sus días de gloria, pero ganó dos premios Óscar consecutivos a la Mejor Fotografía por *El discurso del rey* en 2010 y *The Artist* en 2011. En el curso de su ascenso se casó con su asistente, se divorció de ella y más tarde desposó a una aspirante a actriz que había empezado a incluir en papeles menores.

Weinstein era célebre por su forma intimidatoria, amenazante incluso, de hacer negocios. Tenía un comportamiento deimático, capaz de expandirse para asustar, como un pez globo que se hincha. Se erguía contra sus rivales o subalternos cara a cara, con el rostro encendido. «Un día estaba sentada a mi mesa de trabajo y creí que nos había sacudido un terremoto

—dijo de él una vez Donna Gigliotti, que compartió un Óscar con Weinstein por la producción de *Shakespeare enamorado*—. La pared tembló y yo me levanté de mi silla. Luego me dijeron que era que Weinstein había estampado un cenicero de mármol contra la pared.» Y entonces empezaron las historias, casi siempre rumores, de una clase de violencia más oscura contra las mujeres, y de los esfuerzos por acallar a sus víctimas. Cada pocos años, un periodista, alarmado por los rumores, metía la nariz para ver si el humo conducía al fuego.

Para Weinstein, los meses anteriores a las elecciones presidenciales de 2016 transcurrieron como si no hubiera pasado nada. Lo veías, tan tranquilo, en un cóctel en honor a William J. Bratton, el excomisario de Nueva York. Lo veías riéndose con Jay-Z, anunciando un contrato de cine y televisión con el rapero. Y también lo veías estrechando lazos duraderos con políticos del Partido Demócrata, para los que durante mucho tiempo fue uno de sus principales recaudadores de fondos.

A lo largo de ese año Weinstein formó parte del grupo de expertos que rodeaban a Hillary Clinton. «Seguramente voy a deciros algo que ya sabéis, pero esto hay que silenciarlo», escribió por correo electrónico al equipo de Clinton, refiriéndose a los mensajes enviados a los votantes latinos y afroamericanos por parte de la campaña rival de Bernie Sanders. «En este artículo tenéis todo lo que hablamos ayer», decía en otro mensaje en el que adjuntó una columna crítica con Sanders, presionando a favor de una campaña sucia. «A punto de remitírsela a un creativo. He tomado tu idea y la he puesto en marcha», respondió el director de campaña de Clinton. Para cuando terminó el año, Weinstein había recaudado cientos de miles de dólares para Clinton.

Unos días antes de los tuits de Rose McGowan en ese mes de octubre, Weinstein se encontraba en el St. James Theatre de Nueva York para asistir a una generosa recaudación de fondos que él había coproducido para Clinton y que ingresó más de dos millones de dólares en las arcas de su campaña. Bañada en una luz púrpura, la cantante y compositora Sara Bareilles entonaba:

«Your history of silence won't do you any good / Did you think it would? / Let your words be anything but empty / Why don't you tell them the truth?».[3] La cosa parecía dar demasiado en el clavo como para ser cierta, pero así es como ocurrió.

La influencia de Weinstein había menguado algo en los últimos años, pero era suficiente para seguir contando con la aceptación pública de las élites. Cuando la última temporada de premios arrancó aquel otoño, un crítico de cine del *Hollywood Reporter*, Stephen Galloway, escribió un artículo titulado «Harvey Weinstein, el hijo pródigo», con el subtítulo «Hay numerosas razones para animarlo, especialmente ahora».

En torno a esa misma época, Weinstein envió un correo electrónico a su equipo legal, entre ellos David Boies, el notorio abogado que había representado a Al Gore en la disputa de las elecciones presidenciales del año 2000 y había defendido a un matrimonio entre personas del mismo sexo ante el Tribunal Supremo de Estados Unidos. David Boies llevaba años representando a Weinstein. En aquella época era casi un octogenario, seguía siendo esbelto y su rostro se había arrugado con la edad, lo que le daba un aspecto amable y accesible. «El grupo Black Cube de Israel se ha puesto en contacto conmigo a través de Ehud Barak —escribió Weinstein—. Son estrategas y dicen que tu despacho ha trabajado con ellos. Escríbeles un correo electrónico cuando puedas.»

Ehud Barak era el ex primer ministro de Israel y jefe del Estado Mayor del ejército israelí. Black Cube, la empresa que había recomendado a Weinstein, estaba dirigida por exagentes del Mossad y otras agencias de inteligencia israelí. Tenía sucursales en Tel Aviv, Londres y París, y ofrecía a sus clientes las destrezas de agentes «altamente experimentados y entrenados en las unidades de élite de la inteligencia militar y gubernamental de Israel», de acuerdo con sus informaciones.

Más tarde ese mismo mes, el bufete de David Boies firmó

---

3. «Tu pasado de silencio no te hará ningún bien. / ¿Creíste que te lo iba a hacer? / Que tus palabras no sean vacuas. / ¿Por qué la verdad no les haces saber?»

un contrato confidencial con Black Cube, y pagó 100 000 dólares por un período de trabajo inicial. En los documentos relativos a la misión, a menudo se velaba la identidad de Weinstein. Los documentos se referían a él como «el cliente final» o «el señor X». Si lo hubieran nombrado, escribió un agente de Black Cube, «le habría cabreado muchísimo».

Weinstein parecía emocionado con el asunto. Durante una reunión a finales de noviembre, presionó a Black Cube para seguir adelante. Invirtieron más dinero, y la agencia puso en marcha una serie de operaciones agresivas que llamaron «Fase 2A» y «Fase 2B».

Poco después, un reportero llamado Ben Wallace recibió una llamada de un número que no reconoció, con prefijo del Reino Unido. Wallace rozaba los cincuenta y llevaba gafas estrechas de profesor. Unos años antes había publicado *The Billionaire's Vinegar*, la historia de la botella de vino más cara del mundo. Más recientemente había escrito para *New York Magazine*, donde se había pasado las últimas semanas comentando con los empleados los rumores sobre Weinstein.

—Puede llamarme Anna —dijo la voz al otro lado del teléfono con un refinado acento europeo. Después de graduarse en la universidad, Ben Wallace vivió unos años en la República Checa y Hungría. Tenía buen oído para los acentos, pero no conseguía ubicar el de esta mujer. Supuso que sería alemana—. Un amigo me ha pasado su número.

Le dijo que sabía que estaba trabajando en un reportaje sobre la industria del ocio. Wallace se quedó pensando en cuál de sus amigos podría haberle pasado estos datos. Pocas personas estaban al tanto de su encargo.

—Es posible que tenga algo que pueda interesarle —continuó ella. Cuando Wallace intentó sonsacarle más información, la mujer se mostró renuente. La información que tenía era confidencial, dijo. Era necesario que se vieran en persona. Él vaciló un instante, pero luego pensó: «¿Qué hay de malo en ello?». Necesitaba dar un salto y avanzar en el reportaje. Tal vez ella podría propiciarlo.

El lunes siguiente por la mañana, Wallace se sentó en una cafetería del SoHo con la mujer misteriosa e intentó calarla. Rondaba los treinta y cinco años, cabello rubio largo, ojos oscuros, pómulos marcados y nariz romana. Llevaba unas Converse y joyas de oro. Anna dijo que aún no se sentía cómoda para darle su nombre real. Estaba asustada y se debatía entre si seguir adelante o no. Wallace ya había detectado esta reacción en sus conversaciones con otras fuentes. Le dijo que se tomara su tiempo.

Para su siguiente encuentro, que tuvo lugar no mucho después, Anna escogió el bar de un hotel en el mismo barrio. Cuando llegó Wallace, ella le sonrió, insinuante, incluso seductora. Ya había pedido una copa de vino. «No muerdo —le dijo, dando un golpecito en el asiento que había junto al suyo—. Venga, siéntese a mi lado.» Wallace dijo que estaba resfriado y pidió un té. Si iban a colaborar, le dijo, necesitaba saber más. Al oír esto, Anna se hundió y su rostro se torció de dolor. Empezó a describir sus experiencias con Weinstein esforzándose aparentemente por contener las lágrimas. Que había pasado por algo íntimo y perturbador estaba fuera de toda duda, pero era cauta con los detalles. Anna quiso saber más antes de responder a todas las preguntas de Wallace y le preguntó qué le había llevado a aceptar el encargo y qué clase de impacto buscaba. Mientras Wallace contestaba, Anna se inclinó hacia delante y extendió visiblemente su muñeca hacia él.

Para Wallace, trabajar en esta historia se estaba convirtiendo en una experiencia extraña y tensa. Había una intensidad de rumores en el ambiente a la que no estaba acostumbrado. Incluso recibía llamadas de otros periodistas: Seth Freedman, un inglés que había colaborado con el *Guardian*, se puso en contacto con él poco después, insinuando que había oído rumores acerca de lo que Wallace estaba investigando y quería ayudarle.

3

Cloacas

$\mathcal{L}$a primera semana de noviembre de 2016, justo antes de las elecciones, Dylan Howard, redactor jefe del *National Enquirer*, dio una orden poco habitual a un empleado: «Hay que sacarlo todo de la caja fuerte. Y después tenemos que bajar allí una trituradora». Howard era del sureste de Australia. Tenía una mata pelirroja de trol en la cabeza y la cara redonda, y usaba gafas de culo de vaso y corbatas chillonas. Aquel día le invadió el pánico. El *Wall Street Journal* acababa de llamar al *National Enquirer* para comentar una historia que involucraba a Dylan Howard y a David Pecker, el director de American Media Inc. (AMI), la empresa matriz del *National Enquirer*. La historia aseguraba que AMI había aceptado un encargo a petición de Donald Trump para seguir una pista, no con el objetivo de publicarla, sino de borrarla.

El empleado abrió la caja fuerte, sacó una serie de documentos e intentó cerrarla a duras penas. Más tarde, los reporteros hablarían de la caja fuerte como del almacén donde se guardaba el Arca de la Alianza en *Indiana Jones*; sin embargo, la caja era pequeña, barata y vieja. Se hallaba en un despacho que durante años había pertenecido al veterano director general de la revista, Barry Levine. Tenía tendencia a bloquearse.

Fueron necesarios varios intentos y una videollamada a la pareja del empleado para conseguir que la caja se cerrara finalmente. Más tarde ese mismo día, según otro empleado, un equipo de residuos recogió y se llevó un volumen de desechos mucho mayor del habitual. Un documento de la caja fuerte que incumbía a Trump, además de otros en poder del *National Enquirer*, habían sido destruidos en la trituradora.

En junio de 2016, Dylan Howard confeccionó una lista de las cloacas de Trump acumuladas en los archivos de AMI, que se remontaban a varios decenios atrás. Después de las elecciones, Michael Cohen, el abogado de Trump, solicitó todo el material sobre el nuevo presidente que el imperio de los tabloides pudiera tener. Se produjo un debate interno: algunos empezaron a comprender que, si entregaban todo el material, se crearía un rastro de pruebas documentales problemático en el plano jurídico, y se resistieron. No obstante, Dylan Howard y el personal de dirección ordenaron que el material de los informes que no estuviera ya en la pequeña caja fuerte fuera exhumado de unos depósitos de almacenamiento en Florida, y que lo enviaran a la sede de AMI. Cuando llegó el material, primero lo metieron en la pequeña caja fuerte y, después, cuando subió la temperatura política sobre la relación entre la revista y el presidente, en una caja fuerte más grande ubicada en el despacho del jefe de recursos humanos, Daniel Rotstein. (Las oficinas de recursos humanos de la empresa matriz del *National Enquirer*, bromeó con fingida sorpresa una persona familiarizada con la compañía, no estaban, en realidad, en un club de estriptis.) Fue solo después, cuando uno de los empleados que se había mostrado escéptico empezó a inquietarse y fue a hacer comprobaciones, cuando descubrieron que pasaba algo: la lista de las cloacas de Trump no cuadraba con los archivos físicos. Faltaba parte del material. Howard juró y perjuró a sus colegas que nunca habían destruido nada, afirmación que mantiene hasta hoy.

En cierto sentido, destruir documentos habría sido coherente con la línea de malas praxis que durante años había caracterizado al *National Enquirer* y a su empresa matriz. «Siempre estamos en el límite de lo que es legalmente permisible —me dijo un empleado veterano de AMI—. Es muy emocionante.» Conseguir historiales médicos por medios ilícitos era una maniobra común de la compañía: el *National Enquirer* tenía topos infiltrados en los principales hospitales.

Uno de estos topos, que había sustraído del Centro Médico de UCLA los historiales de Britney Spears y de Farah Fawcett, entre otras personas famosas, finalmente se declaró culpable de un delito grave.

AMI practicaba rutinariamente lo que un empleado tras otro llamó «chantaje»: retener la publicación de información comprometida a cambio de pistas o exclusivas. Y los empleados rumoreaban sobre un lado aún más oscuro de las operaciones de AMI, como la red de subcontratistas que unas veces cobraba por canales creativos para eludir la vigilancia y otras empleaba tácticas activas e intrusivas.

En otro sentido, no obstante, parecía que algo nuevo estaba sucediendo en las oficinas que AMI tenía en el distrito financiero de Manhattan. David Pecker conocía a Donald Trump desde hacía muchos lustros. Cuando un reportero le dijo a Pecker, después de las elecciones, que criticar a Trump no equivalía a criticar a AMI, este respondió: «Para mí sí. Ese hombre es un buen amigo mío». Durante años ambos gozaron de una alianza que les beneficiaba mutuamente. Pecker, un antiguo contable del Bronx de cabello encanecido y ancho mostacho, consiguió acercarse al poder y a las numerosas prebendas de Trump. «Pecker consiguió viajar en su jet privado», dijo Maxine Page, que había trabajado a intervalos en AMI, de 2002 a 2012, siendo una de sus atribuciones la de directora ejecutiva en una de las páginas web de la compañía. Dylan Howard también se benefició de los favores de Trump. En vísperas de la investidura presidencial de 2017, envió mensajes de texto a amigos y colegas con fotografías de su participación en los festejos.

Para Trump, el fruto de la relación era más consecuente. Otro antiguo redactor jefe, Jerry George, calculó que, durante sus veintiocho años en el *National Enquirer*, Pecker había tumbado quizá diez reportajes enteros sobre Trump y rechazado posibles pistas.

Mientras Trump se preparaba para postularse como candidato, la alianza pareció intensificarse y tomar otro cariz. De la noche a la mañana, el *National Enquirer* respaldaba formalmente a Trump y, junto con otras agencias de AMI, difundió a bombo y platillo titulares servilistas. «¡NO LE BUS-QUES LAS COSQUILLAS A DONALD TRUMP!», anunciaba un número del *Globe*. «¡YA VERÁN CÓMO GANA TRUMP!», añadía el *National Enquirer*. Con el título «¡Los retorcidos secretos de los candidatos!», el tabloide revelaba sobre Trump: «¡Cuenta con más apoyo y popularidad de lo que ha llegado a reconocer!». Las alarmantes portadas sobre la supuesta traición y la debilitada salud de Hillary Clinton habían llegado para quedarse. «¡LOS ARCHIVOS PSICOLÓGICOS SECRETOS DE LA SOCIÓPATA HILLARY CLINTON AL DESCUBIERTO!», aullaban, y «HILLARY: ¡CORRUPTA! ¡RACISTA! ¡CRIMINAL!». Los signos de exclamación daban a los titulares un aire de anuncio de musical barato. Una de las tramas secundarias favoritas era la muerte inminente de Hillary Clinton. (Milagrosamente, esta desafió el pronóstico del tabloide y aguantó las elecciones enteras al borde de la muerte.) No mucho antes de que los votantes acudieran a su cita con las urnas, Howard mandó reunir un montón de portadas para que Pecker se las enseñara a Trump.

Durante la campaña, colaboradores de Trump, entre los que se contaba Michael Cohen, llamaron a Pecker y a Howard. Otro de ellos, el asesor político Roger Stone, sembró una serie entera de portadas sobre Ted Cruz, el rival de Trump en las primarias republicanas, que narraban una endiablada teoría de la conspiración sobre la vinculación del padre de Cruz con el asesinato de John F. Kennedy. Howard llegó a ponerse en contacto con Alex Jones, una personalidad maníaca de la radio cuyas teorías conspirativas habían dado un empujón a la candidatura de Trump y después se difundieron en el programa de Jones. A veces, la plantilla de AMI recibía la orden de no limitarse meramente a enterrar pistas poco favorecedoras sobre el candidato preferido de la revista, sino de buscar información y sellarla en las cámaras acorazadas de la compañía. «Es una puta locura —me dijo uno de ellos más tarde—. Al final aquello parecía una operación de *Pravda*.»

ϒ

El pacto con Trump no era la única alianza que Howard y Pecker alimentaban. En 2015, AMI había cerrado un acuerdo de producción con Harvey Weinstein. Mientras las tiradas menguaban, el acuerdo autorizaba a AMI, nominalmente, a crear un programa televisivo derivado de su sitio web Radar Online. Pero su relación tenía otro cariz. Aquel año Howard y Weinstein se acercaron. Cuando una modelo fue a la policía para denunciar que Weinstein la había manoseado, Howard pidió a sus empleados que dejaran de informar sobre el asunto; y más adelante exploró la posibilidad de comprarle a la modelo los derechos de la historia a cambio de que firmara un acuerdo de confidencialidad. Cuando la actriz Ashley Judd denunció que el jefe de un estudio la había acosado sexualmente, identificando prácticamente a Weinstein, los periodistas de AMI recibieron órdenes de hurgar en la rehabilitación de la actriz para perjudicarla. Tras la aparición de las denuncias de Rose McGowan, un colega de Howard recuerda haberle oído decir: «Quiero mierda sobre esa zorra».

A finales de 2016 la relación se afianzó. En un correo electrónico, Howard reenvió muy orgulloso a Weinstein la última obra de uno de los *freelancers* de AMI: una grabación secreta de una mujer a la que había pinchado para que hiciera declaraciones contra Rose McGowan. «Tengo algo BUENÍSIMO», escribió Howard. La mujer había «atacado a Rose con mucha dureza».

«Con esto nos la cargamos —respondió Weinstein—. Especialmente si mis huellas no están ahí.»

«No están —escribió Howard—. Y, entre tú y yo, la conversación está GRABADA.» En otro correo, Howard le envió una lista de contactos con los que cebarse siguiendo la misma línea. «Hablemos de los siguientes pasos en cada caso», escribió.

El *National Enquirer* era un tabloide cloaca, un lugar al que iba a parar gran parte de los rumores más feos de Estados Unidos. Cuando, por orden de los amigos más poderosos de AMI, ciertas historias eran abandonadas o enterradas satisfactoriamente, iban a descansar en los archivos del *National Enquirer*, en eso que algunos empleados llamaban *kill file* (archivo asesino). Mientras su colaboración con Weinstein se afianzaba, Howard se había dedicado a escudriñar este almacén histórico. Un día de aquel otoño, recuerdan sus colegas, pidió que sacaran un archivo específico relacionado con el presentador de una cadena de televisión.

4

Botón

$\mathcal{M}$att Lauer estaba sentado con las piernas cruzadas justo así: con la rodilla derecha por encima de la izquierda, levemente inclinado hacia delante, permitiendo que la mano derecha sujetase la parte superior de la espinilla. Incluso en una charla desenfadada, parecía presto a lanzar un corte publicitario de un momento a otro. Cuando intenté emular la postura relajada pero estudiada de Lauer en directo, parecí un principiante de yoga.

Corría diciembre de 2016. Estábamos en el despacho de Matt Lauer, en la tercera planta del 30 Rockefeller Plaza. Él estaba sentado a su mesa de cristal. Yo en el sofá de enfrente. En los estantes y vitrinas lucían las estatuillas de los Emmy. Matt Lauer se había abierto camino desde la televisión local en West Virginia hasta su cargo actual como una de las figuras más prominentes y populares en las redes de televisión. La NBC le pagaba la desorbitada suma de veinte millones de dólares al año y lo transportaba en helicóptero a su casa en los Hamptons.

—Es un material de primera —estaba diciendo Matt Lauer de la historia más reciente de mis series de investigación. Llevaba el pelo al rape, cosa que le favorecía, y una mata de vello facial entrecano que no le favorecía tanto—. Aquella planta nuclear con fugas… dónde estaba…

—En el estado de Washington —dije.

—En el estado de Washington, eso es. Y aquel tipo del gobierno que sudaba la gota gorda… —Movió la cabeza y rio entre dientes.

La historia iba de la instalación nuclear de Hanford, donde el Gobierno de Estados Unidos había enterrado los residuos nucleares que habían quedado del Proyecto Manhattan y que daban para llenar varias piscinas olímpicas. Los trabajadores eran rociados con esos residuos con alarmante frecuencia.

—Más cosas así son las que necesitamos en el programa —dijo. Habíamos hablado largo y tendido sobre su fe en los reportajes de investigación serios—. Esto funciona muy bien en el plató y tiene audiencia. ¿Cuál es tu siguiente paso?

Eché una ojeada al fajo de papeles que había traído conmigo.

—Tenemos algo sobre Dow y Shell. Al parecer están sembrando de químicos tóxicos los cultivos de California. —Lauer asintió mientras se ponía las gafas de pasta y se volvía hacia la pantalla de su ordenador. Los correos electrónicos se desplazaron por ella, reflejados en los cristales de sus gafas—. Hay una serie sobre la adicción, y otra sobre las reformas de seguridad de los camiones que ciertos lobistas están bloqueando —continué—. Otra sobre el acoso sexual en Hollywood.

Sus ojos volvieron a posarse sobre mí rápidamente. Yo no sabía con certeza cuál de todas las historias había captado su interés.

—Es para una serie de historias encubiertas en Hollywood —dije—. Pedofilia, racismo, acoso...

Lauer llevaba un traje formal hecho a medida con un dibujo de cuadros grises y corbata a rayas azul marino. Se la alisó y volvió a dirigirme su atención.

—Suenan de miedo. —Me estaba valorando con la mirada—. ¿Dónde te ves dentro de unos años? —me preguntó.

Ya habían transcurrido casi dos años desde que MSNBC había sacrificado mi programa por cable. «Ronan Farrow pasa de la mesa de presentador al cubículo de detrás», rezaba un titular reciente de *Page Six*. Resultaba que mi mesa había salido en la toma de fondo del informativo diurno de MSNBC y allí estaba yo, tecleando detrás de Tamron Hall y al teléfono detrás de Ali Velshi. Me sentía orgulloso del trabajo que hacía para *Today*, pero luchaba por encontrar un espacio. No descartaba nada, ni siquiera la radio. Aquel otoño me reuní con Sirius XM

Satellite Radio. Melissa Lonner, su vicepresidenta, se había marchado de *Today* unos años antes. Intentando sonar optimista, le dije que imaginaba que *Today* sería mejor plataforma que el cable para los reportajes de investigación. «Sí —dijo Melissa Lonner con una sonrisa forzada—. Me gustaba mucho trabajar allí.» Pero la verdad era que mi futuro era incierto y para mí suponía mucho que Matt Lauer me concediera estos minutos de su tiempo.

Pensé en su pregunta sobre el futuro y dije:

—Me gustaría volver a presentar en la televisión algún día.

—Lo sé, lo sé —dijo—. Eso es lo que *piensas* que quieres. —Abrí la boca, pero me cortó en seco—. Estás buscando algo. —Se quitó las gafas y me miró con detenimiento—. Puede que lo encuentres, pero vas a tener que averiguarlo tú solo. Averiguar qué es lo que te importa de verdad. —Sonrió—. ¿Tienes ganas de lo de la semana que viene?

Me habían programado para rellenar el hueco que él y otros presentadores dejarían por las vacaciones de Navidad.

—¡Muchas!

—Recuerda que eres el nuevo en el plató. La interacción lo es todo. Escribe las etiquetas de la Sala Naranja con un señuelo para la conversación. —La Sala Naranja era la parte de *Today* en la que difundíamos en pantalla *posts* de Facebook—. Personaliza los guiones. Si tuviera que hacerlo yo, hablaría de mis hijos. Por ahí van los tiros.

Tomé algunas notas, le di las gracias y me dispuse a irme. Cuando llegué a la puerta, me dijo con ironía:

—No nos decepciones. Te estaré vigilando.

—¿Quieres que cierre al irme? —le pregunté.

—Ya me encargo yo —dijo, y apretó un botón de su mesa. La puerta se cerró herméticamente.

No mucho tiempo después envié un ejemplar de *The Teenage Brain: A Neuroscientist's Survival Guide to Raising Adolescents and Young Adults* a casa de Matt Lauer en los Hamptons. Una vez en antena, seguí su consejo al pie de la letra. Me planté en la plaza donde *Today* emitía el programa y difundí el espíritu navideño, formando bocanadas delante de mí. Me senté en el sillón semicircular del Studio 1A con los otros bateadores suplentes para dar paso a los créditos de apertura y cierre, y me agarré la barbilla, todo ello sin parecerme a Matt Lauer en lo más mínimo.

Una mañana cerramos el programa con un rollo de tomas falsas y gazapos del año anterior. Todos habíamos visto ya el vídeo: cuando lo difundimos por primera vez y luego, una segunda vez, en la fiesta navideña aconfesional. Cuando la cinta empezó y las luces del estudio se atenuaron, la mayoría del equipo se alejó distraído o se puso a mirar el móvil. Solo quedó una empleada veterana de *Today* que permaneció delante de la pantalla, fascinada. Era una de las personas más trabajadoras que yo había conocido en televisión. Hizo sus primeros pinitos trabajando en las noticias locales hasta llegar a su puesto actual.

—No te envidio —le dije—. Mira que tener que ver esto una y otra vez...

—No —dijo ella sin apartar los ojos de la pantalla—. A mí me encanta. Es el trabajo de mis sueños. —Me sorprendió ver lágrimas en sus ojos.

Unas semanas después de mi conversación con Matt Lauer, me senté en el despacho de la persona al frente del programa *Today*, Noah Oppenheim, en la *suite* ejecutiva de NBC News. Ese día, la niebla y la llovizna velaban las vistas del Rockefeller Plaza desde su amplio despacho panorámico. Me flanqueaban Rich McHugh y Jackie Levin, la veterana productora encargada de revisar nuestras próximas miniseries de investigación, la misma que yo le había mencionado a Matt Lauer a propósito de Hollywood. «A ver, ¿qué tienes?», preguntó Oppenheim reclinándose en un sofá, y procedí a ponerle al tanto.

Noah Oppenheim, al igual que Matt Lauer, secundaba la información seria. Cuando lo eligieron para dirigir *Today* vino a verme antes de tener siquiera una mesa de despacho y me pidió que tratara solo con él y con ningún otro directivo del programa. Quería incorporarme al programa *Today* con más frecuencia y daba luz verde a mis cada vez más ambiciosas investigaciones. Cuando mi programa *Ronan Farrow Daily* («Ronan Farrow Diariamente») pasó a ser *Ronan Farrow Rarely* («Ronan Farrow Raramente»), fue Oppenheim quien lo arregló todo para que me quedara en la cadena y continuara con mis series en *Today*. Oppenheim rondaba los cuarenta y era un hombre de rasgos afables, infantiles, con un lenguaje corporal que parecía siempre presto a encorvarse, esperando a que tú te inclinaras antes que él. Poseía una cualidad que yo no tenía y envidiaba: era un hombre despreocupado, relajado, sereno. Un fumeta de ojos saltones cuya apacibilidad parecía imposible de endurecer. Nos reíamos de sus anécdotas, como cuando contaba que iba colocado y pedía menús enteros de comida thai a domicilio, cuando habíamos quedado en picotear algo juntos alguna noche.

Oppenheim era una persona lista y tenía el pedigrí de haber estudiado en la Ivy League. A principios de la campaña presidencial del año 2000, a Chris Matthews, una personalidad de MSNBC, y a su productor ejecutivo, Phil Griffin —que en el futuro pasaría a dirigir la cadena por cable—, les sorprendió una nevada en un viaje de trabajo, volviendo de New Hampshire a Nueva York, e hicieron un alto en Harvard. Aquella noche, Phil Griffin y un colega encontraron borracho en una esquina a Noah Oppenheim, un estudiante de último año que escribía para el *Harvard Crimson*. Terminaron ofreciéndole un puesto en televisión. «Hicieron una parada en Harvard Square y se pusieron a hablar con unas chicas universitarias en un bar —le contaría más tarde Oppenheim a un reportero—. Las siguieron a una fiesta nocturna en el edificio del periódico y uno cogió un número y leyó un artículo que yo había escrito sobre la carrera presidencial.»

Gracias al encuentro fortuito, Oppenheim cambió finalmente la erudición conservadora por una carrera de productor en MSNBC y luego de jefe de producción en *Today*. Pero él siempre tuvo ambiciones más amplias. Fue coautor de una serie de libros de autoayuda titulada *The Intellectual Devotional* («Impresiona a tus amigos explicando la alegoría de la cueva de Platón, salpica tu conversación de términos operísticos durante un cóctel», rezaba la sobrecubierta) y se jactaba de que Steven Spielberg los había repartido como regalos navideños, «de modo que ya puedo morir feliz». En 2008 dejó la cadena y se mudó con su familia a Santa Mónica para perseguir una carrera en Hollywood. Una vez dijo refiriéndose al periodismo: «Tuve una experiencia sensacional de los veinte a los treinta años dedicándome a esto, pero siempre me gustó el negocio del cine, el cine mismo y el teatro». Trabajó brevemente para el imperio de la telerrealidad de Elisabeth Murdoch, la heredera del magnate de los medios de comunicación, y luego pasó a escribir guiones. A propósito de la telerrealidad, dijo: «Lo hice, pero al poco tiempo me impacienté, porque aquello no me estaba llevando a mi verdadero amor: los guiones de series de ficción».

Noah Oppenheim había gozado de un ascenso mágico en cada una de sus trayectorias profesionales. Envió su primer guion, *Jackie*, un biopic moroso sobre los días transcurridos entre el asesinato de Kennedy y su funeral, al responsable de un estudio que había sido amigo suyo en Harvard. «En menos de una semana me vi sentado con Steven Spielberg en su despacho en los estudios de Universal», recordó más tarde. La película, repleta de planos largos sin diálogos de la mujer dando vueltas con el rímel corrido, había sido muy apreciada por la crítica y, según me parecía a mí, no tanto por el público.

—¿Cómo se llamaba la película esa que hizo? —preguntó McHugh de camino a la reunión.

—*Jackie*.

—Uff.

Oppenheim también había coescrito una adaptación de la aventura postapocalíptica para jóvenes adultos *El corredor del laberinto* y una secuela de la serie *Divergente*. La primera dio dinero y la segunda no.

Los años entre la marcha de Noah Oppenheim del Rockefeller Plaza y su regreso fueron difíciles para *Today*. Despidieron a la presentadora Ann Curry, adorada por el público pero no por Matt Lauer. Los índices de audiencia cayeron por detrás del más emocionante *Good Morning America*, el programa de la competencia. Se apostaba fuerte por la NBC: *Today* tenía un valor de quinientos millones de dólares anuales en ingresos publicitarios. En 2015, la NBC recuperó a Oppenheim para que llevara a cabo la operación de rescate de *Today*.

En junio de 2016, Noah Oppenheim me dio luz verde para una serie que titulé, con la grandilocuencia propia de la televisión matinal, *The Dark Side of Hollywood?* («¿La cara oscura de Hollywood?»). Sin embargo, conseguir apoyo sobre determinados temas presentó dificultades. El primer tiro que le lancé al jefe se centraba en acusaciones de conducta sexual indebida con menores, incluidas las que el *Atlantic* señaló contra el director Bryan Singer —y que él siempre ha negado—, así como acusaciones de pedofilia formuladas por el actor Corey Feldman. Se confirmó una entrevista con Corey Feldman: el jefe de contratación, Matt Zimmerman, cerró un acuerdo en virtud del cual el antiguo niño estrella cantaría una canción y se quedaría a responder a mis preguntas. Pero Zimmerman llamó más tarde para decir que a Noah Oppenheim el tema de la pedofilia le parecía «demasiado oscuro» y desechamos el plan.

Las historias que propuse en sustitución de esta planteaban sus propios obstáculos. Levin, el jefe de producción, nos dijo a McHugh y a mí que un reportaje sobre famosos que actuaban para dictadores —en referencia al millonario concierto de Jennifer López para Gurbanguly Berdimuhamedow, el líder totalitario de Turkmenistán— era impensable habida cuenta de la relación que la cadena tenía con Jennifer López. Nadie mostró el menor interés en un tema que propuse sobre la discriminación racial en Hollywood. Oppenheim dijo con una risa sofocada: «Mira, yo estoy "concienciado" o como se diga, es solo que no creo que nuestros espectadores quieran ver a Will Smith quejándose de que las pasa canutas».

Las cadenas de televisión son un medio comercial. Las conversaciones en torno a si un reportaje es aceptable o no son moneda corriente. Cada cual elige sus batallas, y ninguna de aquellas era digna de ser elegida. Dejamos a un lado la serie de Hollywood durante unos meses; ya la resucitaríamos más adelante, con miras a emitirla en torno a la temporada de los Óscar, a principios del año siguiente.

ϒ

En el despacho de Oppenheim, aquel mes de enero, baraja-mos otros posibles temas, incluida una idea sobre cirugía plás-tica. Yo retomé una de mis propuestas, que parecía haber resis-tido al desarrollo de las conversaciones hasta el momento: una historia sobre el «*casting* de sofá» de Hollywood: intérpretes que sufrían acoso o recibían propuestas de relaciones sexuales a cambio de favores en el trabajo.

—Estamos haciendo progresos firmes —dije. Había empe-zado a hablar con unas cuantas actrices que aseguraban tener historias que contarme.

—Échale un ojo a eso de Rose McGowan. Tuiteó algo sobre un jefe de estudio —dijo Oppenheim.

—Pues eso no lo he visto —contesté. Saqué mi teléfono móvil y cargué un artículo de *Variety*. Los tuits de la actriz se deslizaron bajo mi pulgar—. Puede que hable. Voy a ver.

Oppenheim se encogió de hombros, esperanzado.

5

Kandahar

$\mathcal{U}$nos días más tarde, Harvey Weinstein estaba en Los Ángeles, reunido con agentes de Black Cube. Los agentes le informaron de sus progresos y de que estaban cercando los objetivos acordados. Los abogados de Weinstein habían cubierto rápidamente el último pago para la Fase 2A, pero llevaban más de un mes retrasando una factura para la Fase 2B. Fueron necesarias varias conversaciones para que se emitiera el último pago y empezaran con la siguiente fase de la operación, más intensa y arriesgada.

Nuestro reportaje para la NBC también se estaba intensificando. Durante el mes de enero, la serie de Hollywood tomó cuerpo. Yo había empezado a investigar una historia de campañas de premios amañadas, junto con otra sobre prácticas de contratación sexistas detrás de la cámara y otra sobre la influencia china en las películas estadounidenses más taquilleras. (En la versión de 2012 de *Amanecer rojo* los enemigos se volvían norcoreanos en la posproducción; en Pekín los médicos salvaban a Iron Man sorbiendo leche de la marca Yili.)

La historia del acoso sexual estaba resultando un reto de programación. Una tras otra, las actrices se echaban atrás con frecuencia después de involucrar a conocidos publicistas. «Es que no es un tema del que queramos hablar», respondían. Pero las llamadas estaban levantando polvo y el nombre de Harvey Weinstein salía a relucir una y otra vez en nuestra investigación.

La productora Dede Nickerson llegó al 30 Rock para concedernos una entrevista sobre la historia de China. Nos sentamos en una sala de conferencias anodina como las que los espectadores han visto en cien programas de *Dateline*, decorada con una planta en una maceta y luces de colores. Más tarde, mientras McHugh y su personal descomponían nuestro equipo y Nickerson se alejaba a zancadas hacia los ascensores más próximos, fui tras ella.

—Quería preguntarle una cosa más —le dije dándole alcance—. Estamos investigando una historia de acoso sexual en la industria. Usted solía trabajar con Harvey Weinstein, ¿verdad?

La sonrisa de Nickerson desapareció.

—Lo siento —dijo—, pero no puedo ayudarle.

Habíamos llegado a los ascensores.

—Claro, no pasa nada. Si hay alguien con quien cree que pueda hablar…

—Tengo que tomar un vuelo —dijo. Cuando entraba en el ascensor, se detuvo y añadió—: Solo una cosa… tenga cuidado.

Unos días más tarde, me senté a la mesa de uno de los cubos de cristal reservados a las llamadas privadas en los márgenes de la sala de redacción, y marqué el número de Rose McGowan, con la que había contactado por Twitter. Nos habíamos visto una vez, en 2010, cuando yo trabajaba para el Departamento de Estado. Unos oficiales del Pentágono nos comunicaron que la actriz venía de visita y me pidieron que me sumara al almuerzo; al parecer, andaban buscando a un especialista en lenguas e imaginaron que yo hablaba con fluidez la de las actrices. Rose McGowan había conocido a los oficiales en una gira reciente de la United Service Organizations (USO). En las fotos, se la veía en el Aeropuerto Internacional de Kandahar o en Kabul, con camisetas fluorescentes y escotadas y ceñidos vaqueros, la larga cabellera al viento. «Parecía una bomba sexual», recordaría ella más tarde. Rose McGowan tenía una presencia escénica carismática y en sus primeros papeles —*La generación maldita, Caramelo asesino, Scream*— desprendía ingenio y un sentido del humor ácido que hicieron de ella una de las actrices preferidas del cine *indie*. Sin embargo, en los últimos años le habían dado menos papeles, y de segunda fila. Cuando nos conocimos, su último papel protagonista había sido en *Planet Terror*, un tributo a las películas de serie B, dirigida por su novio de entonces, Robert Rodríguez, en la que McGowan hacía de una estríper llamada Cherry Darling con una ametralladora en sustitución de una de sus piernas.

En el almuerzo de 2012, McGowan y yo hicimos buenas migas. Ella me susurraba citas de la película *El reportero* y yo le replicaba. Ella sabía que yo me había criado en una familia de Hollywood. Me habló de la profesión de actriz: de los papeles divertidos y de los papeles sexistas o explotadores, que eran la mayoría. Me dejó muy claro que estaba cansada del oficio y de su visión de las mujeres, opresivamente estrecha. Al día siguiente me escribió un correo electrónico: «Haga lo que haga en el futuro, estaré a tu disposición. Por favor, no te cortes en preguntarme».

En 2017 Rose McGowan contestó a mi llamada desde la sala de redacción. Su vena contracultural seguía siendo evidente. Me contó que Roy Price, presidente del incipiente estudio de cine y televisión de Amazon, había dado luz verde a un programa surrealista que ella quería hacer sobre un culto. McGowan pronosticaba una batalla contra las estructuras del poder patriarcal en Hollywood, y no solo contra ellas.

—Nadie ha hablado en los medios de lo que significa para las mujeres la derrota de Hillary —me dijo—. La guerra contra las mujeres es real. Esto es la zona cero.

Me habló resueltamente, y mucho más específicamente que en sus tuits, de sus acusaciones de violación contra Harvey Weinstein.

—¿Dirías su nombre ante las cámaras? —le pregunté.

—Tengo que pensarlo —dijo. Estaba escribiendo un libro y sopesando qué revelar y qué no. Pero estaba abierta a la posibilidad de iniciar el proceso de contar la historia antes de ese momento.

Los medios de comunicación, me dijo McGowan, la habían rechazado y ella había rechazado a los medios de comunicación.

—¿Y por qué hablas conmigo entonces? —le pregunté.

—Porque tú lo has vivido —dijo—. Vi lo que escribiste.

Hacía cosa de un año, el *Hollywood Reporter* había publicado una semblanza elogiosa de mi padre, Woody Allen, en la que apenas mencionaba de pasada las acusaciones de abuso sexual que mi hermana Dylan había formulado contra él. La revista fue intensamente criticada por el artículo y Janice Min, su editora, decidió coger el toro por los cuernos y me pidió que escribiera sobre esta reacción y si estaba justificada.

La verdad es que yo había pasado la mayor parte de mi vida eludiendo las acusaciones de mi hermana, y no solo públicamente. No quería que me definieran por mis padres, o por los peores años de la vida de mi madre, de la vida de mi hermana, de mi niñez. Mia Farrow es una de las grandes actrices de su generación, y una madre maravillosa que se sacrificó muchísimo por sus hijos. Y, sin embargo, los hombres en su vida consumieron buena parte de su talento y de su reputación, y de eso me vino a mí el deseo de valerme por mí mismo, de que me conocieran por mi trabajo, fuera el que fuese. Esta decisión dejó lo que había sucedido en la casa de mi niñez congelado en ámbar, en antiguas portadas de tabloides y en una duda permanente, irresuelta, irresoluble.

Por eso decidí entrevistar a mi hermana sobre lo sucedido, con detalle, por primera vez. Me zambullí en los registros judiciales y en cualquier otro documento que pudiera descubrir. Por la versión que Dylan ofreció cuando tenía siete años y que ha repetido con precisión desde entonces, Woody Allen se la llevó a una buhardilla de nuestra casa en Connecticut y la penetró con un dedo. Ella ya se había quejado a un terapeuta de que Allen le hacía tocamientos. (El terapeuta, contratado por Allen, no reveló estas quejas hasta más tarde, en los tribunales.) Inmediatamente después de la supuesta agresión, una niñera había visto a Allen con la cara en el regazo de Dylan. Cuando un pediatra informó finalmente de las acusaciones a las autoridades, Allen contrató lo que uno de sus abogados calculó que serían unos diez detectives privados o más a través de una red de procuradores y subcontratistas. Rebuscaron pruebas de problemas con la bebida o el juego entre los agentes del orden. Un fiscal de Connecticut, Frank Maco, describiría los hechos como una «campaña para interrumpir el trabajo de los investigadores», y sus colegas dijeron que estaba alterado. Maco desistió de acusar a Allen y atribuyó la decisión a su deseo de ahorrarle el trauma del juicio a Dylan, poniendo especial cuidado en afirmar que había tenido «causa probable» para proceder.

Le dije a Janice Min que escribiría un artículo de opinión. No pretendía ser un árbitro imparcial de la historia de mi hermana; me preocupaba por ella y la apoyaba. Pero argumenté que su demanda entraba en una categoría de acusaciones de abuso sexual creíbles que, con demasiada frecuencia, desoían tanto las agencias de Hollywood como los medios de comunicación en general. «Esta clase de silencio no solo es injusta, también es peligrosa —escribí—. Envía un mensaje a las víctimas: denunciar no compensa la angustia que supone. Envía un mensaje sobre quiénes somos como sociedad, qué pasaremos por alto, a quién ignoraremos, quién importa y quién no.» Esperaba que fuera mi única declaración sobre el asunto.

—Me pidieron que me pronunciara y lo hice —le dije a Rose McGowan intentando dar por zanjado el asunto—. Fin de la historia.

Ella rio amargamente.

—No hay fin de la historia.

Yo no era el único periodista que intentaba hablar con Rose McGowan. Seth Freedman, el mismo redactor británico del *Guardian* que había llamado a Ben Wallace para ofrecerle ayuda con su reportaje, escribió varios correos electrónicos a HarperCollins, la editorial que iba a publicar el libro de McGowan. Seth era insistente y la llamó repetidas veces para expresarle su apoyo y presionarla para que le concediera una entrevista. Cuando tuvo al teléfono a Lacy Lynch, la agente literaria que aconsejaba a la actriz, fue impreciso sobre su reportaje. Dijo que estaba trabajando con un grupo de periodistas en una historia sobre Hollywood. No dijo si tenían prevista una publicación específica. Sin embargo, Lacy Lynch le dijo a Rose McGowan que el periodista le había parecido inofensivo y que era una oportunidad interesante.

No mucho tiempo después de mi conversación con Rose McGowan, ella y Seth Freedman hablaron por teléfono. Él le dijo que estaba en el exterior de la casa que su familia tenía en la campiña inglesa, y hablaba en voz baja para no despertar a nadie.

—¿De qué quiere hablarme? —le preguntó Rose McGowan.

—Queremos ofrecer una instantánea de cómo es la vida en 2016/2017 para la gente de Hollywood —explicó. Sacó a colación la crítica mordaz de Rose McGowan contra Donald Trump y sugirió que existía la posibilidad de hacer «alguna clase de *spin-off*» (una historia derivada) sobre su activismo. Sonaba a que iban a destinar un montón de recursos al proyecto. Mencionó repetidas veces a otros periodistas que lo estaban ayudando a recabar información, pero sin revelar sus nombres.

Rose McGowan había visto más traiciones y abusos de los que le correspondían, y solía estar en guardia. Pero Seth Freedman era una persona cálida, cándida, incluso dado a confesar intimidades. Varias veces hizo alusión a su mujer y a su familia, cada vez más numerosa. Poco a poco, McGowan empezó a encontrarle afable, le habló de la historia de su vida y, en un momento dado, se echó a llorar. A medida que ella iba desprendiéndose de las capas de su armadura, él hilaba cada vez más fino.

—Desde luego, todo lo que digamos es extraoficial, pero he hablado con personas que han trabajado, ya sabe, en Miramax, por ejemplo, que me han dicho: «Tengo un acuerdo de confidencialidad», y no pueden contar nada de lo que les ha pasado, pero están desesperadas por decir «fulanito abusó de mí o menganito convirtió mi vida en un infierno».

—Mi libro abordará muchas de estas cosas —dijo McGowan.

Freedman se mostró muy interesado en su libro y en lo que pensaba contar en él.

—¿Cómo va a conseguir que el editor se lo publique? —preguntó, refiriéndose a sus acusaciones.

—Tengo un documento firmado —dijo ella—. Un documento firmado en la época de la agresión.

Pero ¿cuáles serían las consecuencias, se preguntaba él, si hablaba demasiado?

—La mayoría de las personas de Hollywood que he consultado me dicen que no les permiten hablar públicamente, ¿sabe? —dijo él.

—Porque están todas muy asustadas —respondió ella.

—Y si hablan —continuó él—, no vuelven a trabajar en su vida, o no vuelven a… —Pero no terminó lo que iba a decir. McGowan estaba cada vez más habladora y ya había pasado al siguiente punto.

Una, dos, tres veces, Freedman le preguntó con quién tenía pensado hablar en los medios antes de publicar el libro y qué planeaba contarles.

—¿Cuál sería su plataforma ideal ahora mismo para transmitir el mensaje? —preguntó—. ¿Significa eso que no va a revelar el nombre a la prensa porque, si lo hiciera, podría salir malparada y alguien podría querer vengarse de usted? —dijo, aludiendo una vez más a esas consecuencias.

—No lo sé. Ya veré cómo me siento —dijo ella.

Seth Freedman se mostró totalmente de su parte, como un aliado.

—Entonces —le preguntó—, ¿qué podría hacerla renunciar?

6

Continental

—*L*levan años peleándose por esto —dije.

Una semana después de mi conversación telefónica con Rose McGowan, estaba sentado a la mesa del presentador en el Studio 1A de *Today* ante el objetivo de las cámaras. Acababa de terminar un segmento sobre la pugna entre los promotores de la seguridad en la carretera y los camioneros por la necesidad de equipar de protección lateral a los remolques para evitar que, en caso de impacto, los coches se empotraran debajo. Los promotores de la seguridad decían que la medida salvaría vidas; los lobistas que saldría demasiado caro.

—Ronan, excelente trabajo —dijo Matt Lauer, y pasó raudo al siguiente segmento—. Muy potente —añadió mientras abandonaba el plató durante el siguiente corte comercial y los asistentes de producción pululaban a su alrededor entregándole su abrigo, sus guantes y sus páginas del guion—. Y buena participación después, ha dado de qué hablar a la gente.

—Gracias —dije.

Se me acercó.

—Oye, ¿cómo va la otra serie?

No estaba seguro de a cuál de todas se refería.

—Hay una gorda sobre los cultivos contaminados de California. Creo que la encontrarás interesante.

—Claro, claro —dijo.

Se produjo un silencio.

—Y me pasaré por los Óscar para la serie de Hollywood que te comenté —dejé caer, vacilante.

Él frunció levemente el ceño y al cabo recuperó la sonrisa.

—Fantástico —dijo, dándome una palmadita en el hombro. Mientras se alejaba hacia la salida, añadió—: Si necesitas cualquier cosa, me lo dices, ¿eh?

Cuando cruzaba la puerta giratoria, una explosión de alaridos de sus fans resonó en el aire frío de la plaza.

Estábamos a principios de febrero de 2017. Rich McHugh y yo íbamos de una reunión a otra con el departamento jurídico y el departamento de normas de la cadena, que escudriñaban cada elemento de la próxima serie sobre Hollywood. La supervisión editorial había recaído en un veterano de la NBC, Richard Greenberg, recientemente designado jefe interino de la unidad de investigación. Greenberg llevaba trajes de *tweed* arrugados y gafas de lectura. Había trabajado cerca de diecisiete años en la NBC, diez de ellos como productor de *Dateline* y varios más examinando noticias para el departamento de normas. Era una persona taciturna, un burócrata. Pero también tenía fuertes convicciones morales. En su blog de productor de *Dateline* llamaba «pervertidos» y «monstruos» a los agresores sexuales. Después de trabajar con Chris Hansen de *To Catch a Predator* («Cazar a un depredador») sobre una historia en un burdel camboyano, Greenberg escribió: «Muchas veces, cuando me desvelo de noche en la cama, me persiguen las caras de las niñas que vimos y a las que no rescataron y siguen violando». El abogado que estaba examinando nuestra serie había estudiado Derecho en Harvard, se llamaba Steve Chung y, si algo lo caracterizaba, era una pulcra seriedad.

Esa semana de febrero, Rich McHugh y yo nos reunimos con Richard Greenberg en su despacho cerca de la sala de redacción en la cuarta planta para perfilar nuestro plan de rodaje de la semana siguiente. Habíamos incluido algunas entrevistas que pensábamos hacer con los sujetos a cara oculta, como era una práctica frecuente en mi trabajo de investigación y en tantos reportajes para *Dateline* en los que Greenberg había trabajado. Él asintió con la cabeza.

—¿Y has hablado de todo esto con Steve Chung? —preguntó.

Sí, lo había hablado con él. Greenberg giró en su silla hacia la pantalla de su ordenador y abrió el navegador.

—Solo quiero comprobarlo…

Tecleó los nombres de mis padres y el de Harvey Weinstein.

—Buena idea —le dije—. No lo había pensado.

Los resultados fueron los que me esperaba: como la mayoría de los jefes de estudio, el nombre de Harvey Weinstein salía vinculado a películas en las que tanto mi padre como mi madre habían trabajado. Weinstein había distribuido varias películas de Woody Allen en los años noventa y, más recientemente, en la década del 2000, unas pocas en las que salía mi madre. La distribución de películas suele ser un negocio libre e independiente: yo nunca había oído a ninguno de los dos mencionar a Weinstein.

—Pinta bien —dijo Greenberg después de desplazarse por varios artículos—. Solo lo estoy comprobando para garantizar que no tienes ningún interés personal en el asunto. Y está claro que no.

—Aparte de que me interesa el asunto, no —dije.

La única vez que había hablado con Weinstein, en un acto organizado por Charlie Rose, el presentador de la CBS News, me cayó bien.

Unos días más tarde estaba en una habitación de hotel en Santa Mónica. Denis Rice, veterano ejecutivo de *marketing*, transpiraba profusamente. Las luces del estudio con pantallas con forma cúbica lo sumían en la penumbra. Al principio habíamos planeado hablar solo de las campañas de premios amañadas. Pero después le pregunté sobre la época en la que había sido presidente de *marketing* para Harvey Weinstein en Miramax, a finales de los noventa y principios de la década del 2000, y se puso nervioso.

—No tienes ni idea de lo feo que puede ponerse esto para mí si digo algo —me dijo.

Sin embargo, Denis Rice intuyó que tenía la oportunidad de ayudar en algo importante y aceptó volver para una segunda entrevista y hablar bajo la cruda luz eléctrica.

—Había dinero disponible en caso de que tuviéramos que tapar alguna indiscreción —dijo de su época en Miramax.

—¿Qué clase de indiscreciones? —le pregunté.

—Intimidación, abuso físico, acoso sexual.

Dijo que él había visto con sus propios ojos a su jefe «tocando de manera inapropiada» a mujeres jóvenes y que lamentaba no poder decir más.

—Las sobornaban —dijo de las mujeres—. Les advertían de que no hicieran una montaña de aquello o de lo contrario sería el fin de su carrera.

Dijo que conocía casos específicos de represalias y, cuando las cámaras dejaron de grabar, miró en derredor y me dijo:

—Busca a Rosanna Arquette.

La actriz había conocido la fama gracias a su papel protagonista en *Buscando a Susan desesperadamente*. En *Pulp Fiction*, distribuida por Weinstein, Rosanna Arquette había interpretado un papel pequeño pero memorable: el de la mujer llena de *piercings* de un traficante de drogas.

—No sé —dijo Denis Rice secándose el sudor acumulado en la frente—, puede que hable.

Cuando volví a revisar el metraje, rebobiné hasta un punto de la conversación sobre el entorno de Weinstein y le di al *play*.

—Y de toda la gente que rodeaba a este hombre y vio lo que estaba pasando —pregunté—, ¿hubo alguien que lo delatara?

—No —respondió.

Aquella tarde y en los días sucesivos me dediqué a hacer llamadas. Estaba componiendo una lista cada vez más larga de mujeres, con frecuencia actrices y modelos, pero a veces también productoras y asistentes, de quienes se rumoreaba que habían expresado quejas contra Weinstein. Ciertos nombres eran recurrentes, como el de Rose McGowan y el de una actriz y directora italiana, Asia Argento.

Llamé de nuevo a Dede Nickerson, la productora que se había mostrado reticente a hablar de Harvey Weinstein.

—Estoy tan cansada de lo que les pasa a las mujeres en esta industria… Quiero ayudar, de verdad —me dijo—. Vi cosas. Y luego me sobornaron y firmé un documento.

—¿Qué es lo que vio?

La mujer hizo una pausa.

—No podía controlarse. Él es así. Un depredador.

—¿Y puede dar fe de ello?

—Sí.

Aceptó hablar ante las cámaras también. Sentada en la sombra, con la cara oculta, en la urbanización Encino donde se alojaba, recordó una pauta depredadora asombrosamente parecida a la descrita por Denis Rice.

—Creo que lo del manoseo pasaba todo el tiempo —dijo en la entrevista—. No fue algo aislado. No fue solo durante un período de tiempo. Era una conducta depredadora constante hacia las mujeres, la consintieran o no.

Dijo que estaba grotescamente incrustada en la cultura de la empresa y que esta, básicamente, tenía un proxeneta a sueldo con un cargo muy impreciso que encubría su verdadero papel: procurarle mujeres al jefe.

—¿Se sabía que tenía una conducta, por utilizar un término que usted ha empleado, «depredadora» con las mujeres? —pregunté.

—Por supuesto —dijo ella—. Lo sabía todo el mundo.

Envié un mensaje de texto a Noah Oppenheim. «Para tu info, el reportaje sobre HW pinta muy serio. Los dos ejecutivos lo nombran ante las cámaras, pero uno me pide que no enseñe imágenes reales de él pronunciando su nombre —escribí, refiriéndome a Denis Rice—. La gente tiene mucho miedo a las represalias.» Oppenheim me contestó: «Me hago una idea».

Cuanta más gente llamaba, más se corroboraban las declaraciones de Denis Rice y de Dede Nickerson. También busqué elementos en defensa de Harvey Weinstein, pero sonaban hueros. Dede Nickerson había hablado de una productora que, según creía él, podía ser una víctima de Weinstein. Finalmente la localicé en Australia, adonde había ido a empezar una nueva vida. Cuando me dijo que no tenía nada que decir de Weinstein, noté tensión y tristeza en su voz, y comprendí que la estaba colocando en una situación difícil.

Una conversación con Donna Gigliotti, la productora de *Shakespeare enamorado*, transcurrió por el mismo derrotero.

—¿He oído cosas? Puede. Pero ¿las he visto? —dijo.

—¿Qué es lo que ha oído?

Emitió un suspiro exasperado, como si la pregunta fuese ridícula.

—El hombre no es un santo. Créame, no nos tenemos ningún afecto. Pero no es culpable de nada peor que otro millón de hombres en esta industria.

—¿Está diciendo que no hay dónde rascar?

—Estoy *diciendo* que sería mejor que dedicara su tiempo a otra cosa. Otros ya han intentado rascar algo, ¿sabe? Y se han ido con las manos vacías.

No lo sabía. Pero pronto descubrí referencias de otras agencias que habían rondado el asunto. Dos años antes, Jennifer Senior, que escribía para *New York Magazine*, tuiteó: «En algún punto, todas las mujeres q han tenido miedo de hablar de Harvey Weinstein tendrán q cogerse de la mano y saltar». Y un poco más tarde: «Es un secreto a voces despreciable». Los comentarios generaron unos cuantos artículos en blogs y después la cosa quedó en nada. Le envié un mensaje rogándole que hablásemos. «No fue una denuncia mía particular —me contestó—. David Carr, mi colega de despacho cuando trabajaba en *NYMag*, escribió un artículo de fondo sobre Weinstein y descubrió infinidad de testimonios sobre lo cerdo que era.» David Carr, ensayista y reportero fallecido en 2015, le había contado a Jennifer Senior anécdotas sobre Weinstein exhibiéndose desnudo delante de mujeres y sobándolas, pero nunca reunió el suficiente material para que fuera publicable. «Un montón de gente ha ido detrás de esta historia», me dijo Jennifer Senior antes de desearme suerte, como quien anima a Don Quijote contra un molino de viento.

Llamé a otras personas cercanas a David Carr que añadieron algo más: Carr se había vuelto paranoico cuando trabajaba en el caso. Su viuda, Jill Rooney Carr, me dijo que su marido estaba convencido de que lo vigilaban, aunque no sabía quién. «Pensaba que lo seguían», recordó. Aparte de esto, Carr parecía haberse llevado sus secretos a la tumba.

Después de las entrevistas con Denis Rice y Dede Nickerson, quedé con una amiga que había trabajado como asistente de un famoso directivo de NBCUniversal y me pasó información de otra ronda de posibles fuentes. «Mi pregunta es si *Today* está dispuesto a publicar algo así. Parece un poco fuerte para ellos», me escribió.

Respondí: «Noah, el nuevo director del programa, apostará por ello, seguro».

A la semana siguiente, la mañana del 14 de febrero, Igor Ostrovsky, el ucraniano rollizo que se había reunido en el Nargis Cafe con Roman Khaykin, el ruso calvo, se encontraba en el vestíbulo de un hotel en el centro de Manhattan. Khaykin lo había despachado allí, en una de las misiones para el misterioso nuevo cliente. Ostrovsky fingía estar absorto al teléfono, mientras grababa discretamente a un hombre de pelo cano y mediana edad vestido con una gabardina que le daba un apretón de manos a un hombre alto de tez oscura, vestido con traje. Después siguió a los dos hombres hasta el restaurante del hotel y se sentó a una mesa próxima a ellos.

Los últimos días había estado ocupado con esta clase de misiones en vestíbulos y restaurantes de hoteles de lujo. Vigilaba las reuniones de los agentes enviados por el cliente misterioso y lo que parecían ser objetivos confiados. La de Ostrovsky era una tarea de «contravigilancia»: debía asegurarse de que nadie seguía a los agentes del cliente.

Ese día en el restaurante del hotel, Ostrovsky le envió un mensaje a Khaykin con una fotografía de la reunión y después pidió un desayuno continental. La comida era un incentivo de la misión. «Disfrútala. Date ese gusto», le había dicho su jefe. Cuando llegaron el zumo y los bollos, Ostrovsky aguzó el oído para oír la conversación en la mesa vecina. Los hombres hablaban con un acento que no alcanzaba a ubicar; de Europa del Este, posiblemente. Pudo percibir retazos de diálogo sobre lugares remotos: Chipre; un banco en Luxemburgo; algo sobre unos hombres en Rusia.

Principalmente, Ostrovsky se pasaba el día persiguiendo a trabajadores con falsas cojeras que andaban detrás de alguna indemnización o de cónyuges descarriadas que violaban sus acuerdos prenupciales. Los agentes trajeados protagonistas de estas nuevas misiones, algunos de los cuales delataban un porte militar, eran harina de otro costal. Ostrovsky revisó el material de archivo que tenía de ellos y se preguntó a quién estaba espiando, y para quién.

7

Phantoms

*C*irculaba con mi coche por West Hollywood para llegar al siguiente rodaje, cuando oí la noticia en la radio: Noah Oppenheim había sido promocionado a presidente de NBC News. A partir de ahora se encargaría de un grupo de proyectos determinantes junto a su jefe, Andy Lack, que supervisaba tanto NBC News como MSNBC. Su primer orden del día: lanzar a Megyn Kelly, la expresentadora de Fox News, en la NBC. Varias semblanzas positivas destacaban el lustre Ivy League de Noah Oppenheim, su carrera de guionista y su rápido ascenso en el implacable mundo de la televisión. Los predecesores de Noah Oppenheim y de Andy Lack habían sido mujeres. Deborah Turness, su antecesora en el puesto, era descrita en términos ligeramente sexistas por sus «andares de chica rockera», cosa que, por lo que yo había podido ver, tan solo significaba que a veces se ponía pantalones. Patricia Fili-Krushel, a quien Andy Lack había sustituido, era una directiva con experiencia en recursos humanos y la televisión de día. Ahora, la cadena de mando era enteramente masculina y blanca: Noah Oppenheim; por encima de él, Andy Lack; y, sobre ellos, Steve Burke, director general de NBCUniversal, y Brian Roberts, director general de su empresa matriz, Comcast.

«Me alegra mucho, mucho, mucho la noticia. ¡Felicidades, amigo mío!», escribí a Oppenheim en un mensaje de texto que era un poco adulador, pero que sentía de corazón. «Ah... gracias», me respondió.

Accedí a mis contactos en el móvil y busqué el número de mi hermana Dylan y la llamé por primera vez en muchos meses.

—Voy de camino a una entrevista —le dije—. Con una actriz conocida que acusa a una persona muy poderosa de un delito muy serio.

En las fotografías de familia, Dylan, dos años y medio mayor que yo, solía refugiarse detrás de mí. Aparecíamos, ambos en pañales, en el feo sofá marrón del salón. O delante de mi primer jardín de infancia; ella con un bodi de conejo y los nudillos medio pelados de tanto frotarme la cabeza con ellos. O delante de varias atracciones turísticas, riendo, casi siempre abrazados.

Me sorprendió que contestara. Por lo general, no solía llevar el teléfono encima. A veces se había sincerado conmigo, confesándome que el timbre de los teléfonos le aceleraba el corazón. Al otro lado de la línea, las voces de los hombres, especialmente, eran un verdadero obstáculo para ella. Nunca conservaba un empleo si implicaba numerosas llamadas telefónicas. Dylan es una escritora y una artista visual con talento. Su trabajo se centra en mundos tan lejanos del nuestro como le es posible. De pequeños inventábamos mundos imaginarios muy sofisticados, poblados de figuritas de peltre de dragones y hadas. La fantasía seguía siendo su vía de escape. Escribía cientos de páginas de ficción con descripciones minuciosas y pintaba paisajes remotos. Pero todo dormía en cajones. Cuando le sugerí que preparara una carpeta o enviara un manuscrito, se paralizó y se puso a la defensiva. Yo no lo entendía, me dijo.

Ese día de febrero, guardó silencio al teléfono.

—¿Y quieres mi consejo? —me preguntó finalmente. Sus acusaciones y las preguntas pendientes entre nosotros a propósito de si yo había hecho lo suficiente, con la prontitud suficiente, para tomármelas en serio, habían abierto una distancia que no existía en las fotografías de la infancia.

—Sí, quiero tu consejo —le dije.

—Bueno, pues es la peor parte. La reflexión. Esperar a que salga la historia. Pero una vez que pones la voz, todo se vuelve mucho más fácil. —Suspiró—. Tú dile que no se amilane.

Es como arrancarse una tirita. —Le di las gracias. Después de otro silencio, me dijo—: Si consigues la historia, no la sueltes, ¿vale?

Rose McGowan vivía en la casa de una estrella de cine por antonomasia: un conjunto de cubos modernos de los años cincuenta color café enclavados en una arboleda de cipreses en Hollywood Hills. En el exterior, una amplia terraza con *jacuzzi* y vistas a un barrido de cámara de Los Ángeles. El interior tenía una puesta en escena como de reventa: ninguna foto familiar, solo obras de arte. En la puerta de entrada, un cartel de neón recuperado con forma de sombrero hongo rezaba: «EL DERBY: ENTRADA DE SEÑORITAS». Justo detrás, en lo alto de los escalones que daban al salón, había un cuadro de una mujer en una caja, envuelta en luz. Junto a una chimenea de ladrillo blanco, un maniquí de bronce de su personaje en *Planet Terror* apuntaba con su pierna-ametralladora.

La mujer que se sentó delante de mí no era la misma que había conocido siete años antes. Rose McGowan tenía aspecto cansado, el rostro tenso. Llevaba un jersey beis holgado y escaso maquillaje. La cabeza rapada al estilo militar. Había dejado prácticamente el cine para dedicarse a la música, que a veces acompañaba de *performances* de arte surrealista que ella misma protagonizaba. Probó suerte dirigiendo un cortometraje, *Dawn*, proyectado en Sundance en 2014. En la cinta, ambientada en torno a 1961, dos jóvenes hombres embaucan a una adolescente reprimida, la llevan a una zona aislada, le golpean la cabeza con una piedra y la matan de un tiro.

McGowan tuvo una infancia dura. Se crio en la secta de los Niños de Dios, en el campo italiano, donde las mujeres habían sido severas y los hombres, brutales: uno de ellos, me dijo más tarde, le cortó una verruga del dedo, sin avisar, cuando ella tenía cuatro años, dejándola pasmada y sangrando. Durante un tiempo, en su adolescencia, no tuvo ningún hogar. Cuando consiguió trabajo en Hollywood, pensó que había dejado atrás el peligro de que la explotaran. Me contó que poco antes de que Harvey Weinstein la agrediera durante el Festival de Cine de Sundance de 1997, se volvió hacia un cámara que la seguía y le dijo: «Creo que, por fin, mi vida se está haciendo más llevadera».

En el salón, mientras las cámaras grababan, me contó que el director comercial de Weinstein había fijado la cita, durante la cual ocurrió la supuesta agresión, en el restaurante de un hotel, y que luego la pasó sin previo aviso a la *suite*. Recordó la primera hora rutinaria con el hombre que entonces solo consideraba su jefe, y los halagos de Weinstein por su actuación en una película que él había producido, *Scream*, y en otra que ella rodaba en ese momento, *Phantoms*. Después de contarme esto, McGowan revivió la parte que todavía la alteraba visiblemente.

—En la salida, aquello se convierte en algo distinto a una reunión —me dijo—. Todo sucede muy rápido y muy lento. Creo que cualquier superviviente te dirá lo mismo… de repente, es como si tu vida diera un giro de noventa grados. Es… es una auténtica conmoción. Y tu cerebro intenta asimilar lo que está sucediendo. De repente no llevas ropa encima. —McGowan procuró conservar la compostura—. Empecé a llorar. No sabía qué estaba pasando —recordó—. Yo soy muy pequeña. Y esa persona es muy grande. Así que haz cuentas.

—¿Fue una agresión sexual? —pregunté.

—Sí —dijo simplemente.

—¿Fue una violación?

—Sí.

McGowan me contó que contrató a un abogado criminalista y pensó en presentar cargos. El abogado le dijo que cerrara la boca.

—Yo había rodado una escena de sexo —recordó que le señaló el abogado—. Nadie me creería jamás.

McGowan decidió no presentar cargos y negoció una compensación económica a cambio, renunciando a su derecho a demandar a Weinstein.

—Eso fue muy doloroso —dijo—. Pensé que cien mil dólares era un montón de dinero en la época porque yo era una niña.

Consideró que, por parte de Weinstein, aquello fue un «reconocimiento de culpabilidad».

McGowan describió un sistema —de asistentes y mánagers y mandamases de la industria— al que acusaba furibundamente de complicidad. Dijo que los empleados de plantilla apartaron la vista cuando ella entró a la reunión y cuando salió.

—No me miraban —dijo—. Esos hombres miraban al suelo. No podían mirarme a los ojos.

Y recordó que su coestrella en *Phantoms*, Ben Affleck, al verla destrozada inmediatamente después del incidente, dijo cuando supo de dónde venía: «Joder, le pedí que parara de una vez».

McGowan estaba convencida de que la habían incluido en una lista negra después del incidente.

—Apenas volví a trabajar en películas después de aquello. Y eso que llevaba una trayectoria estupenda. Y por fin, cuando rodé otra película... le vendieron a él su distribución —dijo, aludiendo a *Planet Terror*.

Para cualquier superviviente, los recuerdos son un tormento. Para las personas que han sido agredidas por perpetradores famosos existe una cualidad de inevitabilidad añadida.

—Era abrir un periódico —me decía Rose McGowan— y allí estaba Gwyneth Paltrow entregándole [un] premio.

Weinstein era «omnipresente». Y luego estaban las alfombras rojas y las fiestas para la prensa en las que tenía que posar junto a él con una sonrisa.

—Yo abandonaba mi cuerpo sin más —me dijo—. Me colgaba la sonrisa en la cara.

La primera vez que volvió a verlo después de la supuesta agresión, vomitó en una papelera.

Ante la cámara, McGowan no pronunciaba todavía el nombre de Harvey Weinstein. Estaba cobrando ánimo, preparándose. Pero durante la entrevista se refería a él una y otra vez, exhortando a los espectadores a «atar cabos».

—¿La violó Harvey Weinstein? —pregunté. Se hizo el silencio total. McGowan hizo una pausa.

—Nunca me gustó ese nombre —dijo—. Me cuesta mucho pronunciarlo.

Fuera de cámara, ya había pronunciado su nombre en conversaciones conmigo. En parte, me había dicho, su preocupación era tener garantías de que contaba con un medio de comunicación que llegara hasta el final de la historia si ella se exponía a un riesgo jurídico. Fui sincero con Rose: sería un proceso judicial delicado para la NBC. Necesitaba armarme con todos los detalles que pudiera proporcionarme.

—Que vuestros abogados vean esto —dijo.

—Oh, lo verán —dije con una risa macabra.

—Que lo vean —dijo mirando a la cámara con lágrimas en los ojos—. Que no se limiten a leerlo. Y espero que sean valientes también, porque voy a decirles una cosa: les ha pasado a sus hijas, a sus madres, a sus hermanas.

8

Pistola

«*L*a entrevista de Rose es impactante», escribí a Noah Oppenheim.

«Uau», respondió.

«Como si detonara una bomba. Además tengo a dos antiguos directivos de Miramax diciendo ante las cámaras que vieron un patrón de acoso sexual. Esto va a tener miga jurídica.»

«¡Por Dios! Ya lo creo», respondió.

En cuanto terminamos de rodar los planos para la serie de Hollywood, Rich McHugh y yo intercambiamos llamadas con Richard Greenberg, el jefe de la unidad de investigación, y con Steve Chung, el abogado. A esas alturas yo ya había hablado con dos personas del equipo directivo a las que Rose McGowan había ido a quejarse inmediatamente después de la reunión con Weinstein. Si mentía, llevaba haciéndolo desde aquel día de 1997.

—Pues suena un poco... frívola —dijo Greenberg.

Era un día soleado y McHugh y yo estábamos de vuelta en el mismo hotel de Santa Mónica para preparar una entrevista con un director de cine chino.

—Bueno, por eso estamos reuniendo un montón de pruebas que lo corroboran —le dije a Greenberg—. Y nos ha dicho que nos enseñará el contrato que tiene con Harvey Weinstein...

—Ojo con eso —dijo Greenberg.

—¿Qué quieres decir? —preguntó McHugh.

—No sé si podemos inmiscuirnos con contratos de por

medio —dijo Greenberg—. Solo digo que tengamos cuidado si nos los entregan.

McHugh pareció frustrado.

—Esto hay que sacarlo —dijo—. Es explosivo. Es noticia.

—Solo digo que no creo que esté listo a tiempo para la serie —repuso Greenberg.

La fecha de emisión del reportaje era una semana más tarde, justo antes de los Óscar.

—Creo que puedo conseguir los testimonios de otras mujeres para entonces —dije.

—Tomaos el tiempo necesario —dijo Greenberg—. Podemos sacar las otras historias ahora y así tenéis más tiempo para investigar esta.

Yo me llevaba bien con el personal del departamento jurídico y de normas de la cadena. Defendía mis reportajes con, digamos, cierta vehemencia. Pero también era abogado y admiraba el mimo a la antigua usanza con que los programas como *Nightly News* trataban la producción de una noticia. La NBC era un lugar serio que valoraba la verdad, una institución que había saltado de la radio a la teledifusión, y después al cable y a Internet, que había sido importante medio siglo atrás, cuando solo existían tres cadenas de televisión, y seguía siéndolo en nuestra época fracturada y revuelta. Mientras aprovecháramos el tiempo para fortalecer el reportaje, no me importaba la demora.

—Vale —dije—. Esperaremos.

El reportaje se expandió como un borrón de tinta. Al día siguiente del rodaje con Rose McGowan fuimos a las oficinas del *Hollywood Reporter* para entrevistar a uno de sus periodistas, Scott Feinberg, especializado en los premios de Hollywood. Harvey Weinstein fue ineludible también en esta conversación: él había sido esencialmente el inventor de la moderna campaña de los Óscar. Weinstein dirigía sus campañas como si fueran guerrillas. Un publicista de Miramax escribió un artículo de opinión alabando la película *Gangs of New York*, producida por la compañía, y la coló como si hubiera sido obra de Robert Wise, el director de *Sonrisas y lágrimas*, que entonces tenía ochenta y ocho años. Weinstein orquestó una retorcida campaña de difamación contra la película rival *Una mente maravillosa*, sembrando la prensa de artículos que afirmaban que su protagonista, el matemático John Nash, era gay (y cuando esto no funcionó, que era antisemita). Cuando *Pulp Fiction* perdió el Óscar a la Mejor Fotografía contra *Forrest Gump*, Weinstein amenazó públicamente con plantarse en el jardín del director Robert Zemeckis y «ponerse bruto».

Antes de marcharme del *Hollywood Reporter* conocí a su nuevo redactor jefe, Matt Belloni. Había oído rumores de que su predecesora, Janice Min —que me había convencido para escribir un artículo de opinión sobre la necesidad de cubrir más a fondo las acusaciones de agresión sexual—, había investigado las denuncias contra Weinstein durante años. Cuando le pregunté si habían sacado algo en claro, Matt Belloni negó con la cabeza. «Nadie quiere hablar.»

Sin embargo, Belloni se hacía una idea de quién en la industria podría conocer a mujeres con acusaciones contra Weinstein. Me sugirió que llamara al antiguo agente y mánager Gavin Polone, «que se embolsa el diez por ciento y conduce un Ferrari», como lo había descrito *Variety*. Gavin Polone había triunfado como productor y se había ganado fama de incendiario. En 2014 escribió una columna para el *Hollywood Reporter* titulada «Bill Cosby y la cultura de los sobornos, la violación y el secretismo de Hollywood». En ella, hacía referencia a una serie de acusaciones contra un jefe de estudio, al cual no mentaba, que «usaba su poder y dinero para callarle la boca a todo el mundo». Polone acusaba a los periodistas de esquivar la historia por «miedo a que los demandaran y más miedo aún a perder anunciantes de publicidad». Nadie, al parecer, había aceptado el reto.

Polone había aparecido como comentarista ocasional en mi programa de MSNBC. Al final del día hablé con él por teléfono. «Hay que desenmascararlo», me dijo. Sabía que existían acusaciones contra Weinstein. Algunas las había oído de primera mano y de otras se había enterado por terceros.

—El ejemplo más atroz, el santo grial de esta historia, es Annabella Sciorra —me dijo—. En su caso no fue acoso, fue violación.

Le pedí que averiguara si las mujeres que le habían contado sus experiencias estarían dispuestas a hablar conmigo. Me prometió que lo haría.

—Una cosa más —me dijo, después de que yo le diera las gracias por su tiempo—. Ándese con ojo. Ese tío, la gente que lo protege, se juegan mucho.

—Estoy teniendo cuidado.

—No lo entiende. Le estoy diciendo que esté preparado por si acaso. Le estoy diciendo que consiga una pistola.

Me reí. Él no.

Las fuentes estaban asustadas. Muchas se negaban a hablar, pero otras se mostraban dispuestas a hacerlo. Conseguí el teléfono del agente de una actriz británica que, según Rose McGowan y otras personas, podía tener motivos de queja. «Me contó lo ocurrido con detalle, nada más empezamos a trabajar juntos —me dijo el agente—. Él se sacó el pene y la persiguió alrededor de la mesa durante un rodaje. Le saltó encima y la inmovilizó, pero ella consiguió escapar.» Le pregunté si la actriz estaría dispuesta a hablar conmigo. «En aquel momento no tuvo reparos en hablar de aquello —respondió el agente—. No veo por qué no.» Al día siguiente, me llamó para darme el número de teléfono y la dirección de correo electrónico de la actriz: accedería con gusto a hablar conmigo sobre una posible entrevista.

Asimismo, un agente que había trabajado con Rosanna Arquette pareció adivinar inmediatamente el motivo de mi llamada. «Un tema duro para ella —me dijo—, pero sé que le preocupa. Estoy seguro de que hablará.»

Me puse en contacto con Annabella Sciorra a través de Twitter. Le dije que quería hablarle de un asunto delicado. Se mostró inquieta, un poco en guardia, pero fijamos una hora para hablar por teléfono.

Por otra parte, también me puse a investigar la única acusación de Weinstein que había llegado al sistema de justicia penal. En marzo de 2015, Ambra Battilana Gutiérrez, una modelo filipinoitaliana que había sido finalista del concurso de Miss Italia, acudió directamente a la policía después de una reunión con Weinstein en sus oficinas de Tribeca y lo denunció por haberla manoseado. La policía de Nueva York sometió a Weinstein a un interrogatorio. Los tabloides emprendieron una cobertura enfebrecida de la noticia.

Pero entonces ocurrió algo curioso: los artículos sobre Weinstein fueron sustituidos por artículos que difamaban a Ambra Gutiérrez. Los tabloides publicaron que, en 2010, la joven participante del concurso Miss Italia había asistido a una fiesta Bunga Bunga celebrada por Silvio Berlusconi, entonces primer ministro de Italia, después de la cual este fue acusado de mantener relaciones sexuales con prostitutas. Los artículos afirmaban que la propia Ambra Gutiérrez era una de ellas y que tenía a viejos ricachones que la mantenían en Italia. Al día siguiente del supuesto incidente, Ambra Gutiérrez fue a ver *Finding Neverland*, un musical de Broadway producido por Weinstein, observó el *Daily Mail*. Más tarde, la actriz pidió un papel en una película, informó *Page Six*. Ambra Gutiérrez dijo que nunca se había prostituido, que la llevaron a la fiesta de Berlusconi por obligación profesional y se escabulló en cuanto se dio cuenta de sus sórdidas dimensiones, y que ella no había pedido ningún papel en ninguna película. Pero la prensa se hizo eco de sus declaraciones en el último momento, o no se hizo ningún eco. Las fotografías de Ambra Gutiérrez cambiaban: podías verla, día tras día, en lencería y bikini. Paulatinamente, los tabloides insinuaron que la depredadora era ella y que había sido ella quien le había tendido una trampa a Weinstein con sus armas de mujer. Y entonces las acusaciones se esfumaron de la noche a la mañana, lo mismo que Ambra Gutiérrez.

Sin embargo, el nombre del abogado que representaba a la modelo había salido a la luz en informes públicos, y los abogados también tienen un teléfono donde puedes localizarles.

—No estoy autorizado a hablar de eso —me dijo.

—De acuerdo —respondí. Yo había prestado suficiente

atención en la facultad de Derecho, y más que suficiente en la vida real, para reconocer una alusión a un acuerdo de confidencialidad cuando se me ponía delante—. Pero ¿puede transmitir un mensaje?

Ambra Gutiérrez me escribió un mensaje de texto casi inmediatamente. «Hola, mi abogado me ha dicho que quiere hablar conmigo y querría saber sobre qué», escribió.

«Soy periodista de NBC News y es para un reportaje del programa *Today* en el que estoy trabajando. Creo que sería más fácil si habláramos por teléfono, si le parece bien y se siente cómoda», le respondí.

«¿Podría ser un poco más preciso sobre qué es ese reportaje "en el que estoy trabajando"?», escribió.

Ambra Gutiérrez no se había caído del guindo, como comprobé de inmediato.

«Tiene que ver con la acusación de otra persona, y posiblemente de varias, que podría guardar similitudes con la suya, investigada por la policía de NY en 2015. Si pudiera hablar con usted sería de gran ayuda para otras personas que también tienen denuncias.»

Aceptó verme al día siguiente.

Antes de reunirme con Ambra Gutiérrez, llamé metódicamente a las personas implicadas en el caso. Uno de mis contactos en la oficina del fiscal del distrito me llamó para decirme que Ambra Gutiérrez les había parecido creíble.

—Había… ciertas cosas de su pasado —dijo el contacto.

—¿Qué clase de cosas?

—No puedo entrar en eso, pero no hubo nada que nos hiciera pensar que estuviera mintiendo, a nadie de la oficina. Y he oído que teníamos alguna prueba.

—¿Qué clase de prueba?

—No le sé decir.

—¿Puede averiguarlo?

—Claro. Y después presento mi dimisión.

9

Los Minions

*C*uando llegué a Gramercy Tavern, Ambra Gutiérrez ya estaba sentada en el rincón más retirado, tiesa como una baqueta y perfectamente quieta. «Siempre llego antes», me dijo. Y no lo había visto todo aún. Era una persona, como terminé descubriendo, increíblemente organizada y estratégica. Ambra Gutiérrez nació en Turín, Italia. Creció viendo las palizas que su padre italiano, a quien describió como un «doctor Jekyll y míster Hyde», le daba a su madre filipina. Cuando ella intentaba intervenir, también recibía su tunda de palos. Su adolescencia transcurrió entre cuidados: ayudando a su madre y protegiendo a su hermano pequeño de la violencia. Tenía una belleza exagerada, como un personaje de anime: esbelta hasta el desvanecimiento y de ojos imposiblemente grandes. Ese día en el restaurante parecía nerviosa. «Quiero ayudar —dijo con un temblor en su acento italiano—. Lo que pasa es que estoy en una situación difícil.» Fue solo cuando le dije que otra mujer había hablado ante las cámaras para denunciar a Harvey Weinstein y que había más mujeres planteándose seguir su ejemplo, cuando accedió a contarme su historia.

En marzo de 2015, su agente de la agencia de modelos la invitó a una recepción en el Radio City Music Hall por *New York Spring Spectacular*, un espectáculo que Weinstein había producido. Como de costumbre, Weinstein reunió a amigos de la industria para que apoyaran el *show*. Había hablado con Steve Burke, el director general de NBCUniversal, y este último se comprometió a suministrar los trajes de los personajes de *Los Minions*, omnipresentes entonces. Durante la recepción, Weinstein no dejó de mirar descaradamente a Gutiérrez desde el otro lado de la sala. Se acercó a ella para saludarla y les dijo varias veces, a ella y a su agente, que se parecía a la actriz Mila Kunis. Después de aquel acto, la agencia de modelos escribió un correo electrónico a Ambra Gutiérrez para decirle que Weinstein quería fijar una reunión de trabajo cuanto antes.

Gutiérrez llegó a la oficina de Weinstein en Tribeca a primera hora de la tarde siguiente con su *book* de modelo. Mientras ella y Weinstein estaban sentados en un sofá revisando las fotos, él empezó a mirarle los pechos y a preguntarle si eran naturales. Gutiérrez dijo que Weinstein se le echó encima para sobarle los pechos y que intentó levantarle la falda con la mano a pesar de sus protestas. Al final, Weinstein se calmó y le dijo que su asistente le daría entradas para la función de *Finding Neverland* de esa misma noche y que la vería allí.

Gutiérrez tenía veintidós años entonces. «Por mi pasado traumático, que alguien intentara tocarme era algo muy gordo para mí», me dijo. Cuando Weinstein se marchó, ella estaba temblando. Buscó un cuarto de baño y se puso a llorar. Luego cogió un taxi hasta la oficina de su agente y se pasó el trayecto llorando también. Ella y el agente fueron a la comisaría más cercana. Cuando llegaron y ella dio el nombre de Weinstein, uno de los agentes dijo: «¿Otra vez?».

Weinstein la llamó por teléfono más tarde esa misma noche, molesto porque no la había visto en el espectáculo. Cuando respondió a la llamada, ella seguía con los investigadores de la División de Víctimas Especiales, que escucharon toda la conversación telefónica y concibieron un plan: Gutiérrez aceptaría la invitación para ir a ver el espectáculo al día siguiente y se reuniría con Weinstein. Llevaría un micrófono oculto para intentar obtener una confesión.

«Era una decisión que daba miedo, claro —me dijo—. Y me pasé la noche en vela.» Cuando a una persona le piden que haga algo arriesgado para revelar algo importante, tiene que sopesar el espinoso equilibrio de intereses propios y altruistas. A veces ambos coinciden. Pero, en esta historia, Ambra Gutiérrez no tenía prácticamente nada que ganar, se enfrentaba a la aniquilación jurídica y profesional. Lo único que ella quería era impedir que Weinstein siguiera haciendo lo mismo. «Todo el mundo me advirtió de que me cerraría todas las puertas. Yo estaba dispuesta a correr ese riesgo con tal de que el tipo no volviera a hacer algo así», me dijo.

Al día siguiente, Gutiérrez se reunió con Weinstein en el Church Bar del Tribeca Grand Hotel, una lujosa sala de paredes azules con estrellas doradas y nubes estarcidas. Un equipo de agentes secretos los estaba vigilando. Weinstein la aduló. No se cansaba de decirle lo guapa que era. Le dijo que la ayudaría a conseguir papeles en películas si ella le permitía ser su amigo, y nombró a varias actrices célebres para las cuales, dijo, había hecho lo mismo. Ambra tendría que trabajarse el acento, desde luego, pero él podría buscarle unas clases.

Weinstein se excusó para ir a los servicios y cuando volvió le exigió con súbita urgencia que subieran a su *suite* en el ático. Dijo que quería darse una ducha. Gutiérrez, temerosa de que volviera a tocarla o de que descubriera que llevaba un micrófono oculto, se negó. Él no se dio por vencido e intentó convencerla varias veces. La primera vez, ella recurrió a una táctica que los agentes de policía le habían sugerido: fingió que se había olvidado la chaqueta e insistió en que bajaran a buscarla. La segunda vez, uno de los agentes secretos se hizo pasar por un fotógrafo de *TMZ* y acribilló a preguntas a Weinstein, lo que hizo que este fuera a quejarse a los empleados del hotel. Gutiérrez intentaba escabullirse, sin éxito. Al final, Weinstein consiguió que subiera y la condujo a su habitación. Esta vez, perdieron a los agentes secretos. Para colmo, su teléfono móvil —que, a petición de los agentes, llevaba encendido en el bolso para grabar la conversación como un apoyo— se estaba quedando sin batería.

Con creciente beligerancia, Weinstein le exigió que entrara en la habitación. Gutiérrez, aterrorizada, le suplicó e intentó alejarse. En el curso de esta conversación, Weinstein confesó haberla manoseado el día anterior: una confesión entera y dramática, que quedó grabada. Ella siguió suplicándole y él finalmente desistió y bajaron de nuevo. Los agentes, que dejaron de ocultar su identidad, se acercaron a Weinstein y le comunicaron que la policía quería hablar con él.

Si lo hubieran inculpado, Weinstein se habría enfrentado a un cargo de abusos sexuales en tercer grado, un delito menor punible con hasta tres meses de cárcel. «Teníamos muchísimas pruebas de todo —me dijo Ambra Gutiérrez—. Todo el mundo me decía: "Felicidades, hemos parado a un monstruo".» Pero entonces los tabloides empezaron a publicar artículos sobre el supuesto pasado de prostitución de Gutiérrez. Y la oficina del fiscal del distrito Cyrus Vance Jr. en Manhattan hizo hincapié en los mismos puntos. Cuando Martha Bashford, la jefa de la Unidad de Delitos Sexuales de Cyrus Vance, interrogó a Gutiérrez, la frio a preguntas sobre Berlusconi y su vida sexual con una hostilidad nada frecuente, según relataron dos agentes del orden. La oficina de prensa del fiscal del distrito diría más tarde al *New York Times* que el interrogatorio había sido «una entrevista normal, típica», cuyo objetivo era anticipar las preguntas que serían formuladas en un contrainterrogatorio. Las fuentes de la policía lo desmintieron. «La abordaron como si fueran los abogados de la defensa de Weinstein», me dijo un agente. «Fue raro —recordó Gutiérrez sobre el interrogatorio—. Yo estaba en plan: "¿Qué tendrá eso que ver? No lo entiendo. Pero ¡escuchen la prueba!".»

El 10 de abril de 2015, dos semanas después de que Gutiérrez denunciara a Weinstein a la policía, la oficina del fiscal del distrito anunció que no iba a presentar cargos. Emitió un breve comunicado: «Este caso se ha estudiado con mucha seriedad desde el principio, y la Unidad de Delitos Sexuales ha realizado una investigación concienzuda al respecto. Tras analizar las pruebas disponibles, incluidas las múltiples entrevistas con ambas partes, no consideramos que la acusación penal esté justificada».

A la policía de Nueva York le indignó la decisión; tanto,

que la División de Víctimas Especiales del departamento de policía ordenó revisar internamente diez denuncias previas en Manhattan, con acusaciones similares de tocamientos o contactos inapropiados. «No contaban ni con un cuarto de las pruebas que nosotros teníamos —dijo otra fuente policial de esas otras denuncias—. En esos casos no hubo reuniones grabadas y muy pocas llamadas grabadas.» Sin embargo, «todas las denuncias terminaron en arresto», dijo la fuente. El público nunca tuvo conocimiento de las pruebas condenatorias que Cyrus Vance tenía en su poder.

Los agentes de policía comenzaron a murmurar que la oficina del fiscal del distrito se había conducido de forma extraña. Los empleados de Cyrus Vance recibían regularmente nueva información sobre el pasado de Ambra Gutiérrez y no revelaron su procedencia. Fue, me dijo uno de los agentes, como si Weinstein se hubiera infiltrado en la oficina de Cyrus Vance personalmente.

Cuando ocurrió el incidente de Ambra Gutiérrez, el equipo jurídico de Weinstein contaba con una fuerte influencia política. El exalcalde de Nueva York, Rudolph Giuliani, fue uno de los mayores implicados. «Rudy siempre estaba en la oficina después de lo de Ambra —recordó un empleado de la Weinstein Company—. Entonces todavía tenía la cabeza en su sitio.» Giuliani trabajó tantas horas en el asunto de Ambra Gutiérrez que, posteriormente, se produjo una discusión por el cobro de unas facturas. Estas peleas por las facturas eran un *leitmotiv* en los acuerdos comerciales de Weinstein.

Varios miembros del equipo jurídico de Weinstein hicieron donaciones a las campañas de Cyrus Vance. Otro abogado, Elkan Abramowitz, era socio de una firma que anteriormente había empleado a Cyrus Vance, y contribuyó con 26 450 dólares a las campañas de Vance desde 2008. Reconocí el nombre de Elkan Abramowitz: cuando mi hermana reiteró su acusación contra Woody Allen por haberla agredido sexualmente, Allen envió a Abramowitz a los programas de televisión matinales para que sonriera afablemente y negara las acusaciones. A raíz de esto, mis sentimientos hacia Abramowitz se volvieron menos personales, por lo menos. Para Abramowitz y muchos otros abogados, este asunto no iba de víctimas; eran cosas de familia que pasaban en la industria.

David Boies también había trabajado en el embrollo de Ambra Gutiérrez, y él también había confraternizado con el fiscal del distrito de Manhattan. Era uno de sus donantes más antiguos y, en los meses posteriores a la decisión de no presentar cargos, contribuyó con 10 000 dólares a la campaña de reelección de Cyrus Vance.

Después de esta decisión, Ambra Gutiérrez estaba conmocionada y preocupada por su futuro. «No podía dormir, no podía comer», me dijo. Weinstein tiró de sus contactos en los tabloides para conseguir artículos que pintaban a Ambra Gutiérrez como a una trepa. Ella sintió que la historia se repetía. Pensaba que los artículos de Italia, que la retrataban como a una prostituta, eran consecuencia de haber testificado en el caso de corrupción contra Berlusconi. Me dijo que Berlusconi había utilizado su poder para calumniarla. «Decían que yo era una chica Bunga Bunga, que tenía aventuras con ricachones viejos. Cualquiera que me conozca sabe que esas cosas son completamente falsas», me dijo. Al parecer, el *slut shaming*[4] era un lenguaje universal. Varios redactores jefes de tabloides me dijeron más tarde que lamentaban la cobertura mediática que habían dado al asunto de Ambra Gutiérrez y que les parecía que la mujer dejaba inquietantemente al descubierto las relaciones transaccionales de Weinstein en su industria.

Weinstein explotó en particular sus lazos con David Pecker y Dylan Howard en el *National Enquirer*. Los empleados de Weinstein recordaban un repunte de sus llamadas a Pecker. Howard ordenó a su plantilla de empleados que dejaran

---

4. El *slut shaming*, o «tildar de guarra», es la práctica de juzgar despectivamente a una mujer por su forma de vestir, conducta o identidad sexual.

de informar sobre la denuncia de Ambra Gutiérrez y que luego la tantearan para comprarle la exclusiva y enterrarla. A continuación, el *National Enquirer* publicó un artículo, aparentemente basado en sus propios intentos, que aseguraba que Gutiérrez quería vender la historia al mejor postor.

Gutiérrez me dijo que era como si «la culpa fuera mía solo por ser modelo de ropa interior». «Había gente que me decía: "A lo mejor es por cómo ibas vestida".» (Cuando se reunió con Weinstein llevaba un traje de oficina y medias gruesas porque hacía frío.) Su mala reputación estaba cuajando. «Mi trabajo depende de mi imagen, y mi imagen estaba destruida», me dijo. Las llamadas para convocarla a *castings* cesaron. Los *paparazzi* sitiaron su apartamento. Su hermano llamó de Italia para decir que los periodistas habían dado con él en el trabajo.

Cuando los abogados que Ambra Gutiérrez había consultado la apremiaron para que aceptara un acuerdo, ella se opuso al principio. Pero su firmeza empezó a resquebrajarse. «No quería que mi familia sufriera más por mi culpa —me dijo—. Tenía veintidós años. Yo sabía que si él era capaz de movilizar así a la prensa, yo no podría hacerle frente.» La mañana del 20 de abril de 2015, Gutiérrez se sentó a la mesa de un bufete de abogados en el centro de Manhattan con un acuerdo jurídico voluminoso y un bolígrafo delante de ella. A cambio de la suma de un millón de dólares se comprometía a no volver a hablar públicamente de Weinstein ni a acusarlo. «Ni siquiera alcanzaba a entender bien qué iba a hacer con todos aquellos papeles —me dijo—. Estaba completamente desorientada. Mi inglés era muy malo. Todas aquellas palabras del acuerdo eran superdifíciles de entender. Supongo que ni siquiera ahora sería capaz de entenderlo todo.» Al otro lado de la mesa, Daniel S. Connolly, el abogado de Weinstein del bufete de Giuliani, temblaba visiblemente cuando Gutiérrez levantó el bolígrafo. «Vi que temblaba y comprendí lo gordo que era todo aquello. Pero entonces pensé que necesitaba apoyar a mi madre y a mi hermano y que estaban destruyendo mi vida, y firmé», me dijo.

«En el momento de hacerlo, supe que estaba mal hecho.» Ella sabía que la gente la juzgaría por aceptar el dinero. «Mucha gente no es sensible. No se ponen en mi situación», me dijo. Después de firmar el contrato, Gutiérrez se deprimió y desarrolló un trastorno alimentario. Finalmente, su hermano, que estaba preocupado, viajó a Estados Unidos. «Él sabía que yo estaba muy mal», me dijo. El hermano se la llevó a Italia y luego a Filipinas «para empezar de cero». Ambra me dijo: «Estaba completamente destrozada».

10

Mamá

*D*os años más tarde, Ambra Gutiérrez cerró los ojos mientras revivía el recuerdo. «¿Tiene el documento? —le pregunté. Abrió los ojos y me miró—. Le prometo que utilizaré todo lo que diga hoy únicamente si me da su visto bueno. Incluso si eso significa renunciar a la investigación.» Sacó un iPhone blanco y se puso a navegar por la pantalla. Me alargó el teléfono por encima de la mesa y me permitió leer el acuerdo de confidencialidad de un millón de dólares.

El documento ocupaba dieciocho páginas. En la última figuraban las firmas de Ambra Gutiérrez y de Harvey Weinstein. Los abogados que participaron en su redacción debieron de estar tan convencidos de su carácter ejecutorio que nunca contemplaron la posibilidad de que saliera a la luz. El contrato ordenaba la destrucción de todas las copias de las grabaciones de audio en las que Weinstein reconocía los tocamientos. Gutiérrez consintió en entregar su teléfono y cualesquiera dispositivos que pudieran contener pruebas a Kroll, una empresa de seguridad privada contratada por Weinstein. También aceptó entregar las contraseñas de sus cuentas de correo electrónico y otras formas de comunicación digital que pudieran haberse usado para sacar copias sin que nadie se diera cuenta. «El contrato de confidencialidad de Weinstein es quizás el más usurero que he visto en décadas de ejercicio profesional», me diría más tarde un abogado que representaba a Gutiérrez. Una declaración jurada, previamente firmada por ella, se anexaba al contrato y sería revelada en caso de incumplimiento. Además, precisaba que la conducta que Weinstein había reconocido en la grabación no había ocurrido nunca.

Levanté la vista del contrato y del cuaderno en el que había estado transcribiendo apuntes a toda prisa.

—Ambra, ¿se destruyeron todas las copias de esa grabación?

Ella juntó las manos en su regazo y se quedó mirándolas.

Un momento después salí presuroso del restaurante en dirección al metro mientras marcaba el teléfono de Rich McHugh. Le conté la historia. «Dice la verdad. Y existe una grabación en la que él lo reconoce todo», le dije.

Escribí un mensaje de texto a Noah Oppenheim. «Ahora estoy en contacto con cinco mujeres con acusaciones contra HW, para tu información. Acabo de estar con una modelo que llevaba un micro oculto durante una investigación policial en 2015. Me va a dejar escuchar las grabaciones. Quiere hablar, pero aceptó dinero a cambio de un AC. Me ha enseñado el documento. Es legal. Firmado por HW, un millón de dólares.» Cuando me respondió horas más tarde, solo me preguntó: «¿Quién es tu productor en esta historia?», y no volvió a decir nada.

De vuelta en el 30 Rockefeller Plaza, McHugh y yo nos sentamos enfrente de Rich Greenberg en su despacho de la cuarta planta. «La historia tiene chicha», dijo Greenberg, reclinándose en su silla de oficina de diseño.

—O sea, es tremendo —dijo McHugh—. Está reconociendo un delito.

Greenberg giró sobre su silla hacia su pantalla de ordenador.

—Vamos a ver… —dijo, tecleando el nombre de Ambra Gutiérrez en Google y abriendo la pestaña de imágenes. Se desplazó por algunas fotografías de ella en lencería y posturas seductoras y dijo—: No está nada mal.

—Estamos cerca de una prueba importante —dije impaciente—. Me ha dicho que me va a poner la grabación.

—Bueno, eso habrá que verlo —dijo Greenberg.

—Y está el contrato —añadió McHugh.

—Esa parte es espinosa —dijo Greenberg—. No podemos obligarla a incumplir el contrato.

—No estamos obligándola a hacer nada —repuse.

Esa misma tarde llamé a Steve Chung, el abogado de la NBC. «Teóricamente, alguien podría decir que la hemos inducido a violar el contrato. Pero este agravio sería raro. Existen un montón de interpretaciones contradictorias de lo que uno necesita para demostrar algo así. Algunos dicen que tienes que demostrar que el único propósito del acusado era violar el contrato, cosa que no es tu objetivo evidentemente —dijo—. Estoy seguro de que Rich solo está siendo precavido.»

Intenté localizar a Jonathan unas cuantas veces en el transcurso de la tarde, pero solo me hice con él cuando me escabullí del Rockefeller Plaza al anochecer. «¡Seis llamadas! ¡Pensé que era una emergencia!», me dijo. Estaba saliendo de una reunión. «¡Cinco!», repliqué. Nos habíamos conocido poco después de que dejara su empleo como redactor de los discursos presidenciales. En los años que estuvimos juntos, Jonathan probó distintas cosas, creó una *sitcom* de corta vida y tuiteó muchísimo. Hacía un par de meses que él y sus amigos habían creado una empresa de medios de comunicación centrada en *podcasts* sobre la Costa Oeste. La empresa despegó más rápido de lo que nadie hubiera sospechado. Sus viajes a Nueva York eran cada vez más cortos y menos frecuentes.

—Lo estoy comprobando —iba diciéndome.

—Hazlo —contesté. Esperé treinta segundos—. ¡Jonathan!

—¡Perdón! Me he olvidado de que estabas ahí. —Esto pasaba cada dos por tres. En aquella época, nuestra relación consistía casi exclusivamente en llamadas interminables. A veces él intentaba ponerme en pausa, olvidando que yo no era un *podcast*.

Mi teléfono tintineó. Miré la pantalla y vi una hilera de veinte o treinta alertas de mensajes de Instagram que provenían de una cuenta sin fotografía de perfil. Decían, una y otra vez: «Te estoy vigilando, te estoy vigilando, te estoy vigilando». Los borré de la pantalla. Los mensajes extraños formaban parte del oficio cuando trabajabas en televisión.

—Los pirados me quieren —le dije a Jonathan, y le leí los mensajes.

—Cree que te quiere, pero espera a que sepa lo que es salir contigo.

—¿Eso qué quiere decir?

—¿Quiere decir que te quiero?

—¿Eso quiere decir?

—Estoy trabajando en mis votos para la ceremonia. En la luna. Con nuestras botas de gravedad.

Era una broma recurrente. La madre de Jonathan quería nietos, pero no esperar hasta la era de las bases lunares.

—¿Otra vez *esta* conversación? —dije siguiéndole el juego.

—Tú busca a alguien de la NBC que le eche un ojo a las amenazas. Tómatelo en serio, por favor.

Después de mi primera reunión con Ambra Gutiérrez, quise saber más detalles y llamé al mismo contacto en la oficina del fiscal del distrito. «Es raro —dijo el contacto—. En los archivos del caso se hace referencia a la grabación, pero no creo que la tengamos.» Eso parecía improbable. La oficina del fiscal del distrito, de acuerdo con el procedimiento habitual, habría conservado cualquier prueba por si alguna vez la investigación se reabría. Le di las gracias y lo achaqué a una búsqueda insuficientemente exhaustiva.

Una semana después de nuestra primera conversación, volví a reunirme con Ambra Gutiérrez en un restaurante subterráneo cerca de Union Square. Ella venía de un *casting*, peinada y maquillada. Fue como hacerle una entrevista en un anuncio de champú. Me habló del imperio mediático corrupto de Berlusconi y de cómo había reunido la fortaleza para ayudar a desenmascararlo. Con cada una de nuestras conversaciones, parecía más dispuesta a hacerlo otra vez.

Antes de nuestra cita, ella me envió una foto de un viejo MacBook y me dijo que había perdido el cargador. Encontré uno de la época adecuada y, mientras nosotros hablábamos, el portátil se cargaba en una silla cercana. Yo no paraba de mirarlo de reojo, nervioso. Finalmente, con la mayor despreocupación posible, le pregunté si creía que ya tendría bastante batería. El restaurante era ruidoso, de modo que nos marchamos de allí y fuimos caminando hasta un Barnes & Noble a la vuelta de la esquina. Ella volvió a abrir el portátil. Mirando a un lado y a otro, navegó por una serie de subcarpetas, recorriendo fotografías de modelo y documentos de Word de aspecto inofensivo.

—Antes de la orden de entregarles mi teléfono y mi ordenador —dijo mientras analizaba más en profundidad el disco duro—, me reenvié a mí misma la grabación, a todos mis correos electrónicos.

Ambra Gutiérrez acordó entregar a Kroll, la empresa de seguridad, todas las contraseñas de sus cuentas, y sabía que, si ocultaba alguna, ellos lo descubrirían. Sin embargo, para garantizarse una pequeña ventana de oportunidad, les dijo que no recordaba una de las contraseñas. De este modo, mientras Kroll borraba una a una las otras cuentas, ella inició sesión en la cuenta cuya contraseña debía recuperar supuestamente, transfirió el audio a un correo electrónico «desechable» temporal y después eliminó el mensaje de la carpeta de enviados. Más tarde descargó los archivos en su viejo ordenador portátil, que escondió en el fondo de un armario. «No sabía si funcionaría —me dijo—. Fue todo…» Ahogó un jadeo, conteniendo el aliento, como quien se prepara para lo peor. Sin embargo, Kroll no llamó a su puerta y el portátil se pasó dos años acumulando polvo, sin batería.

En la pantalla que tenía delante, Ambra Gutiérrez abrió una carpeta que se llamaba «Mamá». Dentro había archivos de audio titulados Mamá1, Mamá2 y Mamá3: eran las grabaciones que había tenido que iniciar frenéticamente durante la operación policial encubierta cada vez que su teléfono móvil emitía una alerta indicando la escasa vida de la batería. Me dio unos auriculares y escuché atento. En el audio estaba todo: las promesas de promoción de su carrera, la lista de actrices a las que Weinstein había ayudado, el encuentro con el agente que se había hecho pasar por un fotógrafo de *TMZ*. En la grabación, el pánico de Gutiérrez era palpable. «No quiero —decía ella en el pasillo, fuera de la habitación de Weinstein, negándose a entrar, mientras el tono de Weinstein se volvía amenazante—.

Quiero irme —añadía—. Quiero volver abajo.» En un punto, le preguntó por qué le había tocado los pechos el día antes.

—Oh, por favor, lo siento, vamos, entra —respondía Weinstein—. Estoy acostumbrado. Vamos. Por favor.

—¿Estás acostumbrado? —le preguntó Gutiérrez, incrédula.

—Sí —dijo Weinstein, y añadió—: No volveré a intentarlo.

Después de casi dos minutos de tira y afloja en el pasillo, finalmente Weinstein aceptó volver al bar.

Weinstein la había engatusado, amenazado y acosado y no había aceptado un no por respuesta. Pero, por encima de todo, el audio suponía una prueba irrefutable. Indiscutible. Weinstein reconocía no solo un delito, sino una pauta de conducta: «Estoy acostumbrado».

—Ambra —dije quitándome los auriculares—, tenemos que hacerlo público.

Saqué una unidad USB de mi bolsillo y se la deslicé por encima de la mesa.

—No puedo decirte lo que tienes que hacer. La decisión es tuya —le dije.

—Lo sé —respondió. Cerró los ojos, se balanceó durante un instante—. Lo haré. Pero todavía es pronto.

11

Bloom

*E*l segundo encuentro con Ambra Gutiérrez me hizo llegar tarde a mi cita para tomar una copa con una antigua asistente de Phil Griffin, mi exjefe en MSNBC. «Esta es la historia más importante que he investigado jamás —le escribí al móvil—. Si llego tarde es porque no tengo otra elección posible.» Después del periodismo, el drama y llegar tarde eran mis grandes pasiones.

«No pasa nada espero vaya bien», me contestó, mostrándose tolerante.

Todavía estaba disculpándome cuando llegué al pequeño bistró francés donde nos habíamos citado. Cuando le pregunté qué tal estaba Griffin, me dijo que tenía gracia que lo mencionara, porque él también había preguntado por mí.

Phil Griffin era la persona que me había dado una oportunidad en la NBC. Era un productor con talento que se había abierto camino en la CNN y, más tarde, en el programa *Today* y en *Nightly News*. En la CNN se había especializado en deportes. Era un apasionado del béisbol y benévolo con mi incomprensión cuando iniciaba un apasionado monólogo sobre el tema. Cuando hablaba del sueño de su vida de trabajar para los New York Mets, sospechabas que lo decía básicamente de guasa. Al timón de MSNBC había controlado los períodos de mayor éxito de la cadena por cable y había sobrevivido a sus brutales horas bajas. Griffin era hijo de un ejecutivo de Macy's y había crecido en los ricos barrios residenciales de las afueras de Nueva York y Toledo. Esbelto, calvo y nervioso, tenía el porte descuidado de un hombre que, por lo general, se salía con la suya.

En los dos años que habían transcurrido desde la cancelación de mi programa, nuestro contacto se había limitado a cruces cordiales en la oficina. Cuando su antigua asistente me comentó que Griffin se había interesado por mí, me pregunté si solo estaba siendo educada y, si era verdad, cuál sería el motivo de ese interés.

Harvey Weinstein llamó varias veces a David Boies, su abogado, poco después del tuit de Rose McGowan del otoño anterior. Sin embargo, Weinstein no mencionó a la NBC hasta la primavera.

—He oído que están preparando un artículo —dijo Weinstein. Quería saber si Boies había oído algo. Este dijo que no. Al cabo de unos días, Weinstein estaba de nuevo al teléfono, formulando la misma pregunta.

En la segunda llamada a Boies, Weinstein pareció insatisfecho con las respuestas del abogado. «Conozco a gente en la NBC —le recordó—. Me voy a enterar.»

Cuando un medio informativo buscaba historias problemáticas, Weinstein se ponía nervioso y llamaba a sus abogados. Llevaba años haciéndolo, pero esta vez la cosa era distinta: iba diciendo en su entorno que la información le llegaba directamente de la NBC. Pronto confirmó que sabía exactamente cuánta información tenía la cadena, y también el nombre del reportero que trabajaba en la investigación.

En las semanas siguientes seguí quedando con Ambra Gutiérrez en el Barnes & Noble de Union Square. Me dijo que se reuniría conmigo, con Greenberg y con el departamento jurídico de la NBC para ponerles el audio y enseñarles el contrato. Pero seguía debatiéndose entre entregarnos la prueba o no.

Después de una de estas reuniones, dudé antes de llamar de nuevo a mi hermana Dylan. «Necesitas mi consejo otra vez, ¿no?», respondió con una nota burlona en la voz.

Le expliqué la situación: una fuente, una grabación, un contrato. Todas las personas con las que había hablado podrían ser informantes que revelaran información a Weinstein. Si algún día reunía la historia al completo, le enseñaría a ella el reportaje para preguntarle su parecer, pero de momento yo era vulnerable y las advertencias de las fuentes sobre las tácticas de Weinstein me tenían en vilo.

—¿A quién puedo recurrir? —le pregunté—. ¿En quién puedo confiar?

Se quedó pensativa un momento.

—Deberías llamar a Lisa Bloom.

Lisa Bloom era la clase de abogada que visitaba los platós de televisión, y usaba esta plataforma no solo para defender a sus clientes, sino también su ideal: proteger a las supervivientes de violencia sexual que plantaban cara a ricos y poderosos. Ella había defendido en múltiples ocasiones a mi hermana, verbalmente y por escrito, cuando pocos más se atrevieron. «Tú, tu hermana y tu madre os habéis comportado con elegancia y dignidad durante la tormenta, y habéis empoderado a los supervivientes de abusos sexuales de todo el mundo —me escribió una vez—. Lo menos que podía hacer era expresar bien alto la credibilidad evidente de Dylan.»

Lisa Bloom había salido con frecuencia en mi programa para representar a denunciantes de Bill O'Reilly y de Bill Cosby. «La gente rica y poderosa se va de rositas. Lo veo todos los días en mi oficio —dijo en un segmento sobre Cosby—. Represento a muchas víctimas de depredadores acaudalados y triunfadores. Lo primero que hacen es lanzarse a atacar a la víctima, hurgar en su vida para encontrar algo con que avergonzarla.» Había visto cómo «calumnian a las mujeres o las amenazan con calumniarlas».

Cuando Lisa Bloom descolgó el teléfono, le ofrecí que nuestra conversación fuera confidencial. Ella lo descartó.

—Por favor —me dijo. Su voz era cálida, con una ligera aspereza—. La mayor parte del tiempo *me gusta* comentar las cosas y lo sabe.

—Gracias —le dije—. Pero agradecería su discreción de todos modos.

—Desde luego —dijo.

—Sé que no nos ampara el privilegio del secreto profesional entre abogado y cliente, pero como colega de profesión, confío en usted. Si le pregunto por un asunto delicado, ¿está dispuesta a prometerme que no lo comentará con nadie antes de que salga a la luz?

—Por supuesto —dijo.

Le expliqué que estaba trabajando en una historia con contratos de confidencialidad de por medio, muy poderosos, y le pregunté qué pensaba de su carácter ejecutorio. Dijo que los contratos se mantenían por lo general, que con frecuencia estipulaban daños y perjuicios económicamente devastadores como multa por su incumplimiento y contenían cláusulas de arbitraje que les permitían su ejecución secreta, y no en los tribunales. (Curiosamente, el contrato leonino de Gutiérrez no incluía este tipo de cláusula de arbitraje.)

Algunos medios, como Fox News, finalmente habían rehusado ejecutar los contratos de confidencialidad firmados por antiguas empleadas con denuncias de acoso sexual. Lisa Bloom dijo que todo dependía de quién hacía la ejecución.

—Me ayudaría saber de quién se trata, Ronan —me dijo muy despacio.

—¿Y me promete que tengo su palabra de que lo que diga será confidencial?

—Tiene mi palabra.

—Se trata de Harvey Weinstein.

Yo estaba en mi apartamento, mirando la pared de ventanas estilo almacén que tenía enfrente. A través de una podía verse una pequeña franja de un estudio de ballet. La espalda de un maillot se estiraba dentro y fuera de mi cuadro de visión.

—Iré a verle para recabar sus comentarios si la cosa progresa hasta ese punto —continué—. Pero, entretanto, es importante para estas mujeres que no llegue a oídos de los suyos.

Otro silencio. Después Lisa Bloom dijo:

—Lo entiendo perfectamente.

Ambra Gutiérrez y Rose McGowan dijeron que necesitaban abogados. Yo, como reportero, tenía que mantener distancia con las causas judiciales de las fuentes. Les había dicho a ambas que no podría ofrecerles asesoramiento jurídico o recomendarles abogados directamente, pero sí que podía indicarles información disponible públicamente sobre expertos en el campo. Le pedí a Lisa Bloom que me aconsejara abogados con experiencia en casos en los que hubiera habido contratos de confidencialidad. Rose McGowan se pondría en contacto con uno de ellos más tarde.

El método que Harvey Weinstein empleaba habitualmente para dar con alguien por teléfono era ladrar su nombre a los asistentes apostados en la antesala de su despacho. No mucho tiempo después de las llamadas a Davis Boies sobre la NBC, Weinstein gritó dos nombres: «Ponedme con Andy Lack, ahora. Y con Phil Griffin».

Cuando Weinstein habló con Andy Lack, el jefe de estudio y el jefe de cadena intercambiaron breves cumplidos. Pero Weinstein, que sonaba ansioso, fue al grano rápidamente.

—Oye —dijo—, tu chico, Ronan, está haciendo un reportaje sobre mí. Sobre los años noventa y esas movidas.

Al parecer, mi nombre solo le sonaba vagamente. Andy Lack le sugirió a Weinstein que lo intentara con Griffin, mi antiguo jefe en MSNBC. Después, Weinstein se puso a perorar sobre su inocencia y lo disparatado de la historia.

—Andy, eran los noventa, ¿sabes? ¿Que salí con una asistente o dos y no debería haberlo hecho? ¿Que me acosté con una o dos? Fijo.

Andy Lack no replicó.

—Eran los noventa, Andy —repitió Weinstein, como si para él eso fuera un punto de exculpación importante. Y siguió con un tono de amenaza—: Lo hicimos todos.

Se hizo un silencio hasta que Andy Lack dijo:

—Harvey, no digas más. Lo revisaremos.

Estaba anocheciendo cuando Lisa Bloom me llamó otra vez. Yo salía de una estación de metro, de camino a casa.

—¡¿Cómo va la cosa?! —me preguntó—. He estado dándole vueltas. Lo cierto es que conozco a David Boies un poco, ¿sabe? Y… y a Harvey un poco también.

—No lo ha comentado con ninguno, ¿verdad? —le pregunté.

—Pues ¡claro que no! Lo digo porque, sabe, he tenido la idea de que podría ayudarle a ponerse en contacto con ellos.

—Lisa, esto es muy delicado, y aún es muy pronto. Le prometo que me pondré en contacto con él cuando llegue el momento. Pero, por favor, no diga nada aún. Me ha dado su palabra.

—Solo pienso que vale la pena tenerlo en cuenta —dijo.

—Si las cosas van a más, se lo haré saber —concluí.

Pasaba por delante de San Pablo Apóstol, la iglesia neogótica tipo fortaleza que había cerca de mi apartamento. Levanté la vista y después salí deprisa de su sombra.

—Cuente conmigo si necesita algo, ¿de acuerdo? —dijo Bloom—. Lo que sea.

12

Graciosos

*E*sa semana Rich McHugh y yo estábamos en el despacho de Rich Greenberg informándole sobre las conversaciones con Ambra Gutiérrez. Le hablé de su ofrecimiento a reunirse con nuestro departamento jurídico y enseñarles la prueba.

—Vamos a programarlo antes de que se arrepienta —dije.

Greenberg no se comprometió con la reunión. Dijo que necesitábamos tener el audio en mano, no solo escucharlo. Yo le dije que de acuerdo, pero que Gutiérrez estaba cada vez más decidida a compartirlo y defendí que la reunión con la NBC podría ser el empujón que necesitaba. Greenberg volvió a expresar su inquietud sobre la posibilidad de incurrir en alguna responsabilidad si examinábamos esos contratos.

—Tienes que seguir los cauces legales —dijo mientras jugueteaba con un bolígrafo que tenía delante.

Empecé a recordarle que estaba siguiendo los cauces legales con cada paso del reportaje cuando sonó el teléfono de su mesa. Miró la identidad de quién llamaba e hizo una pausa.

—Es Harvey Weinstein. Es la segunda vez que llama hoy.

McHugh y yo nos miramos. Era la primera noticia que teníamos de eso. Greenberg nos contó que Weinstein lo había presionado para sonsacarle detalles del reportaje. Había empezado halagándome, diciendo que era fan mío y fan de la cadena. Después se había puesto bravucón.

—Me ha dejado caer que ha contratado a algunos abogados —dijo Greenberg. Hojeó unas notas que tenía delante.

—¿David Boies? —le pregunté.

—Ha mencionado a Boies, pero había otro más. Aquí está, Charles Harder.

Harder era la fiera corrupia que, en un caso de invasión de la privacidad financiado por el multimillonario Peter Thiel, había impuesto el cierre de *Gawker*, una web de noticias chismosas.

—Le he dicho que no podíamos darle detalles, por supuesto —continuó Greenberg—. Hacemos esto siguiendo las normas. Que llame las veces que quiera.

Nuestro reportaje estaba en un limbo. Ambra Gutiérrez seguía dudando sobre si entregar o no el audio. El agente de Rosanna Arquette había dejado de devolverme las llamadas. La actriz británica confirmó el relato que su agente me había contado, pero luego se echó atrás y guardó silencio. Ashley Judd, cuyos comentarios sobre el anónimo directivo de un estudio presentaban semejanzas con las declaraciones de Rose McGowan y de Ambra Gutiérrez —una reunión desplazada del restaurante de un hotel a una habitación, y la exigencia de que ella lo viera ducharse—, no había respondido a mis consultas.

Una tarde de ese mes de marzo, encontré un trecho tranquilo de cubículos desocupados por obras de renovación y llamé a Annabella Sciorra. En las semanas previas, otras personas habían mencionado que podrían tener una historia que contar. Sciorra, criada en Brooklyn por unos padres italianos, se había hecho un nombre en películas como *La mano que mece la cuna*, y más tarde fue nominada a los Emmy por su papel protagonista en *Los Soprano*. Tenía fama de hacer papeles de personajes acerados y duros, pero cuando respondió al teléfono su voz sonó débil y cansada.

—Fue muy raro tener noticias suyas —dijo de mi consulta por Twitter que había dado pie a la llamada—. No tenía claro de qué se trataba, pero soy espectadora de MSNBC, ¿sabe? Así que me pareció bien que hablásemos.

Le dije que estaba trabajando en un reportaje de acusaciones de acoso sexual contra Harvey Weinstein y que dos personas me habían insinuado que quizás ella tuviera algo que decir al respecto.

—Ah, eso —dijo con un amago de risa—. Es extraño, ya he oído eso antes. ¿Quién se lo ha dicho?

Le dije que no podía revelar otras fuentes sin permiso.

—Si sabe algo, podría ayudar a mucha gente —le dije—. Aunque solo pueda hablar desde el anonimato.

Al otro lado de la línea, Annabella Sciorra estaba en el salón de su casa en Brooklyn, contemplando el East River. Vaciló y luego dijo:

—No. No pasó nada. —Otra leve risa—. No sé. Supongo que no era su tipo.

Le di las gracias y le dije que me llamara si recordaba cualquier cosa.

—Ojalá pudiera ayudar —contestó—. Lo siento.

A principios de ese mes de abril me senté en mi despacho y abrí un mensaje que acababa de llegarme. «Hola… —decía—. Soy Matthew Hiltzik tengo una pregunta rápida para usted.» Hiltzik era un destacado publicista. Era una opción fiable para las personalidades de la prensa, y durante años había llevado las comunicaciones de Katie Couric. Cuando, varios años antes, la avalancha de artículos que los tabloides publicaron sobre mi familia me llevó a la desesperación, contraté brevemente sus servicios por sugerencia de MSNBC y él se mostró compasivo conmigo. Hiltzik era un vocero de la igualdad de oportunidades. Estaba estrechamente relacionado tanto con los Clinton como con la familia Trump. Ivanka Trump era clienta de su bufete, y dos de sus subalternos, Hope Hicks y Josh Raffel, habían encontrado su papel en la Casa Blanca de Trump.

Pronto recibí su llamada.

—Hola, ¿cómo te va? —me dijo Hiltzik alegremente. Se oía un murmullo de voces de fondo, como si saliera de una fiesta—. Estoy en un acto —me explicó—. Hillary está dando un discurso.

Hiltzik nunca llamaba sin una razón. Respondí una vaguedad.

—Haciendo malabarismos con unas cuantas pelotas. Intentando cumplir el plazo de entrega de un libro.

Me había pasado las noches intentando armar furiosamente un libro que llevaba mucho tiempo gestando sobre el papel decreciente de la diplomacia en la política exterior de Estados Unidos.

—Por lo que cuentas, parece que tus otros proyectos están durmiendo en un cajón —respondió Hiltzik—. Como te he dicho, Hillary está aquí, y Harvey, con quien llevo trabajando muchos años, también está aquí.

No dije nada.

—De hecho, acaba de llegar —prosiguió Hiltzik— y me ha dicho: «¿Quién es ese tal Ronan? ¿Está haciendo preguntas sobre mí? ¿Me está investigando?».

—¿Lo estás representando? —le pregunté.

—No exactamente. Tenemos relación desde hace mucho tiempo. Sabe que te conozco y le he dicho que le haría un favorcillo. Le he dicho: «Mira, Harvey, tranquilízate, Ronan es un buen chico». Le he dicho que tú y yo tendríamos una pequeña charla.

—Investigo muchísimas pistas y la verdad es que no puedo hablar de ninguna de ellas hasta que estén listas para publicarse.

—¿Es para la NBC? —preguntó Hiltzik.

—A ver… soy reportero de investigación en la NBC.

—¿Tiene esto que ver con Rose McGowan? —insistió—. Porque él dice que eso puede aclararlo.

Escogiendo con cuidado mis palabras, le dije que siempre agradecía cualquier información. Se oyeron unos gritos ahogados de fondo.

—Es muy gracioso —dijo Hiltzik—. Está diciendo toda clase de… —hizo una pausa para buscar un efecto— chismes *graciosos*.

Dos horas más tarde, Hiltzik me escribió al móvil: «El tipo es desternillante. Le pasé tu mensaje. Me ha pedido q vuelva a llamarte». Luego Hiltzik me llamó otra vez y me dijo de Weinstein:

—No siempre tiene reacciones normales. Está alterado. Disgustado.

—Siento oír eso —le dije.

—A veces la gente se pone agresiva y se mete con él insinuando que hay donde rascar. Dice que siempre hay alguien que vuelve con el mismo cuento y al final nunca es verdad, o no tanto como piensa la gente.

Mencionó que las revistas *The New Yorker* y *New York Magazine* habían ido detrás de esta historia. Uno de los periodistas «llamó a todo el entorno de Harvey y eso lo asustó». Weinstein se había «vuelto más sensible con este tema».

—¿Qué quiere decir «sensible»? —le pregunté.

—Se ha hecho mayor. Se ha suavizado. No pienso que vaya a tomar medidas inmediatamente, pero…

—¿Tomar medidas?

—Bueno, no es tonto. No se va a quedar de brazos cruzados. Mira, tienes que terminar tu libro, ¿no? Pues esto lo dejas durmiendo en un cajón.

Eché un vistazo a las notas que había estado tomando durante la llamada. Mis cejas se enarcaron cuando la vi: Hiltzik había dejado escapar una pista pequeña pero útil.

Sonaron aplausos al otro lado de la línea.

—¿En qué acto estás? —le pregunté.

Hiltzik explicó que Hillary Clinton había terminado una conversación de camerino con Weinstein, su viejo amigo y recaudador de fondos para su partido, y luego había salido al escenario para dar un discurso en la cumbre de Women in the World.

Escribí a Greenberg sobre Hiltzik inmediatamente. Al día siguiente, Greenberg me llamó. Empezó con unas palabras formales sobre mi libro de política exterior que me sugirieron que quería ir a parar a algún sitio. Entonces me dijo:

—A todo esto, he estado con Noah hoy, ¿y sabes qué? Estábamos hablando de diez cosas diferentes, no es que hubiéramos quedado para hablar de este tema, pero me preguntó sobre tu reportaje favorito. —Se rio entre dientes—. Le dije que hay humo pero que no sé si hay fuego. No tenemos ninguna prueba concluyente. Le he dicho: «Noah, si me preguntas ahora mismo, no creo que la tengamos, ¿sabes?».

Le recordé que yo había escuchado un audio en el que Weinstein reconocía una agresión y que había visto su firma en un contrato de confidencialidad de un millón de dólares. Le presioné para programar esa reunión entre Ambra Gutiérrez y nuestros abogados.

—Eso no es noticia. No creo que haya ninguna prisa —dijo Greenberg—. En el punto en el que estamos ahora, lo mejor es darle un respiro.

—¿Qué significa «darle un respiro»? —pregunté.

—Pues eso, que… que lo dejes durmiendo en el cajón —dijo Greenberg. «Otra vez esa frase», pensé—. Ronan, tienes muchas cosas prometedoras entre manos. Tienes muchos proyectos en marcha, las series van bien. No tienes que centrarte necesariamente en esto, ¿sabes?

Unos minutos más tarde, hablé con McHugh por teléfono. Se quedó tan atónito como yo.

—Tiene pinta de que alguien los ha llamado —me dijo—. Primero tienes noticias de Hiltzik y de Harvey, ¿y ahora esto? No parece una coincidencia.

—Estoy seguro de que han recibido llamadas y estoy seguro de que están plantándoles cara. Noah no dará marcha atrás.

—Bueno, nuestro jefe inmediato no quiere que hagas el reportaje. Vas a tener que decidir si sigues adelante con esto.

—Les llevaremos más pruebas, tendrán que cambiar de opinión.

Pero cuando McHugh le dijo a Greenberg que estaba reservando una tarde para hacer llamadas sobre el caso Weinstein, Greenberg se limitó a decir: «Creo que eso puede esperar». La situación estaba creando un círculo vicioso. Necesitábamos más pruebas, pero seguir recabándolas abiertamente era incurrir en responsabilidades penales.

—¿Qué pasará cuando necesitemos rodar más entrevistas? —preguntó McHugh.

—Te veo en muy buena forma —me decía Alan Berger, de la Creative Artists Agency. La falla de San Andrés podría partirse en dos y Los Ángeles hundirse directamente en el

Pacífico, que los agentes seguirían corriendo de aquí para allá para asegurar a los clientes que todo iba viento en popa—. Tu reportaje sobre las prisiones en *Nightly*, ¡uau! —continuó. Tenía una voz cálida, entrañable, con un acento que le permitía manejarse en cualquier punto de Long Island. En la industria lo consideraban un hábil negociante—. Sabes que tu contrato termina este otoño.

—Lo sé —le dije. Yo estaba en mi apartamento. En el estudio de ballet al otro lado de la calle, alguien estaba lustrando el suelo. A medida que el reportaje de Weinstein se ampliaba, yo iba desplazando otros reportajes y perspectivas profesionales. Había incumplido tantos plazos de mi libro sobre política exterior que mi editor finalmente se dio por vencido y canceló el proyecto esa misma semana.

—Allí les encantas —dijo refiriéndose a la NBC—. Le encantas a Noah. Todo el mundo te imagina haciendo grandes cosas.

—Bueno, estoy trabajando en algunos temas que hacen las cosas un poco...

—¿Un poco qué, Ronan?

—No puedo hablar de ello, Alan. Tú solo dime si hay algo raro.

—Ronan, me matas —dijo Berger riendo—. Tú dedícate a hacer lo que haces, y no cabrees a nadie.

13

Capullo

*R*epasé las notas que había tomado durante mi conversación telefónica con Matthew Hiltzik y su comentario sobre las revistas *New York Magazine* y *The New Yorker*. En *New York Magazine*, David Carr, con sus sospechas de vigilancia e intimidación, había dado caza a la historia, pero a principios de la década del 2000. Algo en la observación de Hiltzik sobre la sensibilidad de Weinstein daba a entender que alguien había intentado algo más recientemente.

Le envié otro mensaje a Jennifer Senior, la escritora que había trabajado con David Carr. «¿Puede averiguar si alguien de *New York Magazine* ha investigado sobre esta historia, posiblemente más recientemente que David? —le pregunté—. No dejan de decirme que podría ser el caso.»

«Correcto —me respondió—. Acabo de comprobar mi correo. Pero me da cosa decir quién es en el caso presente.» Al parecer, el intento había quedado en agua de borrajas. Le pedí que le transmitiera un mensaje al autor misterioso.

En *The New Yorker*, Ken Auletta, periodista conocido por sus rigurosas valoraciones sobre los directivos de la industria y los medios, había bosquejado un perfil de Weinstein en 2002. El artículo, titulado «La bella y la bestia», no hacía mención explícita a la depredación sexual, pero incidía en la brutalidad de Weinstein. Era, escribió Auletta, «espectacularmente grosero y hasta amenazante». Y había un pasaje curioso, acalorado, que insinuaba que la historia no terminaba ahí. Auletta apuntaba que los socios comerciales de

Weinstein «se sentían "violados"; una palabra que a menudo invocaban quienes trataban con él». Envié un mensaje a un conocido que trabajaba en *The New Yorker* y le pedí el correo electrónico de Auletta.

Ken Auletta tenía setenta y cinco años. Había crecido en Coney Island, de madre judía y padre italiano. Su porte y su forma de hablar tenían un deje elegante y anticuado. Y era un periodista prudente y con experiencia. «Desde luego, tenía más miga que la que pudimos sacarle», me dijo cuando lo llamé desde un despacho vacío próximo a la sala de redacción destinada a las investigaciones. En 2002, Auletta había investigado a Weinstein y las afirmaciones que aseguraban que daba caza a las mujeres, e incluso le preguntó al propio Weinstein sobre estas acusaciones en una entrevista grabada. Los dos estaban sentados en el despacho que Weinstein tenía en Tribeca. Este se puso en pie, acalorado, y le gritó a Auletta: «¿Qué quiere, que mi mujer me pida el puto divorcio?». El periodista se puso en pie también, «totalmente dispuesto a molerlo a palos». Pero entonces Weinstein se derrumbó, volvió a sentarse y empezó a lloriquear. «Me dijo básicamente: "Mire, no siempre me he portado bien, pero quiero a mi mujer".» Weinstein no negó las acusaciones.

Ken Auletta no había podido conseguir ninguna declaración grabada como la que yo tenía de Rose McGowan, o una prueba sólida como el audio y el contrato de Ambra Gutiérrez. Pero había hablado con Zelda Perkins, una de las antiguas empleadas de Miramax en Londres que estuvieron implicadas en un acuerdo conciliatorio con Weinstein después de haber sufrido acoso sexual. Si bien Zelda Perkins estaba demasiado asustada como para dejar que la grabaran, Ken Auletta consiguió utilizar su relato como palanca para obligar a Weinstein a reconocer que había existido una especie de acuerdo con ella y otra empleada en Londres. Weinstein incluso presentó a *The New Yorker* el cheque anulado que se había usado en la transacción para demostrar que no había sido suscrito por Disney, la sociedad matriz de Miramax, sino con dinero privado de una cuenta que pertenecía a Bob, el hermano de Harvey.

Sin embargo, Weinstein le enseñó el cheque en privado y no oficialmente. Cuando los hermanos, acompañados de David Boies, se reunieron con Ken Auletta y David Remnick, el redactor jefe de *The New Yorker*, Harvey no aportó ninguna información más que les hubiera permitido publicar las afirmaciones. Tan solo manifestó furiosas negaciones y un temperamento apenas controlable.

Años más tarde, la frustración de Ken Auletta seguía siendo palpable. Era como un detective de homicidios al que un caso sin resolver mantenía en vela por las noches. «Tenía una fijación», me dijo. Hacia el final de su reportaje, decía: «Terminé creyendo que es un depredador, un violador en serie, y que desenmascararlo sería un servicio a la ciudadanía». Había intentado resucitar el caso dos veces a lo largo de los años; la última y más reciente tras el incidente de Ambra Gutiérrez, sin éxito. «Si tienes la oportunidad de conseguir lo que yo no pude conseguir, ve a por ello», me dijo.

Rose McGowan había mantenido el contacto con nosotros y nos animaba a que fuéramos a hacerle más grabaciones. En nuestras conversaciones mencionó que había encontrado más ayuda. Lacy Lynch, la agente literaria que le había pasado la petición de Seth Freedman, el experiodista comprensivo del *Guardian*, también le transmitía otras expresiones de solidaridad. El día que yo hablé con Ken Auletta llegó uno de esos correos electrónicos, de Reuben Capital Partners, una compañía de gestión patrimonial que quería fichar a McGowan para un proyecto de caridad llamado Women in Focus. La compañía estaba organizando una cena de gala para finales de año y quería que McGowan pronunciara el discurso de apertura: «Tenemos un vivo interés en el trabajo que la señora Rose McGowan lleva a cabo por la defensa de los derechos de la mujer y creemos que los ideales por los que lucha responden fielmente a los que defiende nuestra nueva iniciativa».

«Creo que suena bien —escribió Lace Lynch a McGowan—. Me gustaría hacer una llamada para saber más.»

El correo electrónico de Reuben Capital Partners venía firmado por Diana Filip, subdirectora de inversiones sostenibles y responsables.

A la mañana siguiente, un correo electrónico que obtuve muchos meses después apareció en la cuenta privada de Gmail de Harvey Weinstein. «Información sobre R. F. SOMETIDA A SECRETO PROFESIONAL», rezaba el asunto.

«Harvey —decía el correo—, aquí tienes una visión general de la información que he recabado sobre Ronan Farrow.» Había varias docenas de documentos adjuntos. En una sección del correo titulada «Personas de interés que Farrow está investigando» figuraba una lista de personas que lo habían acusado; yo había hablado con algunas y a otras no las conocía. El correo indicaba que Rich McHugh y yo habíamos seguido en las redes sociales a un grupo de colaboradores de Rose McGowan en torno a la fecha de nuestra entrevista, «sin previo aviso», y especulaba con que yo le había tirado de la lengua. Por lo demás, observaba que yo era «un fan» de Lisa Bloom y, al parecer, valoraba su nivel de acceso a mí. Asimismo, describía mis numerosos intentos por contactar con Ashley Judd, Annabella Sciorra y Rosanna Arquette. El correo analizaba qué probabilidad existía de que cada una de ellas estuviera dispuesta a hablar. Señalaba todas las declaraciones públicas sobre violencia sexual que estas mujeres habían hecho como una señal de advertencia.

Una sección titulada «Farrow y la profesión» incluía una lista exhaustiva de colaboradores que podrían ayudarme a contactarlas o a conseguir información. En ella figuraban los periodistas de investigación con quienes había trabajado en antena, como Cynthia McFadden y Stephanie Gosk. Pero la lista también incluía colaboradores que no eran identificables públicamente, como un administrativo de la NBC cuya mesa de trabajo estaba pegada a la mía.

La sección biográfica parecía buscar puntos espinosos. Se hablaba de lo que era descrito como un «drama familiar», provocado por «su hermana Dylan Farrow en sus acusaciones de violación contra el padre de ambos, Woody Allen». El tema que yo había intentado rehuir durante años volvía a rondarme.

El correo lo había enviado Sara Ness, una investigadora privada de una compañía llamada PSOPS. Jack Palladino y su esposa Sandra Sutherland dirigían la empresa. Uno de los escasos perfiles que existían de ambos, que se había publicado en la revista *People*, los comparaba con Nick y Nora Charles, la pareja de detectives en *The Thin Man (La cena de los acusados)*, pero con menos glamur. Durante la campaña presidencial de 1992, Bill Clinton contrató a Jack Palladino para «desacreditar los relatos de las mujeres que aseguraban haber mantenido relaciones con el gobernador de Arkansas», afirmaba el *Washington Post*. A finales de los años noventa, Jack Palladino se había ganado el apodo de El Capullo del Presidente. Él dijo que nunca había incumplido la ley, pero apuntó ufano: «Me gusta vivir al límite».

«Jack está en el extranjero, pero lo he mantenido al corriente de esta investigación y vamos a hablar esta semana sobre las cuestiones/posibles estrategias que tú y yo comentamos ayer», escribió Sara Ness a Weinstein aquel día de abril. Le prometió que pronto le entregaría un informe más completo y formal. El mensaje dejaba dos cosas claras: que el objetivo de la investigación era completar un esfuerzo mayor que implicaba a otros actores, aparte de la empresa de Palladino; y que el informe tan solo era una primera andanada.

McHugh y yo seguimos proponiendo la idea de investigar más sobre Weinstein, y Greenberg siguió diciéndonos que nos centráramos en otras cosas. Greenberg era nuestro jefe. Las conversaciones se volvieron incómodas. Pero, después de la llamada telefónica a Auletta, lo que parecía claro es que habíamos conseguido pruebas más sólidas que cualquier otra persona antes que nosotros, a propósito de una historia que había permanecido enterrada durante décadas enteras.

—¿Qué hacemos? —le pregunté a McHugh. Estábamos al lado de la sala de redacción.

—No lo sé —respondió—. Si le preguntas a Greenberg... creo que te dirá que lo dejes durmiendo en un cajón...

—No nos ha ordenado que paremos —dije ya harto—. Ha dicho que podemos volver a quedar para hablarlo.

—Bueno —dijo McHugh, escéptico.

—Pero quizá, como estrategia, nos convenga armarnos hasta los dientes antes de la reunión —convine.

—Eso me parece a mí. Sigamos adelante.

Decidimos reforzar el reportaje. Regresaríamos con un corpus de evidencias a prueba de balas y pediríamos perdón, no permiso. Las llamadas que hiciéramos serían discretas. Pero quedaba la cuestión de cómo íbamos a seguir grabando las entrevistas sin desobedecer a Greenberg.

Al día siguiente McHugh me llevó a su ordenador.

—Tenemos luz verde para grabar cuántas, ¿tres, cuatro historias? —Estábamos trabajando en varias sobre la adicción y una de Dow Chemical y Shell y los residuos tóxicos que estaban sembrando en las tierras de cultivo de California—. ¿Crees que puedes programar las entrevistas sobre Weinstein cerca de las fechas de los rodajes?

—Bueno, sí. Pero aparecerán como entrevistas sobre Weinstein de todos modos.

—No necesariamente. Todo el tiempo añadimos entrevistas que nos van surgiendo cuando estamos de viaje. Y podemos darles el nombre que queramos.

Había límites a la cantidad de trabajo que podríamos ocultar. El tema de cualquier entrevista nueva aparecería en los informes de gastos detallados. Pero era una forma de no llamar la atención de los jefes sobre el asunto.

En la pantalla de su ordenador, McHugh navegó hasta una unidad de red en un servidor de la NBC. Se desplazó por una lista de directorios que contenían nuestros temas.

Luego sacó los archivos sobre Weinstein de la carpeta que se llamaba «MAGNATE DE LOS MEDIOS» y los soltó en otra carpeta diferente. Miré la pantalla y me reí. La carpeta que había elegido, que debía su nombre a la investigación de los residuos de California, se llamaba «VALLE DEL VENENO».

PARTE II
LA BALLENA
BLANCA

14

Principiante

$\mathcal{V}$arios hombres estaban sentados a la mesa habitual de Harvey Weinstein, junto a la cocina, al fondo del Tribeca Grill. Era el 24 de abril. Allí estaban Weinstein, Dylan Howard, del *National Enquirer*, y un agente de Black Cube, de aspecto joven, cabello negro y acento pronunciado.

Lanny Davis entró y echó un vistazo al local. Era un hombre de setenta y pocos años, delgado y canoso, y tenía bolsas bajo los ojos. Había crecido en la ciudad de Jersey; su padre era dentista, y su madre administradora de la misma clínica. En la facultad de Derecho de Yale, Lanny Davis había hecho buenas migas con Hillary Rodham y, más tarde, con Bill Clinton. Después de una carrera fallida al Congreso y un puñado de años de abogacía, convirtió la amistad que les unía en un papel profesional, señalándose como su más ardiente defensor en tiempos de escándalo y peligro político.

Luego Lanny Davis hizo su agosto con trabajillos que le reportaron un millón de dólares. Ejercía presión para que se hiciera la vista gorda ante las violaciones de derechos humanos en Guinea Ecuatorial, o ganaba 100 000 dólares al mes por restarle importancia a unas elecciones a todas luces amañadas en Costa de Marfil. Si un pasajero desaparecía y dejaba un rastro de sangre en la cubierta de tu yate, o si el presidente criticaba el nombre racista de tu equipo de fútbol americano, allí estaba Davis. Más adelante, cuando quise localizarle, le pregunté a Jonathan: «¿Quién puede tener el número de Lanny Davis?», a lo que él respondió: «No sé, ¿Pol Pot?».

Weinstein —que había conocido a Lanny Davis en un acto en honor a Hillary Clinton y sabía que estaba familiarizado con las acusaciones de conducta sexual indebida contra Bill Clinton— lo llamó esa primavera para ficharlo.

Esa mañana en el Tribeca Grill, Lanny Davis dijo que no podían hablar delante del agente de Black Cube si Weinstein quería mantener la confidencialidad entre abogado y cliente.

—No puedo hablar delante de nadie que no sea abogado —dijo Davis—. Si me citan para comparecer, tendré que decir si había alguien más en la sala.

Aquello pareció disgustar a Weinstein.

—Uy, sí, sí que puedes —dijo—. Puedes mantener la confidencialidad si él trabaja para mí. —Eso era simplificar mucho la ley, pero Weinstein fue insistente y Davis cedió.

Weinstein despotricó de Rose McGowan. Dijo que estaba loca y que era una mentirosa. Quería desacreditar a todas las mujeres que hacían lo que él describió como falsas declaraciones contra él.

—Mi consejo es que no lo hagas —le dijo Davis—. Incluso si crees que tienes razón.

Weinstein se puso a bramar.

—¿Por qué? ¿Por qué? ¿Por qué?

—Porque huele fatal.

Dylan Howard sonrió, algo que hacía mucho. El hombre de Black Cube, no. Unas horas después de la reunión en Tribeca Grill, el doctor Avi Yanus, presidente y director financiero de Black Cube, envió un correo electrónico a los abogados de Weinstein, del bufete de Boies Schiller Flexner, en el que decía que la reunión había sido «productiva». Escribió que Weinstein había aceptado ampliar diez semanas la operación de Black Cube. El correo incluía una factura adjunta, y continuaba: «Seguimos tan comprometidos como siempre a aportarle información que cambie las reglas del juego en este caso y a alcanzar con éxito todos nuestros objetivos principales».

Peiné el antiguo perfil que Ken Auletta había trazado de Weinstein en busca de fuentes que pudieran llevarme a los dos acuerdos firmados en Londres, y las llamé una por una. Donna Gigliotti, la productora de *Shakespeare enamorado*, me desanimó la primera vez que hablamos. Sin embargo, cuando la llamé otra vez, me reveló más información. «Existen documentos en los que no admite su culpabilidad, pero sí que se pagaron grandes cantidades de dinero —me dijo—. Tiene que conseguir esos documentos. Pero nunca permiten a las víctimas conservarlos.» Le pregunté si se refería, por ejemplo, a documentos que incumbían a dos mujeres que lo habían acusado en Londres. «Si las encuentra, a lo mejor puedo hablar. Pero hasta entonces me temo que no», me dijo. Sin embargo, me dio los nombres de otros empleados que habían trabajado en las oficinas de Londres en la misma época y que podrían ayudarme.

Le di las gracias. No se mostró optimista. «No hay nada que pueda parar a Harvey —me dijo—. Aplastará esta investigación.»

Los famosos salían raudos de los todoterrenos, con la cabeza gacha bajo la fuerte lluvia, y enfilaban hacia la sala donde estaba prevista la cena de gala anual de la revista *Time*, que celebraba su palmarés de «las 100 personas más influyentes». Yo no estaba en la lista, pero sí empapado.

—Soy un acuario —dije mientras entraba en el Time Warner Center—. Soy la trama de *Chinatown*.

Mi madre se encogió de hombros.

—Aparecer calado no pasa de moda. Es un clásico.

El acto contaba con numerosas personalidades de los noticieros de la televisión. Avancé a trompicones entre conversaciones incómodas. Megyn Kelly vestía un traje de lentejuelas, y era tan elegante y carismática que te hacía parecer la única persona en la sala. Me habló de su próximo programa en la NBC. La felicité y luego le dije que sentía «lo de Twitter». Enseguida me di cuenta de mi metida de pata. Megyn Kelly había dejado Fox News perseguida por los montajes de unos vídeos en los que salía diciendo cosas que, según a quien fueran dirigidas, revelaban torpeza o malicia para con las personas de color. «Lo de Twitter» era que yo había tachado de racista uno de sus comentarios. Se le hinchó una vena del cuello. «Yo también cometí muchos errores cuando estaba al principio de mi carrera —dijo con una sonrisa forzada—. Digamos que eres un reportero principiante.»

Me fui con paso airado, todavía con la ropa húmeda, en busca de un cuarto de baño o de un trago o de cualquier cosa que no fuera más conversación, y en cambio tropecé con Andy Lack. Mientras nos dábamos un apretón de manos, me miró como si estuviera rumiando algo. Andy Lack tenía mechones canosos y una sonrisa afable, pero crítica. A sus casi setenta años, había tenido una carrera ecléctica, caracterizada, sobre todo, por su espectacularidad creativa. Al igual que Noah Oppenheim, su sueño había sido Hollywood. Tras graduarse en Arte Dramático en la Universidad de Boston, le dieron un papel en *Inquest*, una producción de Broadway sobre Julius y Ethel Rosenberg, y otros en varios anuncios publicitarios. Una persona cercana a él me dijo: «Era encantador, carismático. Su experiencia en teatro le confiere un espíritu creativo único». En CBS News, en los ochenta, su mayor éxito fue *West 57th*, una interpretación arriesgada y estilosa del formato clásico de la revista de actualidades. Durante su primer período de directivo en NBC News, en los noventa, fue el artífice de un cambio de rumbo de la cadena, en una época de desorganización y de baja audiencia. Siguieron otros cargos en Sony Music y Bloomberg Television. En 2015, la NBC lo recuperó para que enderezara el barco.

Andy Lack seguía escrutándome con la mirada.

—Ronan —dije rápidamente.

—Sí —dijo por fin, como si estuviera rescatando algo muy pesado del fondo de unas aguas profundas—. Sí, claro.

Me dijo que Noah Oppenheim hablaba mucho de mí. Le di las gracias por apoyar mis reportajes de investigación. Busqué una conexión personal entre ambos y le conté que mi hermano acababa de comprarle su casa de Bronxville, en Nueva York.

—Al parecer se ha dejado usted allí una caja fuerte gigantesca que todavía no han perforado —le dije.

Se rio.

—Es verdad. Hay una vieja caja fuerte. —Dijo que ya estaba en la casa cuando la compró y que él tampoco la había abierto. Se encogió de hombros—. A veces es mejor dejar las cosas como están.

La sala comenzó a vaciarse y los invitados fueron pasando a un anfiteatro contiguo para la cena. Encontré a mi madre, que iba en la misma dirección. Oppenheim se nos acercó.

—Ese es Noah —le susurré a mi madre—. Dile que te gustó *Jackie*.

—Pero si no me gustó *Jackie* —dijo ella.

La fulminé con la mirada.

Se saludaron y luego Oppenheim me llevó a un aparte.

—Pues Harvey está aquí —me dijo—. Va a sentarse a mi lado durante la cena.

Lo contemplé. Lo había estado manteniendo al corriente de todos y cada uno de los elementos de mi reportaje.

—Sabes que he escuchado una grabación en la que reconoce una agresión sexual —le dije.

Oppenheim levantó ambas manos con gesto defensivo.

—¡Te creo!

—No se trata de *creer*… —dije sin terminar la frase—. No le digas nada, lógicamente.

—Por supuesto.

Momentos después vi a Oppenheim delante de la entrada del anfiteatro hablando con alguien corpulento que vestía un holgado esmoquin negro. Harvey Weinstein se estaba recuperando de una operación de rodilla y se apoyaba en un bastón.

La primera semana de mayo, Black Cube llamó a Weinstein con una novedad prometedora. «Hemos informado al cliente de que, después de nuestros intensos esfuerzos, hemos concertado una reunión en Los Ángeles la próxima semana, y creemos que nos conducirá a la revelación de datos de primer orden y pruebas sólidas para el propósito de nuestro trabajo», escribió Avi Yanus, el director de Black Cube, a los abogados de Weinstein, del bufete Boies Schiller. Esta nueva fase del proyecto requería una nueva inyección de dinero. Unos días más tarde, el 12 de mayo, Christopher Boies, hijo de David Boies y socio de su bufete, supervisó el envío de otros 50 000 dólares a Black Cube.

En los días precedentes, Lacy Lynch, la agente de Rose McGowan, había negociado la cita concertada entre su representada y Diana Filip, de Reuben Capital Partners, que quería fichar a McGowan para su campaña Women in Focus.

«Rose, es un enorme placer hablar con usted», escribió Filip.

«Es un enorme placer para mí también», respondió McGowan.

El día en que el último pago de Boies Schiller apareció en la cuenta de Black Cube, Diana Filip y Rose McGowan se reunieron finalmente cara a cara en el Belvedere, el ventilado restaurante mediterráneo de tonos pastel del hotel Peninsula, en Beverly Hills. Diana Filip tenía pómulos salientes, nariz prominente y el cabello rubio ceniza. También tenía un acento elegante que McGowan no supo identificar. McGowan era escéptica con los desconocidos, pero Filip parecía saberlo todo de ella y, más aún, comprenderla. La actriz bajó la guardia, solo un poco.

15

Parásitos

*J*ennifer Senior cumplió su promesa y me presentó a Ben Wallace, el periodista de *New York Magazine* que había estado detrás del intento más reciente de publicar la historia de Weinstein. Una tarde de ese mes de mayo, lo llamé al salir del Rockefeller Plaza. Ben Wallace me contó lo frustrante que había sido el asunto. Inexplicablemente, todo lo que él iba descubriendo parecía llegar de inmediato a oídos de Weinstein. «Todo el mundo era agente doble», me dijo.

Esto resultó ser especialmente cierto de varias fuentes que le ofrecieron ayuda. Wallace sospechaba que Anna, la mujer europea que le había dicho que tenía información sobre Weinstein, ocultaba algo. Algunas de sus preguntas le parecieron extrañas. Anna quiso saber no solo con cuántas fuentes estaba trabajando, sino también quiénes eran. La información que parecía empeñada en sustraerle era desproporcionada en comparación con la que ella ofrecía. A veces le apretaba las tuercas para sonsacarle de qué parte estaba él. En el bar del hotel, cuando finalmente Anna se quebró y relató su incidente con Weinstein, fue moderada y contó generalidades. Dijo que ella y Weinstein habían tenido un lío que terminó mal y ella quería venganza. Su actuación tuvo un barniz de culebrón. Mientras balanceaba su muñeca delante de él, Wallace tuvo la inquietante sospecha de que podría estar grabándole en secreto. Le dijo que la comprendía, pero que las aventuras consensuadas le parecían asunto exclusivo de Weinstein. A continuación se marchó del bar del hotel y dejó de responder a sus llamadas.

Wallace tuvo la misma sensación de que algo no encajaba cuando recibió el correo electrónico de Seth Freedman, el antiguo periodista del *Guardian* que quería ayudarle. Freedman escribió que estaba «trabajando con un grupo de periodistas internacionales en un extenso reportaje sobre la industria del cine que ofrecía un panorama de la cultura actual de Hollywood y otras mecas del cine». Dijo que había «dado con un montón de informaciones que no podemos incluir en nuestros artículos y que pueden serle útiles. Me gustaría compartirla de buena gana con usted si está interesado». Pero después de varias conversaciones con Freedman, Wallace seguía sin obtener ninguna información importante de él. «Me estaba sonsacando lo que yo había oído y sabía», recordó Wallace. Receloso, cortó por lo sano también.

Los cómplices de Weinstein empezaron a llamar a *New York Magazine*, a veces amenazando con revelar información personal sin especificar sobre Wallace. Weinstein pidió una reunión entre su equipo de abogados, los investigadores de Kroll —la empresa de seguridad privada— y la revista. Su intención, sospechó Wallace, era «aparecer con informes que me desacreditaran a mí y a varias mujeres». La revista declinó el encuentro. En enero de 2017, después de tres meses de investigación, Wallace y su redactor jefe, Adam Moss, decidieron retirarse. «Llegados a ese punto —me dijo Wallace—, la revista no podía permitirse emplear un tiempo indefinido en este asunto.»

La experiencia lo había sacado claramente de sus casillas. Cuando Weinstein y su equipo empezaron a llamar a *New York Magazine* con un pasmoso conocimiento de sus pistas, Wallace compró una trituradora de papel y destruyó sus notas. «Estaba más paranoico que nunca —me dijo—. Había más parásitos e interferencias de las que jamás había visto en otros casos.»

Wallace no consiguió ninguna fuente oficial ni descubrió documentos o grabaciones determinantes. Pero había reunido una lista de mujeres con acusaciones. Recitó de un tirón un puñado de nombres que yo ya había oído, incluido el de Asia Argento, la actriz italiana que varios antiguos colegas de Weinstein me habían sugerido que buscara. También figuraban algunas fuentes con las que había conseguido hablar entre bastidores, y que le contaron sus historias de cabo a rabo, pero sin revelar su identidad, como la antigua asistente acosada por Weinstein que se había quejado al departamento de recursos humanos de la empresa.

—Por favor, solo pregúntele si estaría dispuesta a hablar conmigo —le pedí.

El cristal que separaba el espacio abierto para los periodistas de investigación y el estudio de la cuarta planta a veces atrapaba mi reflejo. Esa primavera gané unos kilitos y había tomado algo de color con todos los rodajes en Los Ángeles. Nuestra pequeña serie de investigaciones creó cierta sensación de entusiasmo en torno a McHugh y a mí. Recibimos la clase de premios concedidos al periodismo de televisión de los que nunca oías hablar fuera de sus muros y valoraciones entusiastas en la prensa especializada. El responsable de comunicación de NBC News, Mark Kornblau, también había trabajado para el Departamento de Estado en la misma época que yo. En torno a un café, cuando pasé de mi puesto en MSNBC al de la cadena, y cada vez que nos encontramos desde entonces, él siempre me había apoyado. Mark Kornblau y su equipo favorecían una cobertura positiva, ofreciendo citas o permitiendo que yo lo hiciera.

El buen humor parecía contagiar a otros. Un veterano de la NBC llamado David Corvo me paró en el vestíbulo. David Corvo era el productor ejecutivo de *Dateline*. Menudo y alegre, con una poblada barba, llevaba trabajando en la NBC desde mediados de los noventa. Era amigo íntimo de Andy Lack. «Reunámonos —me dijo Corvo—. Estás haciendo exactamente la clase de reportajes que queremos.»

A primera hora de la tarde, Ambra Gutiérrez y yo nos sentamos en un restaurante tranquilo llamado Brazil Brazil, en el distrito de los teatros. Yo me había pasado todo el mes procurando encontrar otra manera de conseguir la grabación. Mis fuentes policiales me habían dicho que la creían. Estaban convencidas de haber tenido las pruebas necesarias para acusar a

Weinstein, a pesar de la decisión contraria del fiscal del distrito. Sin embargo, ninguna de las conversaciones me había acercado a la grabación.

Pensé en todas las tretas posibles que me permitieran acceder a su copia de la grabación. ¿Y si ella se levantaba para ir al cuarto de baño y daba la casualidad de que yo me metía en su ordenador? Pero ella me dijo que no, que tenía mucho que perder, que tenía miedo por su hermano.

—Tengo que traerlo de Filipinas —me dijo. Se mostraba cada vez más asustadiza.

Fue Jonathan quien, la víspera, me sugirió otro truco que podía servir de coartada creíble.

—¿Y si grabas su grabación? Pones literalmente un micrófono delante de un altavoz. Creas algo nuevo. Y de esta forma ella nunca te ha transferido nada.

—¿Y para qué nos sirve eso?

—Pues para ahorrarte un paso. Ningún archivo cambiaría de manos. Olvídalo. Es una chorrada.

—Espera, puede ser una buena idea.

—Buenísima.

Me reí.

Además, no se me ocurría nada mejor. En el restaurante con Ambra Gutiérrez, me acerqué a ella y le hice mi desesperada propuesta.

—No habría ningún rastro digital. No habría ningún USB oculto que pudieran encontrar. Y yo tendría un archivo que no procede de tu disco duro.

Respiró hondo. Me recliné, observándola, convencido de que no existía la menor posibilidad de que funcionara.

—Puede —dijo. Sacó el viejo MacBook de su bolso—. Vale, puede que valga la pena intentarlo.

Sentí un subidón de adrenalina. Ambos sabíamos que era una coartada frágil, que corríamos un serio riesgo.

Le di las gracias. Asintió y abrió el ordenador portátil, y yo saqué mi teléfono.

—Espera —dijo—. Tenemos un problema.

Resultó que al viejo MacBook no le funcionaban los altavoces. Me incliné de nuevo hacia ella, hablando rápido.

—Ambra, si voy a buscar un altavoz externo, ¿estarás aquí cuando vuelva?

Ella echó un vistazo a su alrededor y me miró vacilante.

—Dame solo veinte minutos —le dije.

Salí corriendo del restaurante y me fundí en la multitud de la calle 46 Oeste. ¿Adónde podía ir? Seguramente habría una tienda de electrónica entre las pequeñas tiendas para turistas de Broadway que vendían sombreros con el lema «*I Love New York*», pero no sabía exactamente dónde buscar. Saqué mi móvil y busqué el primer gran almacén de electrónica más próximo. Quedaba un poco lejos, pero era una apuesta segura. Me abrí paso a empellones entre la multitud que iba a tomar algo antes del teatro, llegué a la esquina y llamé frenéticamente con la mano a los taxis que se acercaban.

Cuando por fin entré renqueando en la tienda, estaba empapado en sudor. Bajé a toda prisa unas escaleras mecánicas y me paré derrapando ante un estante que parecía albergar varios miles de altavoces.

—Hola, ¿en qué puedo ayudarle? —me preguntó un dependiente.

—Quiero un altavoz —dije jadeando.

—Bueno, caballero, pues de eso no andamos escasos —dijo alegremente—. Tenemos con Bluetooth, con wifi, con USB. ¿Busca un altavoz que se active con Alexa? Este tiene un programita de luces LED.

Lo miré enloquecido. Quince minutos más tarde corrí de vuelta al restaurante con cuatro altavoces diferentes y excesivamente caros que iban chocando entre sí con un tintineo. Gutiérrez seguía en el restaurante. Me ofreció una sonrisa nerviosa.

En el jardín trasero del restaurante, saqué uno de los altavoces de su caja. El que tenía Bluetooth, afortunadamente, funcionaba en el viejo Mac. Decidimos poner los tres archivos por la mitad: cualquier cosa que reprodujera los cortes entre las secciones traicionaría que la grabación procedía de la copia de su teléfono y no de la copia tomada del micrófono de la policía que, presumiblemente, no tenía cortes. Inspiró profundamente y dijo: «Espero que a las otras chicas se les haga justicia». Nos inclinamos sobre el ordenador. Ella le dio al *play* y yo grabé dos minutos de una mujer aterrorizada que luchaba por alejarse de una *suite* de hotel y de un hombre brutal que no aceptaba un no por respuesta. «Vamos, entra. Estoy acostumbrado», le oí decir a él.

Necesitaba consejo. Al día siguiente llamé a la puerta del despacho de Tom Brokaw, en la quinta planta del 30 Rock. En mis primeros meses en la NBC, un día Brokaw se me acercó mientras hacíamos cola para pedir un café en una tienda del subsuelo del edificio. Había visto mi programa, me dijo. Pensaba que yo intentaba hacer algo más inteligente de lo habitual para el formato.

—Gracias, señor —le dije—. Significa mucho viniendo de usted.

—Llámame Tom, por favor —respondió—. No soy el director y tú el delegado del colegio.

Aceptó mis invitaciones a salir conmigo en antena más veces de las que estaba obligado y sus comentarios siempre eran elocuentes y aportaban una gran visión histórica.

Tom Brokaw tenía entonces setenta y pico largos. Unos años antes le habían diagnosticado leucemia. Aquel día de mayo daba vueltas en su despacho, me enseñó fotos de Meredith, su esposa desde hacía más de cincuenta años, y me contó un puñado de historias del viejo Hollywood.

—Dime qué puedo hacer por ti —dijo finalmente.

Le dije que estaba trabajando en una historia delicada y que me preocupaba que no le prestaran la atención que merecía. Mencioné los consejos de Greenberg, de que la «dejara durmiendo en un cajón».

—Sé que Noah lo respaldará —le dije—. Pero me preocupan las interferencias antes de que eso suceda.

—Bueno, tienes que mantenerte en tus trece, Ronan —me dijo—. Si aflojas, echarás a perder tu credibilidad. —Me reí. Me dijo que era buena idea reforzar todas las pistas adicionales que pudiera antes de informar a los mandamases. Dijo que él llamaría a Andy Lack y a Noah Oppenheim cuando eso estuviera hecho—. ¿De qué va el asunto, a propósito? —dijo por último.

Dudé un momento antes de decirle que se trataba de Weinstein. La calidez abandonó la sala.

—Entiendo —dijo—. Bueno, pues tengo que decirte, Ronan, que Harvey Weinstein es amigo mío.

Me contó que los dos habían conectado cuando Brokaw buscó consejo para un documental sobre veteranos. Weinstein se había portado bien con él.

«Mierda. ¿Hay alguien que no sea amigo de ese tipo?», pensé.

—Supongo que puedo seguir contando con tu discreción —le dije.

—Puedes —respondió. Me acompañó a la puerta del despacho, a todas luces intranquilo.

Cuando salía, me sonó el teléfono. Era Lisa Bloom. Me saludó alegremente y a continuación me habló de una modelo a la que ella representaba y que había sido víctima de «pornovenganza».

—Deberíamos vernos para hablar —dijo Lisa Bloom—. Yo podría conseguirle una entrevista con ella.

—Claro —dije distraído.

—A todo esto, ¿sigue trabajando en esa historia de los acuerdos de confidencialidad?

Lisa Bloom me había dicho que conocía a Weinstein y a su equipo —y, claro, estaba muy atenta a su marca y no le hacía ascos a una conferencia de prensa—, pero tenía una fibra moral y a mí me parecía una persona fiable. Además, era abogada. Uno de los pilares de nuestra profesión era respetar las confidencias.

—Sí —dije al cabo de un momento.

—Entonces la cosa avanza —comentó.

—Estoy… estoy trabajando en ello.

—¿Ha visto otros acuerdos de confidencialidad?

Hice una nueva pausa.

—Estoy al corriente de algunos específicos, sí.

—¿Con cuántas mujeres está hablando? ¿Puede decirme quiénes son? Es posible que pueda ayudarle a conseguir información, si me dice con quién está hablando.

—No puedo hablar de fuentes específicas, pero hay un grupo, y está creciendo. Y si tiene algún consejo sobre lo que podría hacer para eximirlas de responsabilidad, lo escucharé de buen grado.

—Por supuesto.

Cuando consulté mi teléfono después de colgar, vi que me había pasado desapercibido otro torrente de mensajes de Instagram del mismo remitente misterioso. Esta vez, el último mensaje era una fotografía de un revólver. Uno de los mensajes decía: «A veces tienes que hacer daño a las cosas que quieres». Saqué un puñado de pantallazos y apunté mentalmente que debía buscar a la persona responsable de seguridad en la NBC.

16

A. H.

*C*uando volvió a sonarme el teléfono, las noticias fueron mejores. Ben Wallace, de *New York Magazine*, estaba haciendo gestiones. La antigua asistente cuyo testimonio no había conseguido grabar estaba dispuesta a hablar conmigo.

A la semana siguiente, a finales de mayo, entré en el vestíbulo de un hotel de Beverly Hills. No había buscado ninguna fotografía de la fuente, pero la reconocí enseguida. Era esbelta, rubia y llamativa. Esbozó una sonrisa nerviosa.

—¡Hola! Soy Emily —me dijo.

Emily Nestor rozaba la treintena y tenía grados de Derecho y Comercio en la Universidad Pepperdine. Trabajaba para una *start-up* de tecnología, pero al parecer buscaba algo que la llenara más. Me habló de que quería trabajar en la educación, quizá con niños desfavorecidos. Unos años antes, albergó ambiciones en la industria del cine; esperaba producir películas y quién sabe si un día dirigir su propio estudio. Pero siendo asistente temporal, cierta experiencia hizo que su fe en la industria se tambaleara. La despreocupación y la habilidad con que se ejercía el acoso le hicieron temer que fuera un comportamiento sistemático. Y la respuesta que obtuvo cuando lo denunció desbarató sus ilusiones.

Compartí con ella todo lo que teníamos: Rose McGowan y Ambra Gutiérrez mentadas en la historia, el audio y el número creciente de ejecutivos que hablaban ante las cámaras. También fui transparente sobre la precariedad de todo aquello.

Emily Nestor seguía mostrándose asustada y me dijo que se lo iba a pensar. Tenía miedo de las represalias, pero tuve la impresión de que sus convicciones eran lo bastante férreas como para no amedrentarse.

A los pocos días, cedió. Hablaría ante las cámaras, aunque de forma anónima y con el rostro oculto para empezar. Después ya vería cómo se sentía para dar otro paso. Y tenía pruebas: unos mensajes de Irwin Reiter, un alto ejecutivo que había trabajado para Weinstein cerca de tres décadas, que reconocían el incidente como parte de una conducta depredadora sistemática en el seno de la compañía. Teníamos una tercera mujer y más pruebas sólidas: parecía que se nos abría la puerta que habíamos estado esperando.

—En cuanto le llevemos esto —le dije a McHugh—, Noah se asegurará de que se emita en antena: no podrá hacer otra cosa.

De vuelta a Nueva York, la élite de los medios de comunicación neoyorquinos se reunió en una cena de gala en el Museo de la Imagen en Movimiento para honrar al presentador Lester Holt y a Roy Price, el jefe de Amazon Studios. El actor Jeffrey Tambor, que en esa época salía en la serie *Transparent* de Amazon, brindó en honor a Roy Price. Noah Oppenheim le hizo los honores a Lester Holt, alabando su intachable cobertura de temas difíciles. Luego volvió a su asiento en la mesa de la NBC junto con David Corvo, el productor de *Dateline*. Cerca, sentado a la mesa de Amazon, Harvey Weinstein aplaudía.

Poco después, Emily Nestor, McHugh y yo nos vimos en una habitación de hotel con vistas al rutilante puerto deportivo de Santa Mónica. Seguíamos examinando la historia desde todos los ángulos para acorazarla a prueba de balas antes de iniciar la conversación con nuestros jefes. Fijamos la fecha de la entrevista con Emily Nestor en torno a un viaje previsto al Valle Central de California para cubrir el reportaje de la contaminación.

Con el perfil a contraluz y el rostro en la sombra, Emily

Nestor dijo que preveía una reacción «personal y vengativa» por parte de Weinstein cuando viera el reportaje. En diciembre de 2014, cuando ella tenía veinticinco años, trabajó temporalmente de recepcionista en la Weinstein Company de Los Ángeles. Estaba sobrecualificada para el empleo, pero lo aceptó por curiosidad, por hacerse una idea en primera persona de la industria del espectáculo. El primer día, dos empleadas le dijeron que físicamente era el «tipo» de Weinstein. Cuando Weinstein llegó a la oficina, hizo comentarios sobre su aspecto y la llamó «chica guapa». Le preguntó qué edad tenía y luego despachó a sus asistentes de la habitación y le pidió su número de teléfono.

Weinstein le propuso tomar unas copas esa misma noche. Emily Nestor inventó una excusa. Como él insistía, ella le dijo que podían quedar para un café a la mañana siguiente, temprano, creyendo que no aceptaría. Él le dijo que se verían en el hotel Peninsula, uno de sus sitios preferidos. Los amigos de Emily Nestor en la industria y algunos empleados de la compañía le habían advertido de la fama de Weinstein. «Me vestí como un espantajo», recordó.

En la reunión, Weinstein se ofreció a ayudarla en su carrera y luego alardeó de sus aventuras sexuales con otras mujeres, actrices famosas incluidas. Weinstein le dijo: «¿Sabes lo bien que nos lo podemos pasar? Podría colocarte en mi oficina de Londres, podrías trabajar allí y ser mi novia». Ella declinó la oferta. Él quiso cogerle la mano; ella se negó. Recordó que Weinstein observó: «Bah, las chicas siempre dicen que no. Ya sabes: "No. No". Pero después de una cerveza o dos se me echan encima». En un tono que ella describió como «extrañamente orgulloso», Weinstein añadió que él nunca había tenido que hacer nada como Bill Cosby. Ella dio por hecho que se refería a que «nunca había tenido que drogar a una mujer». «Acoso sexual de manual», es como Emily Nestor describió la conducta de Weinstein. Ella rechazó sus insinuaciones como mínimo una docena de veces. «"No" no significaba "no" para él», me dijo.

A lo largo de este encuentro, Weinstein interrumpió la conversación para dar voces en su teléfono móvil, gritando como nadie a la administración del programa *Today*, colérico porque habían cancelado un segmento con Amy Adams, la protagonista de la película *Big Eyes*, producida por Weinstein, después de que ella se negara a responder a unas preguntas sobre un sabotaje reciente contra los directivos de Sony. A continuación, Weinstein le dijo a Emily Nestor que tuviera un ojo puesto en el ciclo de noticias continuas de 24 horas, que, prometió, se volvería en su favor y en contra de la NBC. Ese mismo día aparecieron elementos que criticaban el papel de la NBC en la polémica, como él había prometido. Weinstein se pasó por el despacho de Emily Nestor ese día para asegurarse de que ella lo había visto.

A Emily Nestor le perturbó la ferocidad con la que Weinstein actuaba para intimidar a una agencia de noticias. Llegada a este punto, recordó: «Le tenía mucho miedo. Y sabía lo bien conectado que estaba. Y que si le tocaba las narices, nunca podría tener una carrera en esta industria». Aun así, le contó a un amigo el incidente y alertó al departamento de recursos humanos de la compañía. Emily Nestor habló del asunto con algunos directivos de la empresa, pero lo dejó estar cuando le dijeron que Weinstein sería informado de todo lo que ella les contara. Más tarde, uno tras otro, los empleados me contaron que el departamento de recursos humanos de la empresa era una farsa, un lugar adonde iban a morir las quejas.

Irwin Reiter, vicepresidente ejecutivo de contabilidad e información financiera de la Weinstein Company, se puso en contacto con Emily Nestor a través de LinkedIn. «Nos lo tomamos muy en serio y personalmente lamento mucho que su primer día fuera así —le escribió Reiter—. Si se producen otras insinuaciones no deseadas, le ruego que nos lo haga saber.» A finales de 2016, justo antes de las elecciones presidenciales, Reiter volvió a contactarla: «Toda esta historia de Trump me ha hecho pensar en usted». Reiter describió la experiencia de Emily Nestor como parte de la conducta indebida «en serie» de Weinstein. «La tuve con él por malos tratos a mujeres tres semanas antes del incidente con usted. Incluso le escribí un correo electrónico que me valió el calificativo de Policía del Sexo. La bronca que tuve con él fue épica. Le dije que, si usted fuera mi hija, no habría salido tan bien parado», le escribió. Emily Nestor me proporcionó los mensajes y, finalmente, permiso para publicarlos.

Emily Nestor se fue de la compañía cuando finalizó su contrato temporal. Estaba traumatizada. «Por culpa de este incidente, tomé la decisión de no dedicarme al mundo del espectáculo», me contó. Detrás de ella, el sol se ponía sobre el puerto. «¿Es así como funciona el mundo? —se preguntó—. ¿Este hombre se va de rositas?»

Mientras que McHugh y yo sudábamos tinta entrevistando a toxicólogos, funcionarios locales y residentes expuestos a los residuos tóxicos en el Valle Central de California, el número de fuentes dispuestas a hablar de Miramax y la Weinstein Company crecía. Quedé en un bar de West Hollywood con una antigua empleada que había trabajado codo con codo con Weinstein. La mujer me contó que sus prácticas depredadoras habían terminado confundiéndose con su vida profesional. Weinstein exigía su presencia al principio de sus reuniones con mujeres jóvenes; reuniones que, en numerosas ocasiones, trasladaban del día a la noche y de los vestíbulos de los hoteles a habitaciones de esos hoteles. Dijo que Weinstein actuaba con descaro. Durante una reunión con una modelo, le exigió: «Dile el buen novio que soy». Cuando se negaba a ir a estas reuniones, Weinstein se ponía fuera de sí. Una vez que estaban en una limusina, abrió y cerró varias veces la puerta dando portazos, la cara desencajada y roja, gritando: «¡Vete a la mierda! ¡Eras mi tapadera!».

Weinstein pedía a sus asistentes que siguieran el rastro de estas mujeres. La antigua empleada las tenía a todas guardadas con la misma etiqueta en su teléfono: «A. H.», que significaba «Amiga de Harvey». «Lo hace de forma sistemática desde hace muchísimo tiempo», me dijo.

La asistente sacó un iPhone y buscó una frase que había apuntado en su aplicación de Notas unos años atrás. Era algo que Weinstein había susurrado para sí —por lo que ella pudo entender— después de uno de sus ataques de histeria. Aquello la enervó tanto que sacó el teléfono móvil, abrió una de las notas y escribió palabra por palabra: «He hecho cosas que nadie sabe».

Esta antigua empleada me puso sobre la pista de otras. Cuando junio dio paso a julio, estas mujeres empezaron a hablar ante las cámaras. «Había muchísimas reuniones entre Harvey y mujeres aspirantes a actrices o modelos», me contó una antigua ejecutiva llamada Abby Ex, velada en la sombra, pero bajo las cámaras que rodaban en una habitación de hotel en Beverly Hills. «Las recibía de noche, tarde, normalmente en el bar de un hotel o en la habitación. Y, para que se confiaran, le pedía a una ejecutiva o a una asistente que empezara las reuniones con él.» Me dijo que ella se había negado a estar presente en estas reuniones como exigía Weinstein, pero había observado cómo transcurrían y había presenciado de primera mano un patrón de abusos físicos y verbales generalizado.

El abogado de Abby Ex le advirtió de que podrían demandarla por cientos de miles de dólares si violaba el acuerdo de confidencialidad incluido en su contrato de trabajo. Pero ella dijo: «Creo que esto es más importante que cumplir un contrato de confidencialidad».

Después de las entrevistas, llegué a casa de Jonathan y me senté a la mesa de su cocina para analizar las transcripciones. Él entró sigilosamente. Llevaba una camiseta con un astronauta dibujado.

—¿Has comido? —me preguntó.

—No —le respondí sin apartar los ojos de la pantalla.

—Vamos a algún sitio sano o asqueroso.

—No puedo —le dije. Caí en la cuenta de que hacía la tira de tiempo que no hacíamos nada juntos. Me quité las gafas y me froté los ojos—. Perdona. Sé que esto me tiene sorbido el coco.

Se sentó a la mesa.

—Pues sí, ahora todas nuestras conversaciones van de acoso sexual. El no va más.

Mi teléfono tintineó. Era un mensaje de texto: «Teclee "Sí"

para recibir alertas meteorológicas». Miré el mensaje, confuso. Estábamos en Los Ángeles, aquí no existía la meteorología.

—¡Estás escribiendo un mensaje! —decía Jonathan—. ¡Espero que valga la pena! ¡Espero que valga la pena decirle adiós a todo esto!

—Ya te digo —respondí, y borré el mensaje.

666

Mientras los antiguos empleados de Weinstein hablaban conmigo, él hablaba con Black Cube. El 6 de junio, sus agentes se reunieron con él y sus abogados en el bufete de Boies Schiller en Nueva York y le presentaron abundantes novedades. Tras la reunión, Avi Yanus, el director, se puso en contacto con Christopher Boies. «Ha sido un gran placer reunirme hoy con usted y su cliente y presentarles mi informe final —escribió Avi Yanus—. Hemos sido capaces de alcanzar con éxito los objetivos del proyecto y cumplir las tres cláusulas de las primas de éxito… la más importante de las cuales es identificar quién está detrás de la campaña negativa contra el cliente.» El mensaje venía con una factura adjunta de 600 000 dólares. El contrato con Black Cube estipulaba que las «primas de éxito» mencionadas por Avi Yanus se abonaran en el supuesto de que Weinstein utilizara el fruto de sus investigaciones en litigaciones o en los medios; si Black Cube «lograba detener la campaña negativa» contra Weinstein; o si sus agentes descubrían al «individuo o la entidad oculta» detrás de esta campaña.

Una semana más tarde, Avi Yanus volvió a escribirle: «Buenos días, Chris, me preguntaba si podrías decirnos algo sobre el estado del pago». Este mensaje tampoco obtuvo respuesta. El 18 de junio, Weinstein se reunió con Black Cube en Londres y, según describió Yanus en un malhumorado correo electrónico enviado a Boies poco después, «revisó a conciencia nuestras conclusiones y discutió sobre los posibles futuros pasos para apoyar el caso de tu cliente, que había vuelto a hablar maravillas de nuestro trabajo».

Como Weinstein retrasaba el pago de la factura, su relación con Black Cube se tensó. Yanus lo llamó y le dijo delicadamente: «No nos has pagado». Cuando lo pillaba de buenas, Weinstein se hacía el loco y pedía hablar por teléfono con el consejero general de la Weinstein Company. «¡Que les paguen!» Pero principalmente Weinstein se limitaba a gritar a Black Cube: «¿Para qué os pago? ¡Se supone que tenéis que estar en esto!».

A finales de junio la cosa llegó a un punto crítico. Weinstein inquirió si el trabajo de Black Cube podría haber quebrado la ley, lo que le exponía a más problemas en el futuro. Insistió en que la operación «no había resuelto completamente su problema», como explicaba un correo electrónico enviado por el jefe de proyecto de operaciones a las órdenes de Yanus. Weinstein recordó a Black Cube que «otras empresas de inteligencia están involucradas en la resolución de la crisis… y BC solo es una pieza de un puzle mucho más grande».

Finalmente, a comienzos de julio, David Boies y Black Cube firmaron un acuerdo revisado. Weinstein aceptó pagar un acuerdo de 190 000 dólares para solventar las molestias por las primas de éxito. Y Black Cube firmó para un nuevo calendario hasta finales de noviembre de ese año con una nueva serie de objetivos más precisos.

A título interno, privado, el jefe de proyectos reconoció que su operación «se había quedado corta de medios para abordar ciertos asuntos». En las conversaciones con Weinstein sobre las polémicas, prometieron hacer más. Todavía estaban a tiempo de resolver el problema. Solo tenían que ser más agresivos.

Cada vez que McHugh y yo reconocíamos ante nuestros jefes de la NBC que seguíamos con un ojo puesto en la investigación de Weinstein, nos caía otro chaparrón de advertencias sobre nuestra falta de productividad en otros frentes. Pronto McHugh empezó a recibir nuevos encargos para trabajar con otros periodistas. Steve Chung, el abogado de la NBC que había templado las dudas de Richard Greenberg a propósito de los acuerdos de confidencialidad, reconociendo, por lo menos, que existían zonas grises en la jurisprudencia que podrían permitir que una agencia de noticias los examinara, llamó para decirnos que dejaba la empresa: «Estaréis en buenas manos con el resto del equipo jurídico».

Teníamos indicios suficientes para pensar que corríamos el riesgo de que nos quitaran la exclusiva. En mi último y desesperado intento de hacerme con Ashley Judd, llamé a Nicholas Kristof, el columnista del *New York Times* que escribía sobre cuestiones peliagudas en el terreno de los derechos humanos. Pensé que, si alguien tenía alguna posibilidad de convencer a Judd para que hablara, ese era Kristof.

Cuando le comenté que estaba trabajando en una investigación sobre los derechos de la mujer y los derechos humanos, que eran la clase de cuestiones que a Judd le importaban, me dijo inmediatamente: «La persona a la que estás investigando… ¿su nombre empieza por H?». Cuando le dije que sí, Kristof guardó silencio durante un momento y luego repuso, despacito: «No tengo libertad para continuar con esta conversación», y colgó.

McHugh y yo imaginamos que la única explicación posible era que el *New York Times* estuviera preparando un artículo parecido. Me alegró saber que no estábamos solos, pero estaba ansioso por avanzar. Cuando se lo conté a Greenberg, pareció alegrarse también, pero por distintas razones. «A veces es mejor dejar que otro sea el primero», me dijo.

Había indicios de que no todos los informantes aguantarían indefinidamente. Durante meses, Rose McGowan había estado al cien por cien. Desde nuestra entrevista, me había escrito mensajes, diciéndome: «Puedo darte más» y «Esto tiene que salir en un especial de la noche. O en un programa matutino de formato largo. Creo que tienes que venir a grabar más».

Pero en el mes de julio su paciencia pareció agotarse. «Lo he pensado y he decidido que no quiero seguir con el reportaje para la NBC», me dijo. Se me revolvió el estómago. No era la única mujer cuyo nombre mentábamos en la investigación, pero su entrevista era importante. Le pedí que oyera lo que había descubierto antes de tomar una decisión. Quedamos en vernos de nuevo.

Me desplacé a su casa en Hollywood Hills. Ella me recibió en la puerta en camiseta y sin maquillaje. Parecía cansada. Cuando nos sentamos en su cocina y mientras preparaba el café, McGowan me dijo que ya había empezado a pagar el precio por haber hablado. Me dijo que le había contado a Roy Price, el jefe de Amazon Studios, que Weinstein la había violado. Poco después, el estudio rescindió su contrato.

También sospechaba que la estaban siguiendo. No sabía de quién fiarse. Le pregunté si tenía amigos y familia cerca. Se encogió de hombros. Me dijo que tenía algo de apoyo. Ella y Diana Filip, la gestora de fondos del proyecto sobre los derechos de la mujer, estaban haciendo buenas migas. Y había otros periodistas que la apoyaban, como Seth Freedman, el experiodista del *Guardian*.

McGowan me dijo que recelaba cada vez más de la NBC, que le molestaba tanta demora, que le preocupaban cosas —y aquí hizo una pausa— que había oído hablar sobre personas que trabajaban allí. Le pregunté a qué se refería y ella se limitó a decir, negando con la cabeza: «Es solo que no quiero ser relleno de los programas de la mañana». Le dije que ese no era el plan; que yo hacía reportajes para *Nightly News* también, que esta era la clase de reportaje que podía emitirse en todas partes, no solo por la mañana.

Le dije que en la NBC había buena gente como Noah Oppenheim, que tenía una carrera como guionista y que no comulgaba con la reticencia tradicional de la cadena respecto de ciertas noticias. Pero le dije que a Oppenheim tenía que dárselo todo, lo más redondo posible, y que para eso la necesitaba a ella. Entonces le conté lo que teníamos. Le conté que había encontrado a otras personas que podían aportar más datos sobre Weinstein —que no solo eran rumores o insinuaciones— y que estaban dispuestas a hablar, en parte porque sabían que ella ya había dado la cara. Al oír esto, se le llenaron los ojos de lágrimas.

—Me he sentido sola tanto tiempo...

McGowan me dijo que había estado pensando mucho, escribiendo música. La primera vez que nos vimos, McGowan y yo conectamos y hablamos de las canciones que escribíamos. Ese día escuchamos unos cuantos discos en su casa. Cuando sonó unas de sus canciones, «Lonely House», cerró los ojos y se escuchó cantar:

> I stand for mind
> For women who can't
> And men too scared
> To beat that beast
> To watch him drown[5]

McGowan recuperó el valor. Me dijo que podíamos emitir la entrevista. Dijo que la grabara otra vez con la cámara y que diría el nombre de Weinstein explícitamente. Y, antes de eso, se ofreció voluntaria a hablar por teléfono con el departamento jurídico de la NBC y dejarles claro que diría su nombre oficialmente.

Unos minutos después hablé por teléfono con la asistente de Noah Oppenheim. Le dije que tenía novedades en la investigación y que regresaría en un vuelo nocturno para verlo al día siguiente. Cualquier hueco que tuviera en su agenda me venía bien.

—Lo tenemos —dijo McHugh—. Empieza la cuenta atrás.

A la mañana siguiente, en Nueva York, bajé por una escalera de caracol al sótano que hay debajo del Bank of America. Era una cámara acorazada a la antigua, de las que ya no se ven, con una puerta circular con cerrojos alrededor y un pasillo que albergaba cajas de seguridad por dentro. El director del banco sacó una caja metálica poco profunda. Era la número 666.

Nos quedamos mirando los números un segundo.

---

5. «Represento la mente, / a mujeres impotentes / y hombres muy asustados / para derrotar a la bestia / y verla caer.»

—¿Sabe qué? —dijo—. Voy a buscar otra.

En una caja menos inquietante, coloqué la lista con la docena de fuentes que teníamos, las transcripciones de las conversaciones y una descripción de las conductas depredadoras sistemáticas y los acuerdos. Incluí el USB que contenía el audio de la emboscada policial. Encima de todo dejé la nota de una persona cansada, que ya no sabía diferenciar claramente entre la paranoia y la realidad. En cualquier caso, esta fue la nota:

Si están leyendo esto es porque no puedo hacer pública esta información yo mismo. Aquí están los datos recabados sobre un caso que podría llevar a un depredador en serie ante la justicia. Numerosos periodistas que han intentado dar a conocer este caso han sufrido intimidaciones y amenazas. Yo he recibido llamadas amenazantes de intermediarios. Es preciso que Noah Oppenheim, de NBC News, pueda acceder a los vídeos relacionados con el caso. Si algo me sucediera, asegúrense de que esta información se revela públicamente.

18

Quidditch

$\mathcal{N}$oah Oppenheim se quedó sin habla. Le había entregado una lista impresa con los elementos del reportaje. «¡Uau! Aquí hay mucho que digerir», exclamó. Corría el 12 de julio. Por la ventana de su despacho el sol caía sobre el Rockefeller Plaza. Le expliqué que teníamos pruebas sólidas y fuentes creíbles a mansalva. Algunas incluso conocían a Oppenheim. Abby Ex, una de las antiguas ejecutivas que había hablado a rostro descubierto, lo había fichado para darle más repercusión al guion de la película de Ryan Reynolds, *Eternal*, aunque sin incluir su nombre en los créditos.

—Vamos a enseñárselo a Greenberg, a pasarlo por los canales habituales —dijo rápidamente—. Solo quería que lo supieras.

Levantó de nuevo la página de arriba y miró la de abajo.

—Se lo voy a pasar a Rich, eso está claro, pero... —Apoyó el documento en su regazo y suspiró—. Vamos a tener que tomar algunas decisiones.

—¿Decisiones?

—Sí. Por ejemplo: ¿vale realmente la pena?

Oppenheim estaba sentado en un sillón beis. En la pared junto a él, una hilera de pantallas parpadeaba y la banda informativa discurría velozmente por ellas. Al lado, un díptico enmarcado mostraba un partido de quidditch, firmado con rotulador marrón y verde por el hijo de ocho años de Oppenheim.

—Es una historia muy fuerte —le dije—. Es un tipo famoso que reconoce una conducta indebida grave en una grabación.

—Bueno, para empezar, no sé si eso es delito, ¿sabes?

—Es una falta menor. Posiblemente unos meses de cárcel.

—Vale, vale. Pero tenemos que decidir si es noticia.

Me quedé mirándolo.

—Escucha —me dijo—, tú sabes quién es Harvey Weinstein y yo también sé quién es. Pero yo trabajo en esta industria. No sé si al americano medio le sonará siquiera.

—Roger Ailes no era una persona muy conocida tampoco —señalé—. Comparado con él, Weinstein es más famoso. Y se trata de un sistema, ¿sabes...? Esto no va solo de él.

—Lo entiendo. Solo digo que vamos a tener que consultar con los abogados si merece la pena. Nos va a caer la de Dios si lo publicamos.

Yo sabía que llevaba razón, por los recuerdos paranoicos de Ben Wallace.

Cuando me iba, le di las gracias y le dije:

—Y si me ocurre un «accidente»...

Él se rio y le dio un golpecito al documento que acababa de entregarle.

—Me aseguraré de que se publique.

—Gracias. Ah, y no hagas *Eternal 2*.

—No sé —dijo inexpresivo—. Puede que necesite otras opciones laborales después de esto.

Esa tarde recibí otra avalancha de mensajes raros de Instagram, con otra imagen de una pistola. Envié un mensaje de texto a Anna, la asistente de Oppenheim: «Hola, no quiero darle tanta importancia como para que le llegue a Noah, pero ¿tenemos a alguien bueno de seguridad a quien pueda dirigirme?». Me estaba enfrentando a algunas «cuestiones de acoso». Cosas que parecían «un poco más alarmantes de lo habitual».

Me dijo que se informaría.

Unas horas después recibí otra llamada de Matthew Hiltzik, el experto en relaciones públicas. «Estoy poniéndome al día con la gente —me dijo animado—. Tú estabas en mi lista.» Hiltzik me había escrito algunos mensajes de texto desde su última llamada, proponiéndome que almorzáramos juntos, pidiéndome novedades. Su nivel de interés era poco común viniendo de él. Ese día le dije que tenía que terminar un libro y que estaba trabajando en varios reportajes para la NBC.

—Entonces ¿sigues con lo de Harvey?

Eché un vistazo al estudio contiguo. Detrás del cristal esmerilado con los logotipos del pavo real, un presentador de mediodía vocalizaba titulares en silencio.

—Estoy trabajando en varios reportajes —repetí.

—¡Entendido! —dijo medio riéndose—. Estoy aquí para darte información siempre que la necesites. Y piensa que es muy bueno que estés ocupado en otras cosas.

Por la noche volví a casa un poco crispado. En el ascensor me sobresalté cuando me saludó el vecino de aspecto pueril con quien el conserje decía encontrarme cierto parecido. Poco después, Jonathan llamó desde una sucursal del Bank of America en la Costa Oeste, donde estaba ultimando el papeleo que lo convertía en copropietario de la caja de seguridad que yo acababa de llenar. «No. Pierdas. La llave», le dije. Mientras hablábamos se oyó un tenue tintineo: otro mensaje automático sobre las actualizaciones meteorológicas. Lo eliminé.

Cuando me metía en la cama, me llegó un mensaje de Lisa Bloom. «Hola Ronan sigues escribiendo sobre los AC? Hay novedad en mi caso Kardashian (habrás oído q represento a Blac Chyna y la familia K plantea una causa de AC). Bueno, que voy a NY mañana para hacer *The View*. ¿Café/comida martes o viernes?»

Alejé el teléfono y no pude dormir.

McHugh y yo convinimos en reunirnos con Greenberg a las ocho y media de la mañana. Yo estaba en mi cubículo, exhausto, cuando llegó McHugh.

—Tienes una pinta horrible —me dijo.

—Gracias, yo también me alegro de verte.

Unos minutos después estábamos en el angosto despacho de Greenberg.

—Tenéis un montón —dijo mientras pasaba hojas con la misma lista de elementos que yo le había entregado a Oppenheim el día anterior. Después levantó la vista y preguntó—: ¿Puedo escuchar el audio?

Saqué mi teléfono y lo dejé en la mesa, delante de él. Le di al *play*. Escuchamos cómo Weinstein decía, una vez más, que estaba acostumbrado.

Mientras Greenberg escuchaba la grabación, una sonrisa resuelta se amplió en sus labios.

—A la mierda, que nos denuncie —dijo cuando la grabación terminó—. Si esto sale en antena, está frito.

Dijimos que pensábamos rodar entrevistas con algunas fuentes más de la compañía de Weinstein y que esbozaríamos un guion y un reportaje escrito para la web. Greenberg, que seguía mostrando cierto entusiasmo, nos dijo que nos preparáramos para una reunión con el departamento jurídico. McHugh y yo salimos triunfales de su despacho.

Más tarde, Anna, la asistente de Oppenheim, me escribió a propósito de mi asunto del acoso telefónico. «Lo paso a RR. HH., saben cómo tratar estas cosas. Desgraciadamente, son más frecuentes de lo que te imaginas», decía. Recursos Humanos, a su vez, me remitió a Thomas McFadden, un expolicía que peinaba canas.

—Lo mismo de siempre —me dijo repasando mi teléfono en su minúsculo despacho—. Lo he visto un millón de veces.

—Imagino —le dije.

—Vamos a estudiarlo. Por lo general, averiguamos quién es el acosador, le damos un toque y sanseacabó. Una vez de cada mil llamamos a nuestros amigos de la poli.

—Gracias. Tengo la impresión de que hay algo más aparte de estos mensajes. Recibo mensajes de *spam* muy raros. Tengo la sensación de…

—¿De que le siguen?

Me reí.

—Bueno…

Él se reclinó en su silla y pareció rumiarlo. Luego me miró compasivo.

—Está bajo un montón de presión. Déjemelo a mí y descanse.

Durante todo ese mes, Rose McGowan y su nueva amiga, Diana Filip, de Reuben Capital Partners, se intercambiaron correos electrónicos y llamadas telefónicas. Fuera cual fuese la costa en la que se hallara McGowan, Filip siempre estaba allí también. Unos días después de mi reunión con Oppenheim, ellas salieron en plan «noche de chicas» al Peninsula de Nueva York. Animada por las amables preguntas de Filip, McGowan se sinceró con ella y le dijo que estaba intentando hacer públicas sus acusaciones de violación. Le reveló incluso que había estado hablando con un reportero de NBC News. Durante toda la conversación, Filip permaneció muy cerca de ella, escuchándola con interés, con una carita que era pura compasión.

Ese mismo día, Sara Ness, la investigadora de la compañía de Jack Palladino en San Francisco, escribió un nuevo correo electrónico a Harvey Weinstein, que incluía otro informe, más detallado. A lo largo de quince páginas, los investigadores desandaban exhaustivamente mis pasos en los meses anteriores e identificaban a muchas de mis fuentes. El informe concluía que yo había estado en contacto con Annabella Sciorra, quien, como había «confirmado HW», era una «posible fuente adversa».

La lista de periodistas también había crecido: el informe mencionaba a Kim Masters, la pugnaz periodista de *Hollywood Reporter*, y a Nicholas Kristof y a Ben Wallace. Concluía que este último estaba «ayudando posiblemente a dirigir a Farrow». Había un nuevo foco de interés: una escritora del *New York Times* que se llamaba Jodi Kantor.

El informe identificaba a varios agentes dobles de Weinstein que habían hablado conmigo y después le habían informado de mis actividades. La productora de Australia con la voz tensa era uno de ellos. La productora había «alertado a HW de cualquier interacción con Farrow», decía el documento. Ella «no le había proporcionado ninguna información negativa sobre HW a Farrow».

El informe contenía referencias veladas a otros colaboradores. Señalaba que alguien identificado con las iniciales «LB» había participado en la búsqueda de información para Weinstein a través de una discreta charla con al menos un abogado consultado por una acusadora.

«La investigación sigue en marcha», concluía el informe.

Seguimos encontrando fuentes que nos despistaban o que informaban a Weinstein, pero también a otras cada vez más dispuestas a plantarle cara. Una antigua asistente de Weinstein a tiempo parcial cuya función había sido acompañarlo en sus viajes a Londres me contó que el productor la había acosado sexualmente y que al principio pensó que no merecía la pena hablar y arriesgarse a posibles represalias. Sus temores se agudizaron cuando los cómplices de Weinstein le hicieron llamadas «bastante feroces» después de un silencio de radio de veinte años. «Es desquiciante —me dijo—. Va tras tu pista.» Pero, paradójicamente, las llamadas le despertaron las ganas de ayudar. «Yo no quería hablar —dijo—. Pero saber de él me puso furiosa. Furiosa, porque sigue pensando que puede silenciar a la gente.»

La asistente a tiempo parcial también conocía a Zelda Perkins, la mujer que había hablado con Ken Auletta, y sabía del acuerdo conjunto de acoso sexual que esta y otra colega habían firmado. También sabía de Katrina Wolfe, una antigua asistente en Miramax que después tuvo un cargo directivo. Katrina Wolfe habló ante las cámaras ese mes, con la cara oculta. «Cuando trabajaba en Miramax supe de primera mano que dos empleadas de la compañía habían acusado a Harvey Weinstein de agresión sexual y que pactaron un acuerdo», me contó Katrina Wolfe. No eran rumores: ella había presenciado en primera persona la planificación y la ejecución de la transacción.

Una noche de 1998, Weinstein irrumpió en la oficina buscando a Steve Hutensky, un abogado de Miramax al que los subordinados de Weinstein apodaban El Bayetas. Los dos hombres estuvieron discutiendo en privado durante cuarenta y cinco minutos; la voz ansiosa de Weinstein era audible para el personal que se encontraba cerca. A continuación, Steve Hutensky ordenó a los asistentes que sacaran los archivos personales de dos empleadas; Zelda Perkins era una de ellas y en esa época ejercía de asistente de Donna Gigliotti, la productora de *Shakespeare enamorado*.

En los días y semanas posteriores, Weinstein intercambió llamadas frenéticas con sus consejeros, incluido Herb Wachtell, un abogado de élite neoyorquino. (Cuando yo era estudiante de Derecho, el bufete de Herb Wachtell era el santo grial de las pasantías de verano. Me quedé destrozado, como solo pueden sentirse los estudiantes, cuando rechazó mi solicitud. Tuve que rebajar mis expectativas en el bufete de Davis Polk, como abogado a la caza de casos jugosos de accidentes o el presidente Grover Cleveland, que trabajó allí.) Herb Wachtell y Steve Hutensky le buscaron a Weinstein un abogado inglés —Hutensky pidió «el mejor abogado penalista de Inglaterra»— y luego Weinstein se subió a un Concorde rumbo a Londres para resolver el problema personalmente.

Yo estaba cada vez más cerca de poder incluir los acuerdos de Londres en mi reportaje.

El círculo de las entrevistas grabadas seguía ensanchándose. A los pocos días de la entrevista con Katrina Wolfe, le hice otra a un antiguo asistente y productor de la Weinstein Company. El hombre me dejó claro que las quejas por acoso no cesaron después de los años noventa. En años más recientes, una de sus tareas había sido llevar a jóvenes mujeres a reuniones que, como describieron otros antiguos empleados, eran un cebo. Al parecer, algunas de estas mujeres «no eran conscientes de la naturaleza de estas reuniones» y «pasaron mucho miedo», explicó Katrina Wolfe.

A veces también le perturbaban las secuelas de estas reuniones. «Veías a mujeres que salían de la habitación y de repente sentías la enorme necesidad de... No quiero decir de manejar la situación, pero sí de asegurar que serían recompensadas o compensadas profesionalmente por lo que acababa de ocurrir —recordó—. Y estas mujeres parecían presas del pánico.» Weinstein, según dijo, era un «depredador» y «estaba por encima de las leyes aplicables a la mayoría de las personas y que deberían ser aplicables a todas».

Rodamos la entrevista en el Four Seasons de Beverly Hills, con McHugh, yo y un operador *free lance* apiñados en una pequeña habitación con nuestras luces, trípodes y cámaras.

Ese mes, Black Cube puso en circulación la versión actualizada de una lista de nombres. Un jefe de proyectos revisó la lista en la sucursal de Black Cube en Londres, que ocupaba media planta en una torre de cristal sobre Ropemaker Street, donde el arte mural plasmaba siluetas de agentes que se cernían sobre bulliciosos paisajes urbanos. Luego el jefe de proyectos remitió la lista a una red de contactos por todo el mundo.

La lista incluía muchos de los nombres —y, en algunos casos, la misma lengua— que figuraban en los informes que el bufete de Jack Palladino había generado. Pero la investigación buceaba en aguas más profundas. Ahora, las fuentes secundarias que habían corroborado los relatos de Rose McGowan, Emily Nestor o Ambra Gutiérrez también se habían convertido en objetivos.

A medida que avanzaba el verano, la lista crecía. Lo más destacado se resaltaba en amarillo y después en rojo para indicar la urgencia. Algunos de los nombres que figuraban en la lista los habían derivado a perfiles independientes. Poco después de la entrevista en el Four Seasons, uno de estos perfiles, marcado como «JB Rutagarama», aterrizó en los mismos buzones de entrada. Un subtítulo explicaba: «Relevancia: Cámara que trabaja con Ronan Farrow y Rich McHugh en el informe HW». El perfil pormenorizaba la educación de Rutagarama en

Ruanda y exploraba «formas de acercarse a él». Su formato llamaba la atención por los encabezados en Times New Roman y cursiva azul y por los gazapos propios del inglés aprendido como segunda lengua.

Entre los contactos a los que el jefe de proyectos de Black Cube envió la lista y el perfil de Rutagarama figuraba Seth Freedman, el antiguo redactor del *Guardian*.

19

Espiral

*E*se mes de julio llamé otra vez a Ken Auletta para decirle que tenía más información sobre los acuerdos de Londres y para pedirle si podía enseñarme algo más para respaldar mi reportaje. Para mi sorpresa, me dijo: «La verdad es que sí». Había entregado todos los cuadernos, documentos impresos y grabaciones de sus reporteros a la Biblioteca Pública de Nueva York. La colección permanecía cerrada al público, pero me dijo que yo podría echarle un vistazo.

Los archivos de Ken Auletta se conservaban en la sala de lectura de libros y manuscritos raros, detrás del gran vestíbulo. Era una estancia iluminada tenuemente con estantes acristalados y filas de escritorios bajos que brillaban bajo lámparas de lectura. En total, la biblioteca tenía en su haber más de sesenta cajas de cartón grandes con los documentos de Auletta. McHugh y yo nos inscribimos y un bibliotecario nos trajo las cajas.

Cada uno cogió una y nos pusimos a examinar cuidadosamente su contenido. Auletta no tenía tanto material como nosotros, pero había hecho acopio de las piezas esenciales del puzle. Ver notas de hacía quince años cubriendo un terreno tan parecido era una sensación rara. Ya entonces, Auletta se había enfrentado a reportajes a medio terminar. En una página de notas había garabateado con una letra ilegible de médico: «David Carr: cree en el acoso sexual».

ϒ

En los cuadernos de espiral de Auletta descubrí claves que me llevaron a otras claves y que estaban en perfecta sincronía con la imagen que yo empezaba a formarme sobre lo sucedido entre Weinstein y las dos asistentes en Londres.

A finales de los noventa, Zelda Perkins empezó a trabajar de asistente de Donna Gigliotti. En la práctica esto significaba trabajar para Weinstein la mayor parte del tiempo. «Desde la primera vez que me dejaron a solas con Harvey —me dijo más tarde—, tuve que aguantar que fuera en calzoncillos o completamente desnudo.» Intentó llevársela a la cama. Zelda Perkins era una mujer menuda y rubia y aparentaba ser más joven de lo que era. Pero también tenía una fuerte personalidad y ya entonces mostraba una firmeza desafiante. Weinstein nunca consiguió nada con sus insinuaciones físicas. La interminable metralla de intentos, no obstante, la agotaba. Y él buscó enseguida otras maneras de desgastarla. Como tantas otras empleadas antes que ella, se vio haciendo el papel de alcahueta entre Weinstein y aspirantes a actrices y modelos. «Teníamos que llevarle chicas. Aunque no fui consciente al principio, yo era un cebo», me dijo. Weinstein le pedía que comprara condones para él y que limpiara la habitación del hotel después de sus reuniones con aquellas jóvenes.

Corría el año 1998 cuando Zelda Perkins tuvo luz verde para contratar a su propia asistente, cosa que, esperaba, pondría cierta distancia entre ella y Weinstein. Ella advirtió a las candidatas que se presentaron al empleo que Weinstein les haría insinuaciones sexuales. Incluso rechazó a candidatas «descaradamente atractivas, porque sabía que nunca las dejaría en paz. Aquello no pararía nunca». Finalmente eligió a una graduada en Oxford, «prodigiosamente brillante» que, incluso décadas después, seguía teniendo miedo a las represalias si revelaba el nombre del productor.

Durante el Festival de Cine de Venecia de septiembre de 1998, la nueva asistente salió de su primera vez a solas con Weinstein en una habitación del hotel Excelsior temblando y gritando, diciendo que la había agredido sexualmente. Zelda Perkins se enfrentó a Weinstein, interrumpiendo una comida de negocios con un prominente director en la terraza del hotel.

«Él estaba empecinado en mentir y mentir y mentir —recordó Perkins—. Le dije: "Harvey, estás mintiendo" y él dijo: "No estoy mintiendo, lo juro por la vida de mis hijos".»

Perkins dijo que la asistente estaba «en estado de *shock* y traumatizada», y demasiado asustada como para ir a la policía. La dificultad de informar de la acusación se vio agravada por la geografía del lugar, el Lido de Venecia. «No sabía a quién recurrir. ¿Al guarda de seguridad del hotel?», recordó Perkins.

Perkins hizo cuanto pudo por garantizar que la nueva asistente se mantuviera alejada de Weinstein durante el resto del viaje. De vuelta a Inglaterra, lo puso en conocimiento de Donna Gigliotti, que le dio la referencia de un abogado laboralista. Finalmente, ella y la asistente notificaron que dimitían y que iban a emprender acciones legales.

Su partida de Miramax desencadenó las reuniones frenéticas que Katrina Wolfe me había descrito. Weinstein y otros ejecutivos llamaron insistentemente a Perkins y a la nueva asistente. La noche de su dimisión, Perkins recibió diecisiete llamadas de «creciente desesperación». En los mensajes, Weinstein oscilaba entre las súplicas y las amenazas. «Por favor, por favor, por favor, por favor, por favor, por favor llámame. Te lo suplico», decía en uno de los mensajes.

Perkins y la asistente contrataron abogados del bufete Simons Muirhead & Burton con sede en Londres. Al principio, Perkins no quiso aceptar lo que ella llamaba «dinero manchado de sangre» y se informó sobre la posibilidad de acudir a la policía, o a Disney, la sociedad matriz de Miramax. Pero los abogados parecían empecinados en cerrarse a cualquier desenlace que no fuera una compensación económica y un acuerdo de confidencialidad. Al final, ella y la nueva asistente aceptaron la compensación de doscientas cincuenta mil libras, que se repartirían a partes iguales. Bob, el hermano de Harvey, firmó un cheque para el bufete de abogados de las mujeres, y así es como disimularon la transacción en Disney y cualquier relación con Weinstein.

En un agotador proceso de negociación que duró cuatro días, Perkins logró imponer ciertas cláusulas en el contrato que, esperaba, cambiarían el comportamiento de Weinstein.

El acuerdo exigía la designación de tres «gestores», uno de ellos abogado, que respondieran de las acusaciones de acoso sexual en Miramax. La compañía estaba obligada a demostrar que Weinstein recibiría tres años de terapia, o «el tiempo que el terapeuta estimara necesario». El acuerdo también exigía que Miramax informara a Disney del comportamiento de Weinstein y que lo despidiera si se producía otro acuerdo de compensación económica por acoso sexual en los dos años siguientes.

La compañía implementó los cambios relativos a los recursos humanos, pero no cumplió otras partes del contrato. Perkins les presionó durante meses y al final tiró la toalla. «Estaba alterada. Humillada. No podía trabajar en la industria del Reino Unido porque los rumores que circulaban sobre mí lo hacían imposible», recordó. Al final se mudó a Centroamérica. Había tenido suficiente. «El dinero y el poder lo permitían, y el sistema jurídico lo permitía —me dijo al final—. En última instancia, la razón por la que Harvey Weinstein siguió el camino que siguió es porque se lo permitieron, y eso es culpa nuestra. Como cultura, es culpa nuestra.»

Ken Auletta no pudo desentrañar todos los detalles, pero llegó al meollo de la historia. Observé sus notas meticulosamente ordenadas y, durante un momento, las empolvadas cajas y los secretos que guardaban me emocionaron. Yo quería creer con todas mis fuerzas que las noticias no mueren, ni siquiera después de llevar tantos años enterradas.

Mientras terminaba nuestro guion para la televisión y un reportaje de 6000 palabras para la web de NBC News, los fantasmas de los reportajes inconclusos del pasado parecieron converger todos a una. A finales de julio, llamé a Janice Min, la antigua redactora jefe del *Hollywood Reporter*. Ella creía firmemente que la historia era cierta, pero dudaba de que viera la luz algún día. Janice Min venía de *US Weekly* cuando llegó al *Hollywood Reporter*, pero su carrera había arrancado como periodista judicial en el *Reporter Dispatch* de Nueva York. «Todos sabíamos que era verdad —me dijo—, pero nunca lo llevamos hasta la línea de meta. Todo el mundo tenía demasiado miedo de hablar, siempre.» Dijo que me pondría en contacto con Kim Masters, la redactora que había trabajado en el caso durante la época de Janice Min en la revista.

—Es una historia imposible —me dijo Janice Min antes de que colgáramos el teléfono ese día—. Es la ballena blanca del periodismo.

«La ballena blanca —me escribió McHugh más tarde ese mismo día—. Pedazo de título.»

A Kim Masters la describían como a una periodista de medios veterana, que era un eufemismo de vieja, bromeaba ella. Había trabajado de redactora en plantilla para el *Washington Post* y había colaborado con *Vanity Fair*, *Time* y *Esquire*. Me dijo que «siempre» había oído los rumores sobre Weinstein.

—¿Por qué estás escribiendo esas mierdas sobre mí? —le espetó Weinstein durante un almuerzo en el Peninsula de Beverly Hills—. ¿Por qué dices que soy un acosador?

—Verás, Harvey —le respondió ella—. He oído que violas a mujeres.

—A veces te acuestas con una mujer que no es tu esposa y hay desacuerdo sobre lo que pasó, y tienes que firmar un cheque para quitarte el marrón de encima —respondió Weinstein tranquilamente.

Matthew Hiltzik, el relaciones públicas, también estaba presente ese día. Kim Masters recordaba que Hiltzik se quedó pasmado. Más tarde, él negaría haber oído que ella mencionara nada de una violación.

Kim Masters no estaba convencida de que las cosas hubieran cambiado mucho al cabo de tantos años. Unos meses antes había trabajado en un caso de acusación de acoso sexual contra Roy Price, el jefe de Amazon Studios que había finiquitado el contrato de Rose McGowan y todo un personaje en torno al cual circulaban acusaciones desde hacía mucho tiempo. Pero el *Hollywood Reporter*, donde Kim Masters había escrito artículos durante siete años, descartó el artículo. Ese mismo verano ella intentó rescatarlo y vendérselo a *BuzzFeed* y luego al *Daily Beast*. Roy Price había contratado a Charles Harder, el mismo abogado que había conseguido el cierre de *Gawker* (la web de noticias chismosas) y cuyos servicios también usaba Weinstein, para acercarse a los medios. «Uno de estos días —me dijo Masters con desaliento— el dique tendrá que romperse.»

Recurrí de nuevo a Ken Auletta para preguntarle si me concedería una entrevista. Para nosotros, poner delante de las cámaras a un periodista de la prensa escrita que había trabajado en un artículo era algo rutinario. Para él, volver a litigar por un viejo reportaje era un paso extraordinario. Sin embargo, cuando le conté lo que teníamos, incluido el audio de la confesión de Weinstein, dijo que haría una excepción. Llegamos a casa de Auletta en Long Island en medio de un aguacero torrencial y cargamos con nuestro equipo bajo la lluvia. Auletta nos confirmó que había visto pruebas de los acuerdos de Londres y, lo mismo que nosotros, llegó a la conclusión de que Weinstein compraba el silencio de las mujeres como algo rutinario. Auletta nos habló de sus retornos quijotescos sobre el asunto durante décadas. Publicar la historia era importante, dijo, «para, con suerte, impedir que siga haciéndolo».

Auletta miró a cámara espontáneamente.

—Decidle a Andy Lack, que es amigo mío, que debería publicar esta historia. Lo hará.

—De acuerdo —respondí.

—Si la NBC, que tiene las pruebas, no saca a la luz esta historia, es un escándalo.

Nuestro cámara intercambió una mirada nerviosa con McHugh. Le dije a Auletta que estaba seguro de que la NBC la difundiría.

—Pues más vale que os deis prisa —repuso—. Si el *New York Times* anda detrás...

—Lo sé —respondí. Y ambos miramos la tormenta a través de la ventana de su salón.

Ese mismo día, Diana Filip se puso en contacto con Rose McGowan. «Ya estoy en casa, ¡y solo quería darte las gracias por una velada tan maravillosa! Siempre es un placer verte y pasar un rato contigo :). ¡Espero de veras volver pronto y que tengamos más tiempo la próxima vez!», le escribió.

Y luego fue al grano: «Estaba pensando en Ronan Farrow, del que me has hablado cuando estábamos juntas. No puedo quitarme su foto de la cabeza. Parece un chico impresionante y dulce. He leído un poco sobre él y me ha impresionado mucho su trabajo, a pesar de sus relaciones familiares problemáticas... Pienso que alguien como él podría ser una buena baza para nuestro proyecto (no para la conferencia, sino para nuestra actividad anual en 2018), puesto que es un hombre a favor de las mujeres. ¿Crees que podrías presentármelo y así estudio esta posibilidad más a fondo?».

20

Secta

*E*l guion que escribimos durante los últimos días de julio era sobrio y sucinto. Incluía la grabación de Ambra Gutiérrez, a la que mencionábamos para agradecerle su cooperación, así como la entrevista oficial con Rose McGowan ante las cámaras y la entrevista de Emily Nestor a cara oculta, acompañada de imágenes de los mensajes de Irwin Reiter en su haber, que probaban que, para la empresa, la conducta de Weinstein era un problema recurrente. Incluimos las pruebas que habíamos descubierto de los dos acuerdos en Londres, que se basaban en múltiples relatos en primera persona de las negociaciones y en el cheque emitido desde la cuenta de Bob Weinstein. Además, estaban los fragmentos de las entrevistas a las cuatro empleadas que habían testificado ante las cámaras.

En esa misma época, McHugh tropezó con una trama secundaria. En un partido de hockey sobre hielo —jugaba muchísimo y cada dos por tres entraba cojeando en la oficina, con lesiones sufridas en la pista—, se encontró a un amigo de la industria del cine que le dio una pista: cada vez estaban vigilando más el papel de Weinstein en la junta de amfAR, la Fundación para la Investigación sobre el Sida. Otros miembros de la junta sospechaban que Weinstein había malversado fondos destinados a la organización benéfica. El productor intentaba que firmaran contratos de confidencialidad.

—Parece un tema secundario —me escribió McHugh—. ¿Valdrá la pena que nos metamos en ese jardín?

—Yo sería discreto —respondí—, no sea que desencadenemos algo que pueda repercutir negativamente en la historia principal.

Después de que McHugh me enviara sus notas sobre el guion, me escribió: «Es hora de que tengamos una conversación seria entre tú, el departamento jurídico, Rich y yo, y ver cuál es el verdadero significado de esta agencia de noticias».

«Sip», respondí.

«Formamos un equipo de la leche —añadió—. No pq trabajemos bien, sino porque fijo q es frustrante para alguien que quiera rascar algo o desacreditarnos personalmente.»

Ninguno de los dos sabíamos que, a esas alturas, el nombre de Rich McHugh —los nombres, incluso, de los miembros de nuestro equipo— figuraba en todas partes, en informes que circulaban sin hacer ruido por el mundo entero. Mientras terminábamos el reportaje, ambos intuíamos que los ataques venían de camino; solo que no sabíamos qué forma adoptarían. «Tiene mucho que perder, arrinconado como está —señaló McHugh—. Habrá guerra.»

La última semana de julio, Susan Weiner, la asesora jurídica de NBC News, quedó con Rich Greenberg, McHugh y conmigo en el despacho de Greenberg y hojeó el guion y la lista de elementos. Yo ya había trabajado antes con Susan Weiner en investigaciones especialmente problemáticas o susceptibles de generar litigios. Me parecía una buena abogada, con un fuerte sentido de la intuición. Y se había mostrado favorable a mis reportajes, incluso cuando escogía temas como el de una secta apocalíptica coreana conflictiva. Antes de ejercer una veintena de años en la NBC, Susan Weiner había sido directora jurídica adjunta en la Autoridad Metropolitana del Transporte de Nueva York. Era delgada y de piel clara, y lucía una melena de cabellos rizados. Ese día en el despacho, nos miró por encima de sus gafas y frunció los labios.

—Tenéis mucho material —dijo.

—¿Podéis ponerle el audio? —dijo Greenberg con manifiesta emoción. Él ya había leído el guion, y le había gustado. En una reunión previa con él ese mismo día, McHugh le había convencido de la idoneidad de un guion más largo de lo habitual para difundirlo en la web. Sería sencillo hacer versiones más cortas para *Today* y *Nightly News*.

Mientras escuchábamos el audio, el semblante de Susan Weiner se distendió en una media sonrisa.

—¡Uau! —exclamó.

—Y la fuente está dispuesta a reunirse contigo, o con quien tú quieras del departamento jurídico, para enseñarte el contrato con la firma de Weinstein —le dije.

Le pregunté si veía algún tipo de problema jurídico en el material que teníamos de momento y dijo que no.

—Creo que nuestro siguiente paso es recabar la opinión del acusado —dijo. McHugh me lanzó una mirada de alivio. La abogada principal del departamento de noticias y Rich Greenberg, un veterano del departamento de normas, querían seguir adelante. Greenberg miró a Weiner y asintió.

—Quiero informar a Noah antes de actuar —dijo.

Greenberg seguía entusiasmado, apenas podía contener una sonrisa cuando él, Susan Weiner, McHugh y yo nos sentamos con Noah Oppenheim en su despacho ese mismo día. Oppenheim hojeó su copia del guion, con la historia escrita y la lista de los elementos. Una arruga surcó su entrecejo.

—Solo es un borrador del guion —dije—. Lo puliremos.

—Ok —dijo inexpresivo.

—Creemos que deberías oír la grabación —dijo Greenberg. Parecía desconcertado por la falta de entusiasmo de Oppenheim—. Es muy potente.

Oppenheim asintió con la cabeza. Seguía mirando las hojas, sin establecer contacto visual con nosotros. Greenberg me indicó con un gesto que pusiera el audio. Le di al *play* y extendí el brazo con el teléfono.

«No —decía Ambra Gutiérrez presa del pánico—. No me siento cómoda.»

«Estoy acostumbrado», dijo de nuevo Harvey Weinstein.

Oppenheim se hundió más en su silla, como replegándose sobre sí mismo.

Cuando terminó la grabación, se produjo un largo silencio. Al darse cuenta, aparentemente, de que estábamos esperando a que se pronunciara, Oppenheim emitió un sonido a caballo entre un suspiro hastiado y un «eh» apático y se encogió de hombros.

—A ver… —dijo, alargando la palabra—. No sé qué prueba esto.

—Reconoce que le ha metido mano —dije.

—Está intentando deshacerse de ella. La gente dice esas cosas cuando intenta deshacerse de una chica así —dijo él.

Lo miré abriendo los ojos. Greenberg y Susan Weiner lo miraron boquiabiertos.

—Mirad —dijo con un tono de voz cada vez más irritado—. No digo que no sea un grosero, pero tampoco estoy seguro de que esto sea noticia.

—Tenemos a una persona famosa reconociendo una falta grave en una grabación —dije—. Tenemos relatos de múltiples fuentes de cinco casos de mala conducta, y dos mujeres dispuestas a decir su nombre públicamente, tenemos a muchos de sus antiguos empleados reconociendo que lo suyo era un patrón de conducta, tenemos su firma en un acuerdo de compensación de un millón de dólares…

Oppenheim levantó la mano para acallarme.

—No sé si podemos enseñar contratos —dijo. McHugh y yo nos miramos. No entendíamos por qué un medio informativo, que, de forma rutinaria, publicaba información protegida por contrato en contextos de seguridad nacional y negocios podría ser reticente a revelar acuerdos que tuvieran que ver con el acoso sexual.

—No nos basamos exclusivamente en los contratos, como es evidente —dije—. Pero que estos acuerdos de compensación se repitan sí que es noticia. Mira el reportaje de la Fox…

—Esto no es la Fox —dijo—. Y sigo sin creer que Harvey Weinstein sea un nombre conocido para la audiencia de *Today*. —Volvió a echar un vistazo al informe—. Y, para empezar, ¿en qué programa lo meteríamos? Parece un reportaje largo.

—Hemos hecho reportajes de siete minutos en *Today* otras veces. Puedo reducirlo a eso.

—Puede que en el programa de Megyn, pero ya no le queda mucho —dijo Greenberg, haciendo caso omiso a mi propuesta. Megyn Kelly pronto terminaría su breve temporada como presentadora de un boletín de noticias los domingos por la noche.

—Podemos colgarlo en la web —sugirió McHugh.

Asentí.

—Y la versión escrita también puede colgarse en Internet.

Oppenheim se volvió hacia Greenberg.

—¿Tú qué propones?

—Queremos hablar con Harvey Weinstein para recabar su opinión —dijo Greenberg. Oppenheim miró a Susan Weiner. Ella asintió.

—Creo que tenemos el material suficiente para hacer esa llamada —dijo ella.

Oppenheim miró las hojas que tenía delante.

—No, no, no —dijo. Se le escapó una risita nerviosa—. No podemos llamar a Harvey. Esto tengo que llevárselo a Andy.

Se levantó con el documento en la mano. La reunión había concluido.

—Gracias. Creo que tendrá un gran impacto, sea cual sea la plataforma que elijamos —balbucí, mientras Oppenheim me acompañaba a la salida.

McHugh me lanzó una mirada perpleja. Ninguno de los dos entendíamos su reacción.

En los primeros meses del año predominó la clase de misiones a las que Igor Ostrovsky, el detective privado ucraniano, estaba acostumbrado: cuatro horas persiguiendo a una esposa infiel por aquí, seis meses rastreando al adolescente díscolo de una madre nerviosa por allá. A cambio, Roman Khaykin, el ruso calvo, le pagaba los treinta y cinco pavos por hora convenidos, más gastos. Sin embargo, a medida que avanzaba el verano, las misiones que le llegaban a Ostrovsky eran de otra índole. Y le dieron que pensar, devolviéndole a su problemática tendencia a hacer preguntas.

El 27 de julio, antes del alba, Ostrovsky se encaminó a su siguiente misión. Cuando llegó a lo que parecía un domicilio particular, vio el coche de Khaykin, un Nissan Pathfinder plateado. Él y Khaykin habían convenido que se separarían; Ostrovsky tendría un ojo puesto en la casa del objetivo y Khaykin se prepararía para darle caza en el trabajo.

Khaykin no había dicho mucho sobre estas nuevas misiones. Se había limitado a enviarle varios pantallazos de algo así como el informe de un cliente. Los pantallazos mostraban direcciones, números de teléfono, fechas de nacimiento, información biográfica. Identificaban a esposas y parientes. Lo primero que pensó Ostrovsky fue que estaban siguiendo algún tipo de disputa por custodia compartida; sin embargo, a medida que discurría el verano, esta explicación le cuadraba cada vez menos.

Ostrovsky revisó rápidamente los pantallazos mientras se acomodaba para vigilar el domicilio. El formato era idéntico al de los documentos que le habían remitido desde las oficinas londinenses de Ropemaker Street, con encabezados en Times New Roman y cursiva azul, y un inglés deficiente. Mientras escudriñaba los detalles, le sobrevino una extraña sensación. No estaba acostumbrado a espiar a periodistas.

21

Escándalo

*U*na bochornosa mañana, poco después de la reunión con Oppenheim, caminando entre la multitud sudorosa, pasé por delante del cubo ladeado de Astor Place y me dirigí a East Village. Le había enviado un mensaje a Rose McGowan para vernos. En el Airbnb donde se alojaba, salió a recibirme en pijama y un parche de silicona con forma de media luna debajo de cada ojo. Señaló el absurdo espacio a su alrededor, que era rosa princesa, con mullidos cojines por doquier.

—No lo he decorado yo —dijo resignada.

Estaba demacrada, nerviosa, más estresada que la última vez que la había visto. Le dije que teníamos material más sólido que nunca, pero que su voz iba a ser importante. Aceptaba su sugerencia de grabarla más y su oferta de proporcionar el nombre de Weinstein a los abogados de la NBC.

—No me fío de la NBC —me dijo.

—Han sido… —hice una pausa— cautelosos. Pero sé que son buena gente y que mirarán por el bien del reportaje.

Ella inspiró hondo y pareció reafirmarse.

—Vale —dijo—. Lo haré.

Aceptó que rodáramos una continuación de la primera entrevista unos días más tarde. Primero tenía que sustituir a Val Kilmer en el Comic Con de Tampa Bay.

—Eso será divertido —dije mientras salía al calor de la calle.

—No, no lo será —respondió.

Υ

De vuelta al trabajo, en la cafetería, me sonó el teléfono. Era Greenberg.

—Excelentes noticias. He hablado con Rose y... —le dije.

—¿Puedes hablar? —me preguntó.

Más tarde, en su pequeño despacho, Greenberg dejó que me explayara sobre mi conversación con Rose McGowan.

—Sé que has estado preguntando si había novedades —me dijo. En los dos días transcurridos desde la reunión con Noah Oppenheim, me pasé tres veces por el despacho de Greenberg para saber si había oído algo de Andy Lack. —Greenberg inspiró hondo, como si se estuviera preparando para algo—. El reportaje está ahora *bajo revisión de NBCUniversal*. —Envolvió la boca alrededor de estas últimas palabras extrañamente, como si estuviera citando la letra de una canción en lengua extranjera. *Domo arigato, Mr. Roboto.*[6]

—NBCUniversal —dije—. No NBC News.

—Ha llegado arriba. No sé si eso implica a Steve Burke o a Brian Roberts —dijo, aludiendo a los altos directivos de NBC-Universal y su empresa matriz, Comcast—, pero lo han sometido a un examen jurídico. —Greenberg no dejaba de menear una rodilla debajo de la mesa—. Creo recordar haber visto una vez, cuando estábamos muy cerca de publicar un reportaje duro, una revisión de alto nivel, pero es algo atípico.

—¿En qué basan la necesidad de esta revisión? —Nadie nos había pedido otras copias del material ni de la grabación.

—No lo sé —dijo ausente.

Una revisión jurídica de NBCUniversal implicaba la participación de Kim Harris, la asesora jurídica de NBCUniversal que, junto con Susan Weiner, había presidido el embrollo de la grabación del famoso «agarrar por el coño» el año anterior. Además, Kim Harris me había contratado unos años antes para una pasantía de verano en Davis Polk.

—Yo feliz de enviarle el material a Kim —le sugerí—. Puedo ponerle la grabación.

—¡Por el amor de Dios, que no! —exclamó Greenberg

6. Frase de la canción «Mr. Roboto» del grupo Styx, muy citada en numerosos programas televisivos y un latiguillo muy recurrente.

mortificado, como si le hubiera propuesto una orgía con sus abuelos o algo por el estilo—. ¡No, no, no! Vamos a… Respetemos el proceso y mantengamos la distancia. Estoy seguro de que Susan les enviará lo que sea que necesiten.

Me pregunté qué razones podríamos tener para que nuestros propios abogados tuvieran que «mantener las distancias», pero dije en cambio:

—Vale, pero me gustaría estar al tanto de todo lo que pueda, cuando pueda. Y te mantendré informado sobre la segunda parte de la entrevista con Rose.

Se estremeció.

—Se supone que tenemos que parar la investigación.

—Rich, solamente conseguir que Rose no tirara la toalla ha sido un infierno. ¿Y ahora que está dispuesta a darnos más quieres que vaya a verla y le diga que cancelamos?

—Cancelar no —dijo—. Pausarlo.

—Hemos fijado una fecha para la entrevista. Sería cancelar.

Le pregunté cuánto tiempo se suponía que debíamos «pausarlo».

—Yo… yo diría que no va a ser una cosa rápida. A ver, no tengo ni idea de cuál es su procedimiento, pero podría durar más de unos pocos días.

—Rich, no creo que, a decir verdad, nadie de nuestra jerarquía de mando quiera verse en la tesitura de tener que cancelar fragmentos del reportaje que tanto nos ha costado obtener, durante un examen corporativo de nuestra sociedad matriz.

—Las cosas se cancelan por todo tipo de razones. Nadie de fuera de la compañía tiene que saber el motivo.

—Si les dices lo que nos dijiste a mí y a Rich, importará para el futuro de este reportaje —dije, refiriéndome a su «a la mierda, que nos denuncie» y su decisión de hablar con Weinstein para oír sus comentarios. Me costaba conciliar a aquel Greenberg con este otro.

—Esto es una decisión de Steve Burke. Es una decisión de Andy —repuso. Apartó la vista de mí con un pestañeo—. Lo que yo diga es lo de menos.

Yo creía a Rich Greenberg cuando decía que el periodismo le importaba. Creía que, sin fricciones de por medio, él se mostraría dispuesto a respaldar el reportaje y la siguiente entrevista con Rose McGowan. Pero varios de sus colegas decían que las confrontaciones complicadas lo espantaban. «Es realmente bueno siempre que no esté al frente de la manada —me diría más tarde un periodista veterano—. No tiene estómago para un reportaje de investigación que ponga a alguien de uñas contra él.» Y pocas historias cabreaban más a la gente que la que teníamos entre manos. Aquel día en el despacho de Greenberg recuerdo haber pensado en lo pequeño que me pareció; no tanto por verlo derrotado como por verlo a gusto en los estrechos límites de lo que podía y lo que no podía hacer dentro de una organización a la que había dedicado diecisiete años de su vida.

Exasperado, le dije:

—Mira, Ken Auletta acaba de dirigirse a la cámara para decir: «Andy Lack, si no difundes esto, será un escándalo».

Greenberg abrió los ojos como platos.

—¿Tenemos eso? ¿Eso está en el guion?

Lo miré perplejo.

—Está en la transcripción.

—Envíamela.

Cuando salí por las puertas traseras del 30 Rock al calor estival, McHugh y yo intercambiamos mensajes para decidir qué hacíamos. En las esferas más altas de la empresa no parecía existir el más mínimo interés por la grabación ni por conocer la verdadera amplitud del reportaje. La única persona que Greenberg no nos había disuadido de contactar que podría tener acceso al examen del material era Susan Weiner, que, como abogada principal de la sección informativa, rendía cuentas a Kim Harris. En cuanto salí de la reunión con Greenberg, la llamé. La asistente que contestó al teléfono me dijo que no fuera por allí. Tras horas de llamadas, Susan Weiner me dijo por correo electrónico que estaba ocupada y que se iba fuera, de fin de semana largo.

Luego quedaba el dilema de qué hacer con la entrevista a Rose McGowan. «Vamos a rodar con Rose. No cancelamos», escribí a McHugh. Los dos sabíamos que, si lo posponíamos, perderíamos la entrevista entera. Por otra parte, desobedecer a

Greenberg suponía poner en peligro el cada vez más débil apoyo que la cadena prestaba a nuestro reportaje.

El departamento jurídico no respondía a nuestras llamadas y yo no sabía a quién recurrir. Cuando llegué a mi apartamento, decidí correr un riesgo y llamar a Tom Brokaw.

—Tom, voy a tener que confiar en tu promesa de no decir nada de la historia que te comenté.

—Tienes mi palabra —dijo Brokaw.

Le puse al corriente de la intromisión de la empresa. Repasé con él la lista de entrevistas y pruebas.

—No puede ser. —Me dijo que lo consultaría con la dirección de la cadena—. Tienes que hablar con Andy. Tienes que entrar y ponerle la grabación.

Le envié a Greenberg la transcripción de Ken Auletta, como me había pedido, con el comentario de lo escandaloso que sería no difundir la destacada noticia. Después se la remití a Noah Oppenheim.

Unas horas después sonó el teléfono. Era Oppenheim.

—He recibido tu correo electrónico. *Pueeees...* —dijo esta palabra con la contundencia de un adolescente—. Espero que, teniendo en cuenta nuestros dos años y medio de relación, o lo que sea, sepas que puedes confiar en mí para llevar a buen término este proceso. Y esto no va de «Andy no quiere hacerlo» o de «yo no quiero hacerlo». Si podemos establecer que es... un «depredador», por usar tu término...

—Quiero que quede claro que eso no lo he dicho yo. Tenemos documentos y fuentes dentro de la compañía que lo afirman.

—Está bien, está bien. Te entiendo. Si pudiéramos establecer que es... lo que sea, pues claro que querremos difundirlo. Solo necesitamos someterlo a una prueba de resistencia, y Kim, a quien sé que conoces desde los dieciséis años o así, se encargará de ello y nos dirá qué podremos decir realmente sin correr ningún riesgo, qué podremos sostener ante un tribunal.

Le dije que todo me parecía perfecto siempre que no nos obligaran a interrumpir el reportaje. Le mencioné la entrevista que habíamos fijado con Rose McGowan.

—No puedes, Ronan. Si Kim decide que una interferencia dolosa o que una instigación al incumplimiento de un contrato suponen un problema gordo para nosotros, no podemos lanzarnos a hacer una entrevista sin tener antes su visto bueno.

—No es así como funciona —le dije—. Podemos filmarla y decidir revisar la entrevista más adelante. Difundirla es lo que podría crear un litigio.

—No lo sé —dijo a la defensiva—. No soy abogado. Si están hablando de interferencia dolosa, tengo que escucharles.

—Yo *soy* abogado, Noah. Y esa no es una verdadera razón. La mitad de nuestros reportajes políticos no habrían sido posibles si nos hubiésemos negado a hablar con fuentes que estaban incumpliendo contratos.

Era cierto: existían pocos casos sólidos que apoyaran la idea de que los organismos de prensa, actuando de buena fe, pudieran exponerse a acciones considerables de responsabilidad civil en casos como este.

—Pues perdona si acepto el asesoramiento jurídico de Kim Harris antes que el tuyo —dijo con acritud.

Intenté pensar en cómo poner de relieve los desafíos sin dejar de transmitir que yo jugaba en equipo.

—Mi intuición es que esto va a salir —le dije—, y la cuestión es si va a salir con o sin nosotros si ocultamos las pruebas que tenemos.

Se produjo un largo silencio.

—Será mejor que tengas cuidado —dijo finalmente—. Porque yo *sé* que no estás amenazando con hacerlo público, pero la gente podría *pensar* que sí. —Sabía lo que quería decir, pero la elección de sus palabras me chocó. ¿Nuestro oficio no era precisamente publicar noticias?

—Pero se trata de eso —le dije—. Creo que amenazarnos es exactamente lo que Ken Auletta está haciendo. Y creo que es la razón por la que Rich me pidió que le enviara la transcripción de sus palabras. Y la razón por la que te la remití a ti. Muchísima gente sabe que tenemos esto.

—Bueno, no «lo estamos ocultando», lo estamos revisando cuidadosamente.

Se suavizó un poco y probó otra estrategia.

—Ronan, sabes que en los años que llevo apoyándote hemos publicado una serie de historias por las que nos podrían haber denunciado, y no nos echamos atrás.

—Confío en que harás lo correcto —le dije—. Solo que ha habido señales extrañas.

—Solo estamos haciendo una pausa mientras esclarecemos todo esto —dijo—. Es lo único que pido.

De alguna manera, yo sabía que estos eufemismos —las «pausas», los esclarecimientos— eran absurdos. Cancelar una entrevista era cancelar una entrevista. El concepto *neolengua* se me vino a la mente. Pero necesitaba el apoyo de Oppenheim para que el reportaje llegara a buen puerto.

Miré por la ventana. Al otro lado de la calle se habían apagado las luces y el estudio de danza estaba en penumbra.

—Me alegro de que hayas llamado —le dije—. Confío en ti de verdad.

—Aguanta un poco —me dijo—. Olvídate del reportaje solo un tiempo.

22

Todoterreno

«Hemos hecho bien en cerrar el pico —me escribió Rich McHugh en un mensaje de texto. Habíamos decidido apretarle las tuercas todo lo que pudiéramos a Noah Oppenheim—. Me quedaré tranquilo en mi silla, responderé al teléfono y lo que se tercie, pero dejaré en paz al equipo de la NBC. Le has dicho lo que quería oír.»

Pero la delicada propuesta de grabar a Rose McGowan y la orden de cancelarla seguían en el aire.

«¿Te ha dicho Noah que no lo hagas?», escribió McHugh.

«Sí.»

«Dilema.»

«Es tentador posponerlo a riesgo de perderla —repuse—. Solo por evitar el conflicto con Noah. ¿Crees que puedo consultárselo libremente a Greenberg?»

«Ya no estoy seguro», escribió.

Empezamos a sopesar la posibilidad de correr el riesgo de reprogramar la entrevista con McGowan.

«No estoy seguro de q otra entrevista con rose sea vital para nuestro reportaje. Pero que la nbc nos guarde las espaldas, en cierto sentido, sí —escribió McHugh—. Estoy pensando, ¿y si le proponemos hacérsela en LA y así ganamos un poco de tiempo?»

Inspiré hondo y marqué el número de McGowan.

—Estábamos pensando en la posibilidad de hacerla un poco más adelante —dije, tanteándola—. Podríamos volver a grabar contigo en Los Ángeles, en tu casa.

Me respondió con un hilillo de voz.

—No sé si puedo hacerlo. Se me cae el mundo encima.

—Tú solo… solo espera ahí —le dije—. Por favor. Por las otras fuentes involucradas. Te prometo que solo será un poco más de tiempo.

—Sabía que la NBC no se lo iba a tomar en serio.

—Nos lo estamos tomando en serio. Me lo estoy tomando en serio.

—Propuse llamar a los abogados.

—Van… van a hacerlo, solo están revisando algunas cosas. —No dijo nada—. Si solo puedes el martes, lo haremos el martes —añadí rápidamente—. No te preocupes por eso.

Me dijo que podíamos mirar más opciones, pero oí cómo la incertidumbre se adueñaba de su voz.

Unos minutos más tarde, Jonathan, al teléfono desde Los Ángeles, montó en cólera. Pensaba que debía hacer oídos sordos a las órdenes de Greenberg y llamar a Kim Harris. No se creía los argumentos jurídicos esgrimidos por Oppenheim. Cualquier lego en la materia que recordara vagamente el término asociaba «interferencia dolosa» a la engañosa excusa que la compañía matriz de CBS News había alegado para tumbar un reportaje sobre el tabaco. Ese día McHugh y Jonathan hicieron la misma comparación: «¿Es que nadie de esta compañía ha visto la peli *El dilema*?», preguntó Jonathan, exasperado.

A la mañana siguiente llamé varias veces al despacho de Kim Harris, hasta que me respondió por correo electrónico diciendo que había estado varios días de viaje. Podríamos vernos a la semana siguiente, quizá. Sin embargo, sería demasiado tarde para mi entrevista con Rose McGowan. Se lo supliqué: «Cancelar podría significar que ya no la recuperamos». Le propuse reunirme primero con ella y dejar que me dictara mi actitud en la entrevista, como yo había hecho con Steve Chung antes de las primeras entrevistas. Después llamé a Susan Weiner y le dejé un mensaje de voz repitiéndole los mismos puntos: «Susan, a título informativo, no quiero que tengamos que cancelar el reportaje. Sé que ambas estáis fuera, pero responde, por favor».

Cuando colgué, Greenberg me hizo señas para que fuera a su despacho.

—Bueno —me dijo—, le he devuelto la llamada a Harvey.

—¿Qué le has dicho? —le pregunté.

—Le he dicho que el departamento jurídico está examinando el reportaje y que de momento está todo parado. —Me explicó que Weinstein le había dicho que quería enviar una carta al departamento jurídico de la NBC, y Greenberg le remitió a Susan Weiner—. Podría acusarte de difamarle en las conversaciones —añadió.

Me reí. Greenberg permaneció serio.

—Como es obvio, he sido increíblemente cuidadoso de no difamarle y he escogido preguntas neutras —le contesté—. Mantendré cualquier cosa que haya dicho o escrito.

—Tú solo ten cuidado —me dijo Greenberg.

Le pregunté si sabía algo nuevo de la entrevista con Rose McGowan y me dijo que el departamento jurídico todavía estaba decidiendo si podía seguir adelante. Pensé en la determinación vacilante de McGowan, en cómo había flaqueado cuando le propuse posponer la grabación.

El veredicto llegó poco después. Mis súplicas habían surtido efecto: el departamento jurídico permitía que la entrevista se realizara a la semana siguiente. Pero el tiempo de indecisión nos había pasado factura. Mientras el departamento tomaba su decisión, McGowan me escribió un mensaje de texto: «No puedo rodar. Ni participar en tu reportaje. Lo siento mucho. El aspecto jurídico se me viene encima y no tengo recursos».

Durante las horas siguientes, mis esfuerzos por convencerla de lo contrario cayeron en saco rato. «Estoy atada de pies y manos —dijo finalmente—. No puedo hablar.» McGowan parecía cada vez más consternada. En las semanas que siguieron, sus abogados procederían al envío de agresivas cartas disuasorias.

Entré en el despacho de Greenberg y se lo conté inmediatamente.

—Voy a ver si consigo que entre en razón —le dije.

Se quedó pensativo un momento y luego se encogió de hombros.

—Honestamente, me pone menos nervioso si no está en el guion. Siempre ha sonado un poco… bueno, ya sabes.

—Emily Nestor estaba casi decidida a hablar a cara descubierta. Puedo volver a intentarlo con ella.

—Espera un poco.

—Solo sería llamar a una fuente existente.

—Vamos a ceñirnos a las reglas por ahora. Olvídate del reportaje de momento —me dijo, igual que había hecho antes Oppenheim.

Cuando llegué a casa del trabajo, mi teléfono tintineó: otro texto que me daba la opción de activar alertas meteorológicas. Lo eliminé. Otro tintineo: esta vez era la llamada de una vieja amiga del colegio. Cerré los ojos con fuerza.

—No puedo salir, Erin —le dije.

Erin Fitzgerald trabajaba en esa clase de consultoría de lujo que por muchas explicaciones que te dieran no lograbas entender.

—Nadie te ha visto en… ¿Cuánto? ¿Seis meses? —dijo por encima de un murmullo de conversaciones de cóctel—. ¿Se puede saber qué te pasa?

—Lo sé. Voy detrás de algo muy gordo.

—Para variar.

—Sí.

—Bueno, pues esta noche vienes.

Erin no aceptó un no por respuesta. Me senté con ella y con otra amiga en una azotea abarrotada de Brooklyn, con la ciudad a nuestros pies, y comprendí que apenas había salido de mi apartamento ese verano.

—Tengo la sensación de estar quemando una a una mis naves con esta investigación —dije.

Ella se encogió de hombros.

—¡Bah, vamos! —dijo empujándome hacia el pretil. Posamos para una foto bajo el rutilante horizonte de Manhattan.

Al día siguiente, Igor Ostrovsky inició su inspección rutinaria de mis cuentas y las de mis parientes y amigos en las redes sociales. Al llegar a un *post* de Instagram en el que se me veía junto a una chica guapa con el horizonte de Manhattan al fondo, suspiró aliviado. Yo estaba en la ciudad después de todo.

Para entonces, él y Roman Khaykin habían empezado su última misión, pero sin demasiado éxito. Facturaron unas horas por vigilar a la mujer del *New York Times* y hacerle unas fotografías en el metro y, cuando desapareció en el interior del edificio del *Times*, desistieron. El interés del cliente pronto se centró en el reportero de la tele cuyos avances en la investigación eran inestables.

Sin embargo, este caso significaba todo un desafío igualmente. Una mañana, viendo que yo estaba en el programa *Today*, Ostrovsky y Khaykin quisieron aprovechar la oportunidad.

—Oye, que sale en el programa —dijo Ostrovsky.

—¿Qué crees? ¿Vamos a ver si lo pillamos a la salida? —contestó Khaykin.

Ostrovsky sopesó esta posibilidad. Había algo que no acababa de cuadrarle.

—El Rockefeller Center es una zona llena de gente —señaló—. No podremos llegar en coche. No tenemos bastante personal para cubrir todas las entradas y salidas.

Poco después, cuando el caluroso julio cedía a un principio de agosto más caluroso aún, salí de mi casa por la mañana y pasé por delante de un Nissan Pathfinder color plata aparcado justo en la calle de enfrente. Solo más tarde recordé que ya había visto a los dos hombres sentados en el interior del todoterreno: uno delgado y calvo, y el otro corpulento, con el pelo negro y rizado.

Durante toda la primavera y el verano, los titulares sobre acoso y abusos cogieron carrerilla: una nueva serie de artículos sobre Fox News y un análisis en profundidad sobre el presidente Trump. Por mi parte, empecé a recibir mensajes de activistas de los derechos de la mujer que apoyaban mi reportaje sobre la discriminación de género. Mientras Ostrovsky y Khaykin debatían sobre la idoneidad de interceptarme en el 30 Rockefeller Plaza, uno de esos mensajes aterrizó en mi bandeja de entrada. Describía un programa de defensa de la mujer concebido por una compañía de servicios financieros. Incluía una petición de cita para la semana siguiente. Eché un vistazo al correo electrónico y, sin responder, pasé al siguiente. «Estoy muy impresionada con su trabajo como defensor de la igualdad de género, y creo que su aporte podría ser muy valioso en nuestras actividades», me escribió Diana Filip, de Reuben Capital Partners.

23

«Candy»

La primera semana de agosto, llegué al despacho de Kim Harris en una de las *suites* corporativas más altas del edificio, completamente inundada de luz. Rechacé una llamada de mi madre mientras llegaba y le escribí un mensaje: «Entro a la reunión con la abogada de la empresa matriz. Reza por mí». Yo había roto filas para ver a Kim Harris y ella no había añadido a terceros a nuestros correos electrónicos. Pero Richard Greenberg llegó unos minutos más tarde, seguido de Susan Weiner.

La diferencia entre las dos mujeres en la sala era elemental, casi atómica. Si bien Susan Weiner era serena y burocrática, Kim Harris poseía un carisma desmesurado. Se había graduado en las mejores instituciones de la Ivy League, sin salirse del cauce exigido para alcanzar el máximo prestigio. Había trabajado en la Casa Blanca con Obama de presidente y como socia de un respetadísimo bufete. Era más rápida de reflejos que los veteranos de la compañía en la sala y menos propensa a las ceremonias. Sus rasgos eran grandes y afables y tenía la sonrisa fácil. Kim Harris era una abogada letal y su trabajo era tan sofisticado que ni siquiera lo notabas.

Sacó una copia del guion, recorrió un puñado de apuntes referentes al lenguaje y luego dijo:

—También pienso que nos podrían culpar de interferencia dolosa.

Mantuve el rostro sereno. No iba a discutir de jurisprudencia con la asesora jurídica de la compañía, pero sabía que era una patochada.

Aun así, hablar con Kim Harris fue en general reconfortante. Su consejo, desde un punto de vista jurídico —distinto de la decisión editorial de la sección de noticias— era que no tirásemos la toalla. Quería otro guion con los cambios que habíamos discutido.

Unas horas más tarde, cuando salía del edificio, tropecé con Susan Weiner. En la calle, la lluvia azotaba las puertas giratorias del vestíbulo. Para mi sorpresa, me miró con intensidad y me dijo:

—Siga adelante.

Mientras el reportaje sobre Weinstein crecía tanto que nos tenía a McHugh y a mí ocupados día y noche, yo peleaba por mantener a flote mi libro sobre política exterior y por buscarle una editorial nueva. Todos los secretarios de Estado habían aceptado salir en el proyecto y yo había corrido con ellos para los rodajes y las entrevistas. Hillary Clinton, que sabía del libro porque yo le había hablado de él en la etapa en que trabajaba para ella en el Departamento de Estado, aceptó desde el principio con entusiasmo. «Gracias, amigo mío, por tu mensaje; es una alegría saber de ti y me regocija oír que estás a punto de concluir tu proyecto de libro», me escribió ese mes de julio. La carta estaba impresa en papel, con membrete en relieve y una florida fuente *art déco*, a semejanza de un titular de *The New Yorker* o un elemento de diseño de *BioShock*. Era una monada, pero no lo más indicado para hacerte ganar las elecciones en Wisconsin. Siguieron varias rondas de llamadas y correos electrónicos, y la promesa de una entrevista ese mismo mes, antes de que Hillary iniciara una gira promocional de la publicación de sus memorias más recientes.

La tarde de la reunión con Kim Harris, cuando corría bajo el aguacero y cruzaba el portal de mi edificio, recibí una llamada de Nick Merrill, el agente de prensa de Hillary Clinton. Hablamos brevemente del libro y luego me dijo:

—A todo esto, nos hemos enterado del tremendo reportaje que estás preparando.

Me senté en una de las sillas del vestíbulo de mi edificio.

—Verás, Nick, yo siempre estoy trabajando en un montón de reportajes a la vez.

—Sabes a cuál me refiero.

—No puedo decir nada, de verdad.

—Bueno, pues nos *preocupa* mucho, ¿sabes?

Noté que un riachuelo de lluvia me corría por el cuello.

—¿Puedo preguntarte quién te ha dicho eso?

—Puede que en privado, tomándonos unas copas —respondió—. Digamos sencillamente que la gente dice cosas.

Cuando desvié la conversación de nuevo hacia la entrevista con Hillary Clinton, me dijo que «estaba *ocupadísima* con la gira de libro». Le señalé que por esa misma razón habíamos concertado la entrevista para antes de la gira.

—Ya te digo —repitió, como si no me hubiera oído—, *ocupadísima*.

Durante las semanas que siguieron, cada uno de mis intentos de cerrar una fecha para la entrevista producía otra nota escueta sobre su repentina indisponibilidad. Se había lastimado el pie. Estaba demasiado cansada. Y, entretanto, Hillary Clinton se estaba convirtiendo en una de las personas del mundo político que más entrevistas concedía.

Más tarde, Nick Merrill me juraría y perjuraría que la súbita reticencia de Clinton había sido pura casualidad. Fuera cual fuese el motivo, era de mal agüero; otra vuelta de tuerca, otra señal de que mi vida fuera del reportaje menguaba. Era difícil no ver la formación de una pauta: cada vez que informábamos a nuestros jefes de nuestros avances, se corría la voz. A McHugh y a mí nos preocupaba la protección de nuestras fuentes.

—Si alguien está filtrando información a Clinton, ¿qué le estará llegando a Harvey? —se preguntó McHugh.

—Mierda —dije—. No pensarás que ellos...

—No lo sé. Ese es el problema.

A medida que aumentaba la presión sobre el reportaje, las fisuras entre McHugh y yo se acrecentaban. Nuestras conversaciones se hicieron más sucintas. Después de la reunión con Kim Harris, le molestó que no hubieran contado con él y se preguntaba de qué parte estaba yo. «Solo digo que es raro que hayas ido tú solo», me dijo. Le expliqué que yo había intentado dejar la puerta abierta a un cara a cara más sincero y que no sabía que Greenberg estaría allí presente. «Es que no quiero que nos aíslen», dijo McHugh con recelo.

Un día de agosto, cuando llegaba a casa un poco antes del trabajo, mi conserje, un hombre achaparrado y encanecido de mandíbula cuadrada, se me acercó bajo la marquesina del edificio. Mostraba un semblante preocupado.

—¿Conoce a esos hombres de ahí fuera? —dijo con su acento albanés.

—¿Qué hombres? —pregunté.

—Eh, dos hombres. En coche. Fumando al lado del coche. Todo el tiempo.

Eché un vistazo a izquierda y derecha. La calle estaba prácticamente desierta.

—¿Por qué cree que estaban ahí por mí?

El hombre puso los ojos en blanco.

—Ronan, es siempre usted. Se muda aquí, su dirección sale por todas partes, ahora yo no tengo paz.

Le dije que estaba seguro de que serían dos tipos del tabloide *TMZ* en un día flojo de trabajo.

—Si vuelven, les llevaré café y les pediré que se vayan —le dije. Meneó la cabeza y me miró dubitativo.

Estaba claro que podíamos aportar más al reportaje si la NBC lo pedía.

—Sé que ha estado pensando en dar el último paso y conceder una entrevista a rostro descubierto —le dije a Emily Nestor por teléfono mientras revisaban nuestro reportaje—. No me hace ninguna gracia cargarle con este peso, pero sería importante que lo hiciera.

—Estoy buscando trabajo. No lo tengo claro —me dijo.

—No se lo pediría si no creyera que podría ser decisivo.

Lo pensó durante un momento.

—Si de verdad es tan importante, estoy abierta a la posibilidad. Lo haré.

A pesar de las extrañas señales que nos llegaban de nuestros jefes, McHugh y yo seguimos trabajando. McHugh me ayudaba con la investigación y, cuando Greenberg pasaba cerca de su mesa de trabajo, abría otras ventanas del navegador para disimular. Yo me quedaba hasta tarde en la oficina, llamando a antiguas empleadas de Weinstein en todos los rincones del mundo. Necesitaba dar un salto que hiciera añicos el cerco impuesto al reportaje.

Al salir de casa una mañana avisté algo en la calle que me hizo pararme en seco: un Nissan Pathfinder plateado que juraría haber visto antes en el mismo sitio. Otros residentes caminaban bajo el sol. El vecino que se parecía un poco a mí sonrió al pasar. Me quedé allí de pie, sintiéndome ridículo. Había un millón de razones por las que dos tipos podrían estar aparcados cerca de Columbus Circle unas cuantas veces a la semana, me recordé a mí mismo. Sin embargo, decidí que tendría más privacidad si trabajaba desde casa de todos modos y me volví escaleras arriba.

Pasaba un minuto de la medianoche cuando recibí una llamada de Greenberg.

—¿Cómo va el guion? —preguntó. Yo había estado revisándolo fijándome en las anotaciones de Kim Harris.

—Sólido como una roca —le dije—. Y seguimos atendiendo cualquier llamada relevante que entra de las fuentes, por supuesto.

—Los de jurídica han llamado y quieren que pares el reportaje.

«Otra vez con lo mismo», pensé.

—¿Por qué? Creí que como nos habían dado luz verde para seguir adelante con Rose…

—No, estamos parados. ¿Qué tal tu libro? ¿Las entrevistas van bien?

Greenberg jamás había mostrado el menor interés en mi libro. Hablamos de Condoleezza Rice durante unos minutos hasta que dije:

—Rich, en cuanto a lo de parar el reportaje…

—Tengo que irme —me cortó—. Me voy en avión a ver a mi padre. Estaré fuera todo el fin de semana. Hablamos la semana que viene.

Y con estas palabras, colgó.

«Me ha llamado Greenberg —escribí en un mensaje a McHugh—. Los de jurídica quieren que nos dejemos de llamadas. Así que sé discreto.»

«Vaya mierda —me respondió—. ¿Por?»

No tenía ningún sentido. Una cosa era desanimarnos, pero no había razón, periodística o jurídica, para ordenarnos que paráramos el reportaje. Llamé a Greenberg de nuevo.

—Rich, siento molestarte otra vez, pero necesito una aclaración. ¿Qué han dicho exactamente «los de jurídica»? ¿Quién de jurídica? ¿Por qué?

—No lo sé, no soy abogado. Me tengo que ir ya, de verdad. Tengo que coger un vuelo —dijo rápidamente. Luego, como suavizando el tono, añadió—: Lo siento, colega.

Le estaba respondiendo cuando me colgó. La llamada había durado treinta y siete segundos.

Me puse a caminar arriba y abajo por mi apartamento. Llamé al despacho de Kim Harris, diciendo que era urgente, pero no obtuve respuesta. Mi teléfono tintineó: otro mensaje de Diana Filip, de Reuben Capital Partners, rogándome que nos viéramos para hablar de mi reportaje sobre las cuestiones de género.

Cuando salí de casa por la tarde, miré desde la puerta de la entrada si el todoterreno seguía allí. Nada. «Pareces tonto de remate», pensé para mis adentros. Pero empezaba a tomar precauciones. Me había puesto a pasar a mano la información delicada. A llevar nuevos documentos a la caja de seguridad del banco. Finalmente, consulté con John Tye, antiguo delator de las prácticas de vigilancia gubernamentales y fundador del bufete de abogados sin fines de lucro Whistleblower Aid. John Tye me configuró un iPod Touch provisto de una única aplicación de mensajería encriptada y conectado a Internet mediante un punto de acceso wifi anónimo comprado con dinero en metálico. El número estaba registrado bajo un seudónimo. El mío era «Candy».

—¡Venga ya! —dije incrédulo.

—Yo no elijo los nombres —dijo Tye muy serio.

—Suena a nombre de buena chica del Medio Oeste que no debería haberse mudado a Los Ángeles.

—Yo no elijo los nombres.

24

Pausa

—*E*staba esperando esta llamada —me dijo con un nítido acento inglés.

Ally Canosa, que había trabajado para Weinstein desde 2010, confirmó de inmediato que sabía de las continuas reuniones «cebo» de su jefe. Y no solo eso:

—Harvey Weinstein abusó sexualmente de mí. Reiteradamente.

Corrí el riesgo, le enseñé mis cartas, le conté exactamente lo que había averiguado.

—Dios mío —dijo ella con voz quebrada—. Por fin va a saberse.

Cuando le pregunté si estaría dispuesta a hablar ante las cámaras, sonó asustada, pero abierta a la idea.

—Quiero ayudar —dijo—. Hablemos.

Aceptó que nos viéramos cara a cara en Los Ángeles. Estaba disponible ese mismo fin de semana. Cuando una fuente te ofrece una oportunidad de estas características, no la desperdicias.

Inicié el proceso de reserva de un billete de avión, pero me detuve. Era jueves por la tarde. Para llegar a tiempo a la cita con Ally Canosa durante el fin de semana, tendría que marcharme pronto. Pero Greenberg acababa de dar la orden de parar el reportaje, esta vez amparándose en el departamento jurídico.

McHugh sugirió de nuevo que pidiéramos perdón, no permiso. «Si no le das explicaciones a nadie, te garantizas la reunión y puedes verla y hablar con ella este fin de semana, y puede que la convenzas para que hable ante las cámaras. Si lo cuentas, permitirás que gente mucho más poderosa que nosotros decida nuestros pasos.» Sin embargo, ir por libre en lugar de pasar simplemente desapercibidos, como habíamos hecho en primavera, me parecía que era pasarse de rosca. Llamé a Susan Weiner y le dije que la entrevista era importante. A continuación envié un correo electrónico suplicando permiso para seguir adelante con el reportaje.

Nadie me contestó. «Estarán hablándolo —me escribió McHugh—. Intenta sacártelo de la cabeza.»

Esperé un día y luego compré el billete a Los Ángeles.

Llovía otra vez a la mañana siguiente, una llovizna gris opresiva. McHugh me llamó temprano desde la oficina. Yo estaba metiendo la ropa en la maleta.

—¿No habías dicho que Greenberg iba a coger un vuelo ayer? —me preguntó en sordina.

—Sí. Tenía que salir pitando.

—Curioso. Porque está aquí.

—A lo mejor le cancelaron el vuelo.

—A lo mejor.

Ya estaba metiendo el equipaje en el maletero de un sedán cuando Greenberg intentó contactarme por teléfono. A continuación me envió un mensaje de texto: «Llámame YA».

—Hola —lo saludé—. Me pillas de camino al aeropuerto.

—¡¿Qué?! —Sonó como si el corazón se le fuera a salir por la boca—. Te paso a Susan.

Me pasó a Susan, que hablaba despacio y con cautela.

—Hemos comentado tu correo electrónico sobre tu reunión de este fin de semana. La compañía quiere que lo pares todo, el contacto con las fuentes también.

—¿Todo *contacto* con las fuentes? —pregunté incrédulo.

Estas conversaciones destilaban una pesantez novedosa, una extraña sensación de que no solo estábamos hablando entre nosotros, sino que también estábamos pendientes, aunque fuera un poco, de los espectadores que un día podrían examinar con lupa nuestras decisiones. Esta era mi impresión, y luego pensé que quizás era pura egolatría. Pero me brindaba una extraña clase de autoridad para forzarles a decirme lo que ellos deseaban dejar entre líneas.

—No lo entiendo —continué—. ¿Hay alguien que se haya quejado del reportaje o de mi forma de llevarlo en algún momento?

—No, no —dijo Greenberg.

—¿Existe algún cuestionamiento sobre el *valor informativo* de esta mujer dispuesta a hablar de una seria acusación de abuso sexual por parte de una persona importante?

—Eso, bueno… eso va más allá de mis atribuciones —acertó a decir.

—De acuerdo. Entonces ¿de dónde sale esto? ¿Es una orden de los de jurídica? —pregunté.

A continuación se hizo un silencio que pareció interminable.

—No es… —empezó Weiner.

—Tienes que saber que la orden viene directamente de Noah —dijo Greenberg.

—Entonces ¿los de jurídica no han tomado la decisión de que es conveniente que pare el reportaje?

—*Noah* ha tomado la decisión de que es conveniente que pares el reportaje y el contacto con las fuentes.

—Nadie ha aducido ninguna razón de por qué seguir adelante con el reportaje puede ponernos en una situación de peligro, si además lo hacemos con toda la precaución del mundo y en estrecha colaboración con el departamento jurídico. ¿Ha esgrimido alguna razón?

—Pues, si… si tuviera que conjeturar, desde mi punto de vista —balbució Susan Weiner—, diría que podrían querer reexaminar, um… lo que tenemos ahora antes de continuar con nada nuevo. —Ensambló estas palabras como si estuviera descifrando los caracteres de una nueva tablilla cuneiforme que acabaran de desenterrar.

—Esto no es nuevo —insistí con obstinación, refiriéndome a la reunión con Ally Canosa—. Estaba programada.

El teléfono vibró. Era McHugh. Descarté la llamada y le escribí un mensaje: «Hablando cn Greenberg y Weiner».

«¿Me uno?», respondió. Esto parecía una operación de rescate.

«Asoma la nariz si eso», escribí.

—En vista de lo que ha dicho Noah, pensamos que no deberías ver a ninguna fuente —iba diciendo Greenberg.

McHugh me mandó un mensaje para decirme que Greenberg había despachado a cualquiera que intentase entrar en su despacho. Fin del rescate.

—No puedo evitar que las fuentes se pongan en contacto conmigo —le dije a Greenberg.

—Lo entendemos —respondió.

No dije nada de si obedecería la orden de cancelar la reunión y por el contrario acepté mantenerles al corriente de lo que Ally Canosa me contara «si» teníamos algún contacto. Nunca había experimentado algo así con anterioridad: fingir que no iba a seguir en contacto con mis fuentes, fingir reticencias a que ellas me contactaran a mí.

—Creo que es muy posible que acepte hablar ante las cámaras —dije—. Y, si es así, tendré mucho interés en que se haga.

—Tendremos… tendremos que comentarlo con Noah.

Colgué con una sensación de desorientación. Llamé a Jonathan.

—Esto es de locos —me dijo.

—No creo que pueda arriesgarme a cancelar otra entrevista —le dije.

—Tú y Rich McHugh tenéis que empezar a escribiros notas entre vosotros. Descripciones detalladas de todo esto, enviadas en tiempo real. Están diciendo movidas incriminatorias.

Por la ventana del coche contemplé el embotellamiento de vehículos cuyos parachoques se rozaban delante del aeropuerto JFK.

—Todo esto os viene bien —iba diciendo Jonathan—, siempre que sigáis adelante, siempre que sigáis investigando.

—Para ti es fácil decirlo —le dije—. Les estoy tocando las pelotas con esta historia. A este ritmo me veo pronto sin empleo.

—¡¿Y qué más da?! ¡Mira lo que está pasando! De todos

los que te han llamado, nadie quiere responsabilizarse de nada, porque ¡está claro que apesta! Es como *Asesinato en el Orient Express* pero a la inversa: todo el mundo lo quiere muerto, pero ¡nadie quiere clavarle el cuchillo!

De vuelta en el 30 Rockefeller Plaza, McHugh, que seguía demorándose fuera del despacho de Greenberg, volvió a llamar a la puerta.

—¿Qué está pasando? —preguntó McHugh.

—Noah nos ha pedido que paremos el reportaje mientras vemos qué tenemos y se lleva a cabo la revisión jurídica —le dijo Greenberg.

—Pues no lo entiendo —dijo McHugh.

Greenberg no me había ofrecido ninguna explicación por teléfono y tampoco se la ofreció a mi compañero. Recitó de un tirón una lista de los abogados de Weinstein: Charles Harder, David Boies y un nombre nuevo que McHugh nunca había oído antes vinculado a Weinstein, Lanny Davis.

—No es que nos dé miedo ninguno de ellos —añadió Greenberg—. Pero de momento tienes que parar todas las llamadas sobre este asunto.

Al igual que yo, McHugh dijo que no podía parar las llamadas entrantes, y lo dejó ahí.

Cuando llegaba al aeropuerto JFK, me llamó Ally Canosa. Parecía nerviosa.

—¿Sigues con la idea de venir? —me preguntó.

Me detuve un momento mientras los viajeros ansiosos que arrastraban pesadas maletas maldecían a mi alrededor. Pensé en lo fácil que sería decirle que no, obedecer a mis jefes, salvaguardar las relaciones con Greenberg y Oppenheim.

—¿Ronan? —me preguntó de nuevo.

—Sí —le dije—. Voy.

Durante el vuelo le di los toques finales al guion, intercambiando notas con McHugh sobre la elección de una palabra o la edición de un fragmento de entrevista. El conjunto, incluso reducido a los elementos que el departamento jurídico había revisado y sancionado, era explosivo. «Estoy acostumbrado», decía Weinstein mientras Ambra Gutiérrez, presa del pánico, intentaba escapar. «NBC NEWS HA OBTENIDO EN EXCLUSIVA UN AUDIO GRABADO DURANTE LA TRAMPA TENDIDA POR LA POLICÍA DE NUEVA YORK», relataba. Ambra Gutiérrez figuraba con su nombre, y su historia se narraba con detalle, seguida de un párrafo resumen: «NBC NEWS HA HABLADO CON OTRAS CUATRO MUJERES QUE TRABAJARON PARA WEINSTEIN Y LO ACUSAN DE CONDUCTA SEXUAL INDEBIDA... LAS ACUSACIONES DATAN DESDE FINALES DE LOS AÑOS NOVENTA HASTA HACE SOLO TRES AÑOS». Se incluía la entrevista con Emily Nestor y los mensajes de Irwin Reiter que corroboraban sus declaraciones, además de fragmentos de entrevistas de los ejecutivos que describían de primera mano sus recuerdos de conducta indebida.

Adjunté al guion una nota que, deseé, pondría sobre aviso a nuestros jefes en la NBC de la entrevista con Ally Canosa:

> Rich:
>
> Encontrarás adjunto el guion, que he revisado teniendo en cuenta los comentarios de Kim y de Susan, y también tus sugerencias, que he seguido a rajatabla.
>
> Observa que otra antigua asistente ha formulado acusaciones creíbles de abusos sexuales y afirma estar en posesión de pruebas documentales relevantes para nuestro reportaje. Ha expresado su voluntad de participar en el reportaje y está decidiendo en qué medida hacerlo.
>
> Ronan

Cuando el correo electrónico salió de mi bandeja con destino a Greenberg y Weiner, sentí ansiedad. Apreté el botón de mi asiento y probé los límites de su reclinación unas cuantas veces. Era como si estuviéramos inmóviles mientras el mundo exterior se aceleraba. Durante el vuelo, el *HuffPost* publicó un artículo que acusaba a Eric Bolling, el presentador de Fox News, de haber enviado mensajes obscenos a sus colegas de trabajo. El artículo no mencionaba ninguna fuente, todas eran anónimas, y esto era algo que nunca había ocurrido en nuestros borradores. Esa misma tarde, el *Hollywood Reporter* anunciaba que Harvey Weinstein recibiría el premio inaugural Truthteller del Club de Prensa de Los Ángeles por sus «contribuciones al debate público y la ilustración cultural de la sociedad».

25

Pundit

$\mathcal{M}$e reuní con Ally Canosa en un restaurante del extremo este de Sunset Boulevard. Estaba perfectamente recta, cada músculo de su cuerpo en tensión. Como muchas otras de las fuentes del caso Weinstein, tenía una belleza deslumbrante, pero en Hollywood esto solo era un criterio de contratación.

Ally Canosa no estaba segura de qué hacer. Su trabajo con Weinstein incluía un acuerdo de confidencialidad. No había cejado en su empeño de ganarse la vida como productora y las represalias la aterraban. Weinstein podría cerrarle todas las puertas. Además, tenía las dudas propias de cualquier superviviente de violencia sexual. Había dejado que sus heridas calcificaran y había aprendido a salir adelante. Nunca se lo había contado a su padre o a su novio. «No quiero sufrir más, ¿sabe?», me dijo. Una vez, después de armarse de valor para contárselo a su terapeuta, me dijo: «La vi en el estreno de una película de Weinstein. Descubrí que había producido una de las películas de Harvey».

Ally Canosa conocía a Weinstein desde hacía una década, cuando su trabajo consistía en organizar actos en la sede que el club privado Soho House tenía en West Hollywood. Organizó un acto para la Weinstein Company y Weinstein reparó en ella, no dejó de mirarla y le dio su tarjeta. Al principio, Weinstein la acosó prácticamente, exigiéndole una cita, sin descanso. Cuando, completamente «espantada», dejó de responderle, él le ganó el pulso: le exigió una reunión de trabajo por intermediación del Soho House, supuestamente para discutir la organización de otro acto.

Su cita de media mañana en el hotel Montage fue desplazada a una *suite*, y Weinstein la abordó con sus habituales promesas de ascenso profesional, seguidas de proposiciones sexuales. «Deberías ser actriz —recordó que le dijo—. Tienes una cara especial.» Cuando le preguntó: «¿No vas a besarme?», ella dijo que no y se fue, aturullada.

Intentaba ignorarlo, pero él era insistente, y ella temía las repercusiones en su carrera si seguía rehuyéndole. Aceptó reunirse con él otro día. Cenaron en el restaurante de un hotel, con la versión de «Autumn Leaves» de Eva Cassidy de fondo. Ella le habló de la vida de Cassidy y Weinstein le propuso hacer un biopic sobre la cantante. Después de la cena, él la cogió del brazo, la apretó contra la barandilla de las escaleras exteriores y la besó con vehemencia. Ella estaba horrorizada.

Pero a continuación Weinstein «hizo una gran pantomima para excusarse». «Podemos ser solo amigos —le dijo—. Tengo muchas ganas de hacer esta película contigo.» Weinstein concertó una reunión telefónica con uno de sus productores veteranos y, en un abrir y cerrar de ojos, se reunieron con los titulares de los derechos y empezaron a intercambiarse anotaciones sobre el guion.

«Llamé a mis padres en plan: "Oh, Dios mío, no vais a creeros lo que me acaba de pasar. Harvey Weinstein quiere que lo ayude a producir una película a partir de una idea mía" —recordó—. Qué ingenua. Mira, ahora incluso me resulta vergonzoso hablar de ello, pero en la época pensaba: "Esto es lo que siempre he querido".»

A Ally Canosa le llevó su tiempo poder contarme estas cosas. Después de la reunión en el restaurante, me dijo que se sentía más cómoda si nos veíamos en privado, y vino a casa de Jonathan en West Hollywood. Fue el comienzo de una tendencia que se repetiría con más fuentes angustiadas que cruzaron el umbral de su casa. Pundit, el perro de raza goldendoodle que mi madre le había regalado a Jonathan, se acurrucó junto a Ally Canosa mientras ella continuaba su relato.

El primer año que trabajaron juntos, Canosa rechazó las insinuaciones de Weinstein en múltiples ocasiones. Durante una reunión para hablar de la película sobre Cassidy, Weinstein le dijo que tenía que subir a su habitación a buscar algo. «Era media tarde o así. Por eso no pensé nada, sencillamente», dijo ella. Cuando llegaron a la habitación, Weinstein le dijo que iba a darse una ducha.

—¿Quieres meterte en la ducha conmigo? —le preguntó.

—No —respondió Canosa.

—Tú solo entra en la ducha conmigo. Ni siquiera necesito... No quiero sexo. Solo quiero que estés en la ducha conmigo.

—No —repitió ella, y se fue al salón de la *suite*. Weinstein anunció desde el cuarto de baño que iba a masturbarse de todos modos y empezó a hacerlo con la puerta del baño abierta. Ella apartó la vista y salió de la habitación, disgustada.

En otra ocasión, Weinstein se olvidó una chaqueta en una de sus reuniones y le pidió que se la guardara. En sus bolsillos, ella encontró un paquete de jeringuillas para un tratamiento de disfunción eréctil, como le reveló Google. Descubrir que se armaba para tener relaciones sexuales antes de sus reuniones la dejó atónita.

A esas alturas, ella ya estaba trabajando en la película para Weinstein; su vida profesional empezaba a girar en torno a él. Y habían trabado una amistad que era real, aunque retorcida por los desequilibrios de poder y las insinuaciones de Weinstein. Ese verano, durante una cena de trabajo con varios colegas, Weinstein lloró cuando supo que Disney iba a vender Miramax. Una vez más, le pidió que fuera a su habitación de hotel. Cuando ella se negó, Weinstein rugió: «¡No me rechaces cuando lloro, joder!». Ella se ablandó y no pasó nada; él solo se limitó a lloriquear. «Nunca he sido feliz —recordó que le dijo—. Eres una de mis mejores amigas. Eres muy leal.» Ella deseó que las declaraciones de amistad significaran que él entendía los límites que ella le ponía. Se equivocaba.

—Lo siguiente —dijo rompiendo a llorar— es que me violó.

La primera vez fue después de otra reunión en un hotel. Mientras discutían el proyecto de Cassidy, Weinstein le dijo que una escena del guion le recordaba una película clásica y le pidió que subieran a su habitación para verla. Weinstein ya se había disculpado profusamente por sus insinuaciones y, al fin y al cabo, era su jefe. «Pensé que podría manejar la situación», me dijo. Se sentó en la cama y vio la escena con una sensación de malestar. «Lo intentó y le dije: "No". Volvió a intentarlo y le dije: "No"», recordó. Weinstein se enfadó y se puso agresivo. «No seas idiota, coño», le dijo. Después fue al cuarto de baño y volvió al cabo de unos minutos vestido únicamente con un albornoz. A continuación, la empujó encima de la cama. «Dije que no más de una vez, pero él se acostó encima de mí a la fuerza. No me puse a gritar, pero no quería acostarme con él. Y lo tenía encima de mí con todo el peso de su cuerpo.»

Canosa meditó lo que habría podido hacer y no hizo. «En aquella época, yo pensaba, en mi cabeza, que no había peleado suficientemente.» Al final dejó de decir que no. «Estaba atontada. No lloraba. Me quedé mirando el techo sin más.» Fue solo después de marcharse cuando empezó a gemir y no pudo parar. Weinstein no había usado protección. Unos meses antes, ante su gran incomodidad, le había contado que le habían practicado una vasectomía. Pero la posibilidad de que le hubiera contagiado una enfermedad de transmisión sexual la aterrorizaba. Pensó en contárselo a su novio, pero le pudo la vergüenza. «Si pudiera retroceder, me lo quitaría de encima a patadas e iría chillando a la policía.»

Mientras ella se hundía contándome la historia, Pundit se levantó inquieto e intentó lamerle la cara. Ella se rio, aliviada de tanta tensión aunque solo fuera un momento.

—Este es el perro más cariñoso que he conocido en mi vida —dijo.

Ally Canosa siguió trabajando para Weinstein.

—Me encontraba en una situación vulnerable y necesitaba el empleo —explicó.

Más tarde, cuando perdió su empleo en una productora diferente, firmó un contrato con la Weinstein Company para trabajar en las campañas de promoción de *The Artist* y *La dama de hierro*.

La conducta inapropiada de Weinstein no cesó. En una ocasión, le ordenó que lo acompañara a una cita con el osteópata y que permaneciera en la habitación mientras él se quitaba la ropa y le daban un tratamiento para la ciática, que iba a peor. Otra vez, durante un ataque de la misma dolencia, le exigió que le masajeara los muslos. Recordó sus gritos cuando ella se negó.

—¡Qué coño dices! ¿Por qué no quieres? ¿Por qué?

—Porque no me siento cómoda —respondió ella—. Soy tu empleada.

—¡Me cago en la puta, Ally! —chilló él—. ¡Me cago en la puta, un masaje en los muslos podrás darme, digo yo!

—No pienso hacerlo y punto.

—Pues ¡lárgate de aquí, coño! ¡Vete a cagar! ¡A cagar! ¡A cagar! ¡A cagar!

Cuando ella trabajaba en la producción de la serie de Netflix *Marco Polo*, Weinstein llegó al plató en Malasia y sembró el terror. Durante una cena con directores y productores, le exigió, delante de sus colaboradores, que lo acompañara a su habitación de hotel. Cuando ella se negó y se volvió a su habitación, los asistentes de Harvey la bombardearon con un aluvión de mensajes: «Harvey quiere verte, Harvey quiere verte». A veces sus intentos de rehuirle fracasaban y venían contrarrestados por más agresiones. Más tarde, los documentos judiciales detallarían: «Relaciones sexuales anales u orales con la demandante por coacción y/o cuando la querellante era incapaz de dar su consentimiento por hallarse físicamente desvalida».

En el entorno de Ally Canosa había signos de que ella no era la única. Durante la misma visita al rodaje de *Marco Polo*, Weinstein entró quince minutos en el camerino de una de las actrices «y después, durante una semana, ella parecía un fantasma». Canosa sentía la obligación moral de hacer algo, pero las demostraciones de venganza de Weinstein la tenían aterrorizada. «La de veces que he visto a personas cuyas vidas, o las de sus mujeres, o su reputación, se han visto amenazadas...», dijo, meneando la cabeza.

Intenté ser sincero con Canosa sobre la precariedad del reportaje y la importancia de su participación para su futuro. Le dije, como había dicho tantas veces ese verano, que la decisión era suya; que lo único que yo podía hacer era decirle lo mucho que creía, sinceramente, que su testimonio era vital para muchas personas. Hacia el final de nuestra conversación, sentí que estaba casi convencida y que hablaría ante las cámaras.

26

Chico

*E*ra primera hora de la tarde y las sombras se alargaban en las oficinas de Harvey Weinstein, en Greenwich Street, cuando sonó el teléfono.

—¿Puedes ponerme con Harvey? —dijo George Pataki, el exgobernador de Nueva York. Un asistente realizó la conexión—. Hey, Harvey, soy George. Solo te llamo para que sepas que Ronan Farrow sigue trabajando en el reportaje.

—No es eso lo que he oído —dijo Weinstein.

Pataki insistió en que numerosas mujeres estaban hablando conmigo.

—Está listo para sacarlo. Está previsto que salga en antena…

—¿Cuándo? —preguntó Weinstein—. ¿Cuándo está previsto que salga en antena?

—De aquí a dos o tres semanas —dijo Pataki.

En ningún otro lugar se había empantanado Weinstein tanto en política como en Nueva York. Entre 1999 y ese verano de 2017, él y su compañía donaron dinero como mínimo a trece políticos de Nueva York o a sus Comités de Acción Política. Weinstein les cubría las espaldas, sobre todo a los demócratas, pero ocasionalmente también a republicanos como Pataki. Fue generoso con el senador Kirsten Gillibrand, con el fiscal general Eric Schneiderman y con el gobernador Andrew Cuomo.

Las contribuciones a las campañas ayudaban a Weinstein y a Pataki a afianzar amistades, como había sido el caso de

Hillary Clinton. El antiguo gobernador salía con frecuencia en fotografías de celebraciones del magnate del cine. Weinstein contribuyó a lanzar la carrera de su hija Allison, una escritora de novela histórica. Un año antes de la llamada telefónica de Pataki, Weinstein organizó una fiesta literaria para ella. El año anterior, cuando el marido de Allison sufrió un infarto, Weinstein lo puso en manos de los mejores especialistas. La agente literaria de Allison, Lacy Lynch, también trabajaba con Rose McGowan. En el transcurso del verano, el nombre de Lacy Lynch aparecía cada vez más en las listas de correo y de teléfono de Weinstein.

Weinstein seguía llamando a David Boies, el abogado, por el problema con la NBC. Después de su conversación con Andy Lack, siguió contactando con directivos de la NBC y comunicó confidencialmente a personas de su entorno que el reportaje estaba muerto. Sin embargo, no transcurrió mucho tiempo cuando llamó de nuevo a Boies, está vez menos seguro.

—Creo que la NBC sigue trabajando en ese reportaje —le dijo. Parecía furioso—. Voy a llegar al fondo de este asunto.

Después de la llamada de Pataki, Weinstein hizo una nueva ronda de llamadas a Phil Griffin, a Andy Lack y a Noah Oppenheim. Gritaba sus nombres tan a menudo —«¡Ponme con Phil! ¡Ponme con Andy! ¡Ponme con Noah!— que los asistentes terminaron llamándolos el «triunvirato». Cuando llegó agosto, el interés de Weinstein se centraba cada vez más en Oppenheim. Pero Griffin, que era al que más conocía, como decía a sus empleados, había sido objeto de una intensa atención desde el principio y seguía siendo uno de sus pilares.

La despreocupación de Griffin contribuía a su considerable encanto. No obstante, también podía ser una fuente de embarazo para sus colegas. Tenía mal genio y maldecía como un marinero. Era célebre por empinar el codo después del trabajo. Cuando en los noventa fue jefe de producción en *Nightly News*, a menudo se retiraba a Hurley's, un bar de

Midtown, después del trabajo. Una noche, después de haberse tomado unas cuantas copas, invitó a tres productoras que estaban con él a acompañarle a Times Square.

—¡Quiero ver las luces de Times Square! ¡Me encanta ver las luces! —recordó una de ellas que dijo Griffin.

Griffin trasladó la juerga a un hotel de Times Square. Después, el grupo fue dando tumbos hasta la Octava Avenida, donde Griffin insistió a sus colegas para que lo acompañaran a ver un *peep show*. Dos de ellas intercambiaron miradas incómodas. Él les dijo que se relajaran. Entraron finalmente y subieron a un círculo de cabinas oscurecidas donde se abrió una ventana, y una mujer, con unos tacones por toda prenda, se puso en cuclillas delante de ellos y pidió unas monedas a Griffin para seguir con el espectáculo.

Griffin miró a las mujeres con lo que una de ellas describió como «un atisbo de vergüenza» y le dijo «no, gracias» a la estríper. La ventana se cerró y el grupo se dirigió a la salida, donde se despidieron molestos. Para las mujeres fue un incidente burdo, pero banal: en su profesión, que los hombres se comportaran así era moneda corriente.

Cuatro colegas dijeron que Griffin era conocido por los correos electrónicos de trabajo que enviaba con comentarios lascivos o groseros. Después de que a la estrella televisiva Maria Menounos se le abriera el bikini en un descuido y le fotografiaran la vulva, Griffin se paseó con una sonrisa de oreja a oreja en una reunión a la que asistí enseñando esa misma fotografía ampliada. «¿Habéis visto esto? —preguntaba, exhalando con fuerza—. No está nada mal, nada mal.» En un asiento cercano, la empleada presente en la reunión puso los ojos en blanco.

Para Griffin las noticias eran puro negocio, y mostraba menos fervor por el periodismo que por los deportes. Cuando los vientos de la industria fueron favorables al periodismo partidista, soltó sus anclas en aguas de la opinión pública; cuando el partidismo se agotó, fue el primero en virar hacia el periodismo neutral. Y cuando lo sometías a cualquier tipo de discusión rigurosa sobre el periodismo, bizqueaba y te miraba atónito.

Υ

Sin embargo, Phil Griffin se apasionaba si existía algún interés comercial en juego. Una vez que copatrociné el Global Citizen Festival —un concierto benéfico similar a un Live Aid grande y serio, pero de bajo presupuesto—, entrevisté al grupo principal del cartel, No Doubt. Aquel año, uno de los objetivos del festival era promover la vacunación en un momento en que el movimiento antivacunas estaba consiguiendo adeptos y brotes de sarampión en Estados Unidos. Le pregunté a Gwen Stefani si ella vacunaba a sus hijos y qué pensaba del movimiento antivacunas. Me dijo que estaba a favor de vacunarse y que aconsejaba a todo el mundo consultarlo con su médico. No es que fuera una entrevista polémica ni mucho menos. Sin embargo, de regreso al Rockefeller Plaza y mientras estaba montando las tomas para la edición, recibí una llamada de una productora de MSNBC que estaba trabajando en el concierto.

—La gente de Stefani ha revisado la transcripción y les gustaría hacer algunos cambios de edición —me dijo.

—¿Quién les ha enviado la transcripción?

—Pues… no lo sé.

En el buzón de entrada de mi correo encontré un guion subrayado, con fragmentos de la entrevista reorganizados y recortados para que pareciera que su postura sobre la vacunación era entre ambigua y contraria a ella. Le dije a la productora que yo no publicaría eso.

Enseguida me reuní en el despacho de Griffin con él y otro miembro de su equipo.

—¿Qué mierdas quieres? —me espetó.

Miré el guion propuesto que tenía delante.

—Phil, no pienso editar la entrevista para modificar su significado.

—¡¿Por qué no?! —exclamó, como si fuera lo más descabellado que hubiera oído en su vida.

—¿Porque no es ético? —le respondí, menos como una afirmación que como un recordatorio, con la esperanza de que su pregunta hubiera sido retórica y la cosa quedara ahí. Por el contrario, se arrellanó en su silla y miró a su colega como diciendo: «Señor, dame fuerzas».

Ella lo intentó con un tono más suave.

—Todos sabemos que te importa mucho... —vaciló, en una lucha aparentemente genuina por dar con las palabras amables— el periodismo con P mayúscula, pero no estamos hablando de un reportaje político delicado.

—Pero ¡si es una chorrada! —intervino Griffin—. Venga ya, ¿qué más da?

—Hay niños que están muriendo literalmente por culpa de esto. Ella es una persona famosa. Y, ya que estamos, ¿desde cuándo enviamos transcripciones de entrevistas fuera de nuestro edificio?

—No sabemos cómo ha podido pasar —empezó su colega.

—¿Y qué más da eso? —intervino Griffin, impaciente—. ¿Sabes lo que va a pasar si no hacemos esos cambios? ¡Que Stefani amenaza con retirarse! Órdenes directas de su mánager.

—¿Es él quien ha hecho los cambios?

Griffin ignoró la pregunta.

—La historia es que, si se retira, los patrocinadores empezarán a retirarse también, los directores de la cadena se mosquearán...

La colaboración entre la cadena y el Global Citizen Festival, como Griffin constataba con frecuencia, era un cebo para atraer a empresas patrocinadoras. Durante semanas difundiríamos segmentos con nombres de marcas como Unilever o Caterpillar.

—Pues no lo difundimos —propuse.

—Tienes que difundirlo —dijo Griffin.

—¿Por qué?

—Porque es parte del acuerdo con los patrocinadores, con su gente...

—Les hemos transmitido todo esto —dijo su colega, refiriéndose a los directivos del grupo de noticias de la cadena—. Y comparten tus reparos.

Griffin me contó lo que le dijo a otro presentador que había intentado difundir un segmento difícil sobre la neutralidad de la Red: el principio según el cual los proveedores de acceso a Internet no debían facturar precios variables para los distintos tipos de datos que circulan en Internet; en contra del cual nuestra sociedad matriz ejercía presión.

«Si quieres trabajar para PBS y tener libertad total y sacarte cien mil pavos al año, pues tú mismo —le dijo al presentador—. Si quieres pelearte conmigo por defender las finanzas de la compañía, publicaré con mucho gusto las cifras de lo que ganas en la prensa.»

Me planteé dimitir. Llamé a Tim Brokaw, quien me dijo que no podía difundir fragmentos de entrevistas con ediciones engañosas bajo ningún concepto y me hizo la misma advertencia que me haría después con el reportaje de Weinstein: que no echase por tierra mi credibilidad. Después llamé a Savannah Guthrie, que tenía un don para zanjar las tonterías.

—¿Y si no difundes esa parte de la entrevista? —me sugirió.

—Ya, pero es que esa parte es casi toda la entrevista —le dije.

—Pues busca otra cosa que no sea eso.

Fue un consejo sencillo, y *a posteriori* evidente: no difundas la parte engañosa, pero no te inmoles por una entrevista a una cantante entre bambalinas. Elegir las batallas era una lección que aprendía con lentitud. Al final, me senté a la mesa de presentador y difundí un clip de cinco minutos de cháchara con No Doubt. No me sentí en la gloria, pero tampoco de pena.

Dos años más tarde, mientras Weinstein seguía llamando insistentemente al triunvirato de directivos, habló con Phil Griffin.

—Creí que eso estaba solucionado —dijo Weinstein.

—Harvey, lo está —repuso Griffin.

—Tienes que meter a tu chico en cintura —dijo. Parecía enfadado.

—Harvey —dijo Griffin poniéndose a la defensiva—, no va a difundirlo con nosotros.

Más tarde Griffin negaría que jamás hubiera prometido que el reportaje estaba finiquitado.

Según los cálculos de numerosos empleados en las oficinas de Weinstein, esta llamada fue una de las quince, como mínimo, entre Weinstein y los tres directivos de la NBC. Hacia final del verano, después de todas esas llamadas, Weinstein ya cantaba victoria. Le dijo a uno de sus asesores jurídicos que los directivos de la cadena le habían dicho que no publicarían el reportaje.

27

Altar

*L*as noticias que llegaban de las *suites* ejecutivas de NBC-Universal parecían buenas al principio. En los primeros días del mes de agosto, Richard Greenberg llamó para informar de que el departamento jurídico aprobaba la versión reducida del guion. Y, desde el punto de vista editorial, comentó:

—Yo digo que todo entra en lo publicable.

—Pues vamos a recabar opiniones. Pasamos a la edición —dije.

—*Publicable* no significa que esté listo para su difusión. Ahora tiene que pasar por Noah y Andy.

—Pero está claro que si el departamento jurídico lo aprueba y a ti te parece publicable...

—Lo que ellos decidan va más allá de mis competencias. Puede que haya cuestiones que no tengan nada que ver con lo que es publicable y lo que no. Puede que les preocupe si es buen material para la televisión. Oye, pero te da para un artículo increíble. Para una historia increíble en el *Vanity Fair*.

—¿Co... cómo? —Es todo lo que alcancé a decir.

—Te daría para una historia increíble en el *Vanity Fair*, ¿sabes? —repitió.

Más tarde, McHugh y yo nos sentamos en la sala de conferencias, perplejos.

—Puede que tenga razón —dijo pensativo—. Puede que puedas salvarlo si lo llevas a otro medio.

—Rich, sabes que, si eso pasa, tú estás jodido.

Rich había producido un reportaje alucinante para el formato televisivo. Ya habíamos rodado ocho entrevistas, y todo el trabajo se iría al garete en el escenario que Greenberg nos había insinuado como si nada. Y suponiendo que yo aceptara proponérselo a otros, ¿era viable? El metraje era propiedad de NBCUniversal y, por lo tanto, de la Comcast Corporation.

—Vamos a difundirlo aquí —dije con contundencia—. Y producido por ti.

—Vale —dijo McHugh sin mucho convencimiento.

Ese día llovió incesantemente. En mi buzón de entrada se acumulaban pesquisas que no tenían nada que ver con el reportaje de Weinstein. Diana Filip, la inversora del proyecto de los derechos de la mujer, me envió otro correo, esta vez a través de mis agentes en la Creative Artists Agency. Los mensajes relativos al reportaje provocaban más ansiedad. Llegó uno de Ken Auletta, directo y escueto:

Ronanm
Situación Harvey?
ken

Surqué las entrañas del 30 Rock para tomar un metro de la línea D. A pesar de la lluvia, el vagón iba prácticamente vacío. Vi algo, o creí verlo, que me dejó helado. Allí, de perfil, sentado en mi lado del vagón pero en la otra punta, asomaba una cabeza calva que juraría haber visto en el Nissan. Reconocí el mismo rostro pálido y la nariz respingona. No estaba seguro al cien por cien. Mi yo más racional pensó: «Estás imaginando cosas». Pero cuando el tren se detuvo, mi malestar era tan hondo que me apeé antes de mi parada. Recorrí el atestado andén echando ojeadas por encima del hombro.

Fuera del metro, Nueva York era una ensoñación de calles, edificios y gente suspendida en la niebla y la lluvia. Apreté el paso y me detuve en una farmacia CVS para escudriñar la calle y ver si reconocía a alguien del vagón o del andén. Cuando salí, anochecía. Llegué a la iglesia similar a una fortaleza que había cerca de mi apartamento, subí presuroso las escalinatas y crucé sus puertas. En las zonas donde la camisa empapada no se me pegaba al cuerpo, la lluvia me chorreaba por la parte inferior de la espalda, el pecho y los brazos. La nave era más pequeña de lo que había imaginado desde fuera. El altar se alzaba bajo unas vidrieras imponentes. Me paré delante, con la sensación de estar fuera de lugar. Junto al altar había un emblema de mármol incrustado, que representaba un libro y una espada sobre un diagrama de la tierra: el escudo de armas de san Pablo. «PRAEDICATOR VERITATIS IN VNIVERSO MUNDO.» Más tarde busqué la traducción en Google: «Predicador de la verdad en el mundo entero».

—Hemos estado siguiéndolo —dijo una voz con un marcado acento a mi lado, sobresaltándome. Era una mujer mayor de cabello negro. La acompañaba una mujer más joven. Mi reacción pareció alarmarlas—. Hemos estado siguiéndolo —repitió—. Desde el principio. Su programa. Mi hija es muy fan.

—Oh, gracias —respondí. Tras reponerme del susto, esbocé una sonrisa y medio bromeé con los bajos índices de audiencia—. Ustedes, mi madre y nadie más.

Acababa de entrar en casa cuando llamó Alan Berger, mi agente de la Creative Artists Agency.

—¡Ronan! —tronó—. ¿Cómo vas?

—Bien.

—Vas mejor que bien, vas de maravilla —dijo. Luego, con un tono más tranquilo, como entrando en materia, añadió—: Oye, no conozco los detalles de esa historia tan gorda…

—¿Te lo ha contado Noah? —le pregunté. Berger nos representaba a los dos, pero era más cercano a Oppenheim.

—Ronan, no sé nada de nada —me dijo. Y me recordó que estaban a punto de revisar mi contrato para su renovación—. Yo solo te digo que, si eso te causa problemas, le des prioridad a lo que funciona.

Me mordí el labio durante un segundo y luego llamé a mi hermana.

—¿Cómo va el reportaje? —me preguntó.

—Si te soy sincero, no lo sé.

—¿No tenías literalmente una grabación suya en la que lo reconoce?

—Sí.

—Entonces...

—Estoy metiendo toda la presión que puedo. No sé cuánta más puedo meter.

—Así que vas a tirar la toalla.

—No es tan sencillo como parece. Es posible que tenga que darle prioridad a otras cosas mientras pienso en una solución.

—Sé lo que es que otras personas dejen de pelear por ti —dijo despacio. Luego se produjo un silencio y nos despedimos.

Había oscurecido. Miré mi teléfono y vi que Oppenheim me había escrito: «Hablemos mañana. ¿Cuándo te viene bien?». Fui a mi ordenador portátil y abrí un documento de Microsoft Word. «OTROS REPORTAJES», tecleé, y luego le di a «Eliminar» varias veces y sustituí «OTROS» por «PRÓXIMOS». Inserté dos viñetas para dos reportajes que estábamos grabando; uno sobre la consolidación de los servicios sanitarios y otro sobre bebés con dependencia de opiáceos; esos, aparte de otros que le habían gustado a Oppenheim, como el de «Vicey travelogue», sobre el centro de datos de Facebook en el corazón del permafrost de Luleå, en Suecia. «Se parece a la guarida de un malvado en *James Bond*», escribí de la torre de servidores. Después vinieron otros reportajes escapistas y banales para la televisión. Luleå es uno de los puertos más activos de Suecia y uno de los mayores centros de su industria siderúrgica, pero yo no tenía la más remota idea de ello. Me lo imaginaba como un lugar grande, frío y desierto, donde era posible respirar y ver la aurora boreal.

En el 30 Rock, McHugh entró en un ascensor, donde coincidió con Susan Weiner, y le sonrió. Ella le devolvió el saludo, pero con un estremecimiento y mirándose los pies.

28

Pavo

*E*n el curso de los años que trabajé en el 30 Rock, reciclaron varias veces el mobiliario de la sala de espera de las oficinas de los responsables de redacción, en la tercera planta. Ese mes de agosto había una silla baja y una mesita con la característica pila de revistas con varios meses de antigüedad que suele decorar las salas de espera. Una portada de *Time* en negro azabache con letras rojo sangre preguntaba: «*Is Truth Dead?*» («¿La verdad ha muerto?»), en homenaje a su portada clásica de los sesenta que decía: «*Is God Dead?*» («¿Dios ha muerto?»), aunque no tan lograda. Había sido una tarea imposible: «*Truth*» no encajaba como «*God*», pese a los valientes esfuerzos del *kerning*, el espaciado entre letras. La hojeé y después me acerqué a Anna, la asistente de Noah Oppenheim, para charlar un poco con ella.

—Supongo que estáis trabajando en algo gordo —dijo dedicándome una sonrisa conspiratoria de tipo «punto en boca».

Cuando entré en el despacho de Oppenheim, este no se levantó ni fue a sentarse al sofá como de costumbre. Parecía nervioso.

—Dime, ¿en qué piensas? —le pregunté. Yo llevaba la lista de temas alternativos doblada en una mano. Puede que Berger tuviera razón. Puede que fuera mejor olvidarse de este asunto horrible, aligerar las cosas, centrarme en otra cosa. Oppenheim se revolvió en su silla.

—Bien —dijo cogiendo una copia del guion—, pues tenemos algunas fuentes anónimas.

—El testigo principal es una mujer que mencionamos. Enseñamos su cara, oímos su voz… —dije en alusión a Ambra Gutiérrez.

Oppenheim dejó escapar un suspiro exasperado.

—No sé si es muy creíble. O sea, los abogados de Weinstein dirán que se encontraban en un espacio público, que en realidad no ocurrió nada…

—Pero él reconoce que ya ha pasado algo antes, algo serio y específico.

—Esto ya lo hemos hablado, lo que quiere es deshacerse de ella. Y, de todas formas, tú mismo dices aquí… —pasó las hojas hasta la sección más importante— que tiene problemas de credibilidad.

—No. Tenemos fuentes en el cuerpo de policía, fuentes en la oficina del fiscal del distrito, que dan fe de su credibilidad.

—¡Lo pone aquí, en el guion aprobado! —exclamó.

—Noah, yo he escrito el guion. Destapamos toda la mierda que le echaron encima. Pero el fiscal, la policía…

—¡El fiscal no lo aprobó! Y dirá que es una puta…

—Vale, pues lo revelamos todo y dejamos que sea el público quien decida.

Meneó la cabeza y volvió a mirar la hoja del guion.

—Y es… ¿de verdad es tan grave todo esto? —preguntó, como había hecho en todas y cada una de las conversaciones que habíamos tenido sobre el tema.

Mientras hablábamos me vino a la memoria una conversación del año anterior, durante la campaña presidencial. Yo estaba sentado en la cafetería de la NBC con Oppenheim, tomándome un zumo verde. Él se inclinó hacia delante, un poco más chismoso que de costumbre, y dijo que unas empleadas de NBC News habían denunciado a un responsable de campaña de Trump por acoso.

—¡Ahí tenemos una historia explosiva! —exclamé.

—No podemos contarla —repuso Oppenheim encogiéndose de hombros—. De todas formas, no quieren.

—Pero seguro que hay una manera de documentarse sin violar secretos...

—Eso no va a ocurrir —me había dicho como diciendo «así es la vida», con la despreocupación y la confianza que yo admiraba tanto entonces; tanto que no le di más vueltas al asunto ni a sus opiniones generales sobre el acoso sexual.

En sus años de redactor para el *Harvard Crimson*, Oppenheim se construyó una imagen de provocador. Iba de participante serio a las reuniones de los grupos feministas y después escribía columnas feroces contra estos grupos y sus sandeces en el *Crimson*. Los columnistas no siempre elegían sus titulares, pero los de Oppenheim eran del tenor «Leyendo "Apuntes sobre el clítoris"» y «El absurdo del transgénero», que reflejaban con precisión su contenido. «No hay duda de que mis adversarios más apasionados han sido miembros de grupos feministas organizados —escribía—. La virulencia de su retórica no tiene parangón. Lo mismo, faltaría más, que su hipocresía. Al parecer, culpar al patriarcado de todas tus desgracias y silenciar a tus oponentes con acusaciones de misoginia es cosa fácil, pero negarse los placeres de retozar con los hermosos hijos del susodicho patriarcado es más difícil. Nunca olvidaré la fatídica noche en que me encontré con la líder de una prominente organización feminista cuando salía de la antesala del Porcellian (un club exclusivamente de hombres). Parece que el dogmatismo político resulta fácil en tanto no interfiera con tus planes del sábado noche.»

Después de asistir a una reunión con motivo de la fusión de Radcliffe, la antigua facultad para mujeres de Harvard, el joven Noah Oppenheim escribió: «¿Por qué las reuniones de mujeres merecen un espacio más protegido que otros espacios?». En una columna que defendía los buenos tiempos de los clubs no mixtos en Harvard, argumentaba: «A las feministas furiosas: No hay nada malo en las instituciones no mixtas. Los hombres, al igual que las mujeres, necesitan estar solos entre ellos. Necesitamos un lugar en el que dar rienda suelta a nuestros instintos más básicos y liberarnos de cualquier barniz pulido que afectamos para apaciguar las sensibilidades femeninas». Y añadía: «Las mujeres que se sienten amenazadas por los entornos de los clubs deberían buscar pastos más mansos.

Sin embargo, al parecer a las mujeres les gusta que las confinen, las atiborren de alcohol y se aprovechen de ellas. Se sienten deseadas, no rebajadas».

Habían pasado los años y Noah Oppenheim había madurado. Pero ese día de 2017, mientras lo observaba revolverse y bajar la mirada, tuve la sensación de que una parte de su vulnerabilidad a las críticas del reportaje se debía a una sincera creencia: no era para tanto que un acosador de Hollywood, famoso en el SoHo y en Cannes, cruzara una línea.

—Megyn Kelly hizo un reportaje sobre las mujeres en la tecnología y esto se nos llenó de mujeres… —me iba diciendo.

—Si me estás diciendo que quieres más, entonces dímelo sin rodeos —le dije—. Podemos conseguirlo rápidamente.

Pareció no oírme.

—La becaria sale con la cara oculta —dijo.

—Saldrá a cara descubierta. Dijo que lo haría si necesitábamos que lo hiciera.

Tragó con dificultad y se rio un poco.

—Pues no sé qué decirte. Dependerá de lo que tenga que decir.

—Sabemos lo que va a decir. Tiene pruebas. Tiene los mensajes que le envió un ejecutivo de la compañía…

—Pues no sé si eso es lo que queremos, no lo sé…

—Y hay una tercera mujer, como ya he mencionado, con una acusación de violación. Noah, está a un tris de hablar ante las cámaras. Si lo que estás diciendo es que necesitamos más, lo conseguiré.

—A ver, espera un segundo. No sé si… tenemos que consultarlo con el departamento jurídico antes de hacer algo así.

Parecía frustrado, como si esperara que la cosa fuera más fácil. Tenía la cara cada vez más pálida y sudorosa, como cuando le puse la grabación.

—Ese es el problema, Noah. Cada vez que intentamos conseguir más, vosotros os echáis atrás.

Eso pareció molestarle.

—Pero mira, eso da lo mismo —dijo—. Tenemos un problema mucho más gordo.

Plantó una hoja en la mesa y se reclinó en su silla. La cogí. Era un artículo de *Los Angeles Times* de principios de los años 1990 sobre la buena voluntad de Harvey Weinstein para trabajar con Woody Allen. Weinstein nunca había producido películas de Allen, pero había distribuido algunas.

—Harvey dice que tienes un conflicto de intereses enorme —dijo Oppenheim.

Levanté la mirada de la hoja.

—¿*Harvey* dice?

Oppenheim volvió a apartar la vista.

—Ya sabes. Harvey se lo ha dicho a Rich Greenberg. Yo nunca he hablado con Harvey.

—Pero esto ya lo sabíamos —dije perplejo—. Greenberg, McHugh y yo buscamos información y vimos que Weinstein había trabajado con mis padres... Ha trabajado con todo Hollywood.

—¡Trabajó con Woody Allen cuando era un paria! —exclamó levantando la voz.

—Un montón de distribuidores trabajaron con él.

—No importa. No se trata solo de eso, es... abusaron sexualmente de tu hermana. Tú escribiste un artículo para el *Hollywood Reporter* el año pasado sobre agresiones sexuales en Hollywood y eso ha causado todo este revuelo.

—¿Cuál es tu lógica? —pregunté—. ¿Que nadie que tenga un pariente víctima de agresión sexual puede informar sobre cuestiones de agresión sexual?

Negó con la cabeza.

—No. ¡Esto apunta directamente al corazón de tu... de tu plan!

—¿Crees que tengo un plan, Noah?

Tuve la misma sensación que había tenido en la conversación con Greenberg: que debía hacer preguntas directas porque era la única forma de evidenciar el espacio entre lo que querían insinuar y lo que querían decir.

—Pues ¡claro que no! —exclamó Oppenheim—. Pero te conozco. No se trata de esto, se trata del relato que le llegará al público, y que será: «Ronan Farrow, que acaba de erigirse como un... un... *cruzado contra las agresiones sexuales*, que odia a su padre...».

—Esto no era una cruzada, era un encargo. ¡Un encargo que tú me diste!

—No recuerdo nada de eso. No creo que yo hiciera eso.

—Pues es la verdad. No fui yo quien propuso la idea porque saliera de mí y tampoco he investigado solo. Toda tu organización ha estado trabajando en esto. —Le devolví la hoja deslizándola por el escritorio—. Sabíamos que intentaría calumniarme de alguna manera. Si esto es todo lo que ha conseguido, sinceramente, me siento aliviado. Y tú deberías estarlo también.

—Me gustaría más que descubriera un vídeo en el que salieras follando en unos aseos públicos o algo de eso —dijo alterado.

La amistad que nos había unido, y que me habría hecho poner los ojos en blanco y soltar una risa al oír el chiste gay, estaba cediendo paso a algo distinto, donde él solo era mi jefe y un directivo de la cadena, y yo me sentía molesto.

—¡Es de locos! —exclamó Jonathan más tarde sin dirigirse a nadie en particular—. Es de locos que te presente ese artículo como si fuera algo serio. No es serio. No es una objeción real. Es de lo más rastrero.

Más tarde, cada uno de los periodistas que consulté —Ken Auletta, incluso Tom Brokaw— me diría que no había conflicto, que aquello no era un problema. Lo que Oppenheim estaba describiendo era un periodista preocupado por su reportaje, y no un conflicto con una persona específica. Incluso así, le dije que nada me gustaría más que sacar a la luz esta historia.

Una mirada prácticamente suplicante cruzó el rostro de Oppenheim.

—No estoy diciendo que no haya tela. Es un increíble... —buscaba cómo terminar la frase— un increíble artículo para *New York Magazine*. ¿Y sabes qué? Si quieres proponérselo a esta revista, ve con Dios. Ve con Dios.

Levantó los manos con un gesto de claudicación. Lo miré

durante un momento como si estuviera loco y luego le pregunté:

—Noah, ¿el reportaje está muerto o no?

Volvió a mirar el guion. Por encima de su hombro, yo veía la arquitectura *art déco* del histórico Rockefeller Plaza.

Pensé en mi hermana. Cinco años antes comunicó a mi familia que quería reactivar su acusación de agresión sexual contra Woody Allen. Estábamos en el salón de nuestra casa en Connecticut, con una pila de cintas VHS ya borrosas.

—No entiendo por qué no puedes pasar página —le dije.

—¡Tú tuviste esa oportunidad! —me dijo—. ¡Yo no!

—Todos nos hemos pasado *décadas* intentando dejar eso atrás. Ahora estoy intentando lanzar algo serio y que la gente se centre en el trabajo. Y tú quieres… tú quieres poner a cero el reloj.

—Esto no tiene que ver contigo. ¿Por qué no lo ves?

—No, tiene que ver contigo. Eres inteligente, tienes talento, hay muchas otras cosas que puedes hacer —le dije.

—Pero no puedo. Porque eso siempre está presente —dijo, y se puso a llorar.

—No tienes por qué hacerlo. Y vas a arruinarte la vida si lo haces.

—Vete a la mierda.

—Yo te apoyo. Pero tienes… tienes que parar.

Oppenheim había levantado la vista de la página.

—Puedo preguntarle al grupo, pero ahora mismo no podemos publicar esto.

La voz estridente de Alan Berger se me vino a la cabeza: «Dale prioridad a lo que funciona». Me pregunté si tendría lo que hay que tener para decir «vale», para centrarme en otras cosas, para mirar hacia el futuro. En retrospectiva seguro que sí, pero en el momento no sabes lo importante que puede llegar a ser un proyecto. No sabes si peleas porque tienes razón o por puro ego, o porque quieres llevar la razón y que no se confirme lo que todo el mundo piensa: que eras joven e inexperto, y que la historia te superaba.

Miré la lista de reportajes en mi regazo. La había apretado tan fuerte que estaba arrugada y humedecida por el sudor. Las palabras «se parece a la guarida de un malvado en *James Bond*» me miraban. Detrás de mi campo de visión, la aurora destellaba.

Oppenheim me estaba estudiando. Me dijo que no era posible seguir investigando bajo el amparo de NBC News. Me dijo:

—No puedo permitir que recurras a más fuentes.

Pensé en Rose McGowan, bajo las luces de las cámaras, diciendo: «Espero que sean valientes también»; en Emily Nestor, en la penumbra, preguntándose: «¿Es así como funciona el mundo?»; en Ambra Gutiérrez, escuchando a Weinstein decir: «Estoy acostumbrado»; a Annabella Sciorra, diciéndome: «Lo siento».

Miré con dureza a Oppenheim.

—No —le dije.

Me miró perplejo.

—¿Perdona?

—No —repetí—. No voy a hacer… lo que has dicho. Dejar de hablar con las fuentes. —Estrujé la hoja con la mano—. Muchas mujeres han arriesgado mucho para que esto salga a la luz, siguen arriesgando mucho…

—Ese es el problema —dijo impostando la voz—. Que te afecta demasiado.

Sopesé si eso podía ser cierto. Ken Auletta me dijo que tenía una «fijación» con la historia. Supuse que yo también. Pero también había interrogado a estas fuentes. Y era escéptico y estaba dispuesto a seguir las pruebas adondequiera que llevaran. Y estaba impaciente por escuchar los comentarios de Weinstein al respecto, cosa que no me habían permitido hacer todavía.

—De acuerdo. Pues me afecta. Pues me preocupa. Tenemos pruebas, Noah. Y, si existe la posibilidad de darlas a conocer para que nadie más vuelva a pasar por lo mismo, entonces no puedo dejarlo estar. —Quise que esto último sonara masculino y asertivo, pero noté que se me quebraba la voz—. Si me estás dando la patada, esta es tu empresa y tú tienes la última palabra, pero necesito que me lo digas.

—No te estoy dando la patada —me dijo, pero había apartado la vista otra vez. Se produjo un largo silencio y luego me ofreció una tenue sonrisa—. Esto ha sido divertido. Me gustaría que pudiéramos volver a las aguas contaminadas de California, ¿verdad?

—Sí —dije—. Supongo. Me levanté y le di las gracias.

Salí del despacho de Noah Oppenheim, fui al rellano de ascensores y pasé por delante de la cresta cromática gigante que representa el emblema de la NBC. Era un pavo real que decía: «La NBC ya es en color. Pueden verla en color. ¿No es increíble?». Y lo era. Lo era de verdad. Atravesé los cubículos de la sala de redacción de *Today* y subí las escaleras hasta la cuarta planta con un regusto ácido en la boca y paréntesis rojos en las palmas de las manos, en el lugar donde mis uñas se habían clavado en la piel.

PARTE III
UN EJÉRCITO
DE ESPÍAS

29

Fakakta

«$\mathcal{V}$e con Dios», me había dicho Noah Oppenheim. A *New York Magazine*, ni más ni menos. (Solo en los círculos mediáticos de Manhattan el paraíso significaba una revista quincenal medianamente intelectual.) Pero ¿cómo iba a ir con Dios si las entrevistas estaban encerradas en los servidores de la NBC? Le hice señas a McHugh para que se acercara a un despacho vacío y le conté lo que acababa de pasar con Oppenheim.

—Así es como el tipo sigue escaqueándose —dijo McHugh—. Nos vinieron con la excusa de los abogados de Weinstein, sin decírnoslo, y han esperado para... para darnos el toque de gracia —añadió, mezclando metáforas—. Estaban intentando que fuéramos nosotros mismos los que finiquitáramos el reportaje. Por eso nadie tenía ningún interés especial en esta víctima reciente con la que estamos hablando. —Lo miré y asentí. De modo que aquí terminaba todo—. Es un saco de mierda —dijo—. Lo que ha pasado en esta compañía. Tenemos una gran historia.

—Todo el reportaje —dije hastiado—. Son propietarios de todo.

Me miró con gravedad.

—Ven conmigo.

De vuelta en nuestros cubículos, McHugh echó un vistazo alrededor y se agachó para abrir el cajón de un escritorio.

—Pongamos —dijo revolviendo en una pila de material audiovisual y sacando un rectángulo plateado— que tienes las entrevistas.

Deslizó un disco duro USB por encima del escritorio con las letras «Valle del Veneno» escritas en una esquina con marcador negro.

—Rich…

Él se encogió de hombros.

—Copia de seguridad.

Me reí.

—Te despedirán.

—Seamos sinceros, ninguno de los dos va a conservar el empleo después de esto.

Me acerqué a él con ademán de abrazarlo y me apartó con un gesto.

—Vale, vale. Tú no les dejes que lo entierren.

Unos minutos más tarde fui a buscar la caja de seguridad al banco, con paso airado. No quería darle a Oppenheim la oportunidad de arrepentirse de su sugerencia de publicar en otro medio. Pero ¿a quién podría llamar? Consulté mi teléfono y vi el correo electrónico que Ken Auletta me había enviado el día anterior. Si existía un medio periodístico que supiera lo que era enfrentarse a Weinstein, era *The New Yorker*. Marqué el número de Auletta.

—¿No van a difundirlo? ¿Con lo que tenéis? ¿Con la grabación? —preguntó—. Eso es ridículo.

Me dijo que haría algunas llamadas y me diría algo.

Yo llevaba intentando localizar a Jonathan desde la reunión con Oppenheim. «Llámame —le escribí. Y luego mezquinamente—: Estoy pasando por el momento más fuerte de mi vida y tú no estás ahí. Estoy tomando decisiones trascendentales y las estoy tomando sin ti, y es un asco. Yo he salido de rodajes para responder a tus llamadas y tú no me correspondes.»

Cuando me llamó finalmente, estaba molesto.

—No puedo interrumpir mis reuniones para responder a estos arrebatos de texto que me envías, es ridículo.

—Es que tengo muchas cosas encima. Y la sensación de que lo estoy haciendo solo.

—No estás solo.

—Pues ven conmigo.

—Sabes que no puedo. Estamos montando una empresa aquí y no sé si te das cuenta…

—Me están pasando cosas muy raras. Creo que me estoy volviendo loco.

Colgamos enfadados los dos. En ese momento yo estaba bajando a una cámara subterránea. Metí el disco duro en la caja de seguridad y miré como volvía a su sitio con un chirrido de uñas sobre una pizarra.

Al día siguiente Ken Auletta me presentó a David Remnick, el redactor jefe de *The New Yorker*. Remnick y yo fijamos un día de la semana siguiente para hablar. «Es un tema en el que tenemos cierta experiencia», me escribió.

En el 30 Rock, la ansiedad era latente en las intervenciones de McHugh dentro de la sala de redacción. Greenberg tenía los nervios de punta. McHugh lo arrinconó y expresó su incredulidad a propósito del argumento del conflicto de intereses. Le recordó que habíamos comprobado las conexiones de Weinstein con mi familia en la industria y que habíamos concluido que *no existía* un conflicto de intereses.

Greenberg dijo vagamente que encontrarían una vía de seguir adelante.

—¿Entonces el reportaje no está muerto en la NBC? —preguntó McHugh.

—Mira, no voy a entrar en ese debate —repuso Greenberg.

—No estoy debatiendo —dijo McHugh—, pero debo decir, para que conste, que no estoy de acuerdo.

Cuando vi a Greenberg, yo también tenía preguntas que hacerle.

—A propósito del conflicto de intereses, Noah me dijo que Harvey te había hablado de eso —le dije.

Greenberg se tomó su tiempo para pasar de un semblante de pánico a mostrarse sinceramente perplejo.

—Nunca he hablado de eso con Harvey —respondió.

ϒ

A primera hora de la tarde, Oppenheim me envió un mensaje de texto para decirme que nos reuniéramos.

—Llevo todo el día hablando de esto —se quejó cuando llegué a su despacho. Tenía aspecto de no haber pegado ojo—. Todos pensamos que existe una posible... —y entonces, ante mi mirada de optimismo acrobático, repitió—: una *posible* solución.

Al parecer, quien fuera que hubiera decidido que el reportaje no podía difundirse había comprendido que el reportaje tampoco podía *no* difundirse... no al menos como Oppenheim había dado por zanjado el día anterior.

—Vamos a pedirle a uno de los jefes de producción más veteranos de la compañía, a una persona de *Dateline* que lleva trabajando aquí veinte, puede que treinta años... vamos a encargarle que repase todo lo que has hecho y lo pula.

—¿Quién? —pregunté.

—Corvo, que es intachable, se encargará de supervisarlo. Él mismo elegirá a un colaborador.

Pensé en David Corvo, el veterano de *Dateline*, fiel a la empresa, pero también un hombre de principios, por cuanto yo sabía.

—Si esto es un esfuerzo genuino que nace de la voluntad de difundir el reportaje, bienvenido sea. Que lo revisen hasta la médula. El reportaje se sostiene.

—No se trata solo de comprobarlo —dijo Oppenheim—. En mi opinión, el audio y Harvey Weinstein tocándole los pechos a una mujer hace un par de años no es noticia nacional. —Empecé a hablar y alzó una mano—. Seguro que es noticia en algún sitio. Si esto lo haces para el *Hollywood Reporter*, fantástico, ahí es noticia. Pero para *Today*, un productor de cine metiéndole mano a una mujer no es noticia.

Me dijo que quería más, y yo le dije que eso también era fantástico. Podía aceptar la oferta de Ambra Gutiérrez de participar en el reportaje, rodar con Ally Canosa y volver a rodar con Emily Nestor.

—No, no, no. Hemos elegido a ese productor para que lo revise todo. Todas las personas en las que hemos pensado están de vacaciones hasta el lunes. Vamos a aguantar hasta entonces.

—Noah, si quieres más, tengo que tener la libertad de ir a buscarlo.

—Lo sé, lo sé. Solo estoy diciendo que aguantes hasta el lunes.

—Esto es *fakakt* —decía McHugh.

—Por favor, Rich, para con el yidis, y es *fakakta*…

—Pone en cuestión mi credibilidad y eso me toca…

—No, no la pone en cuestión —le dije.

—¿Cómo que no? *Nos han puesto* a un productor de confianza para que examine todos los elementos. Y yo he estado aquí todo el tiempo…

—¡Uy, perdón! —exclamó jovialmente una joven productora de *Today* que abrió la puerta en ese momento. Estábamos en la sala del correo, cerca del espacio abierto de *Today*. El resto de la oficina estaba ocupado. La productora se puso a revisar el correo y a hurgar en formularios de FedEx.

Nos callamos un momento, incómodos.

—¿Qué tal, todo bien? —dije rompiendo el hielo.

—Sí —respondió ella—. Genial. Bueno, una pena que haya terminado el verano.

—Claro —dije.

Cuando la puerta se cerró detrás de ella, me volví hacia McHugh.

—Rich, no voy a dejar que fuercen tu salida.

—Pero es que la están forzando —dijo McHugh entre dientes—. ¿Se puede saber de qué va esto?

—Básicamente, este tipo hace el papel de procurador especial y, si quieren finiquitar el asunto, pueden hacerlo, pero era muy prometedor.

Rich me miró como si yo estuviera loco.

—Dijeron que no, pero luego comprendieron que era un escándalo de relaciones públicas. Y ahora van a limitarse a ponernos contra las cuerdas hasta la saciedad y cuando llegue marzo seguiremos hablando de lo mismo. Básicamente, seguirán con la cantinela del «necesitamos más, necesitamos más». No van a decirnos que no…

»No pasa nada, adelante.

—¡Perdón! —exclamó con un gritito la productora desde la puerta, y entró de puntillas para coger un documento que había olvidado.

Forcé una sonrisa y luego le dije a McHugh:

—¿No crees que es un *poco* conspiratorio? A lo mejor lo difunden.

—Conclusión: es preocupante que el presidente de NBC News se dedique a hablar directamente con Harvey y a nosotros nos mienta. —Estaba malhumorado—. ¿Qué piensas hacer con la reunión con Remnick la semana que viene?

Lo medité.

—La mantengo, y guardamos esta opción en segundo plano. O proponemos las dos en última instancia. No lo sé.

—Ahora tienes que tener cuidado —dijo McHugh—, porque, pongamos que otros lo publican y que la NBC sale mal parada. Pueden volverse fácilmente contra nosotros…

—¡Hola! —saludó uno de los tres becarios que acababa de abrir la puerta—. Vosotros, como si no estuviéramos.

A pesar del escepticismo de McHugh, cuando salí del Rockefeller Plaza y crucé Times Square bajo los estridentes neones, me embargaba un renovado optimismo.

—La NBC es pájaro en mano. Mientras te dejen seguir investigando, no la sueltes —dijo Jonathan al otro lado del teléfono desde Los Ángeles—. Noah está superado, pero no tiene malas intenciones.

Mi sensación de que los escollos del último mes habían sido un sueño febril pasajero se reforzó cuando Thomas McFadden, del servicio de seguridad de la NBC, volvió a ponerse en contacto conmigo para contarme novedades. Había averiguado de dónde procedían al menos algunos de los mensajes amenazantes. Al parecer, me había tocado un acosador de poca monta que estaba mal de la chaveta. Ni grandes conspiraciones, ni nadie que me espiara en la calle, me dije.

El humor de Harvey Weinstein también era variable. En conversaciones con personas de su entorno, había pasado de decir jubilosamente que sus contactos en la NBC le habían prometido que el reportaje estaba enterrado a la inquietud de que quedara algún cabo suelto que yo seguía investigando. Weinstein sabía que David Boies se llevaba bien con Andy Lack y le preguntó si podía pasarle una llamada al jefe de la cadena.

—Puedo llamar a Andy y ver qué me dice —fue todo lo que pudo decir Boies.

Otras fuentes me decían que estaban recibiendo llamadas perturbadoras de Weinstein o de sus socios. Katrina Wolfe, grabada a cara descubierta para revelar que había sido testigo del proceso del acuerdo en Londres, me dijo con cierto nerviosismo que había recibido una llamada de una productora de Weinstein cuyo nombre era Denise Doyle Chambers. Esta última le contó que volvía a trabajar para Weinstein junto a otra productora veterana, Pam Lubell, en la investigación de un libro. «Un libro divertido —me diría Pam Lubell más tarde—, sobre los viejos tiempos de esplendor de Miramax.» Weinstein les había pedido que hicieran una lista de todos los empleados que conocieran y que se pusieran en contacto con ellos. Después, la gente especularía hasta qué punto las dos mujeres se habían tragado esta tapadera. En cualquier caso, Pam Lubell parecía haberse convencido, porque llegó a presentar una propuesta de libro. En la cubierta, Bob y Harvey Weinstein sonreían en una fotografía en blanco y negro. Encima, las letras rezaban: MIRAMAX: THOSE WERE THE DAYS MY FRIEND, I THOUGHT THEY'D NEVER END.[7]

Pero la otra «cubierta», desgastada al máximo, se deshilachó rápidamente. A principios de agosto, Weinstein convocó a las dos mujeres en su oficina.

—¿Sabéis qué? Vamos a dejar el libro en suspenso —dijo a Chambers y a Lubell, y luego les pidió que llamaran a sus amigos de la lista y averiguaran si la prensa se había puesto en contacto con ellos.

7. «Aquellos fueron buenos tiempos, amigo mío / pensamos que no terminarían nunca». Versos de la letra de la canción de Mary Hopkin, «Those Were the Days».

Al teléfono, Chambers no perdió mucho tiempo parloteando con Katrina Wolfe sobre los buenos viejos tiempos y fue directa al grano. Weinstein quería saber si algún periodista la había llamado; si yo, específicamente, la había llamado. Y quería copias de todos los correos electrónicos que hubiera recibido o enviado. Wolfe, alterada, le envió mis mensajes a Chambers y negó haber respondido a ninguno de ellos.

Pero había algo más: a la lista principal de nombres que Chambers y Lubell habían compilado se sumaba otra más larga. Esta lista no incluía demasiados nombres asociados con los días de gloria, pero sí los de numerosas mujeres que habían trabajado con Weinstein, además de periodistas engorrosos. Los nombres figuraban en colores: algunos, especialmente los de mujer, se destacaban en rojo para señalar la urgencia. Chambers y Lubell actualizaban la lista después de cada llamada, pero nadie les dijo que más tarde la despacharían a las oficinas de Black Cube en Tel Aviv y Londres, y luego a agentes repartidos por el mundo, para servir de base a las cada vez más intensas investigaciones solicitadas por Weinstein.

Entretanto, John Ksar, un agente con el que yo había trabajado en la agencia de oradores Harry Walker, respondía a las preguntas de una compañía de servicios financieros en Londres. Su representante, Diana Filip, le dijo que estaba organizando una gala a favor de la representación de las mujeres en la vida laboral y buscaba a un periodista versado en el tema para pronunciar un discurso, o incluso varios.

John Ksar llevaba mucho tiempo en el oficio y cuando alguien lo llamaba para pescar información su olfato se lo decía. Pero Filip llevaba todas las respuestas preparadas. Enumeró uno a uno todos los detalles, incluidos los inversores que acudirían a la cita. Dijo que su empresa estaba ultimando la decisión. Tendrían que citarse conmigo primero. «Espero que podamos tener una reunión con él en las próximas semanas; de hecho, estoy pensando en ir a NY la semana que viene y si el sr. Farrow puede, sería una buena oportunidad», escribió en un correo electrónico. Fue el primero de varios mensajes que insistían en la prontitud de esa reunión; y, finalmente, como veía que esta idea no cuajaba, dijo que se conformaría con hablar conmigo por teléfono. Durante más de un mes siguieron llegando los correos de Diana Filip. John Ksar imaginó que estaba muy pero que muy metida en el periodismo de investigación.

30

Botella

$\mathcal{A}$l alba, después de mi última reunión con Noah Oppenheim, los detectives privados se apostaron delante de mi portal. Khaykin ya estaba allí cuando Ostrovsky salió tranquilamente de la tienda de *bagels* de la esquina. «Quieres algo?», escribió Ostrovsky. «No tío, gcs», contestó Khaykin. Unos minutos más tarde, ocuparon sus puestos de vigilancia en mi calle.

En cuanto salí de mi reunión con Oppenheim, le envié un correo electrónico a David Corvo y quedamos en vernos. Dentro de mi apartamento, me puse una camisa blanca de botones, metí mis notas en una cartera y salí a la calle.

Justo después de las ocho y media, los detectives privados vieron a un joven de cabello claro que llevaba puesta una camisa blanca y una mochila a la espalda. Escudriñaron su perfil. Les habían enviado fotografías mías y, el día antes, habían realizado búsquedas adicionales en una base de datos. Gran parte del trabajo de vigilancia era pura conjetura, pero el chico parecía ser su blanco. Ostrovsky, que conducía el vehículo, dobló la esquina detrás del objetivo mientras grababa con una videocámara Panasonic. «De momento voy al 30 rock», escribió. Khaykin hacía el seguimiento a pie y después se metió en el metro.

Para los detectives privados, los largos días de vigilancia ofrecían pocas oportunidades de hacer una pausa para ir al baño. «¿Estás muy lejos?», escribió Ostrovsky en un mensaje de texto a su jefe más tarde ese mismo día. Estaba en su coche, esperando la próxima salida de su objetivo. «Necesito usar una botella. Si estás cerca, me espero.» Pero resultó que Khaykin no estaba cerca. Ostrovsky miró de reojo la botella con la bebida que había apurado y se sirvió de ella con resignación.

«Ok todo bien ya», escribió a su jefe.

Cuando llegué al Rockefeller Plaza, tenía la camisa blanca empapada en sudor. Corvo, en su despacho cerca del resto del equipo de *Dateline*, me sonrió y me preguntó:

—¿Cómo vas?

—Me he enterado de que vamos a trabajar juntos.

—Ah, eso. Solo me han dado unas pinceladas.

Lo puse al corriente de lo básico: el audio, las numerosas acusaciones contra Harvey Weinstein que habían quedado en el guion después de que el departamento jurídico lo revisara, la inquebrantable voluntad de Ambra Gutiérrez de que se supiera su nombre y de llevar la voz cantante en el reportaje, la buena disposición de Emily Nestor a salir a cara descubierta para sustituir a Rose McGowan. Mientras me escuchaba, Corvo movía afablemente la cabeza.

—Suena convincente —me dijo, y sonrió.

Corvo ya se había enfrentado con anterioridad a historias difíciles de agresión sexual. En 1999, en la época en la que Andy Lack trabajaba en NBC News, Corvo revisó la entrevista que la cadena le hizo a Juanita Broaddrick a raíz de su acusación contra Bill Clinton por haberla violado veintiún años antes. La cadena revisó la entrevista poco más de un mes después de su grabación y solo la difundió cuando, frustrada, Broaddrick propuso la historia al *Wall Street Journal*, el *Washington Post* y el *New York Times*. «Si Dorothy Rabinowitz no hubiera venido a entrevistarme, no creo que la NBC la hubiera emitido jamás —diría más tarde Broaddrick aludiendo a la reportera del *Wall Street Journal* que finalmente dio a conocer su caso—. Había tirado por completo la toalla.»

Yo desconocía que Corvo también tenía una historia personal de acoso sexual. Al parecer, en 2007 tuvo una fijación con una empleada a la que enviaba mensajes lascivos. «En nuestro renovado esfuerzo por evitar malentendidos —le escribió—, tenemos que dejar una "regla básica" muy clara: siempre que vayas a la piscina tienes que decírmelo antes. Una mirada de lejos, aunque sea, me alegrará el día.» Un día de mucho calor, añadió: «Me encanta el clima cálido, pero ¿vas a ir a una celebración del colegio así vestida?». En reiteradas ocasiones buscó o creó excusas para encontrarse a solas con ella. Al final la mujer se quejó a la dirección. La promovieron a un nuevo cargo y permaneció años en la empresa. El ascenso de Corvo en la cadena siguió su curso sin interrupciones.

Salí de la reunión con Corvo tranquilizado. Al día siguiente, sin que yo lo supiera, la NBC ultimó un acuerdo de desvinculación laboral de casi un millón de dólares con la acusadora de Corvo. Cuando más tarde el *Daily Beast* se hizo eco de las acusaciones, la cadena televisiva dijo que la indemnización había sido mera coincidencia y que no tenía nada que ver con su denuncia. El acuerdo le prohibía hablar negativamente de su etapa de trabajo en la NBC.

Unos días después, los detectives privados volvieron a sus posiciones en el Upper West Side. Esta vez, Ostrovsky estaba de servicio. «Por ahora no lo hemos visto», escribió a su jefe. Entonces vislumbró al joven del cabello claro. Ostrovsky se apeó de su coche de un salto y lo siguió a pie. Se le acercó mucho, a unos centímetros. Luego frunció el ceño y marcó un número de teléfono.

Arriba, en mi apartamento, respondí a la llamada.

«¿Dígame?», dije. Luego oí una breve exclamación en ruso y al cabo colgaron. Delante de Ostrovsky, el vecino con quien yo guardaba cierto parecido físico siguió caminando con despreocupación y, desde luego, sin contestar al teléfono.

«Hoy no hay paseo —escribió Ostrovsky a Khaykin—. Me vuelvo al apartamento.» Una vez en su coche, buscó mejores fotos de mí. «Buena foto de carné de identidad encontrada», escribió, y le envió a su jefe una fotografía en la que salíamos yo y mi hermana Dylan a la edad de cuatro y seis años, probablemente, en brazos de nuestros padres. «Con esta vamos bien.»

«Ja», respondió Khaykin. Más tarde, como para asegurarse

de que Ostrovsky bromeaba, Khaykin le envió un pantallazo de uno de los informes con el encabezamiento azul en Times New Roman que mostraba mi fecha de cumpleaños.

Las oficinas de *The New Yorker* rodeaban la planta treinta y ocho del One World Trade Center, un uróboros de noticias, comentarios intelectuales y batiburrillos. Eran luminosas, aireadas y modernas. Mi reunión con David Remnick se había fijado al mediodía. Cuando entraba, mi teléfono emitió un *scherzo* de alertas. Era una serie de textos *spam* que esta vez me pedían participar en algún tipo de encuesta política. Los borré todos mientras un asistente desgarbado me conducía a una pequeña sala de conferencias anexa al despacho de Remnick.

Un día, David Remnick cumpliría cien años y seguirían refiriéndose a él como al «joven prodigio». Remnick hizo sus primeros pinitos como periodista que cubría tanto deportes como crímenes para el *Washington Post* antes de ser su corresponsal en Moscú, lo que le valió la aclamación de la crítica por un libro sobre Rusia y el Premio Pulitzer a sus treinta años. Ese verano rozaba los sesenta, las canas comenzaban a teñir sus rizos negros y, sin embargo, conservaba un aire juvenil. Cuando, más tarde, su mujer mencionó que era alto, la noticia me sorprendió. Era uno de los raros hombres de su estatura, física y profesional, que no te hacía sentirte pequeño. Estaba sentado, en vaqueros y chaqueta, en una de las sillas de oficina colocadas alrededor de la mesa de la sala de conferencias; parecía relajado, pero tenía un lenguaje corporal curioso.

Lo acompañaba una joven redactora, Deirdre Foley-Mendelssohn, que se había incorporado a la revista a principios de ese mismo año después de una temporada en *Harper's* y *Paris Review*. Foley-Mendelssohn era delgada, taciturna e intensa. La víspera, Remnick se sentó en su despacho y le sugirió que revisara el antiguo perfil que Ken Auletta esbozó de Weinstein en su día. Ella hizo más que eso y profundizó en el tema.

Mientras yo perfilaba el reportaje, vi que Remnick reflexionaba seriamente.

—¿Y dices que puedes conseguir más? —me preguntó.

—Sé que puedo —le respondí, y le hablé de las pistas que la NBC intentaba paralizar.

Me preguntó si podía oír la grabación y, por segunda vez ese verano, me vi sentado ante un directivo de un medio de comunicación, sacando mi móvil y dándole al *play*.

Remnick y Foley-Mendelssohn escucharon la grabación. Su reacción fue diametralmente opuesta a la de Noah Oppenheim. Se produjo un silencio pasmoso.

—No es solo que lo reconozca —dijo finalmente Foley-Mendelssohn—. Es el tono, que no acepte un no por respuesta.

—¿Y la NBC deja que te vayas con todo esto? —preguntó Remnick—. ¿Quién en concreto? ¿Oppenheim?

—Oppenheim —confirmé.

—¿Y dices que es guionista?

—Escribió *Jackie* —contesté.

—Esa —dijo Remnick con gravedad— fue una mala película.

Ostrovsky y un colega hicieron una última e infructuosa parada delante del edificio del *New York Times* esa mañana. Luego Khaykin lo llamó para transmitirle nuevas órdenes. «Rastrea su teléfono móvil», dijo refiriéndose a mí. Ostrovsky recordó que, el otoño anterior, Khaykin se había jactado de que era capaz de algo así.

Poco después de mediodía, Khaykin se puso a enviar pantallazos de mapas marcados con alfileres que indicaban la latitud, la longitud y la elevación de un objetivo en movimiento. Puede que Khaykin no fuera un fanfarrón después de todo: las ubicaciones indicadas coincidían exactamente con el trayecto que yo había recorrido para reunirme con Remnick.

Fui sincero con los redactores de *The New Yorker* sobre cada uno de los aspectos del reportaje, incluidas mis esperanzas sobre su futuro en la NBC.

—Honestamente, no sé qué está pasando en la NBC —dije—, pero trabajo allí y, si existe una posibilidad de que esta última revisión sea sincera, tengo que darle una oportunidad. Se lo debo a mi productor.

Remnick me dejó claro que, si la NBC tumbaba el reportaje otra vez, o no tenía intención de difundir su primera versión, a él sí que le interesaba. Quedaría más trabajo por hacer, eso seguro. Cuantas más pruebas acumulara yo, mejor. Weinstein y su equipo jurídico se prepararían para la lucha; eso lo sabía Remnick por experiencia. Pero, por primera vez ese verano, un medio de comunicación me animaba encarecidamente a seguir adelante. Remnick me dijo que mantuviera informada a Foley-Mendelssohn cuando las piezas más importantes encajaran, y eso incluía la entrevista grabada a Ally Canosa.

—No le pido que me prometa nada todavía, pero creo que hay suficiente material para publicar algo con miga —dije.

—Eso me parece a mí —asintió.

Después de la reunión, Remnick volvió a su despacho y yo me despedí de Foley-Mendelssohn.

—Si no le dejan continuar por alguna razón, llámenos —me dijo.

Cuando salía del vestíbulo, unos doscientos mensajes inundaban mi teléfono. «(Encuesta) ¿Debería abrirse un proceso de destitución contra Trump?», repetían, de forma idéntica, uno tras otro. «Responda para registrar su voto. Para darse de baja de la suscripción a nuestra lista…» Cada mensaje procedía de un número diferente. Me quedé allí de pie eliminándolos y al final me di por vencido y respondí para darme de baja, cosa que no pareció ayudar mucho.

«Es la zona del World Trade Center», escribió Ostrovsky a Khaykin después de recibir los mapas. «Voy para allá.» Y después: «¿Se sabe por dónde va a salir?» y «¿Edificio en esa dirección? ¿O está fuera?».

«Sin datos», respondió Khaykin.

«Ok, echo un vistazo.»

Entre los mensajes de la encuesta que entraron en mi móvil a mansalva, uno era de McHugh pidiéndome el tiempo estimado de llegada. Debía volver a la NBC. Empecé a bajar al metro, pero me lo pensé mejor. Desde que sospechaba que me seguían, sentía una extraña ansiedad. Volví a la calle y paré un taxi. Mientras nos dirigíamos al norte de la ciudad, pasé por delante de los detectives privados.

Poco después, McHugh y yo nos reunimos con las dos productoras a las que David Corvo había encargado la revisión del reportaje. Ambas parecían genuinamente interesadas, pero también estaba claro que la decisión sobre el destino del reportaje no entraba en sus competencias. La reunión fue rápida: las dos productoras estaban ocupadas entrando y saliendo de los rodajes de *Dateline*. McHugh y yo les pasamos todo el material del reportaje que fuimos capaces de imprimir apresuradamente, pero les confirmamos que existía más, incluido el material sensible en la cámara del banco. No pidieron escuchar la grabación. Y nunca lo hicieron, como se vio después.

Cuando salimos de la reunión, McHugh tenía una llamada perdida de un número desconocido. Era Lanny Davis, el abogado y relaciones públicas.

—Tengo entendido que está trabajando con Ronan Farrow en un reportaje sobre Harvey —dijo Davis—. ¿Es correcto? ¿Ese reportaje sigue en marcha? ¿Cuándo piensan difundirlo?

McHugh le dijo que no podía revelar nada de los reportajes en curso. Davis le dijo que estaba de vacaciones y le dio su número de teléfono móvil.

—He trabajado muchos años con los Clinton y ahora trabajo con Harvey —dijo Davis—. Estoy aquí para ayudar.

McHugh colgó rápido y pareció un poco desconcertado el resto de la tarde.

Reservé un vuelo a Los Ángeles esa tarde. Tenía la esperanza de convencer finalmente a Ally Canosa para que hablara ante las cámaras. Emily Nestor también aceptó reunirse conmigo, para planificar una posible entrevista a cara descubierta.

Cuando entraba en la terminal de salidas del aeropuerto JFK, me llamó Ally Canosa. Parecía alterada.

—Me ha estado llamando —me dijo. Al parecer, Weinstein intentaba mantenerla cerca, diciéndole lo mucho que apreciaba su lealtad.

—Si no te ves capaz de hacerlo…

—No —dijo con firmeza. Su rostro permanecería en la sombra, pero lo haría—. Voy a dar esa entrevista. —Fijamos una hora.

El argumento más reciente que Noah Oppenheim había aducido para detener el reportaje —esperando a que Corvo se lo asignara a un productor— no prosperó. McHugh y yo comunicamos a la NBC que seguíamos adelante con la entrevista.

Después del tiro errado en el World Trade Center, los detectives privados merodearon por mi barrio. Khaykin fumaba como un carretero y no dejaba de mirar su teléfono, a la espera de nuevos datos GPS que nunca llegaron. Esa tarde, Ostrovsky vigiló una vez más mi apartamento, en vano. «No te preocupes por el tiempo que lleve lo de Ronan. En serio, entiendo la situación y no esperaba cobrar antes de dar con él», escribió a su jefe.

Pero a Weinstein sí que parecía preocuparle no tener novedades. A esas alturas ya estaba intentando reclutar a más detectives. Se reunió con Glenn Simpson, cuya empresa Fusion GPS era sobre todo conocida por contratar al exagente del MI-6, Christopher Steele para que compilara un dossier sobre Donald Trump. Simpson rechazó el trabajo. Weinstein también llamó a Sam Anson, un investigador de Guidepost Solutions. Hablaron en torno a veinte minutos. Anson recordó más tarde que Weinstein sonaba «alterado, disgustado, descontento». Dejó claro que el trabajo debía centrarse en las mujeres que lo acusaban de conducta sexual inapropiada y en los periodistas que iban detrás del caso. Anson tuvo una segunda conversación con los abogados de Weinstein, pero siguió sin aceptar el trabajo. El día después de que Khaykin y Ostrovskiy me perdieron la pista, Weinstein envió a Anson un correo electrónico con la última versión de su lista de objetivos. En rojo destacaban algunos nombres familiares: McGowan; Sciorra; Gigliotti; Irwin Reiter, el directivo que había enviado los mensajes de apoyo a Emily Nestor. «Las alertas rojas son las primeras en saltar», escribió Weinstein.

31

Sizigia

Weinstein buscaba respuestas, y no solo a través de los detectives privados. David Boies llamó a Andy Lack como había prometido a Weinstein que haría. Le preguntó si seguían trabajando en el reportaje.

Lack se mostró razonable y cálido. Guardó silencio durante toda la llamada, como había hecho durante la conversación previa con Weinstein en la que este le había dejado caer que dormir con empleadas era una práctica común. Cuando fue productor ejecutivo de *West 57th* a finales de los años ochenta, Lack, que estaba casado, mantuvo relaciones sexuales con empleadas y artistas. Jane Wallace, una de las periodistas del programa, dijo de él que era «incansable». Cuando Jane Wallace empezó a trabajar en el programa, Lack le pidió que fuera a cenar con él «todos los días durante un mes», con la excusa de que quería celebrar su contrato.

—Si tu jefe hace eso, ¿qué vas a decir? —me contó después—. Sabes que si le dices «no quiero celebrarlo contigo», te la juegas.

Jane Wallace me dijo que «finalmente fue consensuado, pero no porque coqueteara conmigo, sino por hostigamiento». Al final, la relación se agrió. Lack se volvió inestable. Cuando ella dejó el programa, él le gritó: «¡Nunca saldrás en los créditos!». Luego, la cadena empleó una táctica desconocida hasta entonces: le ofrecieron una suma suculenta a cambio de que firmara un acuerdo de confidencialidad. Ella aceptó.

—No comprendí lo gordo que era todo aquello hasta que me marché de allí. Lo disgustada que estaba. La verdad es que, si él no se hubiera portado así, yo habría conservado ese empleo. Me encantaba ese trabajo —me dijo.

Varios antiguos empleados de Andy Lack recordaron otra relación con una joven productora asociada que trabajaba para él. Se llamaba Jennifer Laird. Cuando la historia se terminó, algunos de sus colegas recuerdan que Lack se volvió hostil y adoptó lo que ellos consideraban medidas punitivas. Cuando Jennifer Laird pidió que la reasignaran a otro puesto, Lack no lo permitió. La obligaba a trabajar más horas, y los fines de semana, e intentó cancelar sus vacaciones. El portavoz de Lack negó que este hubiera tomado represalias contra ella. Confirmó que la relación había existido y dijo que las consecuencias habían sido «extremadamente incómodas».

—Está claro por qué no debes liarte con tu jefe —me dijo ella.

La fama de Andy Lack le había precedido en su último cargo en la NBC. «¿Qué ganas con eso? —le preguntó un directivo a Steve Burke cuando supo que este iba a reincorporar a Lack—. Pero ¡si el culpable de todos los problemas culturales de la cadena es él!»

Ese día, al teléfono con Boies, Lack no fue tan reservado cuando abordaron el asunto del destino del reportaje en la NBC.

—Le hemos dicho a Harvey que no vamos a hacer el reportaje —dijo Lack—. Si decidimos hacerlo, se lo diremos.

Mientras yo volaba a Los Ángeles la tarde después de la reunión en *The New Yorker*, Greenberg llamó a McHugh. Estaba desquiciado. Dijo que Oppenheim le había dicho que «lo dejaran todo en suspenso».

—¿Quieres decir que no puedo investigar nada más? —preguntó McHugh.

—Órdenes del jefe —contestó Greenberg.

A la mañana siguiente, Greenberg me llamó para decirme lo mismo.

—La directriz de Noah es clara como el agua —me dijo—. No podemos grabar la entrevista. Lo paramos todo.

Yo estaba en casa de Jonathan en West Hollywood. Se me acercó, boquiabierto.

—Para que no haya dudas, ¿me estás ordenando que cancele esta entrevista? —le pregunté.

Se produjo un largo silencio.

—Es una pausa —me dijo.

—La entrevista está programada. Me estás pidiendo que la desprograme. ¿Cómo va a ser eso una pausa?

—Ronan —me dijo enojado—. Tienes que parar.

—¿Sabemos cuánto va a durar esta pausa? —le pregunté—. ¿Por qué motivo exactamente nos ordena la NBC que paremos el reportaje?

Pareció perdido.

—Yo... él... los abogados de Harvey alegan que todos los empleados están sujetos a un acuerdo de confidencialidad. Y que no podemos aparecer nosotros y pretender que lo incumplan.

—Rich, no es así como funciona la responsabilidad jurídica. Que *realicemos* la entrevista no...

—Es la decisión de Noah. Entiendo que no te guste, pero no me parece que ninguno de nosotros esté en posición de llevarle la contraria.

Me paseé arriba y abajo por el apartamento, debatiendo la situación con Jonathan. Llevar el reportaje a otro medio de comunicación, como me había propuesto Oppenheim, me parecía una opción precaria.

—Él sabe que si se difunde en otro medio será un escándalo, ¿no? —señaló Jonathan. Yo quería seguir luchando contra el veto del reportaje, pero si lo hacía, el asunto podría enconarse y la cadena podría impedirme sacar el material a la calle.

Jonathan propuso lo que hice a continuación. Llamé a Oppenheim y le dije que deseaba aceptar su oferta del «ve con Dios» y proponerle mi artículo a algún medio escrito, pero se lo pinté como algo inofensivo y amistoso. Le dije con toda sinceridad que, en principio, el editor de un medio impreso había mostrado interés en la historia, pero no le dije cuál. Le propuse seguir rodando mis entrevistas para la NBC y emitir una versión televisada después de que el artículo saliera publicado en la prensa escrita.

—No quiero interponerme en tu trabajo ni nada parecido. Mi instinto me dice que es una propuesta razonable —dijo Oppenheim con tono aliviado—. Déjame diez minutos para que lo piense y vuelvo a llamarte.

Como había prometido, diez minutos más tarde me envió un mensaje confirmando que le parecía bien. Le pregunté si podía seguir contando con un equipo de la NBC para la siguiente entrevista con Ally Canosa. Señalé que eso no le obligaba a difundirla, pero le reservaba esa opción. «Desgraciadamente, no podemos avanzar con la NBC hasta que finalice la revisión», respondió.

En un plazo de veinticuatro horas, Oppenheim se reunió con Corvo y los productores a su cargo e interrumpieron la revisión. Uno de los productores dijo al grupo que Emily Nestor no «estaba dispuesta a hablar a rostro descubierto». Ella, que ya me había dicho que hablaría ante las cámaras si era necesario, negó haber dicho nada parecido. En un momento determinado, Corvo esgrimió que el reportaje no era suficientemente visual y que no valía para la televisión.

Después, Greenberg dio la orden final a McHugh de que dejara de responder a las llamadas sobre el reportaje.

—Tenéis que retiraros —le dijo.

McHugh pensó en todas las veces que Weinstein había conseguido tumbar la historia en el pasado y respondió:

—Le estamos dejando ganar.

Sin ninguna agencia de noticias que respaldara el reportaje, yo no tenía a nadie a quien consultar sobre seguridad ni protección si Weinstein decidía presentar una demanda contra mí personalmente. Llamé a Foley-Mendelssohn.

—Está claro que ya ha amenazado a la NBC —le dije—. Sé

que lo importante es el reportaje, pero estoy intentando averiguar el riesgo que corro.

—Envíame todo lo que tengas —me dijo—. Podemos empezar a hablarlo.

—Pero ¿tu instinto te dice que siga adelante con las entrevistas sin ninguna agencia que me cubra?

Lo meditó.

—Desconozco los riesgos jurídicos específicos, pero no creo que debas cancelar nada. No dejes de investigar.

Foley-Mendelssohn me propuso presentarme al abogado de *The New Yorker*, Fabio Bertoni. Ofrecer asesoramiento jurídico, incluso informal, a alguien que la revista no tuviera contratado era salirse del procedimiento habitual. Pero Foley-Mendelssohn era consciente del apuro en el que me hallaba.

Mientras esperaba noticias de David Remnick, le envié a Foley-Mendelssohn un exceso de mensajes nerviosos para comunicarle que seguía adelante con las llamadas relativas al reportaje. Yo intentaba leer entre líneas sus respuestas, en busca del menor indicio que confirmara un compromiso mayor por su parte.

Fabio Bertoni me llamó, como había prometido. Bertoni había trabajado anteriormente en la revista *American Lawyer* y en HarperCollins, donde se encargaba de repeler precisamente la misma clase de amenazas que me llegaban a mí ahora. Cuando le expliqué la insistencia de la NBC en interrumpir el reportaje, presumiblemente por miedo a su responsabilidad jurídica, mostró una genuina incredulidad.

—La responsabilidad solo llega cuando divulgas el reportaje —me dijo—. Sería extremadamente inusual que se adoptaran medidas legales contra un reportaje que no se ha publicado.

Cuando le conté que la razón aducida había sido la interferencia dolosa, se mostró más perplejo si cabe. Señaló lo mismo que yo había intentado señalar durante mis conversaciones con la cadena: un porcentaje significativo de todos los reportajes sobre política y empresas nunca verían la luz si los medios fueran reacios a hablar con empleados que hubieran firmado acuerdos de confidencialidad. Mis primeras experiencias en *The New*

Yorker fueron como los vídeos en los que ves a animales de laboratorio caminando sobre la hierba por primera vez.

—Entonces ¿sigo adelante, incluso sabiendo que me están amenazando? —le pregunté.

—Pues mira —dijo Bertoni—, es muy fácil asustar a alguien con amenazas legales. Pero cumplirlas es otro cantar.

Yo le había prometido a Ally Canosa que la grabaría y, como no quería asustarla cambiando de plan, decidí alquilar un equipo por mi cuenta. McHugh, a quien habían ordenado que no me ayudara con el rodaje, pero que seguía empeñado en hacerlo porque él era así, me envió un nombre detrás de otro. El lunes de finales de agosto que elegimos para la entrevista coincidió con un eclipse total del sol poco habitual. La mayoría de los cámaras *free lance* con los que hablamos estaban ocupados grabando el eclipse desde miradores idóneos en lugares como Wyoming. Con los pocos que quedaban en la ciudad, reparamos en un último detalle: casi todos habían trabajado en producciones de Weinstein o iban a hacerlo en el futuro. Al final encontré a un cámara llamado Ulli Bonnekamp. Bien porque sabía que yo trabajaba solo, bien porque intuyó que era un tema que merecía la pena, me ofreció un precio razonable.

Le pregunté a Ally Canosa si se sentiría más cómoda rodando en una habitación de hotel y me dijo que le iba bien volver a casa de Jonathan, que se había encariñado con el perro. Cuando comenzó la sizigia del eclipse, el equipo y yo empezamos a acondicionar la casa de West Hollywood. Cargamos con sacos de arena y trípodes, precintamos las ventanas con telas opacas y, en general, no tratamos los muebles de Jonathan con mucha compasión.

A media tarde recibí un mensaje de Oppenheim en el móvil: «Solo por repetirlo por escrito, cualquier otra investigación que hagas, incluida la entrevista de hoy, no la harás en nombre de la NBC, ni con su beneplácito. Esto tiene que quedarte claro a ti y a cualquier persona con la que hables».

Yo le contesté: «Sabes lo que pienso. Pero lo entiendo y lo acepto».

Cuando llegó Ally Canosa, fui sincero con ella a propósito de la incertidumbre sobre el futuro del reportaje. Le dije que la entrevista seguía teniendo valor, y que no descansaría hasta verla publicada. Ella no se acobardó y esa tarde empezamos a rodar. La entrevista fue demoledora.

—Te pone en tal situación que sabes que te conviene más callarte que hablar —dijo de Weinstein.

—¿Y qué le diría a un medio de comunicación que se debatiera entre si esta es una historia importante o no, si su acusación es lo bastante seria, lo bastante creíble?

—Que si no lo publican, si no siguen adelante y lo sacan a la luz, han elegido el bando de los malos. Esta historia saldrá a la luz. Les conviene hacerlo, y no esperar a que se publique y que se acabe sabiendo que ocultaban información que podría haber evitado que otras mujeres pasaran por esto, durante años, posiblemente.

32

Huracán

$\mathcal{A}$ lo largo de esas últimas semanas de agosto, lo que terminaría convirtiéndose en un huracán de categoría 4 se dirigía hacia el golfo de México. Mientras Emily Nestor y yo estábamos reunidos en una cafetería de Brentwood, las devastadoras escenas parpadeaban en un televisor colgado en un rincón. Desde que Emily Nestor me había dicho que estaba dispuesta a hablar a cara descubierta si la NBC así lo requería, no había mostrado signos de arrepentimiento. Pero yo aún no le había dicho que ya no contábamos con apoyo institucional para el reportaje y que, a partir de ahora, si hablaba ante las cámaras sería necesario contrastar los hechos que fueran a publicarse.

—Quisiera saber si todavía está de acuerdo con que su nombre aparezca en el reportaje —le dije.

Le conté que iba a enviar un borrador a *The New Yorker* y que la revista decidiría si publicaba la historia. Le dije que su nombre seguía siendo importante.

—He tenido mucho tiempo para pensarlo —me dijo. Estudié el rostro preocupado de esta mujer que apenas conocía, a la que le había pedido que pusiera su vida patas arriba y después había dejado en ascuas durante meses. Permaneció un momento callada y luego dijo—: Voy a hacerlo.

Salí de la cafetería impaciente por cerrar los últimos flecos del borrador. Así es como describí el reportaje que *The New Yorker* iba a considerar y que NBC News había descartado:

En el curso de nueve meses de investigación, cinco mujeres me informaron directamente de que Harvey Weinstein había cometido múltiples actos de acoso y abuso sexual. Estas acusaciones varían desde proposiciones sexuales inapropiadas dirigidas a empleadas, tocamientos del tipo que figuran en la confesión grabada por el Departamento de Policía de Nueva York, hasta dos acusaciones de violación. Las acusaciones abarcan un período de casi veinte años. Muchas de estas mujeres trabajaban para Weinstein y todos los casos ocurrieron durante reuniones supuestamente profesionales que, afirmaron ellas, Weinstein utilizaba de excusa para atraerlas a hoteles donde les hizo proposiciones sexuales. En al menos tres casos, Weinstein se valió de jugosas compensaciones económicas sujetas a estrictos acuerdos de confidencialidad para evitar actuaciones penales y revelaciones públicas.

Dieciséis directivos y asistentes que trabajaron, o siguen trabajando, en las compañías de Weinstein han corroborado estas acusaciones, afirmando que presenciaron insinuaciones sexuales no deseadas, tocamientos indebidos y el uso sistemático de recursos de la empresa por parte de Weinstein para entablar relaciones sexuales del tipo descrito en las acusaciones.

Envié el borrador a Foley-Mendelssohn. En la televisión silenciada del salón de Jonathan, el huracán Harvey causaba estragos.

En el 30 Rockefeller Plaza seguían entrando llamadas de Weinstein y sus intermediarios. Una tarde, Lanny Davis recibió una petición de Weinstein como las que solía encajar Boies. Davis estaba en una reunión con el equipo de Weinstein y el *New York Times* para hablar de las acusaciones según las cuales Weinstein habría malversado fondos de la amfAR, la Fundación para la Investigación sobre el Sida.

Después de la reunión, Weinstein le dijo a Lanny Davis:

—Acabo de hablar con la NBC. ¿Te pasarías por allí para ver en qué punto está el reportaje?

—Harvey —le contestó Davis—, te he dicho que no quiero saber nada de ese asunto de las mujeres.

—Lo único que te pido es que te pases por allí y te reúnas con alguien en el vestíbulo para preguntar en qué punto está el reportaje —insistió Weinstein.

—Si voy a hacer eso, quiero que alguien me acompañe —contestó él.

Al oír esto, Weinstein se puso nervioso.

—¿Y por qué quieres eso? —le preguntó.

—Porque se supone que este asunto no me incumbe y quiero que haya alguien que pueda confirmar exactamente mis palabras.

Weinstein aceptó a regañadientes y Davis se dirigió al 30 Rock acompañado por un empleado de la Weinstein Company. En la recepción de mármol, Davis dijo que quería ver a Noah Oppenheim.

—El señor Oppenheim me está esperando —le dijo al recepcionista. Más tarde, la NBC diría que Davis le había tendido una emboscada a Oppenheim.

Posteriormente, Davis me diría sobre esto: «Yo suelo ser reticente a usar la palabra "mentira", pero en este caso hago una excepción. Estoy completamente seguro de que sabían que iba a ir a verlos y distorsionaron lo sucedido a conciencia».

De lo que no cabe duda es de que Oppenheim bajó a recepción unos minutos más tarde. El empleado de la Weinstein Company que Davis había traído con él escuchó la conversación desde una corta distancia.

—¿En qué punto está el reportaje de Ronan Farrow sobre Harvey? —preguntó Davis.

Oppenheim respondió rápidamente.

—Oh, Ronan ya no trabaja en el reportaje. Ya no trabaja para nosotros.

Por como lo dijo, Davis se preguntó si no me habrían despedido.

Corría el 5 de septiembre y seguía haciendo calor cuando me dirigí a *The New Yorker*. Cuando subía en el ascensor hice una pequeña señal de la cruz, casi involuntariamente. David Remnick y Deirdre Foley-Mendelssohn, junto con Fabio Bertoni, el abogado, Dorothy Wickenden, la redactora jefe, y Natalie Raabe, la jefa de comunicaciones de la revista, estaban sentados frente a mí en la mesa de la sala de conferencias de Remnick. No tenía ni idea de lo que Remnick iba a decir.

—Creo que todo el mundo está al corriente de la historia —dijo—, pero estaría bien que nos pusieras al día.

Volví a contarles más o menos el mismo resumen que encabezaba el borrador, culminando con la entrevista a Ally Canosa y cómo había ido. Mencioné las presiones constantes que soportaban mis fuentes, y las llamadas que recibían.

—¿Están dispuestas estas fuentes a repetir lo que te han contado ante un tribunal? —preguntó Bertoni—. ¿Podrías preguntárselo?

Le dije a Bertoni que ya se lo había preguntado a varias fuentes importantes y me habían dicho que sí.

El ritmo de la conversación se aceleró: Remnick y Bertoni, alternativamente, me hicieron preguntas sobre artículos específicos del reportaje y las pruebas que los respaldaban. ¿Tenía los mensajes de Irwin Reiter, el directivo que había sido testigo de las malas conductas sistemáticas de Weinstein y lo había reconocido ante Emily Nestor? Los tenía. ¿Estaba dispuesta Ambra Gutiérrez a enseñarnos su contrato? Lo estaba. Foley-Mendelssohn, que ya se había familiarizado con la historia, metía baza de vez en cuando, y les recordaba la existencia de una fuente secundaria aquí, de un documento allá.

Más tarde, varias personas que estuvieron presentes en aquella sala recurrirían a los mismos adjetivos para describirme: triste, desesperado, deseoso de evitar cualquier escollo en todo momento. Uno dijo que era como si estuviese defendiendo mi tesina.

Recordé la reunión con Oppenheim tan solo unas semanas antes, cuando había tumbado el reportaje. Estudié las caras que tenía delante y me pregunté de qué manera podría transmitirles la verdadera dimensión de los hechos. Wickenden, una veterana que llevaba lustros en la revista, dijo delicadamente:

—Lleva mucho tiempo trabajando en esto, ¿verdad?

Recordé, una vez más, la voz de Annabella Sciorra; a Ambra Gutiérrez, estremecida mientras escuchaba la grabación de Weinstein; a Emily Nestor, dando un paso al frente.

—Sé que existe una posibilidad de litigio —dije—. Sé que para publicar la historia en la revista serán necesarias más revisiones, contrastar de nuevo los datos. Pero pienso que tenemos bastante y que merece esta oportunidad.

El silencio se hizo en la sala y hubo un intercambio de miradas.

—De acuerdo —dijo Remnick, sin drama, como en una escena de otra película—. Trabajarás con Deirdre. No habrá garantías hasta que se contrasten todos los datos.

Remnick se mostró pensativo, reservado. Había publicado el controvertido reportaje de Seymour Hersh sobre la seguridad nacional en Afganistán y Pakistán, y la investigación de Lawrence Wright sobre la Iglesia de la Cienciología. Pero este era un reto nuevo, de un tenor muy específico.

—Vamos a hacerlo con el mayor escrúpulo —dijo—. Nos ceñimos a los hechos.

No mucho tiempo después, Harvey Weinstein se citó con una actriz en el hotel Loews Regency de Park Avenue y se retiró a un rincón con un acompañante conocido: Dylan Howard, del *National Enquirer*. Howard y Weinstein pasaban juntos mucho tiempo. A menudo, cuando los colegas de Howard intentaban localizarlo, él les decía: «Estoy con Harvey». Howard sacó varias carpetas de archivo gruesas. Él y Weinstein se pasaron las siguientes horas escudriñando su contenido, con la cabeza gacha en discreta conversación. En un momento dado, uno de los asistentes de Weinstein se acercó a la mesa de los hombres para informar a Weinstein de que tenía una llamada. Weinstein se abalanzó sobre los documentos para taparlos.

—¡¿Qué coño haces aquí?! —le gritó.

Howard le dedicó una sonrisa compasiva al asistente. Más tarde le susurraría al oído: «¡No envidio tu trabajo!».

Howard siguió interesándose por los rivales de Weinstein. Y también por Matt Lauer, personalidad que el *National En-*

quirer llevaba tiempo rondando. Al comentar sus objetivos ese verano con un reportero, Howard bromeó sobre su interés en el presentador. «Estoy seguro de que no figuro en la tarjeta de Navidades de Matt Lauer». Desde que Howard había examinado el *kill file* («archivo asesino») de un reportaje inédito sobre Matt Lauer, el *National Enquirer* había publicado tres artículos negativos sobre el presentador de *Today*. Un cuarto artículo llegaría poco después de la reunión con Weinstein en el Loews Regency. Todos ellos trataban de las infidelidades de Matt Lauer, especialmente en el trabajo. «La NBC da otra oportunidad a Lauer el guarro», decía un titular. «¡Oye, Matt, que no es tu mujer!», rezaba otro.

33

Goose

Weinstein actuaba con desesperación y desplegaba su habitual mezcla de intimidación e influencia en los medios. El jefe de Dylan Howard, David Pecker, de American Media Inc., había sido uno de sus firmes aliados, pero empezaba a aparecer con más frecuencia en los correos electrónicos de Weinstein. «Querido David, he intentado hablar contigo —le escribió Weinstein a finales de septiembre—. ¿Puedes hablar si te llamo ahora?» A lo que Pecker respondió: «Estoy en Arabia Saudí de viaje de negocios». Más tarde, Weinstein le propondría una alianza para comprar la revista *Rolling Stone*, que Pecker podría sumar a su imperio mediático y dirigir entre bastidores. Pecker puso reparos al principio, pero terminó accediendo.

«Puedo reducir costes y elevar los beneficios a diez millones de dólares… Si quieres, puedes tener el 52 por ciento por 45 millones de dólares. Yo puedo liberarte del papeleo y ser el responsable de las operaciones de la revista impresa y digital.»

Weinstein amplió su campo de acción a la NBC. Se comunicó por correo electrónico y por teléfono con Deborah Turness, la predecesora de Oppenheim, que ahora se ocupaba del contenido internacional. Weinstein propuso a Turness cerrar un trato a propósito de un documental que estaba haciendo sobre Clinton. «Su serie de documentales sobre Hillary parece deslumbrante —escribió Turness—. ¡Yo me comprometería desde ya a transformar nuestros programas en «espacios Hillary» varias noches seguidas!»

Ese mismo mes, Weinstein envió un correo electrónico a Ron Meyer, el veterano jefe de Universal Studios y todavía entonces vicepresidente de NBCUniversal. «Querido Ron —escribió—, quería proponerte que Universal hiciera nuestro cine en casa y nuestros vídeos a la carta… Estamos en conversaciones con tu gente y creo que siempre es bueno saber qué piensan los de arriba.» Meyer contestó: «Me encantaría hacer ese trabajo». Los correos del presidente de la Weinstein Company, David Glasser, dan fe de la consolidación del acuerdo propuesto. Redactaron un pliego de condiciones, que luego remitieron al personal directivo de la compañía para su aprobación. El equipo de Glasser comenzó a discutir los puntos más sutiles con dos responsables del entretenimiento en casa de NBCUniversal. «Estoy deseando que empecemos a hacer negocios juntos —escribió Meyer poco después—. Como te he dicho, si la respuesta es que no, por favor, avísame.» El trato nunca prosperó.

Weinstein pareció aliviado después del informe de Lanny Davis sobre la reunión con Oppenheim y la última llamada entre David Boies y Andy Lack. Weinstein interpretó ambas noticias como una confirmación inequívoca de que habían tumbado la historia y, probablemente, a mí con ella. Pero quería más. Ordenó que su departamento jurídico iniciara otra ronda de llamadas con la NBC. Al poco tiempo, Susan Weiner habló por teléfono con uno de los abogados de Lanny Davis y le dijo, en términos similares, que yo ya no trabajaba para NBC News.

Yo era ajeno a todo esto. Mi contrato con NBC News no había vencido aún, y seguía con la idea de renovarlo. Que no me dejaran publicar el reportaje me había afectado, pero permanecía leal a la cadena y a mis jefes. A Greenberg pareció entusiasmarle que ampliara mi trabajo de investigación en los años venideros. Don Nash, el productor ejecutivo de *Today*, me propuso como principal reportero de investigación del programa.

El 11 de septiembre, después de que McHugh y yo regresáramos de uno de nuestros rodajes sobre la asistencia sanitaria, volví a sentarme a hablar con Oppenheim. Charlamos un poco sobre sus proyectos de Hollywood, como el guion sobre Harry Houdini que llevaba tiempo gestando. Estaba valorando posibles protagonistas. Le propuse a Michael Fassbender. Oppenheim respondió, como la caricatura calcada de un agente de Hollywood, que no era un actor taquillero. Murmuré algo sobre *Assassin's Creed* y finalmente pareció que nos pusimos de acuerdo en que no todo era aceptable en Hollywood.

Le hablé de cuáles eran mis esperanzas futuras. Oppenheim me miró compasivo y me dijo que había estado dándole vueltas.

—No queda espacio en el presupuesto para ti.

—¿Ah, no?

Me dijo que tal vez la cadena pudiera contar conmigo para algún reportaje aislado aquí y allá.

—No podemos comprometernos con algo seguido —me dijo—. Lo siento. Lo he intentado.

Después de la reunión, llamé a Jonathan y le dije:

—Estoy a punto de quedarme en paro. Adiós a nuestro sueño de tú magnate de prensa y yo en la tele.

—Tú no eres de madrugar de todas formas —me contestó.

De vuelta en Los Ángeles, en casa de Jonathan, recibí una llamada de un número del Reino Unido que no reconocí. El interlocutor se identificó como Seth Freedman, redactor habitual del *Guardian*. Me dijo que estaba trabajando «en una especie de artículo en colaboración con periodistas de otros periódicos sobre un tema muy delicado que tenía que ver con la industria del cine». La descripción era rara, extrañamente vaga.

—Hemos descubierto algo durante nuestra investigación que no podemos usar ni aunque queramos —continuó Freedman—. Me preguntaba si lo que tenemos no podría servirle a usted, básicamente.

Me preguntó por Rose McGowan y me dijo que les había «ayudado mucho con el artículo». Después me ofreció un contacto con otra fuente de gran repercusión mediática si yo le contaba más sobre mi trabajo.

—Alguien con quien he hablado me ha dicho: «El señor Farrow debe de estar trabajando en algo relacionado con esto».

—¿Y quién le ha sugerido que este tema podría interesarme?

—Si no le importa, preferiría no decirlo, no por hostilidad, sino porque la persona que lo ha dicho no quiere verse implicada.

Le dije a Seth Freedman que era receptivo a las pistas, pero que no podía contarle nada. Permaneció un momento callado, insatisfecho.

—En el Reino Unido, si acusas a otra persona, las leyes contra la difamación son muy estrictas y nadie te publicará si dices que fulano dijo esto sobre mengano. A no ser que tengas alguna prueba que lo respalde. ¿Es diferente en Estados Unidos? ¿Puedes publicar que una persona ha dicho tal cosa sobre otra? ¿O es necesario aportar también algún tipo de prueba? —Sus palabras sonaban a advertencia.

—Sin saber más detalles de su historia, no me resulta posible aconsejarle —le dije, y colgué amablemente. Esta fue una de las varias llamadas efectuadas por Seth Freedman ese mes, siguiendo las instrucciones que recibía por correo electrónico y WhatsApp de un jefe de proyectos en Black Cube.

Más o menos dos semanas después de mi reunión con Noah Oppenheim, me llamó Susan Weiner.

—La razón de mi llamada es que nos siguen llegando quejas acerca del reportaje sobre el señor Weinstein. Creímos haberle dejado claro que la NBC ya no tiene nada que ver con este proyecto.

Le dije que, si bien Oppenheim había dejado claro que él no podía ser el primero en publicar el reportaje, seguíamos contemplando la posibilidad de resucitar la versión televisiva una vez que la historia saliera en la prensa escrita. Greenberg le había dicho en varias ocasiones a McHugh que esta perspectiva no estaba completamente descartada.

—No puedo hablar por Rich y Noah, pero tengo entendido que la NBC no tiene ningún interés en participar en este reportaje —dijo—. La NBC no quiere que su nombre aparezca mencionado en el reportaje, ni que la relacionen con él. Y nos han comunicado que usted sigue identificándose como periodista de la NBC.

A estas alturas, Harvey Weinstein tenía en su haber una amplia colección de los primeros correos electrónicos que yo había enviado a las fuentes presentándome. Susan Weiner comenzó a leer uno en voz alta.

—Veo que aquí dice que trabaja como periodista para NBC News.

—Sí, eso es exacto, por supuesto —contesté.

Yo había sido transparente con mis fuentes. Desde que un medio impreso había decidido publicar el reportaje, yo no había dicho nada que diera a entender que la NBC seguía participando en el proyecto. Pero había mencionado mi trabajo en la cadena como parte de mis credenciales. E incluso después de la conversación con Oppenheim sobre el presupuesto, yo esperaba dar continuidad a este trabajo, aunque fuera con artículos sueltos, más cortos, si él me lo ofrecía.

—Tengo entendido que su contrato ha terminado —dijo Susan Weiner—. Si, de alguna manera, da a entender que la NBC ha participado en este proyecto, nos veremos forzados a revelarlo públicamente.

—Susan, llevamos años trabajando juntos —le dije—. Puedo asegurarle a Noah que no diré que la NBC está implicada en nada de esto, pero no es necesario...

—Como es evidente, no queremos discutir públicamente sobre su situación contractual, pero nos veremos en la obligación de hacerlo si recibimos más quejas al respecto. Noah quiere asegurarse de que la palabra «NBC» no aparece en ninguna comunicación relativa a este caso.

En sus conversaciones con personas de su entorno, Weinstein estaba exultante. «No paraba de decir: "Si puedo hacer que una cadena de televisión tumbe una investigación, ¿qué no podré hacer con un periódico?», recordó una de ellas. Al parecer, Weinstein se refería a su problema con el *New York Times*. «Estaba triunfal —añadió un alto ejecutivo de la Weinstein Company—. No paraba de echárnoslo en cara: "He conseguido que tumben esa puta investigación. Soy el único que hace su trabajo en esta empresa", nos decía.»

La víspera de la llamada de Susan Weiner, al final de la jornada, Weinstein envió un correo electrónico caluroso a Oppenheim, enterrando el hacha de guerra:

> De: «Oficina, HW» <HW██████████████
> Fecha: Lunes, 25 de septiembre de 2017, 16:53
> A: NBCUniversal <noah██████████
> Asunto: De Harvey Weinstein
>
> Querido Noah:
>
> Sé que hemos estado en bandos opuestos, pero mi equipo y yo hemos visto hoy a Megyn Kelly y nos ha parecido que ha estado tremenda. Felicidades, voy a enviarte un detalle para celebrarlo. El formato es increíble también. Si podemos ayudar en algo, tenemos prevista una programación de cine y televisión muy buena. La parte de WILL & GRACE ha sido cálida y desternillante. En serio, el formato entero es brillante, brillante, brillante.
>
> Con mis mejores deseos,
>
> HARVEY

Oppenheim respondió a este mensaje con un «Gracias, Harvey, ¡se agradecen los buenos deseos!».

Poco después, el personal de Weinstein recibió la siguiente confirmación en el formato habitual de los envíos por mensajería: «ACTUALIZACIÓN. Noah Oppenheim ha recibido una botella de vodka Grey Goose».

34

Carta

*D*urante todo septiembre, mis representantes de la Creative Artists Agency me llamaron sin cesar. Primero Alan Berger, mi agente, y luego Bryan Lourd, su jefe y uno de los directores de la agencia, llamó para decir que Weinstein los estaba acosando. Les dije que, si alguna vez salía adelante un reportaje sobre Weinstein, me citaría con él en cuanto fuera necesario. Cuando Bryan Lourd le transmitió el mensaje, Weinstein no se conformó. Como contó Lourd, Weinstein se plantó en la oficina del agente en Los Ángeles y despotricó durante más de una hora.

—Dijo que estaba lejos de ser perfecto y que había estado trabajando en sí mismo desde hacía mucho tiempo, y que parecía que lo estaban pintando con una brocha vieja, por así decirlo —me contó Lourd—. Sinceramente, yo no dejaba de pensar: «No he hecho nada para merecer esto. ¿Por qué está pasando esto ahora?».

Weinstein le dijo que había contratado a un montón de abogados. Que no quería crearme problemas. Que teníamos que convocar una reunión enseguida.

Al martes siguiente, el mismo día que hablé con Susan Weiner, Weinstein envió otro correo electrónico a Bryan Lourd exigiéndole que hablásemos inmediatamente y le pusiera al día.

> No puede reunirse contigo ahora
> Ha dicho que te llamará pronto
> Creo que el reportaje sigue adelante seguro
>
> B.

Ese viernes Weinstein siguió llamando a Alan Berger y a Bryan Lourd. Le dijo a Berger que su equipo jurídico estaba preparado. Mencionó específicamente a Charles Harder, David Boies y —me estremecí cuando Berger me repitió el nombre— Lisa Bloom.

Unas horas más tarde, empezaron a llegar copias de una carta a las distintas oficinas de la Creative Artists Agency. Me recordó esa escena de *Harry Potter* en la que las invitaciones para asistir a Hogwarts atiborran la chimenea, el buzón y las ventanas. Berger me llamó para leerme la carta. No era una invitación para ir a Hogwarts. Era Charles Harder comunicando la amenaza de Harvey Weinstein de demandarme. Se basaba en un acuerdo que pretendía haber alcanzado con NBC News:

Estimado Sr. Farrow:

Somos el bufete de abogados que representa procesalmente a The Weinstein Company.

Tenemos entendido que ha entrevistado a ciertas personas afiliadas a The Weinstein Company y/o sus empleados y directivos (colectivamente, «TWC») y ha entrado en contacto con otras personas afiliadas a TWC para obtener más entrevistas, simulando, ante cada una de ellas, que sigue trabajando en un reportaje para NBCUniversal News Group («NBC»). NBC nos ha informado por escrito de que ya no trabaja en ningún reportaje sobre TWC (incluidos sus empleados y directivos), o concerniente a la compañía, y que dichas actividades han finalizado en su totalidad. Por consiguiente:

1. Todas las entrevistas que ha realizado, o en las cuales ha participado, concernientes a TWC (incluidos sus empleados y directivos) son propiedad de NBC y no le pertenecen, del mismo modo que no cuenta con la autorización de NBC para utilizar dichas entrevistas.

2. Por la presente, le exigimos que devuelva todo el producto del trabajo concerniente a TWC (incluidos sus empleados y directivos) a

Susan Weiner, abogada, vicepresidenta ejecutiva, directora jurídica adjunta, NBCUniversal, 30 Rockefeller Plaza, Nueva York, NY 10112.

3. Si NBC le autorizara a utilizar estos contenidos para cualquier fin, TWC consideraría a NBC conjunta y solidariamente responsable de sus acciones ilegales, incluida la difamación.

4. Todas las entrevistas que ha realizado, o en las que ha participado, concernientes a TWC (incluidos sus empleados y directivos) serán declaradas nulas en adelante porque han sido realizadas utilizando el nombre de NBC. NBC ha dado por finalizada su implicación. En consecuencia, no tiene derecho a utilizar estas entrevistas con ningún fin so pena de incurrir en distorsión de los hechos, engaño y/o fraude.

5. Si está trabajando actualmente con otros medios de comunicación en lo concerniente a su investigación y reportaje sobre TWC (incluidos sus empleados y directivos), le ruego me comunique los nombres y los datos de contacto de esos medios de comunicación y de la(s) persona(s) de la empresa a la(s) que informa, en aras de poder notificarles las demandas legales de mi cliente contra ellas.

6. Si tiene intención de publicar o difundir cualesquiera entrevistas o informaciones concernientes a TWC (incluidos sus empleados y directivos) en el presente o en el futuro, le exigimos proporcione a mi cliente a través de este bufete una lista de cada una de las declaraciones que vaya a publicar o difundir sobre TWC (incluidos sus empleados y directivos), incluidas las que emanen de usted o de terceros, en aras de que mi cliente pueda notificarle cualesquiera afirmaciones erróneas o difamatorias, y exigirle que cese y desista de publicar o difundir cualesquiera de estas declaraciones so pena de enfrentarse a una demanda de varios millones de dólares en indemnizaciones, y proporcione a mi cliente un plazo de quince (15) días como mínimo para ofrecerle una respuesta antes de la publicación o la difusión de estas declaraciones.

7. Deberá cesar e interrumpir toda comunicación con empleados y contratistas actuales o pasados de TWC. Todas estas personas fir-

maron contratos de confidencialidad y toda comunicación pasada o futura con ellas constituye una obstrucción intencionada de las relaciones contractuales.

La carta venía acompañada de páginas y páginas de exigencias. Querían que yo conservara los documentos en anticipación a una posible litigación. La NBC negaría más tarde haber alcanzado un acuerdo con Weinstein, diciendo que Charles Harder había malinterpretado sus palabras.

Remití la carta a Bertoni.

—No quiero desestimarla, pero ahora mismo me parece ridícula —me dijo.

Para Bertoni, que la NBC reclamara el *copyright* de los contenidos de las entrevistas era discutible y, en cualquier caso, no imaginaba que la cadena fuera a cumplir su amenaza. Aun así, le «resultó chocante» que la NBC exigiera por escrito garantías de que el reportaje había finalizado.

La última vez que respondí a una llamada de Lisa Bloom ese verano, expresé mi sorpresa.

—Lisa, usted me juró, como abogada y como amiga, que no le diría nada a su gente.

—Ronan —repuso—, yo *soy* su gente.

Bloom me dijo que Weinstein había adquirido los derechos de adaptación de su libro y que eso la había colocado a ella en una situación delicada.

—Ronan, tiene que venir. Puedo ayudar. Puedo hablar con David y con Harvey. Puedo facilitarle todo esto.

—Lisa, eso no es lo apropiado.

—No sé con qué mujeres está hablando, pero puedo darle información sobre ellas. Si es Rose McGowan, tenemos archivos sobre ella. Yo misma la investigué la primera vez que todo esto salió a la luz. Está *loca*.

Pensé en las llamadas, los mensajes escritos y de voz de Bloom, presionándome para obtener información, prometiéndome clientes, incitándome a vernos por lo de Blac Chyna. Bloom me recordó que me había mencionado que conocía a Weinstein y a Boies. Pero eso había sido después de prometerme que no revelaría nada de lo que yo le contara. Y no había dejado entrever que, de hecho, estaba *representando* a Weinstein en el asunto por el que no dejaba de preguntarme.

Pero lo había hecho, desde que él la retuvo en diciembre de 2016. Desde el principio, se ofreció explícitamente a desacreditar a las mujeres con acusaciones de abusos sexuales. «Me siento preparada para ayudarte contra todas las Rose del mundo, porque he representado a muchísimas de ellas», escribió en su primer informe a Weinstein. «Empiezan aparentando ser mujeres impresionantes y audaces, pero cuanto más presionas para obtener pruebas, las debilidades y las mentiras afloran». Refiriéndose a McGowan, se ofreció a «colocar un artículo que la muestre cada vez más histérica, y, así, cuando alguien la busque en Google, esto es lo que le saldrá, y la desacreditará». Bloom terminó la nota con un alegre recordatorio de que tenía pendiente abonarle sus honorarios. Weinstein pagó 50 000 dólares inicialmente. Desde entonces, ella le cobró 895 dólares la hora.

Al teléfono ese día, guardé la compostura y le dije: «Agradezco cualquier información que piense que pueda ser relevante para cualquier historia sobre la que yo esté trabajando». Luego colgué. Bloom nunca volvió a aparecer para enviarme los supuestos trapos sucios sobre McGowan.

35

Mimic

No sucumbí a la amenaza de Charles Harder; y, siguiendo el consejo de Bertoni, ni siquiera le contesté. Seguí con mi reportaje. Ese mes finalmente pude hablar con Mira Sorvino por teléfono. Mira Sorvino, hija del actor Paul Sorvino, se hizo famosa en los años noventa. Ganó un Óscar en 1995 por *Poderosa Afrodita* —una de las películas de Woody Allen que Weinstein había distribuido y mencionado en sus amenazas a la NBC—. La actriz fue una genuina estrella cinematográfica durante un año o dos más, y su carrera culminó con un papel protagonista en otra película de Weinstein, *Mimic*. Después, desapareció prácticamente de la pantalla.

En nuestra primera conversación telefónica, Mira Sorvino parecía petrificada.

—Ya he perdido gran parte de mi carrera por culpa de esto —me dijo.

«Esto» se refería al acoso sexual sistemático por parte de Weinstein durante el tiempo que trabajaron juntos. En el Festival Internacional de Cine de Toronto de septiembre de 1995, con motivo de la promoción de *Poderosa Afrodita*, se encontró con Weinstein en una habitación de hotel.

—Empezó a masajearme los hombros, lo cual me hizo sentir muy incómoda, e intentó ir a más físicamente, hasta perseguirme por la habitación —me dijo.

Él intentaba besarla mientras ella improvisaba maneras de zafarse de él. Le dijo que salir con hombres casados iba en contra de su religión. Luego se marchó de la habitación.

Unas semanas más tarde, en Nueva York, la llamaron por teléfono después de medianoche. Era Weinstein diciendo que tenía nuevas ideas para promocionar *Poderosa Afrodita* y que quería verla. Sorvino le propuso que se citaran en un restaurante abierto las 24 horas, pero él dijo que iba de camino a su apartamento y colgó.

—Me acojoné —me dijo.

Ella llamó a un amigo y le pidió que fuera a su casa y se hiciera pasar por su novio. El amigo no había llegado aún, cuando Weinstein llamó al timbre.

—Harvey se las arregló para sortear a mi portero. Abrí la puerta aterrorizada, blandiendo mi chihuaha de nueve kilos delante de mí como si eso fuera a servirme de algo.

Cuando le dijo que su nuevo novio estaba a punto de llegar, Weinstein se desanimó y se fue.

Sorvino me dijo que estaba asustada y que se sentía intimidada; cuando le contó a una empleada de Miramax que Weinstein la acosaba, la reacción de la mujer «fue de espanto y horror por haberlo mencionado». Sorvino recordó «su mirada, como si, de pronto, yo tuviera la peste».

Sorvino estaba convencida de que, después de rechazarlo, Weinstein se vengó de ella, la incluyó en una lista negra, perjudicó su carrera. Pero reconocía que era difícil demostrarlo. Sorvino salió en unas cuantas películas más de Weinstein después de *Poderosa Afrodita*. En *Mimic*, cuando Weinstein y su hermano Bob despidieron a su director, Guillermo del Toro, y reeditaron la película en contra de sus deseos, ella se opuso y defendió a Del Toro.

—No sabría decirle seguro si fue por la pelea que tuvimos por *Mimic* o si fue por sus insinuaciones —me dijo—, pero tengo la fuerte convicción de que se vengó de mí por rechazarle y por contar que me acosaba.

Más tarde, sus sospechas se confirmaron: el director Peter Jackson dijo que cuando estaba sopesando la posibilidad de contratar a Mira Sorvino y a Ashley Judd en *El señor de los anillos*, Weinstein intervino. «Recuerdo que Miramax nos dijo que era una pesadilla trabajar con ellas y que debíamos descartarlas a toda costa —le dijo más tarde Jackson a un periodista—. En aquella época no teníamos razones para cuestionar lo que estos dos hombres nos decían. Pero, visto en perspectiva, sé que es muy probable que fuera una campaña de calumnias de Miramax a gran escala.»

Sorvino me dijo que, durante años, no supo si contar o no su historia y terminó razonando —ante mí, pero, al parecer, también ante sí misma— que su experiencia era suave y que posiblemente no debía hacerlo. Pero sus declaraciones, como otras que no implicaban agresión pero sí insinuaciones no deseadas, eran fundamentales para establecer el *modus operandi* de Weinstein.

Sorvino era una persona extraordinaria. Se había graduado en Harvard con honores *magna cum laude*. Había defendido causas benéficas relacionadas con abusos a mujeres y había sido Embajadora de Buena Voluntad de la ONU para la lucha contra la trata de personas. Desde nuestras primeras conversaciones me quedó claro que estaba haciendo un análisis concienzudo y que su sentido ético tenía mucho peso en su decisión.

—La primera vez que me escribió —me dijo—, tuve una pesadilla: que aparecía con una videocámara y me preguntaba por mi trabajo con Woody Allen.

Lamentaba lo de mi hermana. Yo le dije con cierta incomodidad, hablando muy deprisa y cambiando de tema, que la mitad de mis amigos en la industria habían trabajado con Woody Allen, y que eso no le restaba calidad a su trabajo; que era el problema de mi hermana, no el mío, que no debía lamentarse por ello. Pero noté su preocupación de todos modos.

Sorvino decidió ayudarme y, en el curso de varias llamadas, dejó constancia de todo. Sin embargo, el miedo en su voz nunca desapareció.

—Cuando te levantas contra los mandamases, te castigan —me dijo. Comprendí que sus temores superaban los motivos profesionales. Me preguntó si tenía guardaespaldas, si pensaba en el riesgo de que me hicieran desaparecer, de que me ocurriera un «accidente». Le dije que estaba bien, que tomaba precauciones, pero luego me pregunté qué precauciones eran esas más allá de mirar por encima del hombro constantemente.

—Debería tener cuidado —me dijo—. Me temo que él no solo tiene conexiones en la profesión. Son conexiones nefastas que pueden hacer daño a los demás.

Las voces seguían llegando en tromba. Después de que los representantes de Rosanna Arquette hicieran mutis, di con su hermana, que me prometió pasarle mi petición. Unos días más tarde, Arquette y yo estábamos al teléfono.

—Sabía que este día llegaría —me dijo—. La ansiedad que tengo en el pecho ahora mismo… es algo fuera de lo normal. —Se sentó para recuperar la compostura—. Es que tengo esa alarma de «peligro, peligro» sonando —me dijo.

Rosanna Arquette me contó que, a principios de la década de los noventa, aceptó reunirse con Weinstein para cenar en el Beverly Hills Hotel y recoger el guion de una nueva película. Una vez allí, le dieron instrucciones de reunirse con él arriba, en su habitación. Arquette recordó que, cuando llegó a la habitación, Weinstein le abrió la puerta vestido con un albornoz blanco. Le dijo que le dolía el cuello y que necesitaba un masaje. Ella le dijo que podía recomendarle a una buena masajista.

—Entonces me cogió la mano y se la llevó al cuello —me dijo. Cuando ella le apartó la mano, Weinstein se la cogió otra vez y se la acercó al pene, visiblemente erecto—. El corazón me iba a mil por hora. Era el momento de luchar o de salir corriendo.

Y le dijo: «Nunca haré eso». Weinstein le contestó que estaba cometiendo un tremendo error, y nombró a una actriz y a una modelo que, según él, habían cedido a sus proposiciones sexuales y que, gracias a eso, habían medrado profesionalmente. Arquette me dijo que le respondió: «Nunca seré esa clase de chica» y se fue. El relato de Arquette era importante por lo mucho que se parecía a otros que ya había escuchado: pretexto profesional, reunión trasladada arriba, a la habitación del hotel, petición de masaje, albornoz.

Arquette pensaba, como Mira Sorvino, que su carrera se había resentido por haber rechazado a Weinstein.

—Me puso las cosas muy difíciles durante años —me dijo.

Su papel menor en *Pulp Fiction* vino después, pero Arquette pensaba que se lo habían dado solo porque era un papel pequeño y por la deferencia que Weinstein sentía hacia el director, Quentin Tarantino. Esto también era un *leitmotiv*: Mira Sorvino había sospechado que la relación amorosa que tenía entonces con Tarantino la había protegido de posibles represalias y que esa protección se disipó cuando ella y Tarantino se separaron. Más tarde, Tarantino diría públicamente que podría, que debería, haber hecho más.

Rosanna Arquette, al igual que Sorvino, había defendido a personas vulnerables y explotadas en el pasado. El panorama general no se le escapaba; habló de una camarilla generalizada y profunda que no se limitaba a Weinstein.

—Es el club de los machotes, la mafia de Hollywood —me dijo—. Se protegen mutuamente.

Después de varias conversaciones, aceptó participar en el reportaje.

Cuando le dije que Weinstein estaba al corriente de mi investigación, me dijo:

—Va a hacer todo lo que esté en su mano para perseguir a todo el mundo y silenciarlo. Para hacerles daño. Así funciona él. —Arquette no creía que el reportaje saliera nunca a la luz—. Desacreditarán a todas las mujeres que hablen. Irán a por ellas. Y, de golpe, las víctimas se convertirán en las agresoras.

A esas alturas, Black Cube ya había puesto en circulación otro perfil que valoraba la probabilidad de que Rosanna Arquette hablara, mencionando su amistad con Rose McGowan, sus *posts* en las redes sociales sobre conductas sexuales indebidas e incluso mencionaba a un miembro de su familia que había sufrido abusos.

El día de mi primera conversación con Rosanna Arquette, Lacy Lynch, la agente literaria que trabajaba con Rose McGowan, envió un correo electrónico a Harvey Weinstein proponiéndole que se vieran. A la semana siguiente, Weinstein, Lacy Lynch y Jan Miller, el fundador de la agencia en la que trabajaba Lynch, quedaron en el Lambs Club, un restaurante en el centro de Manhattan decorado con fotografías del viejo Broadway y Hollywood. Lacy Lynch y Jan Miller le enseñaron a Weinstein varias obras literarias que acababan de comprar. «Acabo de comer con Lacy Lynch y Jan», escribió después Weinstein a David Glasser, el director de su compañía. Weinstein le habló de su apuesta favorita, una historia inspirada en un libro que Lynch había vendido sobre la brutalidad policial. «Creo que esto le iría como anillo al dedo a Jay Z», escribió Weinstein.

Ese verano, Lynch quiso hacer buenas migas con Weinstein. Le sabía capaz de vengarse de algunos de sus clientes, que el productor conocía. Más tarde, Lynch diría públicamente que sabía que Weinstein se le había acercado por su relación con Rose McGowan y que ella solo le había seguido la corriente. Si fue así de verdad, él nunca cayó en la cuenta. En el Lambs Club, Weinstein, Lynch y Miller hablaron de negocios. Después, Harvey regaló a las mujeres entradas para ver una representación de *Dear Evan Hansen* en Broadway.

En los meses que transcurrieron desde que Lynch las había presentado, Rose McGowan y Diana Filip se hicieron uña y carne. A veces se citaban en bares de hoteles en Los Ángeles y Nueva York. Otras veces daban largos paseos. En una ocasión McGowan llevó a Filip al paseo de Venice Beach. Comieron helado mientras caminaban. El compromiso oral que habían contraído solo era el principio. Cuando llegó el otoño, Filip hablaba seriamente de invertir en la productora de McGowan.

Ese septiembre, en Los Ángeles, las dos se reunieron con uno de los colegas de Filip de Reuben Capital Partners. Él, al igual que Filip, era atractivo y tenía un acento refinado, sin determinar. Se presentó como Paul Laurent. Se mostró tan curioso y atento con McGowan como antes se había mostrado Filip. Los tres hablaron de las posibilidades de colaborar juntos y de su fe en contar historias que defendieran y empoderaran a las mujeres.

McGowan seguía pensando en cómo contar su historia, y Filip estaba dispuesta a ayudarla. Reflexionaron juntas sobre lo explícita que debía ser McGowan a la hora de identificar a Weinstein, y en qué circunstancias. Repasaron detenidamente lo que McGowan había contado a la prensa y lo que estaba escribiendo en su libro. Durante una de estas conversaciones íntimas de tú a tú, McGowan le confesó a Filip que no había nadie más en el mundo en quien pudiera confiar.

36

Cazador

*D*urante meses, distintas fuentes me habían dicho que Asia Argento, la actriz italiana, tenía cosas que contar sobre Weinstein. Dario Argento, su padre, era un director de cine famoso por sus películas de miedo. Asia Argento había interpretado a una ladrona glamurosa en *B. Monkey* —un drama policíaco distribuido por Weinstein—, y Hollywood captó enseguida su potencial como *femme fatale* exótica, papel que interpretó valientemente en la película *xXx*, vehículo de Vin Diesel. Pero la cosa no cuajó. Había algo en ella, un atisbo de algo oscuro, de algo herido.

Como había sido el caso en muchas otras ocasiones, las conversaciones con sus agentes y su mánager no llevaron a nada. Pero yo la seguía en las redes sociales y empezamos a enviarnos «me gusta» mutuamente a las fotos que colgábamos. El primer día que hablé con Rosanna Arquette, Argento y yo también nos intercambiamos mensajes. Poco después hablamos por teléfono.

Argento estaba aterrorizada, le temblaba la voz. En una serie de largas y a menudo emotivas entrevistas, me dijo que Weinstein la había agredido sexualmente cuando trabajaban juntos. En 1997, la invitaron a lo que ella creyó que sería una fiesta de Miramax en el Hotel du Cap-Eden-Roc, en la Costa Azul. La invitación le llegó de la mano de Fabrizio Lombardo, el jefe de Miramax en Italia, aunque varios ejecutivos y asistentes me dijeron que su cargo era una tapadera, porque en realidad hacía las veces de «proxeneta» de

Weinstein en Europa, cosa que Lombardo ha negado desde entonces.

También negó lo que Asia Argento me había contado: que Lombardo no la llevó a una fiesta, sino a la habitación de hotel de Weinstein. Lombardo le dijo: «Uy, hemos llegado demasiado pronto», y después la dejó a solas con Weinstein. Al principio, Weinstein se mostró atento y alabó su trabajo. Después se fue al baño y al volver llevaba puesto un albornoz y traía un frasco de loción.

—Me pide que le dé un masaje. Y yo le contesto: «Mira, hombre, no soy gilipollas» —me contó ella—. Pero, echando la vista atrás, creo que fui gilipollas.

Argento dijo que, tras su renuncia a darle un masaje, él le levantó la falda, le separó las piernas a la fuerza, y empezó a practicarle sexo oral mientras ella le decía que parase reiteradamente.

—No paraba —me dijo—. Fue una pesadilla. —En un momento determinado, dejó de decir que no y fingió disfrutar, porque pensó que sería la única manera de poner fin a la agresión—. Yo no quería. Le dije: «No, no, no…». Es perverso. Un hombre grande y gordo que quiere comerte. Es un cuento de hadas que espeluzna.

Argento, que insistió en contar su historia en toda su complejidad, dijo que no peleó físicamente para quitárselo de encima, cosa que la hizo sentir culpable durante años.

—Lo que pasa cuando eres una víctima es que te sientes responsable. Porque, si hubiera sido una mujer fuerte, le habría dado una patada en los huevos y habría salido corriendo. Pero no lo hice. Y por eso me siento responsable.

Argento describió el incidente como un «trauma horrible». Dijo que después él siguió llamándola, era «acoso, prácticamente». Durante unos meses, Weinstein pareció obsesionado con ella y le hacía regalos caros. Lo que complicó la historia, concedió de inmediato ella, es que al final cedió a sus insinuaciones.

—Me hizo creer que era mi amigo y que me apreciaba de verdad.

Mantuvo relaciones sexuales ocasionales con él a lo largo

de los siguientes años. La primera vez, varios meses después de la supuesta agresión, sucedió antes del estreno de *B. Monkey*.

—Me sentí en la obligación —me dijo—, porque la película iba a estrenarse y yo no quería enfadarlo.

La actriz estaba convencida de que Weinstein arruinaría su carrera si no accedía a sus demandas. Años después, cuando se vio de madre soltera y al cuidado de un hijo, Weinstein le ofreció pagarle una niñera. Dijo que se sentía «obligada» a complacer sus proposiciones sexuales. Describió los encuentros como unilaterales y «onanistas».

Esta es la compleja realidad de la agresión sexual para muchas supervivientes: los delitos a menudo los cometen jefes, parientes, personas que ellas seguirán viendo después. Argento me dijo que sabía que utilizarían su contacto posterior con él para minar la credibilidad de sus acusaciones. Ofreció numerosas explicaciones de por qué había vuelto con él. Se sentía intimidada, desgastada, por su acoso. Después de la primera agresión, cada vez que veía a Weinstein se sentía subyugada, incluso años más tarde.

—Cuando lo veo, me siento pequeña y estúpida y débil. —Se derrumbó mientras luchaba por explicármelo—. Tras la violación, ganó él.

Asia Argento encarnaba, como ninguna otra de mis fuentes, un cúmulo de complicaciones. Después de participar en mi reportaje, firmó un acuerdo de compensación económica con el actor Jimmy Bennett, que afirmó haber mantenido relaciones sexuales con ella cuando él tenía diecisiete años. La acusaron de abuso a un menor. En California, donde Bennett dijo que habían ocurrido los hechos, la habrían acusado de estupro. El abogado de Argento puso en duda la versión de Bennett y lo acusó de «agredir sexualmente» a Argento, afirmando que, si bien el pago era un gesto de apaciguamiento, el acuerdo no impedía que Bennett revelara su acusación. Pero la prensa incidió en la hipocresía de Argento, que había utilizado el mismo tipo de acuerdo empleado habitualmente por el hombre al que ella había acusado de agredirla.

Este acuerdo no mermó la verdad de los hechos: que el testimonio de Asia Argento sobre Harvey Weinstein fue corroborado por personas que habían visto u oído cosas en la época. Los depredadores de abusos sexuales también pueden ser supervivientes de estos mismos abusos. Cualquier psicólogo que trate con agresores sexuales dirá, de hecho, que suelen serlo. Pero esta idea encontró poco cuajo en un entorno en el que se espera que las víctimas sean unas santas, porque, de lo contrario, las consideran unas pecadoras. Las mujeres que hablaron ese verano solo eran personas. Reconocer que todas ellas hicieron algo valiente —Argento incluida— no excusa las decisiones que pudieran tomar en adelante.

Pero ya antes de este escándalo posterior, Argento era un pararrayos del escarnio público. Por muy angustioso que fuera el estigma social para todas las fuentes de mi investigación, en Italia el contexto cultural era más ferozmente sexista, como había ilustrado el caso de Ambra Gutiérrez. Después de sus acusaciones contra Weinstein, la prensa italiana tildó a Argento de «puta».

Ese otoño, cuando hablábamos por teléfono, Argento era consciente de que su reputación estaba acusando muchos altibajos y el ambiente en Italia era demasiado bronco como para poder salir indemne del proceso.

—Me importa una mierda mi reputación. Llevo años echándola por tierra yo solita por culpa de un montón de experiencias traumáticas, incluida esta —me dijo—. Pero esto destruirá para siempre mi vida, mi carrera, todo.

Le dije que la decisión era solo suya, pero que pensaba que ayudaría a otras mujeres. Mientras Argento lo sopesaba, su pareja, el chef y presentador de televisión Anthony Bourdain, intercedió por ella en numerosas ocasiones. Le decía que diera un paso al frente, que merecía la pena, que cambiaría las cosas. Argento decidió hablar ante las cámaras.

Los testimonios se multiplicaron. Sorvino me señaló a Sophie Dix, una actriz británica que, años antes, le había contado una historia de terror. Sophie Dix había participado en *The Advocate*, una película de Colin Firth producida por Weinstein a principios de los noventa, y luego se retiró de los focos.

Cuando contacté con ella, de entrada se mostró inquieta. «Tengo mucho miedo de que venga a por mí —escribió en un punto—. Creo que no debería hacer declaraciones públicas.» Pero durante el curso de media docena de llamadas, me dijo que Weinstein la había invitado a la habitación de su hotel para ver escenas de su película y que entonces la empujó encima de la cama y empezó a arrancarle la ropa. Ella huyó al cuarto de baño y se encerró dentro un rato. Cuando abrió la puerta, Weinstein se estaba masturbando al otro lado. Pudo huir cuando el servicio de habitaciones llamó a la puerta. Era un «caso clásico» de «alguien que no entiende la palabra "no"», me dijo. «Debí de decir que no unas mil veces.»

Como todas las acusaciones que conseguí incluir en el reportaje, el relato de Sophie Dix lo corroboraron personas a quienes ella contó lo sucedido en su momento. Los amigos y colegas de Sophie Dix la apoyaron, pero no hicieron nada más. Colin Firth, al igual que Tarantino, se uniría más adelante a las filas de los hombres en la industria que pidieron públicamente perdón por haber oído los relatos pero sin escucharlos realmente. Sophie Dix le contó a bastante gente que Weinstein la había llamado más tarde ese mismo año para decirle: «Lo siento, ¿hay algo que pueda hacer por ti?». A pesar de la disculpa, ella percibió una nota de amenaza y colgó rápidamente. Más tarde, Sophie Dix se desilusionó con la industria y empezó a alejarse de la actuación. Cuando hablamos, se dedicaba a la escritura y la producción. Tenía miedo de que sus colegas de la industria le dieran la espalda, pues dependía de ellos para realizar sus películas. La actriz Rachel Weisz formaba parte del contingente de amigos que la convencieron de que merecía la pena correr el riesgo. Sophie Dix aceptó que incluyera su nombre en el reportaje.

A su vez, Asia Argento me ayudó a ponerme en contacto con la actriz francesa Emma de Caunes. Esta me contó que conoció a Weinstein en 2010, en una fiesta del Festival de Cine de Cannes y que, unos meses más tarde, recibió una invitación para un almuerzo de trabajo en el Ritz, en París. En la reunión,

Weinstein le dijo a De Caunes que iba a producir la película de un director prominente, que pensaban rodarla en Francia y que tenía un papel femenino poderoso. Como en el caso de Sophie Dix y de Ally Canosa, adujo una excusa para que se trasladaran a su habitación: el proyecto, le dijo, era una adaptación de un libro cuyo título le diría si subían a buscar el ejemplar.

De Caunes, prudente, le contestó que tenía que irse porque ya llegaba tarde a un programa televisivo presentado por ella. Pero Weinstein le suplicó que subiera, hasta que ella aceptó. Una vez en la habitación, él desapareció dentro del cuarto de baño, dejando la puerta abierta. Ella pensó que se estaría lavando las manos hasta que oyó la ducha.

—Pensé: «Esto qué es, ¿se está duchando?».

Weinstein salió desnudo y con una erección. Le pidió que se tumbara en la cama y le dijo que muchas otras mujeres lo habían hecho antes que ella.

—Me quedé petrificada —dijo De Caunes—, pero no quería dárselo a entender, porque me daba cuenta de que mi miedo lo excitaba —añadió—. Era como un cazador con un animal salvaje. El miedo les pone.

De Caunes le dijo a Weinstein que se marchaba. El pánico se apoderó de él.

—Pero ¡si no hemos hecho nada! —recordó que le dijo Weinstein—. ¡Es como estar en una película de Walt Disney!

De Caunes me dijo:

—Lo miré y le dije… tuve que armarme de valor, pero le dije: «Siempre he odiado las películas de Walt Disney». Y me fui dando un portazo.

Weinstein la llamó sin cesar durante las horas siguientes, ofreciéndole regalos y repitiéndole una y otra vez que no había pasado nada. Un director con el que ella trabajaba entonces en el programa televisivo confirmó que llegó al estudio alterada y que contó lo ocurrido.

De Caunes, que a la sazón tenía poco más de treinta años, ya era una actriz consagrada. Sin embargo, se preguntó qué les habría pasado a mujeres más jóvenes y vulnerables que ella en la misma situación. Finalmente, ella también habló públicamente, y lo hizo por ellas.

—Sé que todo el mundo, y me refiero a todo el mundo, en Hollywood sabe lo que está pasando —me dijo—. Él ni siquiera se esconde. O sea, lo hace de tal forma que implica a muchísimas personas que ven lo que está pasando… Pero todo el mundo tiene miedo de decir algo.

Robo

$\mathcal{P}$rácticamente cada día me encontré en un nuevo punto muerto. Durante todo el verano intenté hablar con Lauren O'Connor, una antigua *scout* literaria de la Weinstein Company. En 2015, O'Connor había redactado una memoria interna en la que se quejaba del trato que Weinstein dispensaba a sus empleadas. Él la había agredido verbalmente y ella sabía de su comportamiento depredador. En una ocasión, una mujer joven aporreó la puerta de su habitación, llorando y temblando, y finalmente relató la conocida historia de que Weinstein le había pedido un masaje. «Soy una mujer de veintiocho años que intenta ganarse la vida con su profesión —escribió O'Connor en la memoria—. Harvey Weinstein tiene sesenta y cuatro años, es un hombre famoso en el mundo entero y esta es su empresa. El equilibrio de poder es: yo, 0; Harvey Weinstein, 10.» Pero O'Connor había firmado un contrato de confidencialidad y seguía teniendo miedo a hablar. A finales de septiembre un intermediario llamó para decir que O'Connor había consultado a un abogado y había tomado una decisión final.

—Está aterrorizada y no quiere participar. Ni en esta investigación ni en ninguna —me dijo el intermediario. O'Connor no quería que yo usara su nombre.

Fue un golpe. Yo había visto su nombre en algunos documentos, pero el intermediario me había descrito su pánico atroz. Yo era dolorosamente consciente de que era un hombre que escribía un reportaje sobre el consentimiento de las mujeres y que me enfrentaba a una mujer que decía que no quería poner su vida patas arriba. Al final, O'Connor contaría poco a poco su caso públicamente, pero en aquel momento yo le prometí que no la incluiría en mi reportaje.

Luego estaban las que dudaban. La actriz Claire Forlani colgaría más tarde en las redes sociales una carta abierta sobre su dilema de si contarme o no que Weinstein la había acosado: «Se lo conté a algunos hombres cercanos a mí y todos me aconsejaron que no hablara —escribió—. Ya le había dicho a Ronan que hablaría con él pero seguí los consejos, curiosamente siempre de hombres de mi entorno, y no hice esa llamada».

Sondeé Hollywood en busca de más pistas. Algunos de los contactos de Weinstein parecían sinceros cuando me dijeron que sabían poco de las acusaciones que pesaban sobre él. Ese mismo mes de septiembre hablé con Meryl Streep, que había hecho películas con Weinstein durante años, como *La dama de hierro*, el biopic de Margaret Thatcher que le había valido a la actriz su Óscar más reciente. Cuando finalmente me puse en contacto con ella, Meryl Streep estaba organizando una quincuagésima reunión con amigas del colegio.

—Estoy en plena organización y cocinando, tirándome de los pelos —me explicó.

—Parece que se ha liado la de Cristo ahí —dije.

A lo que ella respondió, sin perder comba:

—La de la *Virgen*.

La oí tararear, luminosa y alegre, y me preguntó a quién estaba investigando.

Le dije que a Harvey Weinstein. Ella soltó un suspiro entrecortado.

—Pero ¡si apoya *muy buenas causas*! —exclamó. Weinstein siempre se había portado bien con ella. Meryl había participado a veces en su recaudación de fondos para el Partido Demócrata u otras causas filantrópicas. Sabía que en la sala de montaje, Weinstein intimidaba. Pero eso era todo.

—La creo —le dije más tarde a Jonathan.

—Pero la creerías dijera lo que dijese, ¿no? —repuso, como en un ejercicio de reflexión.

—Ya. Te entiendo.
—Porque es Meryl…
—Porque es Meryl Streep. Te entiendo.

Otros veteranos de la industria con los que hablé me dieron otra versión de los hechos. La conducta depredadora de Weinstein era un secreto a voces, dijeron, y quienes no lo habían visto como mínimo habían oído hablar de ello. Susan Sarandon, la clase de visionaria ética que se había negado obstinadamente y durante años a trabajar con hombres que habían sido acusados de depredadores, me arrojó un montón de pistas. Cuando le dije a quién estaba investigando, cacareó. «¡Oh, Ronan! —dijo con tono guasón y cantarín, pero sin intención de burlarse, simplemente deleitándose con el drama inminente que se cernía sobre mí—. Te vas a meter en *líos*.»

A pesar de todo, otras personas informaban a Weinstein, aparentemente. Cuando hablé con el director Brett Ratner, le imploré que mantuviera la conversación en estricto secreto. Le dije que había mujeres vulnerables que podrían sufrir un serio revés si Weinstein se ponía nervioso. «¿Le parece bien no reproducir nada de lo que yo mencione, por el bien de estas mujeres?», le pregunté. Ratner me prometió que no diría nada. Me dijo que conocía a una mujer que podía tener algo que contar sobre Weinstein. Pero sonaba nervioso. Meses después, seis mujeres acusarían a Ratner de acoso sexual en un informe de *Los Angeles Times*, lo que él negó rotundamente. Ratner informó a Weinstein de mi investigación casi de inmediato.

—Harvey dice que Brett Ratner lo ha llamado y que ahora está hecho una furia —me dijo Berger con una inflexión que dominaba ya todas nuestras conversaciones y delataba su pavor. Berger me había mostrado su apoyo con el reportaje, aunque de vez en cuando dejaba traslucir su inquietud respecto de mis perspectivas profesionales—. Todo esto está provocando muchos baches —me decía—. Date prisa o cambia de tercio.

Υ

Weinstein sondeaba la situación por su cuenta. Cuando septiembre dio paso a octubre, buscó a la persona que, según afirmaba, era la causa de mi conflicto de intereses. Weinstein ordenó a sus asistentes que marcaran un número de teléfono. En pleno rodaje en Central Park, otro asistente le acercó un teléfono a Woody Allen.

Weinstein parecía querer un manual estratégico para, por un lado, aplastar cualquier acusación de agresión sexual contra él y, por otro, deshacerse de mí.

—¿Cómo salgo de esta? —preguntó Weinstein en un punto de la llamada.

Quería saber si Woody Allen intercedería por él. Woody Allen descartó la idea, pero sabía cosas que Weinstein utilizaría más tarde. Esa misma semana, los recibos de la tarjeta de crédito de Weinstein arrojaron un dato: la compra de un libro de entrevistas con Woody Allen, escrito por un fan acérrimo del director, que documentaban todos los argumentos que Allen y su ejército de detectives privados y publicistas habían encontrado para desacreditar a mi hermana, al fiscal del distrito y al juez que había sugerido que mi hermana decía la verdad.

—Dios, cuánto lo siento —le dijo Allen a Weinstein—. Buena suerte.

Weinstein también llamaba a mis fuentes, a veces para amenazarlas. El día después de que yo recibiera la carta con la demanda legal de Charles Harder y compañía, Weinstein llamó otra vez a Ally Canosa. Era Yom Kipur, el día de la expiación judía, pero esto no pareció constituir el motivo de la llamada. Weinstein le dijo que sabía que la gente estaba diciendo cosas de él.

—Tú nunca me harías algo así —le dijo. Sin saber si aquello era una pregunta o una amenaza, Ally Canosa colgó el teléfono temblando. Le dije a David Remnick que las fuentes se estaban poniendo nerviosas, que Weinstein estaba redoblando sus esfuerzos para acallarlas.

—Yo ayuno y él amenaza —contestó Remnick—. El judaísmo se expresa de muchas formas.

ϒ

Más tarde ese mismo mes, Weinstein volvió a reunirse con su equipo en la trastienda del Tribeca Grill. Llevaba un buen rato parapetado con sus abogados, comentando los últimos avances en el frente de la amfAR, la Fundación para la Investigación sobre el Sida. Entonces se produjo un cambio de guardia y, cuando llegaron los agentes de Black Cube, algunos de los miembros del equipo se centraron en otro escándalo. Sus novedades eran triunfales. «Tenemos algo para ti», dijo uno de ellos, sonriendo. Preocupados por haberse quedado cortos en las ocasiones anteriores, esta vez habían apuntado muy alto. Habían conseguido una pieza crucial y escurridiza que Weinstein llevaba persiguiendo todo el verano, y describieron el elaborado robo que les había permitido conseguirla.

Ese día, los agentes de Black Cube presentes eran tres: Avi Yanus, el director, y el jefe de proyectos que trabajaba a sus órdenes; el tercer miembro del equipo era una empleada muy implicada en la operación. Vestida con una camiseta blanca y una chaqueta de *sport*, desprendía una fresca profesionalidad. Era rubia, de pómulos marcados, nariz prominente y un acento elegante y difícil de situar. En sus reuniones con Weinstein la presentaron como Anna.

Anna mostró deferencia hacia Yanus y su colega, y dejó que ellos dirigieran la conversación. Cuando le cedieron la palabra, Anna explicó con entusiasmo la cantidad de meses que había pasado ganándose la confianza de un objetivo, grabando horas de conversaciones a escondidas. Entonces, cuando los ojos de Weinstein se abrieron como platos y murmuró: «Ay, Dios, ay, Dios», los agentes de Black Cube leyeron en voz alta lo que, explicaron, eran pasajes sobre Weinstein del próximo libro de Rose McGowan.

38

Famoso

*E*n el transcurso de septiembre, el trabajo de *The New Yorker* sobre el reportaje aumentó en velocidad e intensidad. Foley-Mendelssohn y David Remnick y el resto del equipo examinaron con lupa el reportaje que se iba acumulando y estudiaron los borradores. Yo me quedaba hasta tarde en el World Trade Center para hacer llamadas. Un día que volvía a casa con las claras del alba, vi un Nissan Pathfinder plateado aparcado fuera y sentí un escalofrío cuando me pareció reconocerlo. Aún no tenía pruebas de que me estuvieran siguiendo, pero mis sospechas persistían.

Algunos amigos se habían ofrecido a acogerme en su casa durante el verano, y casi todas las conversaciones terminaban con una risa y una promesa de que me cuidarían. Solo una de esas amistades, Sophie, la hija de un directivo rico, me dijo que estaba acostumbrada a las amenazas contra su seguridad y que me tomara en serio mis sospechas. Me dijo que la llamara si necesitaba un espacio más seguro donde quedarme. Finalmente, lo hice.

Al final de ese mes, recogí mis cosas y me mudé a lo que en adelante sería mi hogar seguro: una sección de un edificio de Chelsea. La familia de Sophie era propietaria de varias plantas. El espacio era tan grande que podría haber alojado tranquilamente a todos mis parientes y conocidos. Las habitaciones eran proporcionales a hangares de aviones; imponentes y bonitas, repletas de adornados sillones en los que no te atreverías a sentarte y de objetos de arte que no te atreverías a tocar.

El piso tenía varias capas de seguridad: tarjeta, llave física y código. Me sentía a salvo, pero seguía sin poder sacudirme la paranoia de que me estaban vigilando. «Te estoy diciendo que consigas una pistola», me había dicho Gavin Polone. Y yo me había reído. Pero, más tarde, cuando me lo dijo más gente, empecé a pensarlo en serio. En un campo de tiro de Nueva Jersey practiqué con pistolas y revólveres. Me dije a mí mismo que solo era algo recreativo. Sin embargo, al empuñar una Glock 19 contra mi objetivo, al calibrar su peso y apretar el gatillo, me puse nervioso y colorado, y la verdad es que no me sentí como alguien con un *hobby*.

Los signos de que el *New York Times* cobraba cada vez más interés en el reportaje se aceleraban. Me enteré de que dos respetadas reporteras de investigación —Jodi Kantor, a la que mencionaban en los informes enviados a los detectives privados, y Megan Twohey— encabezaban el esfuerzo del periódico. Eran extraordinarias; perseguían a las fuentes con la misma agresividad que yo. Después de que Rosanna Arquette y Emily Nestor recibieran sus llamadas, les dije que trabajaran con quienes se sintieran más cómodas. «Al final es bueno para todos que varias personas estén trabajando en esto», escribí a Emily Nestor. Me alegraba sinceramente que el *New York Times* estuviera allí para arrimar el hombro y garantizar que el reportaje viera la luz, pasara lo que pasase con mi trabajo. Pero en el fondo también me sentía retado y me compadecía de mí mismo. Durante seis meses, mi único apoyo había sido el de Noah Oppenheim, que arrugaba la nariz y mantenía a distancia mi forma de hacer periodismo, no fuera a salpicarle. Ahora, por fin, contaba con de *The New Yorker*, pero quizás fuera demasiado tarde. No tenía ni idea de qué material manejaba el *New York Times*. Por lo que sabía, si ellos publicaban antes que nosotros, nuestro trabajo en la revista se volvería irrelevante. Esta carrera desesperada constituía otra fuente de presión, como si estuviera trabajando en una esclusa de aire, a la espera de ser expulsado al vacío.

McHugh me escribió a finales de septiembre: según sus fuentes, el *New York Times* estaba a un tris de publicar algo. La NBC le había prohibido responder a llamadas que guardaran relación con las acusaciones de agresión sexual, pero seguía trabajando en el caso de amfAR, la Fundación para la Investigación sobre el Sida. Una fuente le había señalado una partida presupuestaria enterrada en una declaración de impuestos de la asociación benéfica, insinuando que se habían desviado 600 000 dólares al American Repertory Theater. Este teatro había incubado *Finding Neverland*, el musical que Weinstein produjo después en Broadway y el mismo que suplicó a Ambra Gutiérrez que fueran a ver juntos tras su primera cita. McHugh pidió permiso para trabajar en esta investigación. Greenberg, después de discutirlo con Oppenheim, lo permitió. Pero el permiso fue muy reñido y McHugh notaba que la cadena empezaba a arrepentirse.

—Se lo tomaban con mucha calma —se lamentó más tarde. McHugh no sabía si querían que siguiera investigando o simplemente aparentar que no habían tumbado dos investigaciones consecutivas sobre Weinstein.

«Twohey ha entregado su artículo hoy», me escribió McHugh. Nos preguntábamos de qué trataría la pieza del *New York Times*, si sería su artículo de fondo sobre conductas sexuales indebidas o no. «Sea como sea, empieza el espectáculo para Harvey», escribió McHugh.

Harvey Weinstein y Dylan Howard tuvieron una conversación parecida ese mismo día. El vínculo entre los dos hombres seguía afianzándose. «Querido Dylan —escribió Weinstein en referencia al artículo de Twohey—, solo quería que supieras que el *New York Times* va a publicar hoy su artículo.»

Al día siguiente, el *New York Times* anunció una noticia de última hora sobre Weinstein. Pinché en el vínculo. «Tiene que ver solo con amfAR», me escribió McHugh. Había sido una falsa alarma.

ϒ

—¿Cuánto puedes tardar en sacarlo? —me preguntó McHugh—. Pon a Remnick al corriente de la noticia sobre Weinstein. Tienes el reportaje. Es hora de publicarlo.

Ken Auletta me llamó ansioso y también me presionó:

—¡Date prisa! Reúnete de inmediato con él y publica en Internet.

Le di la lata a Foley-Mendelssohn y luego a David Remnick, que era una persona sumamente competitiva, pero las prioridades de la revista eran la precisión y la cautela.

—No vamos a acelerarnos por asestarle un golpe a nadie —me dijo Remnick. El artículo estaría listo cuando estuviera listo, después de contrastar todos los datos a fondo—. Somos un trasatlántico, no una lancha motora. Siempre sabíamos que el *New York Times* se nos podía adelantar.

No obstante, Remnick se zambulló en la edición del artículo y me acribillaba con todo tipo de preguntas («¿Dónde está la Weinstein Company?» «¿Por qué se queda Weinstein en hoteles todo el tiempo?»). Cuando yo no estaba reunido con mis fuentes o al teléfono con ellas, estaba encerrado con Foley-Mendelssohn o con Remnick, puliendo el lenguaje del artículo. Pensamos cuándo sería el mejor momento de hablar con Weinstein para oír su versión de los hechos. «Cuanto antes hablemos con él, mejor», escribí a los editores.

Remnick, en interés de la justicia y para reducir las posibilidades de que Weinstein acosara a las mujeres cuyos nombres íbamos a revelar, decidió terminar de verificar el máximo posible de datos antes de llamarlo a él. Peter Canby, que era el más veterano de la revista en la tarea de contrastar datos, designó a dos periodistas para que lo ayudaran en el examen y acelerar el proceso. Para una de estas funciones, Foley-Mendelssohn propuso a E. Tammy Kim, una antigua abogada seria y servicial. Cuando le propusieron la tarea, Kim cruzó los brazos y dijo sin sonreír:

—¿Tiene que ver con algún famoso o algo de eso?

Para la otra tarea contaron con Fergus McIntosh, un joven escocés que se había incorporado a la revista hacía dos años tras concluir sus estudios en Oxford. McIntosh tenía una educación que se ajustaba al estándar británico y era un poco tímido. El 27 de septiembre, Kim y McIntosh se pusieron manos a la obra, moviéndose deprisa, trabajando largas jornadas, llamando a una fuente tras otra.

39

Refugio

*E*n la ciudad de Nueva York, las ondas de calor temblaban sin llegar a romperse. Tanto mis fuentes como los intermediarios de Harvey Weinstein que me llamaban periódicamente para amenazarme lo hacían desde distintos husos horarios diseminados por todo el planeta: Europa, Australia, China. A todas horas, mi teléfono parecía una bomba de relojería. El sueño estaba transformándose en un reflejo involuntario, el breve momento en que, como el chasquido de un interruptor de luz, yo pestañeaba y las sombras habían mudado después de quedarme traspuesto durante una hora; el rostro marcado con las vetas de la primera mesa que hubiera tomado prestada en *The New Yorker* esa noche. Esperaba que Jeffrey Toobin o Dexter Filkins o cualquier otro periodista no tuviera la ocasión de descubrir mis babas en las alfombrillas de sus ratones. Cuando lograba volver a Chelsea para tumbarme en una cama, solo conseguía un duermevela de madrugada. Los espejos me devolvían un reflejo más agotado, flaco y pálido que al comienzo del verano, como un niño tísico en un anuncio de algún tónico de la época victoriana.

Cuando los periodistas encargados de contrastar los datos empezaron a llamar a las fuentes a diestro y siniestro, Weinstein recrudeció sus amenazas. El primer lunes de octubre envió su primera carta legal a *The New Yorker*. «Este bufete de abogados, así como mis abogados adjuntos, David Boies, abogado de Boies Schiller Flexner LLP, y Lisa Bloom, abogada de The Bloom Firm, representan procesalmente a

The Weinstein Company», escribió esta vez Charles Harder. El reportaje era «difamatorio» según él. «Les exigimos que se abstengan de publicar este artículo y que proporcionen a la TWC una lista con todas las declaraciones sobre la TWC (incluidos sus empleados y directivos) que tengan intención de publicar.» Invocaba, como era de esperar, a la NBC: «Huelga decir que NBC News trabajó previamente con Ronan Farrow en un artículo sobre la TWC. No obstante, después de revisar el trabajo del Sr. Farrow, NBC News rechazó el artículo y dio por finalizado el proyecto. Sería preocupante que *The New Yorker* aceptara el producto del Sr. Farrow, rechazado por NBC News, y lo publicara, exponiéndose de ese modo *The New Yorker* a tremendos perjuicios por incurrir en responsabilidad».

La reciente conversación que Weinstein había mantenido con Woody Allen parecía subyacer en esta carta. Harder dedicaba varias páginas al argumento de que la agresión sexual a mi hermana me inhabilitaba para investigar a Weinstein. «El Sr. Farrow está en su derecho de sentir un rencor personal —escribió Harder—, pero ningún editor debe permitir que estos sentimientos den pábulo a un artículo sin fundamento y difamatorio, fruto de una animosidad personal.» Luego citaba el libro del biógrafo de Woody Allen que Weinstein había comprado y se hacía eco del argumento de Allen según el cual me habían lavado el cerebro para que creyera las acusaciones de mi hermana.

La carta aducía otros argumentos personales de lo más pintorescos: «Como segundo ejemplo, el tío de Ronan Farrow, John Charles Villers-Farrow, fue juzgado, declarado culpable y condenado a diez (10) años de cárcel por haber abusado sexualmente de dos niños. Por ahora no hemos encontrado ninguna prueba de que Ronan Farrow haya denunciado públicamente a su tío, y es posible que incluso lo haya apoyado públicamente. Sea como fuere, a la luz de las críticas abiertas contra su padre, con quien mantiene una relación distante, las acciones del Sr. Farrow ponen en cuestión su credibilidad y su perspectiva crítica como periodista».

Hasta donde me alcanzaba la memoria, nunca había conocido a mi tío. Tenía entendido que el caso contra él era creíble. Mi madre y su hija habían cortado con él por lo sano. Nunca me habían preguntado por parientes míos que no fueran famosos. Si lo hubieran hecho, no habría eludido la cuestión. Qué tenía que ver nada de esto con las acusaciones contra Weinstein era algo que escapaba a mi entendimiento.

Me asombró lo mucho que los argumentos de la carta reflejaban los puntos que Oppenheim había enumerado en nuestras conversaciones. Y me hizo pensar en los artículos de opinión y las apariciones televisivas que Lisa Bloom había consagrado a defender la credibilidad de mi hermana y a forjarse una fama de defensora de las mujeres. Me estaba acostumbrando a las personas que contorsionaban sus cuerpos para amoldarse a los engranajes de la maquinaria de Harvey Weinstein. Sin embargo, me preguntaba qué hacía el nombre de Bloom al final de la carta, junto al de Harder.

La primera semana de octubre, los asistentes de Weinstein escribieron un correo electrónico a Dylan Howard, que decía: «Hemos intentado llamarle, pero Harvey quería ver si pueden verse delante del edificio New York Times en la octava avenida cerca de la calle 43. Va de camino y no debería de tardar más de 30 minutos». En principio Weinstein había pedido a sus empleados que se aseguraran de que Howard se citaba con él y con Lisa Bloom para ir juntos de las oficinas de la Weinstein Company a las del *New York Times*, a las afueras. Pero Bloom y Weinstein se habían ido sin Howard, de modo que el redactor jefe del *National Enquirer* tendría que acudir él solo, llevando en la mano los archivos que contenían «básicamente trapos sucios» contra las acusadoras de Weinstein, según averiguó uno de los implicados. Howard negó más tarde que nunca había ido al edificio del *New York Times*. Lo que es innegable es que, al enterarse de que el *New York Times* se disponía a publicar el artículo sobre su conducta sexual indebida, a Weinstein le faltó tiempo para llegar a la reunión.

Cuando las fuentes me llamaron para transmitirme el mismo mensaje, yo iba en un taxi. Llamé a Jonathan y volví a llamarlo otra vez. Él estaba cada vez más liado de trabajo y yo estaba cada vez más necesitado de él, e inquieto.

—¡¿Qué?! —estalló cuando finalmente me devolvió la llamada. Salía de otra reunión.

—El *New York Times* va a publicar.

—Vale —dijo un poco impaciente—. Sabías que podrían hacerlo.

—Es bueno que estalle —dije—. Es solo que… todos estos meses. Este año entero. Y ahora no tengo trabajo. —Estaba descomponiéndome; de hecho, estaba empezando a llorar—. He apuntado muy alto. Me he jugado el tipo. Y ahora puede que hasta me quede sin artículo. Y dejaré tiradas a todas esas mujeres…

—¡Tranquilízate! —gritó Jonathan para despabilarme—. Lo único que te pasa es que no has dormido ni comido desde hace dos semanas.

Sonó un claxon.

—¿Estás en un *taxi*? —me preguntó.

—A… já —dije sorbiendo.

—Madre mía. Vale, ya me lo contarás todo, pero primero dale al taxista una propina de las buenas.

Después de recibir la carta de Weinstein y Harder, Remnick me llamó a su despacho, donde también estaban Bertoni y Foley-Mendelssohn. Los argumentos jurídicos de Weinstein, en orden ascendente de absurdidad y descendente de seriedad, sostenían que cualquier cosa negativa sobre él era una difamación, que publicar cualquier cosa sobre empresas que usaban contratos de confidencialidad era inadmisible, que había cerrado un acuerdo con la NBC, que mi hermana había sufrido una agresión sexual y que un miembro de mi familia numerosa había abusado de un niño. (Jonathan se desternilló de risa al leerla. «Esta carta es *adorable*. Me encanta esta carta», dijo.) Sin embargo, no era la primera vez que veía a un medio informativo interiorizar argumentos endebles. De camino al despacho de Remnick, una parte de mí se preparaba para la capitulación o el recelo. Remnick dijo sencillamente:

—Es la carta más desagradable que he recibido jamás a propósito de un artículo.

Todavía un poco temeroso, le recordé que Weinstein también amenazaba con demandarme personalmente y que yo no tenía abogado.

—Quiero ser claro —me dijo—. Te defenderemos legalmente, no importa lo lejos que llegue Harvey Weinstein.

Bertoni respondió con brevedad a Harder: «Con respecto a sus afirmaciones sobre la independencia y la ética del Sr. Farrow, encontramos que las cuestiones que ustedes plantean carecen de cualquier fundamento».

Cuando salí de trabajar esa tarde, Remnick me llamó para decirme que Anthony Bourdain, la pareja de Asia Argento, se había puesto en contacto con él. Bourdain había animado a Argento a hablar en otras ocasiones, pero aun así se me hizo un nudo en el estómago: una y otra vez, las mujeres que se habían arrepentido y habían decidido no hablar finalmente tomaron esta decisión por intercesión de un marido, un novio o un padre. Estas intercesiones de alguien cercano a la víctima no solían ser halagüeñas, pero había excepciones a la regla: Bourdain dijo que la conducta depredadora de Weinstein era enfermiza y que «todo el mundo» lo sabía desde hacía mucho tiempo. «No soy un hombre religioso —escribió—, pero rezo para que tengan la fortaleza de publicar ese artículo.»

El equipo de *The New Yorker* se reunió en torno al reportaje, fundamentando una acusación tras otra bajo la presión de las personas encargadas de contrastar los datos. Hasta que todas las denuncias no fueran plenamente contrastadas no nos pondríamos en contacto con Weinstein para escuchar sus comentarios. Sin embargo, varios intermediarios de Weinstein sí que se pusieron en contacto con nosotros, y con un tono que no era combativo, sino resignado. Un miembro de su departamento jurídico dio el extraordinario paso de llamar a la revista poco después de que llegara la carta de Harder para decirnos que las amenazas que contenía eran injustas y desaconsejables.

—Lo que estoy diciéndole es que no creo que estén equivocados —dijo el abogado—. Las acusaciones de conducta indebida son ciertas en gran número.

La temperatura aumentó y convirtió el despacho de Foley-Mendelssohn en una sauna. Revisábamos los distintos borradores, la frente perlada de sudor. El debate sobre la elección del lenguaje era apasionado, y Remnick se inclinaba por la cautela siempre que fuera posible. Al principio excluimos el término «violación», por temor a que distrajera la atención o fuera perjudicial. Foley-Mendelssohn y Kim, la encargada de contrastar los datos, insistían en lo contrario. Excluir la palabra, defendían, sería un lavado de imagen. Al final, Remnick y Bertoni la aceptaron y la palabra se quedó.

Uno de esos días, salí al calor de la calle y fui al apartamento de Remnick en el Upper West Side. En el exterior, en el margen de la fachada de caliza del edificio, había una señal de estaño: «Refugio nuclear». Dentro de la casa, un salón de doble altura estaba forrado de libros. La mujer de Remnick, la antigua periodista del *New York Times* Esther Fein, me llevó a la cocina e insistió en que comiera. La pareja se había conocido a finales de los ochenta y fue a Moscú en una misión para periódicos rivales; Remnick trabajaba entonces para el *Washington Post*. La familia había reservado una sección de la pared que marcaba las diferentes alturas de sus dos hijos y de su hija durante sus años de crecimiento, igual que en las películas. En su pequeño despacho, Remnick y yo matizamos el borrador. Yo estaba rendido por la falta de sueño y él fue generoso conmigo, incluso cuando erraba por completo con las correcciones.

Tenía la sensación de estar viviendo la calma después de una gran tormenta. A principios de la primera semana de octubre, Kim Masters publicó un artículo para el *Hollywood Reporter* que se titulaba «Los abogados de Harvey Weinstein batallan contra el *New York Times* y *The New Yorker* por unas revelaciones que pueden ser explosivas». El *Variety* publicó su versión unos minutos más tarde. El círculo de noticias por cable abrió fuego a discreción. Este nuevo acontecimiento tuvo la ventaja de envalentonar a las fuentes. Ese día, la actriz Jessica

Barth, que había actuado en las películas *Ted* con Seth MacFarlane, me llamó para decirme que Weinstein la había acosado sexualmente durante una reunión en una habitación de hotel; relato que fue contrastado después. Pero los titulares también me hacían sentir vulnerable por mi exposición pública. Pasara lo que pasase a continuación, ocurriría a la vista de todo el mundo.

40

Dinosaurio

Aquel mes de octubre el mundo alrededor de Harvey Weinstein empezaba a cambiar. Estaba demacrado. Sus ataques de ira eran moneda corriente, pero sus arrebatos se tornaron más imprevisibles que de costumbre. Se volvió cada vez más desconfiado dentro de la Weinstein Company. Más tarde se sabría que había vigilado las comunicaciones de Irwin Reiter, quien había enviado mensajes de apoyo a Emily Nestor, y al que Weinstein había apodado el Policía del Sexo. El 3 de octubre Weinstein hizo que un experto informático rastreara y eliminara un archivo llamado las «amigas de HW», que registraba la localización y la información de contacto de docenas de mujeres en ciudades de todo el mundo.

La mañana del 5 de octubre, Weinstein reunió a casi todo su equipo de abogados en sus oficinas de Greenwich Street, donde improvisaron un cuartel de operaciones. Lisa Bloom estaba allí, junto a Dylan Howard. Pam Lubell y Denise Doyle Chambers, las empleadas veteranas a quienes se había recurrido para que reunieran una lista de objetivos también estaban presentes, y poco extrañadas de que no se hablara de la propuesta de su libro. Davis y Harder estaban al teléfono, en el manos libres. Weinstein chillaba a pleno pulmón, fuera de sus casillas. El artículo del *New York Times* no se había publicado aún, pero corría el rumor de que era inminente. Escupió una serie de nombres a Lubell, a Doyle Chambers y al resto de asistentes: miembros de la junta y aliados de la industria del espectáculo que él confiaba que le defenderían cuando empezara a publicarse todo el percal. Lisa Bloom y los demás examinaron las fotografías digitales y en papel que mostraban un contacto continuado entre Weinstein y las mujeres que figuraban en la lista de objetivos: Rose McGowan y Ashley Judd sonreían amablemente de su brazo.

—Nos gritaba: «Enviádselas a la junta» —recordó más tarde Lubell. Y eso hizo ella obedientemente.

En el centro de la ciudad, yo me sentaba en ese momento a una mesa libre de *The New Yorker* para llamar a la Weinstein Company y escuchar su versión de los hechos. El asistente que atendió mi llamada en recepción me dijo, con voz nerviosa, que iba a ver si Weinstein estaba disponible. A continuación, oí su voz ronca de barítono.

—¡Uau! —exclamó Weinstein con fingido entusiasmo—. ¿A qué debo tanto honor?

Los artículos que se han escrito sobre este hombre, antes y después del caso, se han detenido pocas veces en esta cualidad: que era un tipo gracioso. Sin embargo, cuando viraba rápidamente hacia la furia, te olvidabas pronto de este detalle. Weinstein me colgó el teléfono varias veces ese otoño, incluido este primer día. Yo le dije que quería ser justo e incluir en mi reportaje todo lo que él tuviera que decir, y luego le pregunté si le parecía bien que grabara nuestras conversaciones. Entonces le entró el pánico y me colgó. Esta pauta de comportamiento se repitió por la tarde. Cuando conseguí que habláramos durante cierto tiempo seguido, abandonó su precaución inicial, me dejó que lo grabara y adoptó simplemente una actitud muy combativa.

—¿Cómo se identificó ante todas esas mujeres? —quiso saber.

La pregunta me pilló desprevenido.

—Dependiendo del momento, describí con precisión para qué medio trabajaba.

Intenté decirle que aquello no nos ayudaba nada con las acusaciones, pero saltó de nuevo.

—¿Oh, en serio? Se identificó como *reportero* de la NBC. ¿Y ahora qué dicen de eso sus *amigos* de la NBC?

Noté que se me encendían las mejillas.

—Le he llamado porque quiero oír su versión —le dije.

—No. Yo sé lo que quiere. Sé que está asustado y solo, y que sus jefes lo han abandonado, y que su padre...

Remnick, que en ese momento estaba fuera del despacho, dio un golpecito en el cristal. Sacudió la cabeza haciéndome seña de que cortara la conversación.

—Me alegra hablar con usted o con cualquier otra persona de su equipo —le dije.

Weinstein se rio.

—No pudo salvar a alguien que quería y ahora se cree que puede salvar al mundo entero.

Juro que estas fueron sus palabras. Parecía que estuviera apuntando a Aquaman con un detonador.

Weinstein me dijo que le enviara todas mis preguntas a Lisa Bloom. Hacia el final de la llamada recuperó su tono encantador y me dio las gracias educadamente.

Justo después de las dos de la tarde, los teléfonos empezaron a pitar y un asistente entró en la sala de reuniones de la Weinstein Company con novedades sobre el *New York Times*.

—Han publicado el artículo —dijo el asistente.

—Mierda —dijo Dylan Howard, y pidió a los empleados que imprimieran copias para todos. Mientras el equipo leía el artículo se disipó la tensión. Por un breve instante, Weinstein se sintió aliviado. Les dijo a sus empleados reunidos que eran buenas noticias que el artículo se publicara un jueves y no un domingo, que, según él, era el día preferido del *New York Times* para los artículos importantes. Después, Weinstein se marchó a ver a su mujer, Georgina Chapman, que asistía a un desfile de moda de Marchesa, su marca de ropa. Weinstein dijo a varios miembros de su equipo allí presentes que su mujer le había dicho: «Estoy contigo», pero lo cierto es que ya tenía la vista puesta en los siguientes artículos. Después del de *The New Yorker*, dijo entre dientes: «Va a dejarme».

Foley-Mendelssohn y yo nos sentamos en el despacho de Remnick para leer el artículo del *New York Times*; él en la pantalla de su ordenador y nosotros en la de nuestros móviles. El artículo era poderoso y Ashley Judd finalmente añadía el nombre de Weinstein a sus declaraciones recogidas en el semanario *Variety* dos años antes, y en las que mencionaba a un productor que le había hecho proposiciones no deseadas. La extraña llamada que Nick Kristof me había hecho unos meses antes por fin cobraba sentido. El artículo también mencionaba el caso de Lauren O'Connor y los abusos verbales, y también las proposiciones a Emily Nestor en el trabajo, aunque sin su participación explícita.

No había acusaciones de agresión o violación. Lisa Bloom alegaba rápidamente en unas declaraciones que las acusaciones, en su mayor parte, eran un malentendido. «Le he explicado a él que, debido al desequilibrio de poder entre un jefe de estudio importante y el resto de empleados de la industria en general, y sean cuales sean sus motivos, algunas de sus palabras y comportamientos pueden percibirse como inapropiados y a veces intimidantes.» Weinstein no era más que «un viejo dinosaurio aprendiendo modales nuevos», defendía. En los programas de televisión del día siguiente, Bloom intentó que las acusaciones publicadas en el *New York Times* parecieran moderadas indiscreciones. «Está utilizando el término *acoso sexual*, que es un término jurídico —le dijo a George Stephanopoulos—. Yo prefiero hablar de *falta profesional*. No sé si existe una diferencia real significativa para la mayoría de la gente, pero el acoso sexual es grave y prolongado.» Dijo que había aconsejado encarecidamente a Weinstein que no hablara en la oficina «como le hablas a tus amigos, sabes, cuando sales a tomar una cerveza con ellos». Weinstein, en sus declaraciones, dijo: «Llegué a la edad adulta en los años sesenta y setenta, cuando las normas de conducta en el trabajo eran diferentes» y confesó que estaba en un «viaje interior» y que «Lisa Bloom es mi guía». Weinstein se comprometió a consagrarse a la lucha contra la Asociación Nacional del Rifle. Bloom y él afirmaron que seguiría una terapia y que crearía una fundación para mujeres directoras en la Universidad de Carolina del Sur. Punto pelota.

En el despacho de Remnick, levanté los ojos del artículo del

New York Times. Mi teléfono vibró en la mesa; era un mensaje de Jonathan. «El *Times* ha publicado. Hablan de acoso, no de agresión —escribió—. Corre corre corre.» Y acto seguido llegó otro texto de McHugh, incidiendo en el mismo punto. El *New York Times*, añadía, tenía «menos de lo que nosotros teníamos cuando nos pararon los pies».

—Es un trabajo muy sólido —dijo Remnick levantando los ojos del artículo.

—Pero no tienen ni la mitad de lo que nosotros tenemos —dijo Foley-Mendelssohn con manifiesto alivio.

—Entonces seguimos —aventuré.

—Seguimos —dijo Remnick.

41

Maldad

$\mathcal{T}$ras declararse aliviado por el artículo del *New York Times* y lo oportuno de su publicación, Weinstein transmitió a su equipo lo que pretendía ser un mensaje alentador: «Arremangaos. Vamos a la guerra». Un asistente respondió: «Para mí se acabó, Harvey», y se fue. Weinstein le dijo que esperase, que podía escribirle una recomendación brillante. «Lo miré en plan: «¿te estás quedando conmigo»?», recordó el asistente.

Esa tarde, la junta de directores de la Weinstein Company convocó una conferencia telefónica urgente. Los nueve miembros de la junta exclusivamente masculina se pondrían al teléfono, incluido Weinstein. Durante varios años, se había exacerbado el rencor entre un pequeño grupo de directores que querían echar a Weinstein y una mayoría de leales al productor, que lo consideraban indispensable para el éxito de la compañía. Con dolorosa frecuencia, las historias de abuso por parte de personas poderosas también son historias de una cultura directiva fallida. Weinstein y su hermano Bob tenían dos asientos en la junta directiva y la carta de la compañía les autorizaba a nombrar a un tercero. Con el tiempo, Weinstein también fue capaz de instalar personas leales a él en muchos de los asientos sobrantes. En 2015, cuando el contrato de Weinstein vencía y debía renovarse, el productor controlaba esencialmente seis de los nueve asientos de la junta y usaba esta influencia para no tener que rendir cuentas. Cuando uno de sus rivales en la junta, Lance Maerov, exigió ver el fichero personal de Weinstein, Boies y Weinstein se impusieron y ficharon a un abogado externo, que presentó un vago resumen de su contenido. Maerov informó más tarde a un periodista de *Fortune* de que habían tapado cosas.

Esa tarde de principios de octubre, Weinstein habló por teléfono con la junta. Lo negó todo y después aseguró que el artículo del *New York Times* quedaría relegado al olvido. La llamada redundó en una amarga recriminación entre las facciones de los miembros de la junta y entre los hermanos Weinstein. «Nunca había visto tanta maldad a mi alrededor —recordó Lubell—. Bob diciendo: "¡Voy a acabar contigo, Harvey, estás acabado!", y Harvey respondiendo: "¡Vas a tener que explicar tus finanzas!".»

En la madrugada después de la reunión urgente de la junta y hasta la mañana siguiente, Weinstein bombardeó a sus aliados con llamadas y correos electrónicos muy sentidos. Entre ellos había directivos de la NBC y de Comcast. Ron Meyer, el vicepresidente de NBCUniversal, lo llamó. («Querido Ron —respondió Weinstein esa mañana—. Acabo de recibir tu mensaje, gracias... Iré. Voy de camino a LA. Un abrazo, Harvey.» Los dos hombres iban a reunirse para hablar.)

A las 1:44 de la mañana del 6 de octubre, Weinstein envió un correo electrónico a Brian Roberts, el jefe de Comcast —el jefe del jefe del jefe de Noah Oppenheim—, para pedirle un favor. «Querido Brian —escribió—. Llega un momento en la vida en que alguien necesita algo y, ahora mismo, a mí me vendría bien algo de apoyo.»

En los archivos de Ken Auletta, encontré una entrevista grabada con Roberts. En ella, Roberts se erigía en uno de los escasos defensores de Weinstein, contra quienes lo tachaban de matón. Fue «una gran dicha», dijo Roberts de su amistad con Weinstein y del tiempo que habían pasado juntos codeándose en Nueva York. «Personalmente, a mí todo ese rollo de Hollywood no me va —dijo a propósito de la personalidad de Weinstein—. Yo veo a un tipo que está haciendo grandes cosas y que ha construido una empresa.» Decía que Weinstein era un buen padre, una buena persona. «Yo lo veo como un osito de peluche.»

ϒ

Comcast, la compañía matriz de la NBC, era un negocio familiar fundado por el padre de Roberts. Los estatutos de la compañía daban a Roberts un poder inquebrantable: «El presidente será el Sr. Brian L. Roberts si desea ejercer este cargo y está disponible [...]. El director general será el Sr. Brian L. Roberts si desea ejercer este cargo y está disponible». Varios directivos antiguos y actuales de NBCUniversal dijeron de él que era afable o tierno. Fue el único de los altos cargos de la cadena que se me acercó más tarde para disculparse y decirme que tenía hijas y creía en mi reportaje. Pero los directivos también dijeron que Roberts evitaba los conflictos. En cuestiones polémicas «no planta cara», dijo uno. «No estorbará a Steve para hacer el trabajo sucio, no.» Se refería a Steve Burke, que había trabajado a las órdenes de Roberts como director general de NBCUniversal.

Antes de su época en NBCUniversal, Burke trabajó en Disney, obteniendo considerables logros en la reestructuración de las tiendas minoristas y los parques temáticos de la compañía. Pero los directivos dijeron que sintonizaba menos con los medios informativos. Uno recordó el caso de un mandamás de Hollywood que empezó a llamar a NBC News, exigiendo que la cadena no aireara una entrevista. El directivo recordó que, tras informar a Burke de que la cadena pensaba seguir adelante, Burke dijo: «Suspéndelo», añadiendo que el mandamás de Hollywood «te deberá la vida».

«Steve, por el amor de Dios, si hacemos eso, destruiremos la reputación de NBC News», respondió el directivo. «No creo que se trate de proteger a sus amigos siquiera. Él piensa: "Este tipo es poderoso, estoy recibiendo llamadas suyas, no necesito complicarme la vida" —continuó el directivo—. No sabe que no es ético.»

Burke también tenía buenas relaciones con Weinstein. Un antiguo empleado —que facilitó a Burke los trajes de *Minions* para el espectáculo producido por Weinstein en el Radio City Music Hall, donde el jefe de estudio había conocido a Ambra Gutiérrez— dijo que Weinstein tenía a Burke «en el bolsillo». Varios altos directivos dijeron que Burke estaba dispuesto, ese verano y otoño, a hablar de sus conversaciones con Weinstein sobre mi reportaje. Otro de ellos recordó que, en torno a la misma época en la que el departamento jurídico me había aconsejado no revelar la implicación de la compañía, Burke se había quejado de las incesantes llamadas de Weinstein. «Sigo teniendo las mismas conversaciones con él, prometiéndole que no vamos a sacarlo a la luz», dijo Burke. Cuando le preguntaron si la historia podía ser cierta, Burke pareció perplejo. «No podemos *publicarla*», dijo. «Si lo hacemos, seguiré recibiendo llamadas de Harvey el año que viene. Nunca veré la hora de que pare».

En NBC News los signos de inquietud en torno a Weinstein aumentaban. Poco después de que Megan Twohey publicara su artículo sobre el escándalo de amfAR, la Fundación para la Investigación sobre el Sida, McHugh decidió publicar lo que él consideraba un complemento importante a sus propias investigaciones. En el último minuto, la dirección frustró su intento. Greenberg, que había expresado durante días su entusiasmo por el reportaje de McHugh, cambió de opinión y dijo que no aportaba mucho a la historia. Fue solo después de que Janice Min, la antigua editora del *Hollywood Reporter*, tuiteara que la NBC había relegado al olvido otras noticias sobre Weinstein, cuando Greenberg pidió a McHugh que sacara su trabajo a la luz rápidamente.

Oppenheim me había dicho que podía terminar los otros reportajes en los que seguía trabajando para la NBC. Pero cuando llegó la fecha de emitir el siguiente, me dijeron que no había tiempo en el programa para que yo saliera en el plató. Luego, cuando me reprogramaron el reportaje, volvieron a darme la misma excusa.

—Noah dice que Ronan está vetado en el plató —le dijo un jefe de producción a McHugh—. ¿Ha pasado algo?

Matt Lauer leyó mi introducción en mi lugar.

El día después de que se publicara el artículo del *New York Times*, CBS News y ABC News dieron una amplia cobertura al creciente escándalo en sus programas nocturnos. Ambas cadenas hicieron lo mismo a la mañana siguiente y emitieron segmentos detallados de las entrevistas originales. La NBC fue la única cadena que no mencionó la noticia esa primera noche, y también fue la única que no ofreció ningún reportaje original a la mañana siguiente. En cambio, Craig Melvin, en sustitución de Matt Lauer, leyó un guion que no duraría ni un minuto y que dio eco sobre todo a las réplicas de Weinstein a las acusaciones. Ese fin de semana se repitió el mismo patrón: el programa *Saturday Night Live*, que se había mofado con avidez de Bill O'Reilly, Roger Ailes y Donald Trump por historias similares, no mencionaba a Weinstein ni una sola vez.

No obstante, a la chita callando, la NBC News estaba dando forma al relato público en torno a la historia. Oppenheim y Kornblau, el jefe de comunicaciones, empezaron a hablar con los periodistas. Los dos directivos dieron a entender que la participación de la NBC en el reportaje solo había sido momentánea. «Oppenheim dice que Ronan fue a verle varios meses atrás para decirle que quería investigar algo sobre acoso sexual, pero al cabo de dos o tres meses no había recabado la documentación y no había conseguido que ninguna mujer hablara ante las cámaras», decía una memoria interna archivada en una agencia con la que Oppenheim y Kornblau habían hablado. «El hombre no tenía nada realmente —dijo Oppenheim en una de las llamadas—. Entiendo que esto sea muy personal para él y que se lo tome a pecho.» A la pregunta de si tenía contacto con Weinstein, Oppenheim se echó a reír y dijo: «No me muevo en esos círculos».

Varias personas involucradas me contaron más tarde que, en aquellos primeros días después de que el *New York Times* publicara, la NBC evitó cubrir a Weinstein por órdenes de Oppenheim. «Noah fue a verles directamente y les dijo: "No habléis de esta historia"», recordó una persona de las conversaciones entre Oppenheim y algunos productores en la época. Cuando la historia se aceleró más tarde esa misma semana, Oppenheim y un grupo de directivos se reunieron para una sesión informativa rutinaria.

—¿Deberíamos hacer algo a este respecto? —preguntó uno de los productores presentes. Oppenheim negó con la cabeza.

—No le pasará nada —dijo refiriéndose a Weinstein—. Volverá dentro de dieciocho meses. Es Hollywood.

PARTE IV
SLEEPER
(EL DORMILÓN)

42

Instruir

Una nueva fuente se sumó a nuestro artículo después de que el *New York Times* publicara el suyo. Un amigo común me avisó de una acusación vertida por Lucia Evans, consultora de *marketing*. En el verano de 2004, Weinstein se acercó a Lucia Evans en el Cipriani Upstairs, un club de Manhattan. Ella estaba a punto de empezar su último año en el Middlebury College al tiempo que intentaba debutar en el cine. Weinstein consiguió su número de teléfono y pronto empezó a llamarla tarde por las noches, él mismo o mediante un asistente, para pedirle una cita. Ella declinó las proposiciones que le hacía a avanzadas horas de la noche, pero dijo que se reuniría con una directora de *casting* de día.

Cuando llegó a la cita, el edificio estaba lleno de gente. La condujeron a un despacho con equipos para hacer ejercicio y cajas de comida a domicilio en el suelo. Weinstein estaba allí, solo. Lucia Evans me dijo que le dio miedo: «Solo su presencia ya era intimidante». En la reunión, Evans recordó que «inmediatamente se puso a ligar conmigo y a degradarme y a hacerme sentir mal conmigo misma». Weinstein le dijo que sería «ideal para *Project Runway*»[8] —el programa que se había estrenado a finales de año y a cuya producción había contribuido Weinstein—, pero solo si perdía peso. También le habló de dos guiones, una película de terror y un romance adolescente, y dijo que uno de sus socios trataría con ella.

8. Programa de televisión conocido como *Pasarela a la fama* en España.

—Después es cuando me agredió —dijo Evans—. Me obligó a practicarle sexo oral. —Mientras ella se quejaba, Weinstein se sacó el pene de los pantalones y le acercó la cabeza. Ella le dijo una y otra vez que no quería hacerlo, que parase, que no—. Intenté alejarme, pero puede que no lo hiciera con la fuerza suficiente. No quería darle una patada ni luchar contra él. —Al final me dijo—: Es un tío enorme. Me superaba en fuerza. Supongo que terminé por ceder. Esta es la parte más horrible y la que explica que él haya podido comportarse así durante tanto tiempo y con tantas mujeres: cedes y luego te convences de que ha sido culpa tuya.

Me dijo que la secuencia completa de sucesos tenía algo de rutinaria.

—Parece un proceso muy meditado —me dijo—. La directora de *casting* es mujer, Harvey quiere conocerte. Todo estaba diseñado para que yo me sintiera cómoda antes de que ocurriera. Y, luego, la vergüenza por lo ocurrido también estaba pensada para asegurar mi silencio.

Habíamos enviado a Lisa Bloom una memoria detallada sobre los hechos contrastados ese viernes y ella prometió que nos respondería. Cuando llegó el sábado y seguíamos sin noticias suyas, la llamé. Dejó que saltara el contestador y después me escribió un mensaje: «Hoy no tengo tiempo». Cuando finalmente respondió al teléfono, yo estaba en casa de Remnick, ambos apiñados sobre el borrador y nuestros respectivos teléfonos. La noté desconsolada.

—¿Qué? —respondió exasperada.

Cuando le recordé que Weinstein me había pedido que me dirigiera a ella, me dijo:

—¡No puedo hablar! ¡No puedo comentar nada de esto!

Me propuso que llamara a Harder, a Boies, a cualquiera. Su voz era puro reproche. Estaba dolida. Me recordó la insistencia con que ella me había estado llamando a mí.

—¡Durante meses! —escupió, como si la información que yo había compartido con ella la hubiera alejado de Weinstein.

El único detalle es que Bloom y yo *habíamos* hablado y, por lo que me constaba, ella había aprovechado la ocasión para ofrecerme intrigas contra las mujeres, no para pedirme información sobre su cliente. Había sido un verano muy cargado de trabajo para ella. También había empezado a representar a Roy Rice, el directivo de Amazon Studios, después de que lo acusaran de acoso; representación a la que puso punto final ese otoño, en medio de las críticas. Cuarenta minutos después de haber concluido nuestra llamada telefónica, Bloom anunció su dimisión en Twitter. Resultó que, prácticamente hasta el final, había enviado correos electrónicos a la junta de la Weinstein Company, explicando sus planes para desacreditar a las acusadoras.

Como el equipo de Weinstein era un caos, decidimos hablar con él directamente. Durante ese fin de semana y a lo largo de la semana siguiente, mantuve conversaciones más informales con él y después sesiones más largas, en las que a mí me acompañaban Remnick, Foley-Mendelssohn y Bertoni, y a Weinstein, sus abogados y asesores. Weinstein había incorporado a su equipo a la empresa de relaciones públicas Sitrick and Company, que asignó la misión a una antigua periodista de *Los Angeles Times* llamada Sallie Hofmeister, una persona ecuánime.

Muchas de las conversaciones con Weinstein fueron oficiosas. Pero entre las llamadas también hubo intercambios para los que no se establecieron reglas básicas o que Weinstein grabó explícitamente. A veces parecía derrotado. Cuando respondía a mis llamadas con el pequeño saludo «Hey, Ronan», desprendía incluso un encanto pueril. Pero más frecuentes eran los *flashes* del Harvey Weinstein de siempre, arrogante y colérico.

—Permítame que le *instruya* —decía—. Le voy a *aclarar* las ideas.

Weinstein repetía sistemáticamente que una interacción no era violación si la mujer en cuestión volvía después con él. Que esta interpretación suya no casaba con la realidad de las agresiones sexuales, que con tanta frecuencia ocurren en el ineludible marco laboral o familiar, y son castigadas por ley, parecía escapársele. También se mostraba escéptico con el tema de las represalias que afloraba recurrentemente en las declaraciones de las mujeres.

—En Hollywood no hay represalias —afirmaba, diciendo que el concepto de los hombres poderosos que intimidan a las mujeres en la industria era un «mito». Cuando le pregunté por qué pensaba que era así, me dijo que bastaba con llamar a Ronan Farrow, a Jodi Kantor o a Kim Masters y fin de las represalias. Su lógica me maravillaba: contribuyes a crear un problema y luego señalas la reacción que ese problema ha provocado para afirmar que tal problema en realidad no existe.

En las primeras llamadas, las menos formales, tuve la sensación de que Weinstein vivía en una realidad paralela. Reconocía que había obrado mal y a renglón seguido citaba de ejemplo el día que escribió un comentario ofensivo en el anuario de una chica o miró mal a un colega. Cada vez que yo le recordaba que estábamos investigando múltiples acusaciones de violación, me miraba perplejo. Estaba desbordado por los acontecimientos, decía, y no se había fijado detenidamente en los mensajes que corroboraban los hechos. Y no sonaba descabellado.

Más tarde, cuando sus asesores se sumaron a la contienda, esta fue la respuesta final que incluimos en el artículo y que se hizo pública: la negación absoluta de todas las «relaciones sexuales no consensuadas» y pocos comentarios sobre las acusaciones específicas. Esto, a todas luces, reflejaba la sincera visión de Weinstein: no es que él negara los hechos, algo que ocurrió raras veces, sino que insistía en que las interacciones habían sido consensuadas y que, años después, por puro oportunismo, las estaban trastocando.

Weinstein dedicó una cantidad desmesurada de tiempo a atacar el carácter de estas mujeres.

—Harvey, tengo una pregunta —intervino Remnick en un punto de la conversación, con toda sinceridad—. ¿Qué tiene que ver eso con su comportamiento?

Discutir sobre hechos específicos parecía traerle sin cuidado. A veces ni siquiera los recordaba. Una vez se enzarzó en una pormenorizada discusión sobre una acusación que ni siquiera figuraba en el artículo. Mezcló un nombre que le habíamos dado y otro que sonaba parecido y que él extrajo de sus recuerdos.

Cada vez que yo le recordaba la grabación de la policía, Weinstein se enfurecía, indignado porque siguiera existiendo una copia.

—¿Tiene una copia de una cinta que el fiscal del distrito *destruyó*? —preguntaba, incrédulo—. ¿La cinta que se *destruyó*?

Más tarde, la portavoz del despacho de Cyrus Vance diría que nunca habían aceptado destruir una prueba. Sin embargo, Weinstein estaba convencido de ello. Sallie Hofmeister llamó más tarde para explicar lo de la grabación. Weinstein, me dijo, estaba muy preocupado por si incumplían el acuerdo alcanzado.

—Hubo un acuerdo entre la policía y nuestro... o el fiscal del distrito, no estoy segura de con quién se hizo el acuerdo —dijo—. Pero fue con nuestro bufete, y quedamos en que se destruiría la cinta en manos de la policía.

Weinstein seguía empecinado en lo que él entendía como un trato con NBC News. «La NBC está cabreada», dijo Weinstein en varias ocasiones. Quería saber qué pensaba hacer con los vídeos que yo había grabado allí. Le dije que la cadena le había prometido que exploraría acciones legales contra mí si alguna vez yo utilizaba esas grabaciones. Cuando estos puntos afloraron en las llamadas de grupo, Remnick los escuchó pacientemente y luego desechó los argumentos.

—La NBC no es un factor importante —dijo—. Esta historia de la NBC no es más que... ya verás como queda en agua de borrajas.

A medida que progresaban las llamadas, el temperamento de Weinstein se agriaba.

«Emily ha firmado un acuerdo de confidencialidad —dijo

de Emily Nestor—. Tened cuidado con ella. Nos cae bien.» Sus gestores, consternados, intervinieron en la conversación rápidamente para pisarle las palabras, con escaso éxito. «Es un cielo y un amor —continuó—. No se lo merece.» También profirió amenazas contra *The New Yorker*: que pensaba demandarnos o filtrar nuestra memoria para frenar el reportaje. «Ojito —decía Weinstein—. Ojito, gente.»

En una ocasión, cuando Sallie Hofmeister y los otros gestores se vieron en la imposibilidad de frenar a Weinstein, parece ser que colgaron el teléfono.

—Les hemos perdido —dijo Remnick después de la brusca desconexión.

—No querían que siguiera hablando —dijo Foley-Mendelssohn.

—Sí, unos fuera de serie, estos abogados —añadió Bertoni negando con la cabeza, incrédulo—. Para esto les está pagando un pastizal, para colgar el puto teléfono.

Cuando recuperamos la llamada con ellos unos minutos más tarde, Remnick dijo:

—¿Sallie? ¿Uno de sus abogados ha apretado algún botón?

—¿Sigue al teléfono? —contestó Hofmeister.

—*Yo* sí, desde luego —repuso Remnick.

Cuando Weinstein ofrecía detalles, nosotros los incluíamos en el borrador. Hacia el final, incluso si su ira asomaba, Weinstein pareció resignarse. En varias ocasiones concedió que habíamos sido justos… y que «merecía» mucho de lo que le estaba pasando.

El 11 de octubre, Foley-Mendelssohn nos pasó la versión final del artículo a la una de la mañana, y la revisión final se inició a las cinco de la mañana. Cuando abrieron las oficinas, el resto del equipo había terminado y Kim y McIntosh escudriñaban los últimos detalles. Michael Luo, el respetado alumno del *New York Times* que ahora dirigía el sitio web de *The New Yorker*, cerró los últimos flecos de la presentación en la web. Cuando llegué yo, el silencio reinaba en las oficinas de la revista, bañadas por la luz del sol como un prisma.

Cuando Monica Racic, la redactora multimedia, se sentó a su mesa para lanzar la publicación, Foley-Mendelssohn y unos pocos colaboradores se reunieron a su alrededor y yo les hice una foto. La idea era documentar el momento sin sonreír, sin triunfalismos, pero aun así Remnick nos dispersó.

—No es nuestro estilo —dijo, y nos despachó a todos a nuestras mesas.

Con la tarea ya concluida, me acerqué distraídamente a una de las ventanas de la oficina y me quedé contemplando el río Hudson. Me sentía abotargado; Peggy Lee cantaba un monótono «Is that all there is to a Fire?» de fondo. Deseé que las mujeres que habían testificado pensaran que todo esto había merecido la pena: que podrían proteger a otras mujeres. Me pregunté qué sería de mí. No tenía ningún acuerdo con *The New Yorker* aparte de este primer artículo, y ningún futuro en la televisión. Me vi las negras ojeras reflejadas en el cristal y, detrás, el mundo claro en un horizonte radiante. Un helicóptero de noticias planeaba sobre el Hudson, observando.

Mi teléfono pitó, y volvió a pitar. Corrí al ordenador más a mano y abrí el navegador. En el buzón de entrada de mi correo electrónico, en Twitter y en Facebook, las alertas no paraban de sonar: *ping, ping, ping*. Los mensajes entraban en tromba, acelerando un desplazamiento constante en la pantalla.

Con el tiempo, recibí mensajes de colegas periodistas, en concreto de Kantor y de Twohey, que se habían dejado la piel en este artículo. Varios periodistas dijeron que habían intentado intimidarlos. El redactor de una revista que había publicado un artículo importante sobre Weinstein me enseñó los mensajes escritos y me hizo escuchar los mensajes de voz que gradualmente se elevaron a amenazas explícitas contra él y su familia. El FBI lo estaba investigando. Él publicó su artículo de todos modos.

Pero, sobre todo, me llegaron mensajes de personas desconocidas, diciendo que también tenían historias que contarme. Algunos eran de mujeres y otros de hombres. Algunos eran relatos mordaces de violencia sexual y otros se centraban en otra clase de delitos o corrupción. Todos ellos daban cuenta de abusos de poder y del sistema —estatal, mediático, jurídico— empleado para taparlos.

Aquel primer día, Melissa Lonner, la antigua productora de *Today* que conocí cuando trabajaba en la emisora de radio Sirius XM, me envió un mensaje que casi me pasó desapercibido: «Hay más Harveys entre ustedes».

Contubernio

«*C*onfío en que vamos a poder firmar un nuevo acuerdo», me escribió Noah Oppenheim ese día. Yo había sido un estorbo dentro de la empresa; también era un estorbo fuera de ella. Me llamó menos de una hora después de la publicación del artículo.

—Estoy contento de que haya salido —me dijo—. ¡Bien, bien, bien! Como podrás imaginar, en la MSNBC todo el equipo de *Nightly* está llamando y diciendo: «Oye, ¿cómo localizamos a Ronan? ¿Podemos invitarle a que venga a hablar del artículo?». Así que quería saber cómo lo ves.

Oppenheim me dijo que podría salir en el plató en calidad de colaborador de la NBC o algún otro título.

—Yo iría a la NBC, pero hay algo que me para, y es que no quiero ponerte ni a ti ni a nadie en un compromiso. Está claro que la baza de Harvey contra mí ha sido utilizar lo que verdaderamente subyace al reportaje de la NBC —le dije—. Si me preguntan por eso en la NBC, no quiero verme en la tesitura de tener que ocultar nada.

Con su actitud, Oppenheim y Kornblau no estaban poniendo nada de su parte. Varios periodistas me habían llamado ya para decirme que, cuando les preguntaban en privado, los dos directivos intentaban disimular lo ocurrido con mi reportaje. Estresado, pasé las llamadas a Raabe, la directora de comunicación de *The New Yorker*, y a Jonathan. Mientras Oppenheim y yo hablábamos, Jake Tapper, de la CNN, había tuiteado: «Hablando de complicidad mediática, pregúntense por qué Ronan Farrow, que es reportero de la NBC, ha publicado esto en *The New Yorker*». Poco después, Tapper leyó una cita en directo: «Una fuente de la NBC declaró al *Daily Beast*, y cito literalmente: "Las primeras informaciones sobre Weinstein que [Farrow] presentó a NBC News no cumplían con los requisitos de la cadena. No tenían nada que ver con lo que ha publicado finalmente. En aquel momento, [Farrow] no tenía ni una sola testigo dispuesta a hablar ante las cámaras ni a dar su nombre. El artículo que ha publicado es radicalmente distinto del que presentó a NBC News"». Después de leer el comunicado, Tapper frunció el ceño y añadió: «Esto me parece una mentira de las gordas».

Cuando le dije a Oppenheim que no quería mentir si me preguntaban por ello, se rio nerviosamente.

—A ver, mira, a menos que... a menos que vayas a... a ver, no pareces muy dispuesto a... a menos que menciones...

—No, no —le respondí—. Con toda sinceridad, Noah, mi objetivo ahora mismo, como durante todo este proceso, es que nada empañe los testimonios de estas mujeres.

Me preguntó si podía acercarme rápidamente al 30 Rock para grabar un *spot* para *Nightly News*. A mí me daba la sensación de que lo que querían era sanear un problema de relaciones públicas. Sin embargo, las acusaciones de estas mujeres merecían realmente un altavoz en los programas de la NBC. Y lo cierto era que yo quería recuperar mi empleo. Me dije que no hablar de lo que verdaderamente subyacía al reportaje no era lo mismo que decir una mentira.

Unas horas más tarde, me sonó el teléfono: «Ronan, soy Matt Lauer. ¡Seguro que soy la 567ª persona que te lo dice, pero déjame que te felicite por tu increíble artículo!».

El acuerdo con Oppenheim fue un equilibrismo. En otras cadenas, yo sorteaba las preguntas y redirigía las entrevistas hacia el tema de las mujeres. Cada vez que salía en un programa de la NBC, lo hacía con un título diferente: colaborador o corresponsal, de investigación o no; el residuo de una resurrección apresurada. Cuando esa noche llegué al plató para grabar el segmento de *Nightly News*, los colegas se me acercaron, con el semblante ceniciento. Un productor que solía trabajar con fuentes policiales me dijo, temblando y apenado, que le habría encantado tener la oportunidad de ayudarme y que no entendía lo sucedido. Un corresponsal me escribió el siguiente mensaje: «Como superviviente de abusos sexuales, tengo la sensación de que estamos trabajando para un contubernio parecido al Vaticano, que no vacila a la hora de tapar delitos sexuales». Ellos eran algunos de los mejores periodistas que yo conocía; la gente que me había hecho sentirme orgulloso de ver mi nombre asociado a NBC News. Su compromiso con los ideales de verdad y transparencia de la cadena era inequívoco. «Las personas que se creen el periodismo de verdad en este edificio están muy disgustadas con todo esto —me dijo más tarde otro miembro de la unidad de investigación—. La herida tardará lo suyo en cicatrizar.»

Era raro que otro periodista me estuviera entrevistando para dar la gran noticia del día, y que no fuera yo mismo quien presentara todo el trabajo que McHugh y yo habíamos investigado. El *spot* incluía material que Kim Harris y Susan Weiner habían extraído de mi guion, con los testimonios de la legión de empleados que aseguraban haber presenciado la conducta indebida de Weinstein. «Nuevas acusaciones estremecen a Hollywood desde el descubrimiento de la grabación de un encuentro entre Weinstein y una de sus acusadoras durante una emboscada policial —entonó Lester Holt en antena esa tarde—. Aquí Anne Thompson, de la NBC». Esto también era extraño: «El descubrimiento de una grabación». Pero ¿se sabía dónde había estado antes esa grabación? En el despacho de Noah Oppenheim durante cinco meses desde luego que no.

Varias horas después, en una salita en la que antaño yo recibía a los invitados de mi programa, vi el comienzo del programa de Rachel Maddow en el pequeño televisor del rincón. Durante veinte minutos, Maddow relató los recientes casos de agresión sexual y acoso de gran repercusión mediática, haciendo hincapié en la irresponsabilidad de los medios. Trazó la línea que unía el caso de Bill Cosby con las acusaciones de Fox News y el revuelo en torno a la cinta de Trump grabada por *Access Hollywood*. «Esta grabación salió esta misma semana hace un año», dijo con intención.

Volviendo a Weinstein, Maddow, como el resto, dio mucha importancia a la grabación. Se sentó frente a un telón de fondo que rezaba: «Estoy acostumbrado» y se preguntó cómo era posible que todo hubiera permanecido en secreto durante tanto tiempo. «Las acusaciones eran conocidas de sobra y aparentemente aceptadas», dijo. El público «empezaba a entender que un gran medio estaba implicado en una conspiración para taparlo todo».

Yo me sentía agotado e indeciso. La promesa a medias de Oppenheim de volver a contratarme había funcionado. A pesar de todo, yo seguía aspirando a ser presentador y periodista de NBC News. Tenía la mirada puesta en el futuro, más allá de este momento de protagonismo, de éxitos televisivos y tuits, y me preguntaba cuál sería mi siguiente paso. Pero Maddow, con su meticulosidad característica, ya iniciaba nuestra conversación, y me hacía dudar sobre mis ganas de seguir en la cadena.

En el plató, Maddow iba maquillada y vestía una chaqueta negra. Se inclinó, compasiva y rapaz.

—Es evidente que esta ha sido una larga aventura para usted —dijo—. Trabajaba en NBC News cuando empezó a investigar sobre esta historia. Y ha terminado publicándola en *The New Yorker*... Si puede hablarnos un poco de ello, me encantaría escucharlo.

Cuando yo desvié la conversación hacia otros temas, ella me miró con dureza.

—Ronan, tengo un par de preguntas más sobre esto. En principio no estaba previsto dedicarle un segundo segmento, pero voy a desobedecer a todo el mundo.

Después de un corte comercial, Maddow volvió al ataque con el tema de la complicidad y el encubrimiento.

—¿Por qué terminó publicando esta historia en *The New Yorker* y no en NBC News?

Yo sentía la mirada de Maddow y las crudas luces sobre mi cabeza. Aunque ella ya había abierto brecha, yo no estaba preparado para el asalto.

—Mire, tendrá que preguntarles a la NBC y a sus directivos sobre los detalles de este asunto —respondí—. Sé que durante muchos años numerosos medios de comunicación han escarbado en la historia hoy publicada y han sufrido una gran presión por hacerlo. Y ahora están saliendo a la luz pública nuevos datos sobre las presiones que tienen que aguantar los medios.

Expliqué que me habían amenazado con demandarme personalmente. Que al *New York Times* lo habían amenazado. Que yo no podía hablar de las amenazas que podrían haber sufrido otras personas, pero que no cabía duda de que existían presiones.

—La NBC dice que usted no... ya sabe, que su reportaje no era publicable. Que lo que usted les presentó no estaba listo para difundirse —dijo, en alusión a Oppenheim y a Kornblau y a su versión de los hechos: que yo les había propuesto investigar la historia, pero al volver con las manos vacías había terminado acudiendo *motu proprio* a otro medio. Maddow apretó el dedo índice en su mesa de metacrilato. Enarcó las cejas y, al bajarlas de nuevo, la mesa devolvió su reflejo; todo un Cirque du Soleil de verdadero escepticismo—. Pero es evidente que cuando se la propuso a *The New Yorker* sí que estaba listo para su publicación.

Yo le había dejado claro a Oppenheim que evitaría hablar de ciertas cosas, pero que no pensaba mentir.

—Entré por la puerta de *The New Yorker* con un reportaje explosivo publicable que tendría que haberse publicado antes y, como es obvio, *The New Yorker* supo verlo inmediatamente. Decir que no era publicable es inexacto. Es más, la NBC sometió el reportaje a múltiples revisiones y decidió que era publicable.

En ese momento pude sentir que se escurría mi promesa de mantener la paz, y con ella mi futuro en la cadena. Maddow me miró con compasión.

—Sé que algunas partes de esta historia, desde el punto de vista periodístico, no son fáciles de contar y sé que usted no quiere ser el centro de atención —dijo.

—Eso es importante —dije—. Estas mujeres han sido increíblemente valientes al dar un paso al frente con estas acusaciones. Hablar de todo esto las ha removido por dentro y han revivido sus traumas porque creen que, si lo denuncian, podrán proteger a otras mujeres. Por eso, lo importante no soy yo, ni el maravilloso trabajo realizado por Jodi Kantor... al final nosotros estamos al servicio de estas mujeres, que están haciendo algo muy duro, y espero que la gente oiga sus voces y se centre en eso.

Cuando salí del plató, me puse a llorar.

44

Cargador

*E*n cuanto dejó de estar en antena, Rachel Maddow recibió una llamada. Se puso a caminar arriba y abajo por el plató, con el teléfono pegado a la oreja. La impostada voz de Griffin era audible incluso en la distancia. Después Oppenheim me llamó a mí.

—Entonces, ¿ya soy un excolaborador de la NBC... o lo que sea que se te haya ocurrido? —bromeé.

—No puedo hacerme responsable del comportamiento de Rachel Maddow. *Y créeme...* Mira, es lo que hay. Más no puedo decir. Desgraciadamente, esto ha desatado una tormenta.

Oppenheim sonaba nervioso. Me dijo que le estaban pidiendo que hiciera un comunicado para afirmar con más contundencia ante las cámaras que la NBC nunca había investigado la historia. Quería que yo lo firmara.

Rápidamente, volvimos a las conversaciones en círculo que habíamos tenido en su despacho, con la diferencia de que Oppenheim había pasado de exponer las razones por las que el reportaje no debía publicarse a defender ahora que nunca había dicho eso.

Cuando le pregunté si había hablado con Weinstein, respondió:

—¡Jamás!

—Noah, cuando me viniste con el artículo sobre Harvey y su colaboración con Woody Allen, dijiste: «Harvey dice...» —le recordé. Pero al oír esto, rugió, me corrigió y protestó:

—¡Harvey Weinstein me llamó *una vez*!

La llamada se alargó durante horas. Mark Kornblau entró en la conversación por conferencia y me presionó para que firmara una declaración de compromiso kafkiana en la que reconociera que la investigación había superado la revisión del departamento jurídico, pero que dijera también que no cumplía con «nuestros criterios». Me dolía la cabeza. Al parecer, Kornblau tenía experiencia en disimular declaraciones sobre escándalos. En 2007, como portavoz del entonces candidato presidencial John Edwards, se dedicó durante meses a erradicar los chismorreos sobre Edwards y el hijo que había tenido supuestamente con Rielle Hunter, una videógrafa de la campaña. Kornblau le pidió a Edwards que firmara una declaración jurada que negase la paternidad. Cuando se negó a firmarla, Hunter escribió más tarde que «fue en ese momento en el que Mark supo la verdad». Pero Mark Kornblau, que permaneció en la campaña hasta el final, un mes después, siguió encargándose de los desmentidos públicos, aunque era evidente que creía a Edwards. Más tarde, cuando el candidato fue juzgado por violar la ley sobre la financiación de campañas mientras intentaba tapar este asunto, los abogados acusaron a Kornblau de haber ocultado el incidente en entrevistas preliminares. Kornblau dijo que los abogados no habían hecho las preguntas pertinentes. Edwards fue absuelto de un delito penal y se declaró juicio nulo en los otros.

En aquel entonces yo no sabía nada de esto. Seguía teniendo el deseo de salvar mi futuro con los directivos. Les dije que no podía hacer una declaración falsa, pero les prometí que dejaría de responder a más preguntas como las de Maddow.

En un momento dado, se me acabó la batería del teléfono y Oppenheim se quedó con el grito en la boca. Yo seguía en la sala de los invitados de MSNBC. Pedí prestado un cargador y lo enchufé. Mientras esperaba, una célebre personalidad de la televisión que aún estaba en la oficina se sentó a mi lado y me comentó como si nada:

—Noah es un puto enfermo, y Andy es un puto enfermo, y habría que largarlos a los dos.

—¿Por algo más que esto, quieres decir? —le pregunté.

—Por tres cosas que yo sepa personalmente.

—La cinta de *Access Hollywood* —dije—. Esto...

—Y otra cosa que tiene que ver con otros talentos de la cadena.

Los ojos se me abrieron como platos. Pero el teléfono se había cargado y Oppenheim volvía a llamarme.

Bajo las luces del Studio 1A, Matt Lauer me miró como un cartucho de dinamita encendido y me puso al corriente de la situación:

—Llevas mucho tiempo trabajando en esta historia, tanto para la NBC como para *The New Yorker*. Sé que conseguir identificar a estas actrices y convencerlas para que hablaran ante las cámaras ha sido un proceso lento y espinoso.

No había habido ninguna colaboración utópica entre la NBC y el *The New Yorker*. Ya en los primeros días de rodaje, conseguimos grabar el testimonio de una mujer. En la cinta de esta charla entre Lauer y yo, puede apreciarse cómo enarco las cejas, asombrado. Lauer estaba raro ese día en el plató, inquieto. Cuando hablé de la complejidad de la conducta sexual indebida en el trabajo y de las represalias, se movió incómodo en su silla y acto seguido pasó a leer la declaración de Hofmeister sobre Weinstein. Cuando cambió de postura, un haz de luz resbaló por su traje azul marino, de corte impecable.

Unas horas más tarde, Oppenheim reunió a los productores y los reporteros de la unidad de investigación para «enfriar los ánimos» y despejar «malentendidos». Cuando repitió que, sencillamente, la cadena nunca había investigado la historia, McHugh protestó.

—Perdóname, Noah, pero tengo que discrepar —respondió.

Oppenheim lo miró con sorpresa. La reunión se volvió polémica y los periodistas no dejaron de hacer preguntas. ¿Por qué la cadena no había difundido la grabación? Si Oppenheim quería más, ¿por qué no nos habían permitido a

McHugh y a mí investigar? Ninguna de las respuestas los dejaba satisfechos.

—No entiendo qué circunstancia podría justificar que un medio informativo, incluso sin haber estado seguro de ti en aquel momento, no te dijera: «Vamos a darte más recursos, a redoblarlos» —dijo un veterano periodista que estaba presente—. A mí es que ni siquiera me parece creíble, y no creo que para el resto del grupo sea diferente.

A la mañana siguiente, McHugh recibió una llamada del asistente de Oppenheim.

—Noah quiere verte.

Oppenheim había dicho que quería hablar con él de sus declaraciones «delante de *todo el grupo*», pronunciando esto último con una nota de desagrado.

—Los abogados de Harvey Weinstein nos estuvieron llamando durante siete meses y yo no dije ni una sola vez: «No sigáis» —le dijo Oppenheim.

—Me ordenaron que dejara de investigar —dijo McHugh—. Ronan y yo teníamos la impresión de que la NBC se decantaba por no publicar el reportaje.

—¡Soy yo quien *lanzó el puto reportaje*! —exclamó Oppenheim, perdiendo la compostura—. Y ahora todo el mundo me acusa de ser cómplice de encubrir a un violador. ¡*Cojonudo*! Soy la única persona de la cadena que le dio un empleo a Ronan después de que la MSNBC cancelara su programa, y la idea del reportaje fue mía...

—No te estoy acusando —dijo McHugh sosegadamente.

Pero Oppenheim se sentía herido. El que David Remnick contestara con sencillez a las preguntas que él intentaba sortear le producía una gran rabia. («¿Desde el instante en que [Farrow] entró por su puerta, tuvo claro que publicaría la historia?», había preguntado un reportero de la CBS a Remnick. «Yo no lo habría expresado mejor», respondió este.)

—¡David Remnick frustró la investigación de Ken Auletta! —gritó Oppenheim—. No ha hecho nada en los últimos dieciséis años hasta que Ronan ha llamado a su puerta. Cuesta un poco digerir la arrogancia de alguien como él, que tumbó el reportaje que tenían, que lleva siglos sin hacer nada y que ahora va por ahí diciendo: «Soy un superhéroe porque he permitido que Ronan siga informando».

Pero el caso es que Remnick me *había* dejado seguir informando, y Oppenheim no. La reunión fue «de locos», me contó después McHugh. Parecía bastante claro que Oppenheim buscaba a alguien de dentro que accediera al montaje. McHugh sopesó los pros y los contras. Tenía delante al jefe de su jefe maldiciéndole. McHugh no tenía ni mi tribuna ni mi perfil. El poder de la cadena para cargarse silenciosamente su carrera era mayor, y la posibilidad de que a alguien le importara, menor. McHugh tenía cuatro hijas a las que mantener y su contrato finalizaba pronto.

Salió de la reunión siendo plenamente consciente de que su futuro pendía de un hilo y preguntándose cuánto tiempo más podría resistirse a los ruegos que le llegaban de arriba.

La historia dejó una onda expansiva y los directivos de la NBC no fueron los únicos alcanzados por ella. Hillary Clinton no se pronunció durante el fin de semana sobre los artículos del *New York Times* y de *The New Yorker*, y no quiso responder a las preguntas de los periodistas, mientras que otros políticos hicieron declaraciones de carácter moralizante. Tina Brown, que había editado la revista *Talk* para Weinstein, dijo a la prensa que ella había advertido al equipo de Clinton sobre la reputación de Weinstein durante la campaña de 2008. La escritora y actriz Lena Dunham reveló que, durante la campaña de 2016, dijo al equipo de Clinton que confiar la recaudación de fondos y la organización de las actividades de la campaña a Weinstein era incurrir en responsabilidad civil.

—Solo quiero que sepas que Harvey es un violador y que esto se sabrá algún día —recordó haberle dicho a un miembro del equipo de comunicación, entre muchos otros a los que avisó según ella.

Cinco días más tarde, Clinton publicó un comunicado en el que decía estar «conmocionada y horrorizada». Me puse en contacto de nuevo con su representante Nick Merrill, que había expresado sus inquietudes a propósito de mi reportaje, y le dije que mi libro sobre política exterior incluiría entrevistas con el resto de secretarios de Estado vivos y mis mejores esfuerzos por explicar por qué Clinton se había desentendido. Finalmente programaron apresuradamente una llamada entre ambos.

Woody Allen, que había expresado sus simpatías por Weinstein al teléfono el mes anterior, volvió a expresarlas en público.

—Nadie ha venido nunca a contarme historias de terror sobre él con un mínimo de seriedad —dijo—. Y no lo han hecho porque no me interesan. A mí lo que me interesa es hacer películas. —Y después—: Todo el asunto de Harvey Weinstein es muy triste para todas las personas implicadas. Es trágico para las pobres mujeres implicadas, y triste para Harvey que [su] vida se haya desbaratado.

Más tarde, en respuesta a las críticas sobre sus comentarios, explicó que había querido decir que Weinstein era «un hombre triste y enfermo». En cualquier caso, enfatizó, lo importante era «evitar una atmósfera de caza de brujas», en la que «cualquier hombre que le guiñe un ojo a una mujer en la oficina tenga que llamar a un abogado para defenderse».

Meryl Streep, que se mostró sorprendida al enterarse de las acusaciones contra Weinstein cuando hablé con ella, volvió a decir lo mismo. Se dedicó a sortear las críticas, muchas de ellas injustas. Un artista callejero de extrema derecha colgó por Los Ángeles una imagen de ella y Weinstein abrazados, con una pincelada de pintura roja en los ojos de ella que rezaba: «Ella lo sabía». Meryl Streep emitió un comunicado a través de su publicista. (Como Hollywood valora la economía de personajes, se trataba también de la publicista de Woody Allen, Leslee Dart, que había supervisado sus intentos periódicos por desacreditar a mi hermana.) «Una cosa debe quedar clara. No todo el mundo lo sabía —decía Meryl Streep en sus declaraciones—. Y si todo el mundo lo sabía, no me creo que todos los periodistas de investigación en la industria del espectáculo y los medios informativos serios miraran para otro lado durante décadas y no escribieran nada sobre ello.» Yo creía en Meryl Streep cuando decía que no lo sabía. Pero su optimismo era infundado: algunos medios lo habían intentado, pero otros lo habían sabido y habían mirado para otro lado.

45

Camisón

*L*as mujeres del artículo reaccionaron, igualmente. Unas se sentían apenadas, otras extasiadas. Todas describieron la sensación de haberse quitado por fin un peso de encima. Rose McGowan, después de sus meses de altibajos, me dio las gracias. «Has hecho una entrada gloriosa con tu espada de fuego. Lo has hecho que te cagas —me escribió—. Nos has hecho un enorme favor. Y has sido VALIENTE.» McGowan me dijo que se había enfrentado a una ofensiva creciente de Weinstein y a la espiral de honorarios de sus abogados. «Sé que estás cabreado conmigo, pero lo tuve difícil —me explicó—. Por detrás, Harder y Bloom me estaban aterrorizando.»

McGowan había pasado una época solitaria. Confiaba en pocas personas, a excepción de su nueva amiga, «Diana Filip»... «Anna» en la reciente reunión con Weinstein. El día que se publicó mi artículo, la mujer tanteó a McGowan:

Hola, amor:

He pensado mucho en ti estos últimos días. ¡Qué locura todo lo que está pasando!

¿Cómo te sientes? Tiene que ser un alivio y un montón de estrés al mismo tiempo, seguro que recibes un montón de mensajes, espero que todos sean de apoyo.

Bueno, solo quería decirte que has sido muy valiente, estoy muy orgullosa de ti.

Te enviaré un correo electrónico pronto para conectarte con Paul y así podréis fijar una segunda reunión para hablar de negocios.

Xx

A esas alturas, múltiples fuentes habían descrito contactos con individuos de los que sospechaban. Zelda Perkins, la asistente implicada en los acuerdos de Londres, finalmente empezó a responderme, primero para insistir en que le impedían legalmente hablar conmigo de su época en la compañía de Weinstein y luego, con el tiempo, para contarme toda la historia de los acuerdos de Londres. Me dijo que a ella también le habían hecho preguntas que no le parecieron normales. La había llamado un articulista del *Guardian* llamado Seth Freedman.

Annabella Sciorra también me escribió el día de la publicación: «Has hecho un trabajo increíble no solo por desenmascararlo, sino también por transmitir el dolor que todas esas mujeres han padecido y siguen padeciendo». Cuando la llamé, me explicó que ella era una de esas mujeres que seguían sintiendo dolor. Durante nuestra primera llamada, ella había mirado fijamente el East River por la ventana de su salón mientras luchaba por contarme su historia. «Pensé: es el momento que llevo esperando toda mi vida...», y entonces el pánico se apoderó de ella. «Estaba temblando —recordó—, lo único que quería era colgar el teléfono.»

La verdad era que llevaba más de veinte años intentando hablar de Weinstein y no había podido. Vivía aterrorizada por él; todavía dormía con un bate de béisbol junto a su cama. Weinstein, me dijo, la violó brutalmente y, durante los años posteriores, no dejó de acosarla sexualmente.

A comienzos de los años noventa, después de que Sciorra protagonizara *La noche que nunca tuvimos*, película producida por Weinstein, terminó integrándose en «el círculo de Miramax». Había tantas proyecciones y celebraciones y cenas que costaba imaginarse la vida fuera del ecosistema

Weinstein. En una de esas cenas en Nueva York, recordó: «Harvey estaba allí y yo me levanté para irme. Entonces él me dijo: "Espera, te acerco". Harvey me había acercado en coche otras veces, de modo que no esperé nada fuera de lo normal... solo que me dejara en casa». En el coche, Weinstein se despidió de Sciorra y ella subió a su apartamento. Estaba sola y a punto de meterse en la cama unos minutos después cuando oyó que llamaban a la puerta. «No era tan tarde —me contó—. Es decir, que no era en mitad de la noche, así que abrí un poco la puerta para ver quién era. Él la empujó abriéndola de par en par.» Sciorra calló un momento. Parecía que le resultaba casi físicamente imposible contar la historia. Weinstein «entró como si estuviera en su casa, como si fuera el amo del lugar, y empezó a desabrocharse la camisa. Estaba clarísimo adonde quería ir a parar. Y yo iba en camisón. No llevaba mucha ropa encima». Se dio una vuelta por el apartamento; Sciorra tuvo la sensación de que estaba comprobando si había alguien más.

Sciorra me contó que escuchar la grabación de Ambra Gutiérrez, el día de la emboscada policial, «le hizo un auténtico clic». Recordó que Weinstein había empleado las mismas tácticas el día que la arrinconó a ella y la hizo recular a su dormitorio. «Ven aquí, vamos, para ya, qué haces, ven aquí», recordó que él le decía. Ella intentó ser tajante. «Aquí no va a pasar nada —le dijo—. Tienes que irte. Márchate. Sal de mi casa.»

«Me empujó a la cama y se puso encima de mí.» Sciorra luchó. «Le golpeaba y gritaba», pero Weinstein le inmovilizó los brazos sobre la cabeza con una mano y la penetró a la fuerza. «Cuando hubo terminado, eyaculó en mi pierna y en mi camisón.» Era una reliquia familiar, heredado de unos parientes en Italia, de algodón blanco bordado. Él dijo: «Tengo una sincronía impecable». Y luego: «Esto es para ti». Sciorra calló, superada, hiperventilando. «Y entonces intentó practicarme sexo oral. Luché, pero ya no me quedaban muchas fuerzas.» Sciorra dijo que su cuerpo se puso a temblar mucho. «Creo que eso es lo que le hizo marcharse, porque pareció que me estaba dando un ataque o algo de eso.»

Las versiones de estos relatos que al final se publicaron en *The New Yorker* fueron precisas y legalistas. No intentaron transmitir la verdadera, la lúgubre fealdad que supone escuchar una recopilación de violaciones brutales como esta. A Sciorra se le quebró la voz. Sus recuerdos irrumpían en sollozos entrecortados. Si oyes a Annabella Sciorra luchar por contarte su historia una vez, se te queda dentro para siempre.

En las semanas y los meses que siguieron a la supuesta agresión, Sciorra no dijo nada a nadie. Nunca habló con la policía.

—Como muchas de estas mujeres, estaba muy avergonzada de lo ocurrido —me dijo—. Y luché. Luché. Pero aun así pensaba: ¿Por qué abrí la puerta? ¿Quién abre la puerta a esas horas de la noche? Estaba avergonzadísima. Me daba asco a mí misma. Pensé que la había cagado.

Se deprimió y perdió peso. Su padre, que no sabía nada de la agresión pero se preocupaba de su bienestar, la animó a buscar ayuda, y Sciorra fue a un terapeuta, pero dijo: «Creo que ni siquiera llegué a contárselo al terapeuta. Es patético».

Sciorra, como muchas otras mujeres, sospechó que Weinstein se había vengado de ella. Dijo que sintió las repercusiones en su medio de vida casi de inmediato.

—No volví a trabajar de 1992 a 1995 —me dijo—. Siempre oí las mismas reticencias: «Nos han dicho que eres difícil; hemos oído esto o lo otro». Pienso que fue la maquinaria de Harvey.

La actriz Rosie Pérez, una amiga que fue de las primeras en quien Sciorra confió sus acusaciones, me dijo:

—Tenía el viento a favor y entonces empezó a comportarse raro y a recluirse. No tenía ningún sentido. ¿Por qué una mujer así, con tanto talento, y con todo a favor, que encadenaba un éxito tras otro, desapareció del mapa de la noche a la mañana? Me duele, como actriz, ver que su carrera no florece como hubiera merecido.

Varios años más tarde, Sciorra empezó a trabajar otra vez, y Weinstein empezó a perseguirla de nuevo con insinuaciones sexuales no deseadas. En 1995, ella se encontraba en Londres rodando *El sueño inocente*, película que Weinstein no produjo. Según Sciorra, Weinstein empezó a dejarle mensajes, exigiéndole que lo llamara o que se vieran en su hotel. Ella no sabía cómo la había encontrado. Una noche, él se presentó en su habitación, aporreando la puerta. «Durante noches enteras no pude dormir. Apilé muebles contra la puerta, como en las películas.»

Dos años después, Sciorra actuó en el drama policíaco *Cop Land* como Liz Randone, la mujer de un policía corrupto. Dijo que se presentó al *casting* sin saber que era una película de Miramax y supo que la compañía de Weinstein participaba en la película solo cuando empezaron las negociaciones del contrato. En mayo de 1997, poco después del estreno de la película, Sciorra fue al Festival de Cine de Cannes. Cuando se registró en el Hotel du Cap-Eden-Roc, en Antibes, un socio de Miramax le dijo que la habitación de Weinstein estaría junto a la suya. «Casi me da un ataque», recordó Sciorra. A la mañana siguiente temprano, mientras ella seguía durmiendo, oyó que llamaban a su puerta. Medio dormida, y pensando que habría olvidado que tenía una cita temprana de peluquería y maquillaje, fue a abrir. «Era Harvey en paños menores, con una botella de aceite para bebés en una mano y una cinta, una película, en la otra —recordó—. Y fue horroroso, porque yo ya había pasado por eso.» Sciorra dijo que huyó de Weinstein. «Él se me acercó rápidamente y yo apreté todos los botones de llamada del servicio del hotel y del servicio de habitaciones. Seguí apretándolos hasta que vino alguien.» Cuando un empleado del hotel llegó, Weinstein se fue.

Con el tiempo, Sciorra se abrió a un pequeño número de personas. Rosie Pérez dijo que un conocido le había hablado del comportamiento de Weinstein en el hotel de Londres y le preguntó a Sciorra qué había pasado. Esta le contó la agresión en su casa, y Pérez, a quien un pariente había agredido sexualmente en su infancia, se puso a llorar. «Le dije: "Oh, Annabella, tienes que ir a la policía". Y ella me dijo: "No puedo ir a la policía. Está destruyendo mi carrera".»

Pérez dijo que le contó a Sciorra su experiencia de cuando hizo pública su agresión para animarla a ella a contar la suya. «Le dije: "Me mantuve a flote durante años. Es muy agotador y, si hablas, puede que eso sea tu salvavidas. Agárrate a él y sal" —recordó Pérez—. Le dije: "Cariño, el agua nunca desaparece, pero cuando lo hice público se transformó en un charco y construí un puente sobre él, y un día tú también lo conseguirás".»

Cuando Sciorra decidió hacerlo público, le dije a Remnick que tenía otro testimonio. Designó como redactor de refuerzo a David Rohde, un veterano reportero de guerra de Reuters y el *New York Times*. Rohde, al que una vez secuestraron los talibanes, tenía cara de angelito y parecía incapaz de la menor expresión de malicia o engaño.

Ese octubre, él y Foley-Mendelssohn revisaron lo que se convirtió en el relato de la compleja lucha que cada mujer había vivido para decidirse a hablar. Incluimos el relato de Annabella Sciorra y el de la actriz Daryl Hannah, que me contó que Weinstein también la había acosado sexualmente. Hannah dijo que, durante el Festival de Cine de Cannes, a principios de la década del 2000, Weinstein llamó sin cesar a la puerta de su habitación de hotel hasta que ella se escabulló por una puerta exterior y pasó la noche en la habitación de su maquilladora. A la noche siguiente, él lo intentó otra vez, y ella tuvo que bloquear la puerta con muebles para impedir que entrara. Varios años más tarde, cuando se encontraba en Roma para el estreno de *Kill Bill: Volumen 2*, distribuida por Miramax, apareció simplemente en su habitación.

—Tenía una llave —me dijo Hannah—. Entró por el salón hasta el dormitorio. Irrumpió en él como un toro bravo. Y sé con cada fibra de mi ser que si mi maquillador, que era hombre, no hubiera estado en esa habitación, las cosas no habrían ido bien. Daba miedo.

Weinstein, para justificar su extraña intrusión, le dijo que bajara a una fiesta. Pero cuando ella llegó, la habitación estaba vacía; solo estaba Weinstein, que le preguntó: «¿Tus tetas son de verdad?», y si podía tocárselas. «Le dije: "¡No, no puedes!". Y entonces él dijo: "Enséñamelas por lo menos". Y le dije: "Que te jodan, Harvey"». A la mañana siguiente, el avión privado de Miramax se fue sin Hannah.

Tanto Sciorra como Hannah hablaron de las fuerzas que mantienen calladas a las mujeres. Hannah dijo que se lo contó a todo el mundo que quisiera escucharla desde el principio.

—Y daba igual —me dijo—. Creo que da igual si eres una actriz conocida, da igual si tienes veinte años o cuarenta, da igual si lo denuncias o no, porque no nos creen. Más que eso… nos reprenden, nos critican y nos culpabilizan.

Sciorra, por otra parte, tenía miedo a hablar por todas las razones que son tan habituales en las supervivientes de violación: la apaleadora fuerza psíquica del trauma; el miedo a las represalias y al estigma.

—Ahora, cuando vaya a un restaurante o una celebración, la gente sabrá lo que me ocurrió —dijo Sciorra—. Me mirarán y lo sabrán. Soy una persona extremadamente reservada y esto es lo más opuesto a eso.

Pero existían otras razones más específicas que explicaban su silencio. El férreo control de los medios que ejercía Weinstein hacía difícil saber de quién fiarse.

—Sé desde hace mucho tiempo lo poderoso que se ha hecho Harvey y que controla a un montón de periodistas y columnistas chismosos —me dijo.

Y, aunque no podía demostrarlo, estaba convencida de que Weinstein la espiaba, la vigilaba de cerca, y enviaba intermediarios con falsos pretextos. Reconocía que parecía una locura.

—Te tuve miedo porque creí que era Harvey que me vigilaba —me dijo—. Mientras hablaba contigo tuve miedo de que no fueras tú de verdad.

Cuando le pregunté si alguien sospechoso se había puesto en contacto con ella, se esforzó por recordarlo. Un día recibió una llamada de un periodista británico que la desconcertó.

—Me llamó la atención su acento británico —me dijo—. Y tuve miedo de que fuera Harvey tanteándome para ver si hablaba.

Rebuscó en sus mensajes. Y lo encontró. Era de agosto, no mucho después de que yo también tuviera noticias suyas: «Hola, Sra. Sciorra, soy Seth, el periodista de Londres... ¿Tiene tiempo para una llamaba muy breve para ayudarnos en nuestro artículo? No más de diez minutos, y sería muy útil para nuestra investigación...».

46

Pretexting

Seth Freedman era un personaje pintoresco. Un hombre menudo, de ojos saltones, barba tupida y cabello en apariencia perpetuamente revuelto. Era corredor de bolsa en Londres y luego se mudó a Israel, donde sirvió en una unidad de combate de las Fuerzas de Defensa de Israel (FDI) durante quince meses, en la década del 2000. Más tarde se convirtió en un chivato y denunció en las páginas del *Guardian* que la empresa financiera para la que trabajaba manipulaba los precios al por mayor de la gasolina, y consiguió que terminaran despidiéndole. Sus artículos eran farragosos y joviales y estaban trufados de francas referencias a su adicción a las drogas. En 2013 escribió una novela titulada *Dead Cat Bounce* sobre un joven judío farlopero que trabaja en las finanzas y huye de Londres para combatir con las FDI, pero termina envuelto en el mundo del espionaje y el crimen, todo ello mientras se hace pasar por periodista del *Guardian*. Freedman escribía como un gánster de las películas de Guy Ritchie: «El mojito perfecto es un tiro de coca. ¿Me pillas? Ron, lima, azúcar, menta... ya, ya, ya, pero créeme, eso es el perico del pringao. La nieve del gallina. La farla del hombre recto».

A finales de octubre de 2017, después de la conversación con Annabella Sciorra, me puse en contacto con Freedman para decirle que quería hablar. Le dije que era urgente. Recibí una cascada de mensajes de WhatsApp. «Muchísimas felicidades por el artículo —decía—. Lo he seguido muy de cerca.» Me dijo que había estado colaborando con un periódico británico para intentar publicar algunas historias. Más adelante, me explicaría que había remitido las grabaciones de sus conversaciones con Rose McGowan y otra acusadora de Weinstein al *Observer*, el suplemento dominical del *Guardian*, y que había publicado artículos basados en las entrevistas. Los artículos no mencionaban a Freedman y eran imprecisos sobre quién había realizado las entrevistas y por qué.

Freedman aseguraba que había compartido las grabaciones por un deseo genuino de contribuir a que se supiera la verdad. Y se ofreció a ayudarme con mi investigación. Rápidamente, me envió el pantallazo de un documento titulado «Lista de objetivos». Era un fragmento de una lista de casi un centenar de nombres: antiguos empleados de Weinstein y periodistas hostiles, pero, sobre todo, mujeres con acusaciones. Muchas de las fuentes de mi reportaje figuraban en la lista, incluidas varias que habían expresado incómodas sospechas de que las estaban vigilando o siguiendo. Los objetivos prioritarios aparecían en rojo. Era la misma lista que Pam Lubell y Doyle Chambers habían contribuido a recopilar. En algunos casos había anotaciones con información actualizada sobre conversaciones que habían mantenido con determinadas personas.

Pocas horas después de nuestro intercambio de mensajes, tenía a Freedman al teléfono. Al principio repitió el cuento de que solo le movía el interés periodístico.

—Más o menos en noviembre del año pasado me soplaron que iba a pasar algo, que había personas investigando una historia sobre Harvey Weinstein —me dijo—. En ese momento yo solo quería escribir un artículo sobre Hollywood y su forma de vida.

Sin embargo, a lo largo de la conversación afloraron otros sutiles detalles sobre las «personas» que estaban «investigando» a las mujeres que acusaban a Weinstein. Primero se refirió a este misterioso grupo como a «ellos».

—Yo ya los conocía en cierto modo, pero en un contexto radicalmente distinto —dijo. Luego pasó al «nosotros»—. Al principio pensamos que esto sería… la típica riña de negocios entre dos oligarcas, pero en versión Hollywood.

Los primeros informes que recibió estudiaban meticulosamente a los rivales comerciales de Weinstein, entre los que se incluían miembros de la junta directiva de amfAR, la Fundación para la Investigación sobre el Sida. Pero cuando el foco se volvió hacia Rose McGowan, Zelda Perkins y Sophie Dix, dijo, su participación en todo aquello empezó a incomodarle.

—Resultó que en realidad el asunto tenía que ver con las agresiones sexuales. Nos echamos atrás y nos dijimos que no íbamos a participar en aquello de ninguna de las maneras. Pero ¿cómo íbamos a salir de todo aquello? Porque él nos había contratado.

Yo trataba de entender con quién estaba trabajando Seth Freedman por cuenta de Weinstein.

—¿Estamos hablando de detectives privados que trabajan para él o de otros periodistas? —le pregunté.

—Sí, lo primero sí —dijo con cautela—. Yo estuve en el ejército israelí —prosiguió—. Conozco a un montón de gente que trabaja para la inteligencia israelí. Esto debería darle una idea de quiénes son sin que yo tenga que decírselo.

Probé una vez más.

—¿Puede decirme el nombre de algún individuo de ese grupo o el nombre del grupo?

Finalmente, dijo:

—Se llaman Black Cube.

Para los lectores y para mí, el término «detective privado» conjura seguramente imágenes de expolicías que empinan el codo y trabajan en despachos destartalados. Pero para corporaciones e individuos adinerados, la profesión hace tiempo que ofrece servicios que no tienen nada que ver con esta imagen. Allá por los años setenta, un antiguo abogado que se llamaba Jules Kroll fundó una empresa epónima que servía a bufetes de abogados y entidades bancarias, y cuyo personal se nutría de antiguos policías, agentes del FBI y auditores forenses. La fórmula prosperó, junto con una generación de copiones. En la década del 2000, Israel era un semillero de empresas de esta índole. El servicio militar obligatorio del país y el secretismo y los logros legendarios de su agencia militar, el Mossad, crearon una cartera de agentes entrenados que siempre estaban disponibles. Las empresas israelíes comenzaron a centrarse en métodos menos convencionales de espionaje corporativo, como el *pretexting*: la utilización de agentes con identidades falsas.

Black Cube perfeccionó la fórmula. Los fundadores de la empresa en 2010 fueron Dan Zorella y el doctor Avi Yanus, ambos presentes en los correos electrónicos de los abogados de Weinstein. Tanto Zorella como Yanus eran veteranos de una unidad de inteligencia secreta israelí. Desde el comienzo, Black Cube mantuvo estrechos vínculos con el ejército de Israel y los jefes de los servicios de inteligencia. Meir Dagan, el legendario exdirector del Mossad, fue miembro de la junta de asesores de la empresa hasta su muerte en 2016. Una vez, Dagan describió a un magnate de los servicios de Black Cube en estos términos: «Puedo buscarte un Mossad personalizado».

La fuerza de trabajo de Black Cube creció hasta abarcar más de un centenar de agentes que en total hablaban treinta lenguas. La agencia abrió oficinas en Londres y París y finalmente trasladó su sede a un espacio gigantesco en una reluciente torre del centro de Tel Aviv, detrás de una puerta negra sin ninguna placa de identificación. En el interior había más puertas sin placas, muchas de ellas selladas por lectores de huellas dactilares. En la sala de recepción de la empresa, prácticamente todos los rincones alojaban cubos negros, desde el lujoso mobiliario hasta los cuadros de arte en las paredes. En otras estancias, los agentes llevaban el espionaje y su táctica del *pretexting* a nuevas cotas. Una única mesa podía tener casilleros con cabida para veinte teléfonos móviles diferentes, cada uno de ellos vinculado a un número diferente y a un personaje ficticio. Cada agente se sometía rutinariamente a polígrafos como garantía de que no filtraran información a la prensa. Hasta los conserjes pasaban estas pruebas.

La línea entre Black Cube y el aparato de inteligencia de Israel a veces era muy fina. La agencia privada era «el proveedor exclusivo de las mayores organizaciones y ministerios públicos», reveló un documento judicial. Por lo tanto, no era sorprendente que Ehud Barak, el ex primer ministro, hubiera recomendado Black Cube a Weinstein.

Sembré Tel Aviv de llamadas y correos electrónicos y, pronto, una empresa que se jactaba de su discreción empezó a murmurar, y hasta niveles insospechados. Hubo un desmentido formal, anodino, orquestado por un publicista *free lance* de Tel Aviv llamado Eido Minkovsky, que me regalaba el oído cada vez que hablábamos por teléfono.

—Mi mujer ha visto fotos suyas —dijo—. No irá a Nueva York bajo ningún concepto. No tiene permiso. Le he confiscado su visado.

—Es usted un zalamero. Lo respeto —le dije.

—Sí, ese es mi juego.

Después, yo y Rohde, el redactor de refuerzo, hicimos una serie de llamadas más reveladoras desde su despacho, cada mañana temprano, para salvar la diferencia horaria. Llamábamos a dos hombres cercanos a la operación de Black Cube, que se mostraron dispuestos a hablar a condición de que mantuviéramos su anonimato. Al principio, se cerraron en banda y lo negaron todo. Dijeron que la agencia solo había hecho búsquedas en Internet para Weinstein, y que sus agentes nunca se habían puesto en contacto con mujeres que lo hubieran acusado, ni con periodistas. «Nunca hemos intentado contactar a ninguna de estas personas —dijo el de más edad, que tenía una voz grave, con un fuerte acento israelí—. Lo he comprobado con mi equipo, y nadie sabe nada de las personas que me comentó: Annabella Sciorra, Sophie Dix, Rose McGowan...» Cuando mencioné a Ben Wallace y mis sospechas de que nos habían estado vigilando, me dijo: «No solemos vigilar a periodistas, no son nuestro objetivo». Lo «juramos», dijo el más joven, con la voz más aguda. «¡Somos judíos talmudistas! —continuó—. ¡Nosotros nunca juramos porque sí!» Las llamadas eran tan siniestras como entretenidas.

Prometieron enviarnos documentos internos que desmentirían cualquier pretensión de que Black Cube había seguido a acusadoras o periodistas.

—Le enviaré los documentos hoy mismo —dijo el de la voz grave—. Lo haremos desde una dirección de correo electrónico de un solo uso o desde uno de nuestros servidores, ya veremos.

Treinta minutos después de colgar, llegó un mensaje desde el servicio de correo electrónico encriptado ProtonMail, con documentos adjuntos. Unas horas después recibimos otro mensaje con más documentos, esta vez enviado desde Zmail, un servicio de correo electrónico diferente. Buena idea dispersarlos por múltiples cuentas de correo, pensé. «Hola amigo común —decía el primer mensaje—. Encontrará nueva información adjunta relativa al asunto HW&BC. Saludos, criptoadmón.»

La cuenta de ProtonMail de la que procedía se llamaba «Sleeper1973».

47

Corre

Con este correo electrónico venía adjunto un registro completo del trabajo que Black Cube había realizado para Weinstein. Incluía el primer contrato con fecha del 28 de octubre de 2016 y los que vinieron después, incluido el del 11 de julio de 2017, revisado después de la riña por el asunto de las facturas. Este último acuerdo prometía los siguientes servicios en el mes de noviembre:

> Los objetivos principales del proyecto son:
>
> a) Aportar información que ayude al Cliente a frenar definitivamente la publicación de un nuevo artículo negativo en un periódico importante de NY (en adelante, «el Artículo»);
>
> b) Conseguir contenido extra de un libro en curso de redacción que incluye información negativa y perjudicial sobre el Cliente (en adelante, «el Libro»).

Black Cube prometió los servicios de «un equipo dedicado de agentes expertos en inteligencia que operarán en Estados Unidos y cualesquiera otros países necesarios». El equipo incluía a un jefe de proyectos, analistas de información, lingüistas y «operadores de avatares» contratados específicamente para crear identidades falsas en las redes sociales, así como «expertos en operaciones con extensa experiencia en ingeniería social». La agencia se comprometía a contratar a un «periodista de investigación a petición del Cliente», al cual se le exigiría realizar diez entrevistas al mes durante cuatro meses a cambio de una remuneración de 40 000 dólares. La agencia «informaría rápidamente al cliente de los resultados de las entrevistas realizadas por el Periodista».

Black Cube también prometió proveer los servicios de «una agente a tiempo completo que responde al nombre de "Anna" (en adelante, "la Agente"), con base en Nueva York y Los Ángeles de acuerdo con las instrucciones del Cliente, disponible en todo momento para asistir al Cliente y a sus abogados durante los cuatro próximos meses».

Las facturas adjuntas eran colosales: unos honorarios que en total sumarían más de 1,3 millones de dólares. Los contratos estaban firmados por el doctor Avi Yanus, director de Black Cube, y por Boies Schiller. Menuda sorpresa. El bufete jurídico de Boies *representaba* al *New York Times*. Pero ahí estaba la firma del respetado abogado, con elegante caligrafía y tinta azul, estampada en un contrato cuyo fin era enterrar el reportaje periodístico y conseguir el libro de Rose McGowan.

Black Cube recalcaba que sus tácticas tenían el visto bueno de abogados del mundo entero y se ceñían a la ley. Pero, pronto, fuentes del mundo de la inteligencia privada me soplaron que la agencia tenía fama de saltarse las reglas. En 2016, encarcelaron a dos agentes de Black Cube en Rumanía por intimidar a un abogado y hackear sus correos electrónicos. Después les concedieron la libertad condicional. «Leyes de protección de la privacidad, leyes de protección de datos… Es imposible hacer lo que ellos hacen sin incumplir la ley», me dijo una persona directamente involucrada en las operaciones de Black Cube. El jefe de una empresa de inteligencia privada israelí de la competencia que había hecho tratos con Black Cube me dijo: «Más del cincuenta por ciento de lo que hacen es ilegal». Le pregunté qué debía hacer si sospechaba que me seguían, y me respondió: «Eche a correr».

Cuando nuestras conversaciones con los israelíes se tensaron, pasé varias noches de prestado en *The New Yorker* para no tener que moverme por las calles de la ciudad después de anochecer.

Υ

A las pocas horas de haber recibido los contratos, hablé por teléfono con David Boies, en lo que sería el principio de una conversación que duraría días enteros. Al principio, Boies no estaba seguro de querer hablar públicamente. Dijo que estaba liado con su trabajo *pro bono* (sin ánimo de lucro), que incluía una negociación para liberar a un joven estadounidense encarcelado en Venezuela. Y le preocupaba que pudieran malinterpretarlo. «Como dice el malo de las películas de *Misión Imposible*, es complicado», me escribió en un correo electrónico. La cita me intrigaba. Era de una escena de la tercera película de la saga. Billy Crudup, que hasta ese momento no tiene nada de malo, está sentado delante de un Tom Cruise que se desangra, atado a una silla, como todo héroe debe preciarse a estas alturas del tercer acto, y suelta un discurso igual de esperado que revela que trabajaba para el malo desde el principio. «Es complicado», dice Crudup. Tiene miedo de lo que descubran. «¿Lo ha visto alguien más?», pregunta a propósito de las pruebas que lo vinculan con el villano, y sobreactuando como si hubiera leído el guion y conociera la última escena.

Boies habló en público finalmente. «No deberíamos haber estado contratando y pagando a investigadores que no seleccionamos ni dirigimos nosotros —me dijo—. En aquel momento, me pareció que al cliente le acomodaba bien, pero se hizo sin pensarse y eso fue error mío. Fue un error en aquel momento.» Boies reconoció que sus métodos de investigar e intimidar a periodistas eran problemáticos. «En general, no pienso que presionar a los periodistas sea apropiado. Si eso es lo que ha ocurrido aquí, entonces no ha sido apropiado», dijo. Luego dejó entrever algo así como remordimientos: «Echando la vista atrás, sabía lo suficiente en 2015 como para haberme dado cuenta del problema y hacer algo al respecto», dijo refiriéndose a la fecha en que se conocieron las acusaciones de Emily Nestor y Ambra Gutiérrez. «No sé qué pasó, si es que pasó algo, después de 2015, pero si fue así, creo que parte de la responsabilidad es mía. También pienso que, si la gente hubiera reaccionado antes, habría sido mejor para el Sr. Weinstein.»

El que Boies lo confesara todo sin vacilar, incluida la participación de la agente llamada Anna y del periodista a sueldo que identificó como Freedman, el antiguo redactor del *Guardian*, dice mucho a su favor. Cuando le envié los contratos firmados con Black Cube, me respondió simplemente: «Son mis firmas». Los mejores personajes saben cuándo ha llegado el momento de confesar.

En el despacho de Rohde a la mañana siguiente, nos comunicamos de nuevo por teléfono con los dos hombres cercanos a la operación de Black Cube. Les di las gracias por habernos enviado los documentos. Parecían contentos, convencidos de que eso los exculparía de haber utilizado vigilancia humana intrusiva por encargo de Weinstein.

—No nos acercamos a ninguna de estas mujeres de incógnito —reiteró el de la voz más grave—. No nos acercamos a ninguno de estos periodistas de incógnito.

Cuando empecé a hacerles preguntas sobre el contrato que aludía a estas mismas tácticas, parecieron confundidos.

—Nosotros nunca hemos escrito eso. Puedo asegurarle al cien por cien que nunca lo hemos escrito —intervino el de la voz más aguda.

Rohde y yo nos miramos perplejos.

—Lo tengo delante ahora mismo. Lleva el membrete de Black Cube y la firma de Avi. Me estoy refiriendo a un documento que me han enviado.

—Cuando dice «que me han enviado», ¿a quién se refiere? —dijo el de la voz grave con cautela e inquietud.

—Esto estaba en la carpeta de documentos que ustedes me enviaron ayer. No el segundo volcado de memoria de Zmail, sino el primero de todos, el correo electrónico de Sleeper —dije.

Se hizo un silencio total.

—Nosotros no le hemos enviado ningún correo desde esa cuenta —repuso la voz grave—. Lo único que le enviamos ayer fue desde la cuenta de Zmail.

Sentí una comezón en la piel cuando comprendí lo que estaba pasando. Los hombres nos habían prometido que nos enviarían un documento de Black Cube volcado desde una cuenta de correo discreta. ¿Cuál era la probabilidad de que otra fuente intercediera con una filtración contradictoria y más devastadora exactamente en el mismo momento? Y, sin embargo, que hubiera distintas filtraciones era la única explicación aparente. Me había topado con una guerra civil entre espías.

Dejé apresuradamente el tema de la fuente de los documentos y les dije que ya los habíamos autentificado con Boies y otros.

—Son genuinos —dije.

Percibí un instante de pánico en el hombre de la voz grave.

—No... no sé quién ha enviado eso, pero lo vamos a investigar, descuide. —Luego se recompuso y añadió—: En este caso, lo haremos amistosamente.

Me pregunté cómo sería en otros casos.

Envié enseguida otro correo electrónico a la dirección misteriosa. «¿Puede proporcionarme información que me ayude a autentificar estos documentos? Hay terceros implicados que niegan la autenticidad de algunos de ellos.» La respuesta llegó al instante: «No me sorprende que lo nieguen, pero es todo verdad. Han intentado conseguir el libro de Rose a través de una mujer que responde al nombre de "Ana"... una agente de inteligencia humana».

El mensaje venía con otra serie de archivos adjuntos: una correspondencia muy diversa y documentos anexos a los contratos. A la larga, la autenticidad de todos estos documentos terminaría comprobándose igualmente.

Me recliné en mi silla y me llevé la palma de la mano a la boca, pensativo.

¿Quién eres, *Sleeper*?

Espejismo

«*T*enemos que descubrir quién es», presionaba David Rohde, al igual que el resto del equipo de *The New Yorker*. Lo analizamos desde todos los ángulos. «Sleeper1973 puede ser una referencia a Woody Allen[9] —escribí, refiriéndome a la película del mismo nombre estrenada ese año—. Lo cual es bastante descarado.» Alguien con sentido del humor, desde luego.

Pero Sleeper rechazó todas mis súplicas para darme información que pudiera identificarle, para hacerme una llamada encriptada, para conocernos en persona. «Puedo entender el interés de los directores de su periódico pero me da miedo revelar mi identidad. Hoy en día se pueden controlar todos los métodos de Internet… me cuesta creer que esto no se volverá contra mí —me escribió—. Estoy seguro de que conoce a NSO, y no estoy dispuesto a correr riesgos innecesarios.» NSO Group era una empresa de ciberinteligencia israelí, famosa por su *software* Pegasus, que podía hacerse con el control de un teléfono móvil y extraerle los datos. Se había utilizado para vigilar a disidentes y periodistas del mundo entero.

Pero Sleeper siguió enviando información desde la dirección de correo encriptada, y siempre se aseveraba auténtica. Después de que Rose McGowan me dijera que solo había tenido contacto con unas pocas personas de confianza en los

---

9. *Sleeper*, conocida como *El dormilón* en los países de habla hispana.

últimos meses, y yo no recordaba que ninguna se llamara Anna, la agente infiltrada, le pedí alguna pista a Sleeper. Volvió a responderme como un rayo: «En cuanto a Anna, su verdadero nombre es Stella Penn. Le he adjuntado algunas fotografías. Supuestamente, consiguió 125 páginas del libro de Rose (como figura en el contrato de Black Cube con Boies) y habló de lo que descubrió con el mismísimo HW».

Venían tres fotos adjuntas de una rubia escultural de nariz prominente y pómulos marcados.

Yo iba en taxi, viendo desfilar la autovía del West Side por la ventanilla. Envié las fotos a Rose McGowan y a Ben Wallace.

—Diooss —me respondió McGowan—. Reuben Capital. Diana Filip. No me jodas.

Wallace también la recordó de inmediato. «Sí. ¿Quién es en verdad?», me respondió.

El trabajo de Black Cube estaba diseñado para que jamás lo descubrieran. Sin embargo, de cuando en cuando, un agente dejaba demasiadas huellas. En la primavera de 2017 —mientras el Gobierno de Trump y sus seguidores se afanaban por desmantelar el acuerdo nuclear con Irán de 2015—, los prominentes defensores del acuerdo recibieron un torrente de solicitudes singulares. Una mujer que se identificó como Adriana Gavrilo, de Reuben Capital Partners, escribió un correo electrónico a Rebecca Kahl, antigua responsable de programa del Instituto Nacional Demócrata y esposa de Colin Kahl, asesor en política exterior del Gobierno de Obama. Gavrilo le dijo a Kahl que estaba preparando una iniciativa educativa y le pidió con insistencia que se vieran para hablar del colegio de la hija de Kahl. Kahl, que temía ser «el blanco de algo», dejó de responderle.

Unas semanas más tarde, una mujer llamada Eva Novak, que trabajaba en una productora de Londres de nombre Shell Productions, escribió un correo electrónico a Ann Norris, antigua funcionaria del Departamento de Estado y esposa de Ben Rhodes, otro asesor de política exterior de Obama. Novak quería que Norris consultara una película que describió como una mezcla de «*Todos los hombres del presidente* y *El ala oeste de la Casa Blanca*», que contaba las historias de los funcionarios públicos en tiempos de crisis geopolítica, incluidas «las negociaciones nucleares con un país hostil». Norris, que encontró esta petición «extraña», decidió no contestar siquiera.

Más adelante, los documentos relativos a la operación llegaron a mis manos: perfiles de Black Cube sobre funcionarios del Gobierno de Obama que revelaban información perjudicial sobre ellos y pormenorizaban afirmaciones falsas que los acusaban de colaborar con lobistas iraníes, o de aceptar sobornos, y el rumor de que uno de ellos tenía una aventura.

Había otros ejemplos. Durante el verano de 2017, una mujer que se identificaba como Diana Ilic, asesora en Londres de un magnate del *software* europeo, empezó a llamar y a reunirse con detractores de AmTrust Financial Services Inc., presionándolos para que hicieran declaraciones sobre su trabajo que pudieran utilizarse contra ellos. No mucho tiempo después, Maja Lazarov de Caesar & Co., una agencia de contratación con base en Londres, empezó a hacer lo mismo con empleados de West Face Capital, una empresa canadiense de gestión de activos.

Las cuentas de las redes sociales vinculadas a estos nombres, y las fotografías tomadas durante las reuniones, mostraban una cara conocida, de pómulos marcados y cabellera rubia.

Todos los indicios conducían a la misma pregunta:

Anna, Adriana, Eva, Diana, Maja.

¿Quién eres?

Stella Penn Pechanac había nacido entre dos mundos y no pertenecía a ninguno. «Yo era bosnia musulmana y mi marido era serbio ortodoxo —diría su madre más tarde—. ¿Y nuestra pequeña Steliza qué era?» En las fotos de la infancia, la niña aún no era rubia, sino morena: cabello negro, ojos negros. Creció en el desvaído extrarradio de Sarajevo, entre destartalados vehículos y bloques de torres en ruinas. Eso fue antes de que las cosas se pusieran feas.

Pechanac vio como todo aquello se deshacía en cenizas y sangre. Estalló la guerra: serbios ortodoxos contra bosnios musulmanes. Acordonaron Sarajevo y la llenaron de barricadas que se dividían por sectas. En el mejor de los casos, durante la guerra todo fueron penurias y hambruna. Cuando no encontraba nada más, su madre hacía sopa de hierba. Pechanac era una niña inteligente, pero las posibilidades de que recibiera una educación eran escasas. En el peor de los casos, tuvo una infancia de Guernica. Los francotiradores en los tejados convirtieron las calles en una trampa mortal. Durante medio año, la familia se trasladó a un sótano sin muebles, del tamaño de un armario. Cuando cayeron las primeras bombas, los padres de Pechanac reunieron a cuantos heridos pudieron y compartieron la habitación y el delgado colchón que había en ella. «Una mujer murió allí», recordaría Pechanac con resignación. Tras el bombardeo, la entrada a su derruido edificio estaba bañada en sangre. «Había unas mangueras que usaron para sacar simplemente toda la sangre por la puerta. Yo tenía siete años y lo recuerdo.»

En torno a una década antes del caso Weinstein, cuando Pechanac tenía poco más de veinte años, ella y su madre volvieron a Sarajevo para participar en un documental sobre la guerra y la huida de su familia. Su madre lloró a moco tendido mientras recorría las calles y recordaba la sangría. Pechanac no parecía a gusto. Permanecía al margen de los planos, mascando chicle o fumando, lanzando miradas irritadas a la cámara.

Finalmente, uno de los directores arrinconó a la joven impasible en la entrada de un edificio ruinoso y le preguntó qué sentía al revivir unos recuerdos tan dolorosos. Ella se encogió de hombros. «Me pone enferma que tuviera que pasar por todo esto —dijo, aludiendo a su madre—. Pero, personalmente, yo llevo mucho tiempo sin sentir nada.»

Durante la Segunda Guerra Mundial, la abuela de Pechanac ocultó y protegió a judíos. El Estado de Israel le concedió el título de Justa entre las Naciones, algo inédito para una mujer musulmana. Cuando Sarajevo se incendió, una familia judía devolvió el favor a los Pechanac y los ayudó a salir del país. Se asentaron en Jerusalén y se convirtieron al judaísmo. La joven Stella Pechanac se adaptó a una nueva identidad y un nuevo contexto cultural. «Ella no se siente patriota por dentro como la gente que ha nacido en Israel —dijo una persona que la conocía bien—. En cierto sentido, siempre se siente como una extraña.»

A los dieciocho años Stella Pechanac se alistó en la Fuerza Aérea Israelí. Después se matriculó en la escuela de teatro Nissan Nativ. Soñaba con Hollywood. Sin embargo, apenas le salieron algunos papeles fugaces en obras de teatro o vídeos musicales. «En todas las pruebas de audición —observaría Pechanac— notaban mi acento, notaban que era diferente.»

El empleo en Black Cube representaba un compromiso ideal. Sus agentes se entrenaban en «operaciones psicológicas», destinadas a manipular a sus objetivos. Como los mejores actores, estudiaban el lenguaje corporal, los tics sutiles que traicionan a alguien cuando miente y es vulnerable. Aprendían cómo interpretarlos en los demás y cómo usarlos convincentemente. Llevaban disfraces y empleaban tecnologías directamente salidas de un *thriller* de espionaje: relojes que son cámaras, bolígrafos que graban. «Entró a trabajar en Black Cube porque tiene la necesidad de ser un personaje», dijo la persona que la conocía bien.

Cuando les presenté las pruebas de Sleeper, los hombres cercanos a la operación de Black Cube dejaron de negarlo. Me confirmaron, como antes David Boies, que Seth Freedman era el periodista que figuraba en el contrato, y lo describieron como un asociado informal del equipo. Describieron con todo detalle cómo Stella Pechanac se había colado en la vida de Rose McGowan. Fue pan comido. «Era confiada —explicó el hombre de la voz grave—. Se hicieron muy buenas amigas. Estoy seguro de que ahora estará alucinando un poco.» McGowan le dijo a Pechanac que creía que todo el mundo en su vida estaba secretamente conectado con Weinstein. Sospechaba incluso de sus abogados. Pero «ella de nosotros no sospechaba, eso está claro».

Cuando le conté a McGowan todo esto, se tambaleó. «Es como en la película *Luz que agoniza* —me dijo—. Todo el mundo mintiéndome todo el tiempo.» Durante todo el año pasado, «he vivido en un espejismo», me dijo.

49

Aspirador

$\mathcal{N}$o era solo Black Cube. Unas llamadas llevaron a otras, y pronto la presa empezó a fracturarse y el tenebroso submundo de los servicios de inteligencia privada a derramar sus secretos. Por un lado, tenía a los objetores de conciencia que me suministraban información de sus servicios de inteligencia. Y, por otro, a los jefes de estas agencias, que filtraban frenéticamente información sobre sus competidores en un intento por ampliar el foco de mis investigaciones más allá de sus actividades.

Documentos y fuentes arrojaron luz sobre la larga relación de Weinstein con la empresa Kroll y Dan Karson, su presidente del departamento de Investigaciones y Disputas para América. Un antiguo empleado de Weinstein recordó una llamada a principios de la década de 2010, durante la cual Karson dijo de un chófer implicado en una pelea con Weinstein: «Sabes que podemos arrojar a este tipo al fondo de un lago». El empleado supuso que era una metáfora, pero se sintió lo bastante incómodo como para apuntarlo. A lo largo de los años, Kroll ayudó a Weinstein a frustrar el trabajo de los periodistas. Varias fuentes de Kroll dijeron que Weinstein había encargado a la empresa que hurgara en busca de información que pudiera ser perjudicial para David Carr, el fallecido articulista y periodista, como este último ya había sospechado. Uno de los informes recopilados por los detectives privados de Weinstein señalaba que Carr nunca había incluido las acusaciones de abuso sexual en ninguno de sus reportajes, «debido al miedo a las represalias de HW, de acuerdo con HW».

En 2016 y 2017, Kroll y Karson trabajaron mano a mano con Weinstein una vez más. En un correo electrónico de octubre de 2016, Karson le envió a Weinstein once fotografías de él y Rose McGowan juntos en celebraciones que tuvieron lugar en los años después de que él supuestamente la agrediera. Blair Berk, el abogado de la defensa penal de Weinstein, dijo que una de las fotos, en la que McGowan sale hablando cariñosamente con Weinstein, «es la foto del millón». Mientras que Wallace tenía interés en el asunto, Kroll se dedicaba a buscar información negativa sobre él y Adam Moss, su redactor jefe en *New York Magazine*. «Ninguna información negativa sobre Adam Moss de momento (ni casos por difamación/calumnias, ni registros judiciales o juicios/gravámenes/CCU,[10] etc.)», escribió Karson en un correo electrónico. Kroll también envió a Weinstein una crítica de los artículos previos de Wallace, así como una descripción pormenorizada de una demanda por calumnias presentada en el Reino Unido en respuesta a un libro que había escrito, que finalmente se resolvió fuera de los tribunales.

PSOPS, la empresa fundada por Jack Palladino y Sandra Sutherland, los había asistido en la búsqueda de información sobre los periodistas y las mujeres que acusaban a Weinstein. Un informe de PSOPS sobre McGowan tenía secciones con títulos como «Mentiras/Exageraciones/Contradicciones», «Hipocresía» y «Posibles test de su mal carácter», siendo «test» aparentemente una abreviatura de «testigos». Un subtítulo rezaba: «Exnovios». Palladino remitió a Weinstein un perfil detallado de Moss, y apuntó: «Nuestra investigación no nos ha revelado ninguna vía prometedora para la acusación personal de Moss». PSOPS trazó incluso el perfil de la exmujer de Wallace, en caso de que resultara «relevante para nuestra estrategia de respuesta». El trabajo sobre los periodistas se amplió a sus informes sobre mi persona y Jodi Kantor, del *New York Times*, con el afán de descubrir nuestras fuentes.

---

10. Código de Comercio Uniforme, UCC por sus siglas en inglés.

(Algunas de las observaciones de los investigadores eran más mundanas. En Twitter, un documento señalaba, «Kantor NO sigue a Ronan Farrow». No se puede tener todo.)

Weinstein había trabajado asimismo con K2 Intelligence, otra empresa fundada por Jules Kroll después de vender la que llevaba su nombre en la década del 2000. Durante la investigación sobre Ambra Gutiérrez, Elkan Abramowitz, el abogado de Weinstein, se quedó con K2. K2 contrató a detectives privados italianos para hurgar en los rumores sobre la vida sexual de Gutiérrez: las fiestas Bunga Bunga, las acusaciones de prostitución que ella negaba. Trabajadores antiguos y actuales de K2, todos ellos previamente empleados en la oficina del fiscal del distrito, suministraron por teléfono información sobre Gutiérrez a fiscales. Los abogados al servicio de Weinstein presentaron asimismo un informe de los descubrimientos de los detectives privados a los fiscales en una reunión cara a cara. Dos empleados de K2 dijeron que estos contactos formaban parte de una cultura de «puertas giratorias» entre el fiscal del distrito y empresas de investigación privadas muy caras. Un portavoz del bufete de Cyrus Vance diría más tarde que estas interacciones con los abogados de la defensa eran de lo más normal; y para los ricos con buenas conexiones, lo eran.

Las crecientes investigaciones también revelaban el empeño de Weinstein por fichar a periodistas para difamar a las acusadoras. En la memoria caché de los mensajes de Weinstein, su alianza con Dylan Howard del *National Enquirer* es ineludible. En una conversación de diciembre de 2016, Dylan Howard le envió a Weinstein una lista de contactos y le proponía «discutir los siguientes pasos con cada uno de ellos». Después de que Weinstein le diera las gracias, Howard describió sus esfuerzos por obtener declaraciones negativas sobre Rose McGowan de la productora de cine Elizabeth Avellan. Robert Rodríguez, el exmarido de Avellan y el padre de sus hijos, dejó a Avellan para tener una relación con McGowan. Weinstein supuso que Avellan estaría despechada.

Para parte del trabajo que hacía para Weinstein, Howard recurría a un subcontratista frecuente del *National Enquirer*, una agencia de fotografía de famosos que se llamaba Coleman-Rayner. Para el trabajo sobre Avellan, Howard aprovechó a un periodista británico que en aquel momento era jefe de redacción en Coleman-Rayner y que había escrito chismes sobre famosos para el *Sun*, el *Daily Mail* y el propio *National Enquirer*.

Cuando la tuve al teléfono, Elizabeth Avellan me dijo que recordaba muy bien el incidente. El periodista «no paraba de dar la vara», dijo, y también llamó a otras personas cercanas a ella. Avellan finalmente lo llamó, porque «tenía miedo de que empezara a llamar a mis hijos».

Avellan insistió en que la llamada quedara entre ellos, y el periodista aceptó. Si bien él estaba entonces en California, donde legalmente las dos partes tienen que dar su consentimiento para que las graben, él la grabó a escondidas de todas formas. Así es como Weinstein y Howard mantuvieron una emocionada correspondencia ese invierno. Howard escribía: «Tengo algo INCREÍBLE... al final atacó a Rose a lo bestia»; y Weinstein respondía: «Esto es mortal. Sobre todo si no hay huellas mías». Howard le garantizó que no había, y que lo había grabado todo.

Me quedé hasta tarde en la redacción de *The New Yorker*, para peinar estos correos electrónicos; una aspiradora resonaba cerca. Aquello era, como se vería más tarde, tan solo la punta del iceberg de lo que el *National Enquirer* hacía para encubrir a hombres importantes con secretos celosamente guardados.

Cuando nos disponíamos a publicar nuestro artículo sobre el ejército de colaboradores de Weinstein, el pánico se instaló en las instituciones que salían en el artículo. En varias llamadas, Dylan Howard hizo gala de una mezcla de zalamería y amenaza. «Cuidado», dijo, como también nos había advertido Weinstein. Judd Burstein, el abogado de Howard, nos envió una carta tachando el reportaje de difamatorio. Como eso no resultó convincente, Howard se enfureció. Dijo de mí a dos colegas: «Voy a ir a por él».

El despacho de abogados de Black Cube en el Reino Unido también nos enviaba amenazas y nos prometía que «adoptarían las medidas apropiadas contra nosotros» si publicábamos los documentos de Black Cube o información sobre ellos. Dentro de la agencia, el doctor Avi Yanus, su director, contemplaba la posibilidad de destruir los materiales de la investigación de Weinstein. «Deseamos eliminar todos los documentos e información que poseemos sobre este proyecto», escribió en un correo electrónico. Después presionó a los abogados de la agencia para que buscaran el medio de detener la publicación de *The New Yorker*.

Pero lo publicamos, y el artículo reverberó como un disparo. Personalidades del mundo de la televisión expresaron su incredulidad en un programa tras otro. El que los ricos pudieran intimidar, vigilar y ocultar a gran escala decía mucho del abismo existente entre los poderosos y los indefensos.

Ostrovsky, el detective privado, vio el reportaje enseguida. Leyó la lista de objetivos de Black Cube y los periodistas que figuraban en ella, y repasó los trabajos que le habían encargado el verano anterior. Envió el reportaje a Khaykin y le preguntó si lo había visto. Khaykin le respondió que tenían que hablarlo en persona. Unos días más tarde, durante una operación de vigilancia rutinaria, Ostrovsky volvió a preguntarle. Khaykin se mostró irritado, quiso cambiar de tema. Pero finalmente dijo: «Ahora ya sabes para quién trabajas».

Transcurrió algún tiempo antes de que Ostrovsky tuviera la oportunidad de volver sobre lo mismo. Era de madrugada y los dos detectives privados estaban en un barco, en las gélidas aguas al norte de Sandy Hook, en Nueva Jersey. A Khaykin le encantaba navegar; tenía una cuenta en las redes sociales para aficionados a la navegación. Los dos hombres volvían a Nueva York después de haber cenado en un restaurante a orillas del agua, en Atlantic Highlands. Ostrovsky aprovechó la oportunidad para reflotar el asunto de Black Cube.

Khaykin lo miró con severidad y le dijo:

—Para mí, esto es como hacer un *mitzvá*. Estoy haciendo algo bueno por Israel.

Ostrovsky lo miró fijamente. Aquello ni era un *mitzvá* ni era por Israel.

—Estoy asustado, pero es interesante y emocionante —dijo Ostrovsky de su trabajo para Black Cube, siguiéndole el juego.

—El que debería asustarse soy yo. Toda esta historia de Weinstein se ha hecho con mi aprobación —repuso Khaykin, añadiendo rápidamente—: Ha sido todo legal. Nunca nos hemos saltado la ley. —Pero parecía nervioso.

Durante los últimos días de la investigación, los hombres cercanos a la operación de Black Cube se lanzaron a una caza frenética de la fuente que me había pasado los contratos y demás documentos.

—Lo estamos investigando todo, a todas las partes implicadas y lo que se ha robado —dijo el de la voz más grave. Mencionó que había impuesto una nueva ronda de polígrafos y prometió demandar al culpable si lo atrapaba—. Nos cuesta creer que un empleado se haya embarcado en una misión suicida como esta —añadió la voz aguda.

—Solo quiero asegurarme de que no corres peligro —escribí a Sleeper—. Voy a hacer todo lo que esté en mi mano para protegerte.

Su respuesta, veloz como siempre: «Gracias por preocuparte... De momento me siento a salvo».

Justo antes de que publicáramos el reportaje, hice un último intento por conocer la identidad de la fuente. Le escribí que tener más información sobre él era un asunto de suma importancia periodística. Sleeper me dijo algo que me aclaró de dónde salían los documentos... y me pidió que hiciera una cosa para guardarle el secreto.

También me hizo un apunte sobre sus motivaciones. «Soy una empleada de la empresa que está harta de las mentiras y las perversiones de Black Cube para conseguir material ilegalmente y, como mujer, me avergüenza participar en algo así», escribió Sleeper.

Me tomé un momento para procesar esta información y sentí otra comezón en la piel al encajar esta pieza del puzle. Esto es lo que, al final, puedo decirles de Sleeper y de los riesgos que corrió para destapar algo tan enorme: era una mujer y ya había aguantado bastante.

«Digamos sencillamente que nunca le daré nada que no pueda probar al cien por cien —me escribió en uno de sus últimos mensajes—. Trabajo en la industria de la información. En el mundo del espionaje y de la acción continua. Espero que podamos hablarlo algún día. El proyecto en el que participo es… lo nunca visto, querido.»

50

Playmate

$\mathcal{L}$a investigación sobre Dylan Howard y el *National Enquirer* abrió una veda. Una tras otra, fuentes de la American Media Inc. (AMI) y de su entorno llamaron diciendo que Weinstein no había sido el único famoso con quien el tabloide había colaborado para silenciar historias.

A finales de noviembre, una abogada, Carol Heller, me escribió para hablarme de un artículo que el *Wall Street Journal* había publicado en otoño de 2016. El artículo era sobre una modelo de la revista *Playboy* que había cedido los derechos exclusivos de su testimonio sobre una supuesta aventura con Donald Trump; testimonio que AMI nunca llegó a publicar. Heller me dijo que la protagonista de aquel misterio, una ex Playmate del Año[11] de la revista llamada Karen McDougal, seguía teniendo «demasiado miedo» como para hablar. Si yo conseguía que ella y otras personas implicadas en la transacción hablaran, conseguiría revelar quizá cómo se había producido el contrato con AMI y empezaría a destapar la cultura de los acuerdos de confidencialidad y las historias enterradas que traspasaba las fronteras de Hollywood y llegaba hasta la política.

A finales de mes, hablé con Karen McDougal por teléfono. Me contó que el contrato con AMI «me privó de mis derechos». Contenía una cláusula que permitía a AMI obligarla a recurrir

---

11. *Playmate*, «compañera de juegos», es un título que la revista concedía anualmente a una de sus modelos.

a un proceso de arbitraje privado y reclamarle una reparación económica. McDougal estaba luchando por llegar a fin de mes. AMI podía dejarla sin blanca. Me dijo: «A estas alturas, siento que no puedo hablar de nada sin meterme en un lío». Y de Trump: «Me da miedo hasta pronunciar su nombre». Pero a medida que fui recabando más pruebas, incluido su contrato con AMI y los testimonios de las personas involucradas en el proceso de su firma, McDougal empezó a contarme su historia.

Karen McDougal, que se crio en una pequeña ciudad de Míchigan y ejerció de profesora de preescolar antes de debutar como modelo, conoció a Trump en una fiesta en la Mansión Playboy. Corría junio de 2006 y él estaba allí para rodar un episodio de su programa de telerrealidad *The Apprentice*. «Acercaos —dijo él a un par de modelos vestidas con corsés y rabos de conejo—. ¡Uau! Precioso.» Los operadores de cámara enfocaban el zoom y tomaban planos panorámicos como si fueran fotógrafos de naturaleza y los senos fueran especies en peligro de extinción. En esa época Trump llevaba menos de dos años casado con la modelo eslovena Melania Knauss; su hijo, Barron, tenía unos meses. Pero a Trump estas obligaciones familiares no parecían inhibirle. Karen McDougal recordaba que lo tuvo «encima» todo el tiempo, diciéndole lo bonita que era. Entonces le pidió su número de teléfono. Los dos empezaron a hablar con frecuencia y, al poco tiempo, quedaron para cenar en un bungaló privado del Beverly Hills Hotel. «Hablamos un par de horas... y después, ¡fuimos al grano! Nos desnudamos + nos acostamos», escribió ella en unas notas sobre el romance que obtuve más tarde. Cuando ella se vistió y se dispuso a irse, Trump le ofreció dinero. «Lo miré (+ me puse triste) + dije, No gracias... No soy "esa clase de chica".» Después ella iba a verlo «cada vez que pasaba por L. A. (que era con mucha frecuencia)».

Durante el tiempo que duró el romance, Trump pagó los viajes de McDougal a actos públicos por todo el país, pero ocultó que el dinero era suyo. «Él no dejaba pistas —dicen sus notas—. Cada vez que yo me subía a un avión para reunirme con él, era yo quien reservaba/pagaba el vuelo + hotel + él me lo reembolsaba.» Durante su relación, Trump le presentó a miembros de su familia y la invitó a conocer sus propiedades. En la Torre Trump, escribió McDougal, Trump le señaló la habitación separada de Melania. «Me dijo que a ella le gustaba tener su propio espacio», escribió ella.

En abril de 2007, después de nueve meses, McDougal puso fin al romance. Saber más cosas de la familia de Trump le daba una inquietante sensación de culpabilidad. Y los modales de Trump chocaban con su sensibilidad de chica educada del Medio Oeste. Una vez, Trump llamó a la madre de McDougal, que tenía más o menos su edad, «vieja arpía». En otra ocasión, cuando ella y una amiga suya se subieron a la limusina de Trump en la noche del concurso de Miss Universo, él empezó a soltar comentarios sobre el tamaño de los penes y a insistirle a la amiga de McDougal para que contara sus experiencias y preferencias... preguntándole sobre «pollas pequeñas», «pollas grandes» y «pollas negras».

Un amigo de Karen McDougal, Johnny Crawford, fue el primero en proponerle que vendiera la historia. En 2016, mientras veían en la tele la campaña electoral de Trump, Crawford le dijo: «Sabes, si tuviste una relación sexual con él, eso podría valer algo». Ante su insistencia, McDougal escribió las notas sobre el romance. Al principio no quería contarlo, pero cuando una antigua amiga suya, la también modelo de *Playboy* Carrie Stevens, empezó a hablar del romance en las redes sociales, McDougal imaginó que sería mejor que hablara ella antes que nadie.

Crawford fichó a Jay Grdina, el exmarido de la estrella del porno Jenna Jameson, para que la ayudara a vender la historia. Grdina organizó dos primeras reuniones entre McDougal y J. J. Rendón, un estratega político latinoamericano que a la sazón ya negaba informes de prensa que lo acusaban de haber inventado seguidores falsos en las redes sociales y de haber pirateado las cuentas de correo electrónico de sus adversarios. Como él no se mostró interesado, Grdina acudió a Keith M. Davidson, un abogado con fama de haber vendido historias salaces.

Davidson se puso en contacto con AMI. David Pecker y Dylan Howard, por su parte, alertaron a Michael Cohen, el abogado de Trump. Pronto, Trump llamó a Pecker para pedirle ayuda.

En junio de 2016, Karen McDougal y Howard se vieron. Este le hizo una oferta inicial de 10 000 dólares y después, en cuanto Trump salió elegido candidato de los republicanos, bastante más. El 5 de agosto de 2016, McDougal firmó un acuerdo limitado sobre los derechos de su historia personal, en virtud del cual cualquier relato sobre cualquier relación que ella hubiera mantenido con cualquier «hombre casado entonces» sería propiedad exclusiva de AMI. En el anticipo que abonó a Davidson constaba explícitamente que el hombre en cuestión era Donald Trump. A cambio, AMI aceptó desembolsarle 150 000 dólares. Los tres hombres involucrados en el trato —Davidson, Crawford y Grdina— se llevaron el 45 por ciento del pago en honorarios, y dejaron a Karen McDougal con la suma de 82 500 dólares. El día que firmó el contrato, McDougal envió un correo electrónico a Davidson para expresarle su confusión sobre lo que estaba firmando, y sobre cómo debía responder a las preguntas de los periodistas. «Limítese a negarlo todo y estará a salvo. Pero necesitamos de veras que esto se firme y finiquitarlo…», escribió Davidson. «Yo lo firmé, así que también es culpa mía, pero no entendí su envergadura real», me dijo McDougal.

Mientras los votantes acudían a las urnas el día de las elecciones en 2016, Howard y el asesor jurídico de AMI hablaban por teléfono con McDougal y el bufete de abogados que la representaba. Prometieron que impulsarían su carrera y le ofrecieron los servicios de un publicista para ayudarla a gestionar sus entrevistas. El publicista era Matthew Hiltzik, el agente de prensa de Ivanka Trump que me había llamado a mí de parte de Weinstein, aunque sus servicios no fueron requeridos finalmente. Cuando los periodistas intentaron entrevistar a McDougal, AMI reaccionó velozmente. En mayo de 2017, Jeffrey Toobin, de *The New Yorker*, que estaba escribiendo un perfil de David Pecker, pidió a McDougal que comentara su relación con AMI y con Trump. Howard, que trabajaba con un publicista diferente, remitió a McDougal un borrador de respuesta con el siguiente asunto: «ENVÍE ESTO». En agosto de 2017, Pecker envió a McDougal en avión a Nueva York, donde almorzaron juntos y él le agradeció su lealtad.

A finales de 2017 y principios de 2018, mientras nosotros trabajábamos en el artículo, el interés de AMI porque el acuerdo se cumpliera se acrecentó. El 30 de enero, el asesor jurídico de AMI envió un correo electrónico con el asunto «Extensión del contrato de McDougal», proponiendo su renovación y una nueva portada de revista para endulzar el acuerdo.

En febrero, nuestro artículo se publicó de todas maneras, después de que McDougal venciera sus temores y aceptara hablar públicamente sobre el asunto por primera vez. Unos años antes se había vuelto religiosa y, a su vez, una altruista convencida. «Cada mujer que habla le está allanando el camino a otra», me dijo. Su silencio tenía que ver con un romance consensuado, pero podía ayudar a exponer un sistema de mucho más calado que consistía en enterrar historias y que a veces se usaba para tapar conductas más graves, incluso delictivas.

La Casa Blanca dijo que la historia era «otra noticia falsa». El asesor jurídico de AMI escribió que este artículo también era «falso y difamatorio» y que yo había conspirado en «un complot de McDougal y su abogado para sacarle más dinero a AMI». Howard también amenazó por su parte con atacar a *The New Yorker*. AMI insistió en que había descartado publicar la historia de McDougal porque no la encontraba creíble. Sencillamente, no cumplía con los rigurosos criterios periodísticos del *National Enquirer*.

51

Chupacabras

*C*uando se publicó nuestro artículo, yo ya tenía conocimiento de otra transacción que podría corroborar que el contrato de Karen McDougal se inscribía en un patrón de AMI para tapar escándalos de Trump. Amigos y colegas de Dylan Howard se pusieron en contacto conmigo para decirme que Howard se había jactado de tener las pruebas que demostraban que Trump había tenido un hijo con su antigua gobernanta a finales de los años ochenta. A Howard «a veces se le escapaban cosas cuando iba borracho o colocado. Cosas como que pagaban por historias que luego no publicaban, para proteger a cierta gente —me dijo uno de sus amigos—. Cuando alguien dice: "Oye, y a todo esto, que sepáis que nuestro posible futuro presidente tiene un hijo ilegítimo", no se te olvida».

En febrero de 2018 me senté en el despacho de David Remnick y le conté la historia. «¿Sabes lo que va a decir la gente cuando se entere de que *estás* investigando esto?», dijo pensativo. Nos echamos a reír. Yo sabía mucho de rumores de paternidad.

No teníamos pruebas de que el rumor sobre el «hijo ilegítimo» fuera cierto. Pero esa primavera, un número cada vez mayor de documentos y fuentes dejaron claro que AMI había comprado verdaderamente los derechos de la dudosa afirmación y que luego intentó evitar que se divulgara.

A finales de 2015, Dino Sajudin, antiguo portero de la Torre Trump, contó la historia a AMI, proporcionando los nombres de la supuesta madre y de su criatura. Durante semanas, el *National Enquirer* investigó el asunto. El tabloide contrató los servicios de dos detectives privados: Danno Hanks, que examinó los archivos de la familia, y Michael Mancuso, exinvestigador de casos criminales, que sometió a Sajudin a un detector de mentiras. Varios periodistas dudaban de la credibilidad de Sajudin. (Su exmujer diría de él más tarde que era un cuentista. «Ha visto al Chupacabras —dijo—. Ha visto a Big Foot.») Pero el antiguo portero superó la prueba del polígrafo y testificó que altos cargos que trabajaban para Trump, entre los cuales se incluía Matthew Calamari, su jefe de seguridad, le habían contado la historia.

Entonces David Pecker ordenó repentinamente a los periodistas que pararan. En noviembre de 2015, Sajudin firmó un acuerdo en virtud del cual aceptaba 30 000 dólares por ceder los derechos exclusivos de la información. Poco después, se reunió con un periodista de AMI en un restaurante de comida rápida de Pensilvania para firmar una enmienda posterior que añadía 1 000 000 dólares de multa si el antiguo portero revelaba alguna vez la información sin permiso de AMI. El periodista le dijo a Sajudin que recibiría su dinero. Sajudin, a todas luces complacido, dijo que iba a ser una «muy Feliz Navidad».

Como hizo después durante el asunto de Karen McDougal, Michael Cohen, el abogado personal de Trump, vigiló de cerca el desarrollo de los acontecimientos. «Es indudable que esto lo hicieron como un favor para seguir protegiendo a Trump —me contó un antiguo empleado de AMI—. Blanco y en botella.»

Más tarde, cuando los periodistas quisieron informar acerca del rumor, el *National Enquirer* se las ingenió para frustrar su trabajo. En el verano de 2017, dos periodistas de Associated Press (AP), Jeff Horwitz y Jake Pearson, lograron reunir los pormenores de la historia. Cuando se acercó el momento de publicarla, Howard reunió a un equipo jurídico robusto y amenazó con demandar a AP. En julio, por insistencia de AMI, Sally Buzbee, redactora jefe de AP, y su asesor jurídico se reunieron con Howard y su equipo. Habían contratado a los representantes de Weinstein: los abogados del bufete Boies Schiller y Lanny Davis.

Al mes siguiente, Buzbee anunció a la plantilla que el artículo no se publicaría finalmente. «Después de un reñido debate interno, los jefes de AP han decidido que el artículo no cumplía los rigurosos criterios de AP sobre la fiabilidad de las fuentes», dijo después Buzbee para defender la decisión. Para otros periodistas de AP las fuentes eran fiables, y expresaron su perplejidad ante la decisión. Horwitz se pasó días enteros sin acudir al trabajo y sus jefes tuvieron que convencerlo para que volviera. Durante casi un año, la investigación quedó en punto muerto.

Sin embargo, en primavera se produjeron cambios. Las fuentes del *National Enquirer* empezaron a hablar. A principios de marzo de 2018, una de las fuentes se mostró dispuesta a compartir una copia de la enmienda que Sajudin había firmado a finales de 2015. Quedé con ella en un decadente restaurante medioriental de Los Ángeles, donde me pasé horas enteras defendiendo las ventajas de compartir el documento. Esa noche volví a casa de Jonathan en West Hollywood con una copia impresa en la mano.

—Cuándo te has dado cuenta… —me dijo teatralmente Jonathan cuando entré en casa, ya tarde.

—… de que te odio. Lo sé, lo sé —dije. No era la primera vez que esta escena se producía.

—Habíamos quedado para cenar —dijo.

—Lo siento. La cosa se ha alargado.

—Ayer también se alargó —dijo, y empezamos a pelearnos. Me pregunté cuánto tiempo seguiríamos así, conmigo ausente, rendido y estresado. Más tarde, cuando Jonathan fue a acostarse, salí a la puerta para recibir a un repartidor. Justo al otro lado de la calle vi a un hombre pálido de treinta y pico años, con el cabello grasiento y la barba de tres días, apoyado junto a un coche, observando. Volví a tener la inquietante sensación de que me vigilaban.

Υ

Como yo sabía lo que era atraer la curiosidad de la prensa porque lo había sufrido en mis carnes, no quería ser intrusivo. Pero a fin de respetar los deseos de las personas involucradas en los rumores, tenía que descubrir si querían pronunciarse al respecto. A mediados de marzo llamé a la puerta de Sajudin en un bosque de la Pensilvania rural. «No hablo gratis», me dijo, y acto seguido me cerró la puerta en las narices. Mis correos electrónicos y llamadas al supuesto retoño ilegítimo —que ya hacía tiempo que había dejado de ser un retoño— no obtuvieron respuesta. A finales de mes, busqué en el Área de la Bahía de California y probé otras direcciones que había descubierto recientemente. Solo encontré a un miembro de la familia, que me dijo: «Se supone que no puedo hablar con usted». Probé con la dirección de una oficina igualmente. El hijo ilegítimo, según los rumores, trabajaba (y no es broma) en una empresa de pruebas genéticas.

Finalmente, probé con la casa de su familia en Queens. Era pequeña y estaba desvencijada, revestida de tablas. En el exterior había un pequeño altar con una Madonna de yeso en un cuadrado de césped. Pasé por delante de la casa varias veces hasta que avisté a un hombre de mediana edad al cual reconocí: era el marido de la mujer que supuestamente había tenido la aventura. El hombre levantó las manos en alto cuando me acerqué. «Ella no va a hablar con usted ni con nadie», me dijo. Se expresaba de forma directa, sin rodeos, y tenía un acento latinoamericano. Estaba convencido de que el rumor no era cierto.

—No entiendo por qué tuvieron que pagarle a ese hombre —dijo—. El padre soy yo.

—Entiendo —le dije, compungido.

Expliqué que quería garantizarles la oportunidad de dar su versión si así lo deseaban. Le dije que entendía lo penoso que era tener a la prensa encima a todas horas.

Asintió con la cabeza.

—Comprendo. Usted es Farrow.

—Sí.

—Vaya si lo sé.

Y entonces fue él quien me miró compadeciéndome.

ϒ

A principios de abril apuntalamos el reportaje con las versiones de seis empleados antiguos y actuales de AMI, con mensajes de texto y de correo electrónico de la época en que AMI había cerrado el trato, y con la enmienda que Sajudin había firmado en el McDonald's. Como había hecho con Karen McDougal, la Casa Blanca lo negó todo y añadió: «Le derivamos a AMI», lo cual era una respuesta bastante curiosa habida cuenta de que estábamos hablando de un informe que documentaba una colaboración legalmente cuestionable con esa compañía en cuestión.

Sean Lavery, el colaborador del Medio Oeste con cara de niño al que habían encargado contrastar los datos del informe, envió una memoria pormenorizada a Howard. En menos de treinta minutos, Radar Online, la página web de AMI, colgó un *post* reconociéndolo todo. «Ronan Farrow de *The New Yorker* —rezaba— está llamando a nuestros empleados y, al parecer, piensa que este es otro ejemplo de cómo *The Enquirer*, que supuestamente entierra escándalos sobre el presidente Trump, es una amenaza para la seguridad nacional.»

Unos minutos más tarde, Howard envió un correo electrónico. Como en el caso de McDougal, adujo motivos puramente periodísticos y negó cualquier colaboración con Trump. «Estás a punto de c*garte en toda una institución como es *The New Yorker* —escribió a Remnick—. La obsesión malsana de Ronan por nuestra publicación (*y por mí... ¿será por mi sonrisa?*) os pone en peligro.» Y añadió, hablando de mí: «*Está en un tris de convertirse en pasto de primera para el* Enquirer». (Dylan Howard usaba un montón de cursivas.)

Con el *post* de la confesión de Howard en Radar Online, Associated Press se reactivó rápidamente y resucitó su borrador, y publicamos nuestro artículo en *The New Yorker* de la noche a la mañana.

No todos los esfuerzos de AMI por cuenta de Trump dieron buenos resultados. Después supe de otro caso de la compañía vinculado estrechamente con los socios de Trump. A principios de 2016, una mujer anónima —«Katie Johnson» en un primer documento jurídico y «Jane Doe» en el siguiente— presentó una demanda contra Trump. La demandante afirmaba que, en 1994, cuando tenía trece años y acababa de llegar a Nueva York para buscar trabajo de modelo, le ofrecieron dinero por asistir a fiestas organizadas por Jeffrey Epstein, el inversor multimillonario, a las que iba Trump. Siguieron acusaciones espeluznantes de violencia sexual: según la demanda, obligaron a la demandante y a otras menores a tener relaciones sexuales con Trump y Epstein que culminaron en una «agresión sexual salvaje» por parte de Trump; Trump había amenazado a la demandante y a su familia con daño físico si se les ocurría contarlo; y tanto Trump como Epstein sabían que las chicas implicadas eran menores de edad.

El contexto general tenía algo de verdad: Jeffrey Epstein y Donald Trump eran amigos íntimos. «Conozco a Jeff desde hace quince años. Es un fenómeno —dijo Trump a un periodista en 2002—. Es un tipo muy divertido. Dicen incluso que le gustan las mujeres guapas tanto como a mí, y que muchas son tirando a jóvenes. De una cosa no hay duda: Jeffrey sabe disfrutar de su vida social.» La articulista del *Miami Herald* Julie K. Brown publicaría después un reportaje muy sustancioso sobre las extendidas acusaciones contra Epstein por abusar sexualmente de menores. En 2019, los agentes federales lo arrestaron por cargos de tráfico sexual y revelaron un trato con la fiscalía que había blindado al inversor. El mediador del indulgente acuerdo fue Alexander Acosta, secretario de trabajo del gabinete de Trump, que a la sazón era procurador y terminó renunciando al caso. Poco después, encontraron a Epstein colgado en la cárcel; al parecer, se había suicidado.

Sin embargo, a diferencia del caso del hijo ilegítimo denunciado por Sajudin, no había pruebas convincentes que respaldaran la acusación de violación anónima. La primera demanda, presentada en California, se desestimó por cuestiones procesales, volvió a presentarse en Nueva York y volvió a desestimarse una vez más. Norm Lubow, antiguo productor de *The Jerry Springer Show* e instigador de varios escándalos dudosos que implicaban a famosos, ayudó a orquestar la demanda judicial e hizo las veces de intermediario de la demandante en la prensa. La demandante no ponía facilidades para ser localizada. Un abogado que la representaba me dijo que incluso a veces también le costaba encontrarla. Eran pocos los periodistas que habían conseguido hacerse con ella. La periodista Emily Shugerman dijo que el abogado de la mujer había cancelado una entrevista concertada por Skype o FaceTime varias veces y que luego tuvo que conformarse con una breve llamada telefónica. Shugerman tenía tantas dudas como la mayoría de los periodistas sobre la historia y la evasiva mujer que la protagonizaba. Puede que la estuvieran amenazando para que se echara atrás. O puede que la mujer nunca hubiera existido y fuera pura invención.

Sin embargo, hay una curiosidad añadida que nunca se hizo pública. De acuerdo con varios empleados de AMI, Pecker, un socio veterano de Trump, que entonces tenía contacto diario con Trump, se enteró de la demanda judicial poco después de que fuera presentada. A continuación, Dylan Howard habló por teléfono con Cohen, el abogado personal de Trump, y le aseguró que encontrarían a la mujer y verían qué se podía hacer. «Dylan hablaba por teléfono con Cohen a todas horas —recordó uno de los empleados de AMI—. Se convirtió en una de las mayores prioridades.» Una vez que Cohen se hizo cargo del control de la situación, Howard envió a un periodista de AMI a un domicilio asociado con uno de los primeros expedientes judiciales. Pero lo único que encontró el periodista fue una casa embargada en la soñolienta comunidad del desierto de Twentynine Palms, en California. Un vecino dijo que no había visto un alma desde el último otoño.

No había posibilidad de comprar la historia. No obstante, en los primeros días que sucedieron a la demanda anónima, y cuando esta empezaba a suscitar el interés de varios medios de comunicación, AMI publicó varios artículos que desacreditaban las declaraciones de la demanda judicial. Uno de los titulares de la compañía a propósito de la demanda citaba a Trump, que la tildaba de «repugnante»; en otro titular la tildaba de «falaz».

A finales de 2016, la mujer anónima reapareció con una nueva representación legal. Su nueva abogada era una declarada defensora de las mujeres, a la que Dylan Howard describiría después como una «vieja amiga»: Lisa Bloom. Cuando se enteró de que Bloom trabajaba en el caso, Howard se puso en contacto con ella para advertirle que se mantuviera alejada. Finalmente, Bloom anunció la cancelación de última hora de una conferencia de prensa con la demandante y retiró la demanda por última vez.

Otros medios publicaron artículos que reforzaban la idea de un pacto entre Trump y AMI. Desde el principio de la investigación sobre Karen McDougal, oí rumores de que la actriz porno Stormy Daniels había firmado un contrato de confidencialidad que le prohibía hablar de una relación sexual que ella decía haber tenido con Trump. Dos meses después de que yo empezara a hablar con McDougal, el *Wall Street Journal* informó de que Stormy Daniels sí que había firmado dicho contrato, mediado directamente por Michael Cohen. Lo que no incluía el artículo del *Wall Street Journal* era el dato de que el abogado de Daniels, Keith Davidson, que había representado previamente a McDougal, había llamado antes a Dylan Howard para hablarle del asunto. Howard le dijo a Davidson que AMI estaba pasando a otra persona el asunto de Daniels. Pecker acababa de jugársela por Trump y empezaba a temer las posibles repercusiones. Pero Howard desvió a Davidson a Michael Cohen, que creó una sociedad ficticia para pagarle a Daniels 130000 dólares a cambio de su silencio. En el contrato figuraban con seudónimos: Daniels era «Peggy Peterson» y Trump, «David Dennison».

—¿Sabes quién ha terminado jodido de verdad? —me dijo después Davidson—. David Dennison, que estaba en mi equipo de jóquey. Y está cabreado.

Las historias que AMI compró y enterró durante las elecciones, como la de Sajudin y McDougal, junto con las anteriores que Cohen había arreglado, como las de Daniels y la acusadora anónima, suscitaron preguntas legales y políticas espinosas. Trump no había incluido ninguno de los pagos en sus declaraciones financieras durante las elecciones. Cuando publicamos nuestro artículo, una organización de vigilancia sin fines lucrativos y un grupo político de tendencia izquierdista presentaron demandas formales exigiendo que el Departamento de Justicia, la Oficina de Ética Gubernamental y la Comisión Electoral Federal estudiaran si los pagos a Daniels y a McDougal violaban la ley electoral federal.

Los expertos jurídicos dijeron que podría ser. El hecho de que hubiera ocurrido durante la campaña constituía una buena prueba circunstancial de que la intención de AMI hubiera sido contribuir a la campaña; y las conversaciones con Cohen, más si cabe. Las empresas mediáticas se benefician de diversas exenciones de la ley de financiación de campañas electorales. Pero, en opinión de los expertos jurídicos, estas exenciones podrían no aplicarse en el caso de que una empresa mediática actuara, no en su capacidad de empresa mediática, sino de portavocía de una persona poderosa.

Todos los empleados de AMI con los que hablé dijeron que la alianza con Trump había corrompido la empresa y su modelo de negocio. «Nunca imprimíamos una palabra sin la aprobación de Trump», dijo Jerry George, el antiguo redactor jefe de AMI. Varios empleados me contaron que Pecker había cosechado beneficios tangibles. Dijeron que algunas personas cercanas a Trump le habían presentado a posibles financiadores para AMI. En el verano de 2017, Pecker visitó el Despacho Oval y cenó en la Casa Blanca con un negociante francés conocido por cerrar tratos con Arabia Saudí. Dos meses más tarde, el negociante y Pecker se reunieron con el príncipe heredero saudí, Mohamed bin Salmán.

Algunos empleados intuían que la recompensa más importante era el poder de chantaje sobre Trump que AMI iba acumulando paulatinamente. Howard presumía ante sus amigos de que descartaba ofertas de empleo en televisión porque sabía que su cargo actual, y su capacidad para retener la publicación de historias feas, le daban más poder que cualquier carrera en el periodismo tradicional. «En teoría, pensarías que Trump tiene todo el poder en esta relación —me dijo Maxine Page, un veterano de la AMI—, pero quien tiene el poder es Pecker. Tiene el poder de publicar estas historias. Sabe dónde están enterrados los cadáveres.» Esta inquietud también había aflorado en mis conversaciones con McDougal. «Alguien en una posición elevada que controla nuestro país... Que puedan influir en él —dijo refiriéndose a Trump— es algo tremendo.»

La relación entre AMI y Trump era un ejemplo extremo del poder que tenían los medios de escabullirse de una supervisión independiente y trabar alianzas en fiestas con sujetos que habían sido denunciados. Pero para AMI era terreno conocido. En el curso de los años, la compañía había alcanzado acuerdos para dar carpetazo a testimonios contra Arnold Schwarzenegger, Sylvester Stallone, Tiger Woods, Mark Wahlberg y demasiados como para poder contarlos. «Teníamos testimonios y los compramos sabiendo de sobra que nunca los publicaríamos», dijo George.

Uno tras otro, los empleados de AMI usaron la misma frase para describir esta práctica que consiste en comprar una historia para enterrarla. Era un viejo término en la industria de los tabloides: «captura y muerte».

PARTE V
RUPTURA

52

Círculo

$\mathcal{D}$ylan Howard tenía una vena vengativa, me dijeron diez personas que trabajaban con él. Antiguos empleados dirían más tarde a Associated Press que «describía sin tapujos a sus parejas sexuales en la sala de redacción, comentaba la vida sexual de las empleadas y obligaba a las mujeres a ver o escuchar material pornográfico». En 2012, en respuesta a las quejas de algunas colegas, AMI abrió una investigación interna, que encargó a un consultor externo. La compañía mantuvo que el informe no encontró irregularidades «graves». Su asesor jurídico confirmó que algunas mujeres habían presentado quejas sobre Howard, como su ofrecimiento de crear una página de Facebook para la vagina de una de sus colegas. Maxine Page, veterana de AMI, dijo haberse quejado en nombre de varias mujeres. Liz Crokin, otra antigua periodista, contó que, después de decirle al consultor externo que investigaba el asunto que Howard la había acosado, tenía el convencimiento de que se había vengado de ella asignándole tareas menores en lugar de otras de peso. Howard negó todas las acusaciones de conducta inapropiada y, según un portavoz, estas mujeres eran unas «insatisfechas». Howard se marchó de AMI para incorporarse a Celebuzz, donde había motivado otra investigación en recursos humanos y una acusación de acoso sexual a varias colegas y represalias contra ellas. Se marchó de Celebuzz con antelación a esta acusación contra él y volvió a AMI, ileso.

Después de mis artículos, varios colegas de Howard dijeron que parecía furioso. Dos recordaron haberle oído decir que iba a por mí. Uno le advirtió que eso sería una estupidez, porque la venganza sería muy evidente. Howard no se inmutó.

Durante un breve momento, un momento brillante, fui el villano recurrente que salía en mayúsculas en los titulares de las páginas del *National Enquirer*. A los pocos días de publicarse el testimonio del portero, el periódico me pidió por primera vez que comentara la historia de ese tío mío que yo no recordaba haber conocido al que Weinstein había evocado en las cartas que me había enviado con amenazas legales: «El *National Enquirer* piensa publicar un artículo sobre el tío de Ronan Farrow, John Charles Villiers-Farrow, condenado por abusar sexualmente de dos niños de diez años». Poco después, unos intermediarios empezaron a enviar mensajes agresivos exigiendo «fotos guarras». Como no envié ninguna, el *National Enquirer* publicó una queja que rechacé. Cada vez que yo respondía con algo que pudiera parecer pícaro o sincero, Howard también lo publicaba. Howard y sus colegas me pedían declaraciones sobre cuentos que se habían inventado, como el que nos implicaba a mí y a otro periodista que había trabajado en un destacado artículo crítico con AMI, en alguna especie de juego erótico brasileño. (Ojalá mi vida fuera tan emocionante…)

Howard y sus asociados no paraban de llamar y enviar correos electrónicos. Esta inercia era una fórmula trillada; una estrategia de manual por parte del destinatario también: respondes, te ganas el favor de Howard, haces un trueque de noticias. El otro periodista con el que Howard se había cebado se enfrentaba al *National Enquirer* por mediación de un abogado que tenía buenas conexiones y era capaz de negociar sosegadamente un acuerdo para garantizar que AMI no mencionase al periodista en cuestión. Pero este no estaba trabajando en ese momento en un reportaje sobre el asunto. Y yo sí. Doblegarse a las amenazas de la persona hostil que es el sujeto de tu reportaje era exactamente lo que estuvo a punto de enterrar la historia de Weinstein un año antes. No hice nada y seguí investigando.

Estas maquinaciones eran los tejemanejes menos sofisticados de Howard. Como me comentaron varios empleados de AMI, también había recurrido a un subcontratista asociado a Coleman-Rayner —la misma infraestructura que se había utilizado para crear grabaciones secretas para Weinstein— para que espiara a Jonathan en Los Ángeles. Habían vigilado su casa y seguido sus movimientos. Uno de sus empleados recordó que un día Howard llegó y dijo: «No vamos a dejar ni a sol ni a sombra al novio de Ronan. —Y después—: Tengo a alguien siguiéndolo, vamos a averiguar adónde va». Howard dijo que estas afirmaciones eran falsas. Al final, dijeron sus empleados, la rutina de Jonathan era tan aburrida que el subcontratista que lo espiaba desistió.

—Pero ¡si soy interesante! —exclamó Jonathan cuando se lo conté—. ¡Soy una persona muy interesante! ¡He ido a una *escape room*!

En este punto, el cerco a AMI se estaba estrechando. Varios medios, especialmente el *Wall Street Journal*, seguían escarbando en las transacciones de la compañía por cuenta de Trump durante las elecciones, y las revelaciones habían puesto sobre aviso a las autoridades policiales. En abril de 2018, agentes del FBI hicieron una redada en el hotel y la oficina de Cohen en busca de archivos relacionados con el pago a McDougal y la correspondencia entre Cohen, Pecker y Howard. Las fuerzas policiales se abatieron sobre Pecker y Howard. Respondieron a mis artículos negándolo todo, diciendo que el concepto de «captura y muerte» era ridículo y que sus intenciones habían sido puramente periodísticas. Apenas unos meses después, cerraron un trato para evitar que los juzgaran por una pila de posibles delitos, entre los cuales se incluían violaciones de la ley de financiación de campañas, y reconocieron todos los hechos. En los primeros días de la candidatura de Trump, como admitieron, Pecker se reunió con Cohen y con otro miembro de la campaña. «Pecker se ofreció para ayudar con las historias negativas sobre las relaciones del candidato presidencial con las mujeres; entre otras cosas, ayudando a identificar estas historias para poder comprarlas y evitar que se publicaran», rezaba el acuerdo de no enjuiciamiento, por el que se retiraban los cargos. Las habían captado y enterrado, y la intención había sido decidir el resultado de unas elecciones presidenciales.

Como parte de su acuerdo con los abogados de la acusación, AMI prometió «no cometer ningún delito» durante tres años. En el plazo de un año, el *National Enquirer* se enfrentaba a preguntas de si había incumplido esta cláusula o no. Howard lo había apostado todo a una carta: dar caza a una historia de infidelidad sobre Jeff Bezos, fundador y director general de Amazon. Esta vez, Howard consiguió las fotos obscenas que tenía por costumbre buscar. (Aparte de la esposa y la amante de Bezos, Dylan Howard mostraba más interés en el pene del hombre que cualquier otra persona en el planeta.) La consabida rutina se puso en marcha: AMI amenazó con publicar las fotos y presionó a Bezos para llegar a un acuerdo. Pero Bezos no se amilanó y pasó a la ofensiva. «No, gracias, señor Pecker —escribió en una carta abierta—. En lugar de ceder a la extorsión y el chantaje, he decidido publicar exactamente lo que me han enviado, a pesar del coste personal y de la vergüenza que puede suponer.»

A principios de 2019, cuando los fiscales federales investigaban si Howard había incumplido el acuerdo de no enjuiciamiento y AMI nadaba en deudas, la compañía cerró un trato para vender el *National Enquirer* y sus sucursales hermanas, *Globe* y *National Examiner*, como chatarra. El comprador, James Cohen, cuyo padre había sido el fundador de la franquicia Hudson News, era conocido sobre todo por coleccionar arte y por haberse gastado un millón de dólares en el *bat mitzvá* de su hija. En el aire quedaban las preguntas de si Cohen era el verdadero financiador del acuerdo o de si había otros en la sombra. El *New York Post*, prácticamente regodeándose, citó a otra fuente cercana a AMI: «Todo esto tiene pinta de ser un círculo grande».

El cerco también se estrechaba sobre el aliado de Howard, Harvey Weinstein. En los meses posteriores a las publicaciones del *New York Times* y *The New Yorker*, docenas de mujeres más acusaron a Weinstein de acoso o violencia sexual. El número ascendió a treinta, luego sesenta y luego más de noventa. Algunas mujeres, Canosa incluida, presentaron demandas. Las autoridades policiales en Londres, Los Ángeles y Nueva York se pusieron las pilas. Al día siguiente de la publicación del primer artículo de *The New Yorker*, el sargento Keri Thomson, un detective de la brigada de casos abiertos del Departamento de Policía de Nueva York, que había supervisado la operación trampa del caso Gutiérrez unos años antes, se puso a recorrer la Costa Este de Estados Unidos para encontrar a Lucia Evans. Esta mujer me había contado que Weinstein la había agredido sexualmente en su despacho en 2004. Cuando los detectives la encontraron, le dijeron que, si presentaba una demanda, ayudaría a meter a Weinstein entre rejas. Lucia Evans quería ser de ayuda, pero estaba asustada. Comprendía, y los detectives así lo reconocieron, que, si participaba en un proceso penal, podría salir escaldada. Los abogados de Weinstein jugaron sucio. Usaron su armamento pesado contra ella. «Creo que el mecanismo de supervivencia de cualquier persona se acciona cuando tomas una decisión vital tan importante como esta —dijo—. ¿Qué va a suponer para ti? ¿Cómo va a afectar a tu vida, a tu familia, a tus amistades?» Tras meses enteros de noches en vela, Evans decidió presentar la demanda contra Weinstein.

A primera hora de la mañana del 25 de mayo de 2018, un todoterreno negro se deslizó hasta la entrada de la comisaría 1 de la policía de Nueva York. Bajo los *flashes* de las cámaras, Keri Thompson y otro detective, Nick DiGaudio, se reunieron con Harvey Weinstein en el todoterreno y lo condujeron a la comisaría. Para esta ocasión, Weinstein se había vestido como un afable profesor, con una chaqueta de *sport* negra y un jersey azul claro de cuello de pico. Bajo el brazo llevaba una pila de libros sobre Hollywood y Broadway. Weinstein desapareció en el interior del edificio acusado de violación y un delito sexual. Cuando volvió a salir, lo hizo sin los libros y con las manos esposadas.

Weinstein iba acompañado de su último abogado, Benjamin Brafman, y un detective privado que se llamaba Herman Weisberg. Este último había sido detective de policía, y su empresa, Sage Intelligence and Security, presumía de su experiencia tanto como los israelíes de sus antiguos cargos en el Mossad. Weisberg llevaba un tiempo en el equipo de Weinstein: el año anterior, antes de la publicación de mi artículo, había seguido de cerca el caso de Rose McGowan y se presentó en una reunión con Weinstein para comunicarle que había descubierto una investigación policial, todavía no revelada al público, que la acusaba de llevar drogas encima. «¿Podemos filtrarlo?», preguntó Weinstein, emocionado. Algunos de sus antiguos colegas llamaban a Weisberg Sabueso. Su especialidad era rastrear testigos e interrogarlos.

Por todo el simbolismo del paseíllo mediático, Weinstein pagó un millón de dólares de fianza y se fue a casa. Le pusieron un brazalete electrónico y le permitieron desplazarse entre sus residencias de Nueva York y Connecticut. Durante los meses posteriores, el caso de la policía de Nueva York se amplió de dos mujeres a tres, además de una acusación de «agresión sexual depredadora» de Mimi Haleyi, una antigua asistente de producción que afirmaba que Weinstein la había agredido sexualmente en su casa en 2006. Pero la ofensiva de Weinstein también se amplió, rodeando con sus zarzas a quienes habían aceptado participar en el caso y a quienes trabajaban en él.

Brafman bramó ante la prensa y los abogados de la acusación que Weinstein tenía mensajes amistosos de Mimi Haleyi y, entre ellos, uno en el que ella pedía reunirse con él después de la supuesta agresión. Los esfuerzos de Weisberg dieron sus frutos y logró desacreditar a DiGaudio, el detective. Una testigo secundaria en el caso de Lucia Evans afirmó que le había proporcionado nuevos detalles a DiGaudio, que él habría ocultado después a los abogados. DiGaudio lo negó, pero Brafman ya tenía en su poder toda la munición necesaria. Expresó su indignación pública y acusó a las fuerzas policiales de conspirar contra Weinstein. DiGaudio fue destituido del caso. El cargo de Lucia Evans contra Weinstein se desestimó. «Dos cosas pueden ser ciertas —me dijo una fuente de la fiscalía del distrito—. Puedes creer a una superviviente pero permitir que desestimen su cargo, porque mantenerlo podría mermar la credibilidad de otros cargos, por cosas que ocurrieron en el proceso.»

Brafman atribuyó esta decisión a la bravura del espionaje privado. «En el caso Weinstein, cualquier logro que se me pueda atribuir se debe en gran parte al papel que Herman ha desempeñado en él», dijo Brafman, explicando que Weisberg había contribuido a «descubrir materiales» sobre «varios de los testigos de cargo más importantes».

Cuando comenzó el juicio a Weinstein, los manifestantes se concentraron fuera del juzgado. Llevaban carteles que rezaban «Justicia para las supervivientes» y «Escuchen a las supervivientes». Rose McGowan estaba allí, y Rosanna Arquette. «No vamos a movernos de aquí», dijo Arquette. En la sala, los testigos contaron sus relatos, entre ellos Haleyi y Jessica Mann, que había sido actriz. Annabella Sciorra repitió ante el jurado el mismo relato desgarrador que me había contado a mí. Rosie Pérez subió a la tribuna para respaldarla. Un socio de Boies Schiller testificó a propósito del acuerdo con Black Cube, y reveló en audiencia pública los secretos que Sleeper había filtrado.

El elenco de abogados de Weinstein seguía cambiando. Brafman dimitió y le sucedió Donna Rotunno, una abogada impetuosa residente en Chicago que durante el caso alardeó de no haber sido acosada nunca «porque yo jamás me pondría en esa situación». Pero no fue suficiente. El jurado condenó a Weinstein por seis delitos sexuales, incluido el de violación.

Los abogados de Weinstein pidieron indulgencia, pormenorizando sus actos de caridad y arguyendo que ya había sufrido. En una carta al juez, escribieron: «Desde el artículo de *The New Yorker* publicado en octubre de 2017, al señor Weinstein le han destrozado la vida». El juez sentenció a Weinstein a veintitrés años de cárcel, casi la pena máxima. Ambra Gutiérrez estaba en el juicio ese día. «Yo tenía veintitrés años cuando me arruinó la vida —dijo—. Es mi número.» El Departamento de Penitenciarías ingresó a Weinstein, que se quejaba de dolores en el pecho, en una enfermería de la isla Rikers, antes de trasladarlo a su nuevo hogar: la Wende Correctional Facility, una cárcel de máxima seguridad al este de Búfalo, no muy lejos de donde había hecho sus primeros pinitos en el cine.

Sus visitantes más frecuentes eran hombres trajeados: abogados o detectives, contaban los curiosos. El ahora convicto, el ahora antiguo jefe de estudio había caído tan bajo como cualquier hombre puede caer, pero sus cheques seguían cobrándose. Para hombres como él, siempre habría un ejército de espías. Era todo lo que Harvey Weinstein había dejado.

53

Axioma

$\mathcal{F}$ue después de la historia del hijo ilegítimo, y de nuevo en verano, cuando di con las primeras claves sobre las actividades de Black Cube después de su colaboración con Weinstein. Acababa de subir a un vagón de metro asfixiante cuando un tal «Axioma», decía la pantalla, me llamó por teléfono. Un rato después, recibí un mensaje de texto. «Estoy intentando hablar con usted directamente y en privado. Tiene que ver con una Sartén que es Antiadherente. A veces cocino y el revestimiento negro me asusta.»

Hacía poco, yo había colgado en las redes sociales una fotografía de una sartén cuya marca era «Black Cube». «Antiadherente. Puede utilizar identidades falsas y empresas fantasma para obtener información», había añadido. («Jajaja», comentó secamente Ambra Gutiérrez.)

Mientras el vagón entraba en un túnel, respondí: «¿Puede decirme más sobre su identidad?».

«Puedo decirle que me dedico a la vigilancia.» Y después, resistiéndose a mis súplicas por algo más de información: «Tendremos que vernos discretamente y asegurarnos de que nadie nos sigue».

Unos días más tarde iba por la calle abriéndome paso entre las sudorosas multitudes del barrio de los teatros. Le había propuesto que nos viéramos en el restaurante brasileño donde conseguí la grabación de Ambra Gutiérrez. Llegué a mi hora, pedí mesa para dos y me senté. Mi teléfono sonó con una llamada de señal encriptada. «Axioma» apareció de nuevo en la pantalla.

—No pida nada —dijo una voz de hombre.

Miré a mi alrededor. Nadie a la vista.

—Lleva una bandolera, una camisa azul claro y pantalones ligeramente oscuros —continuó. Me dijo que saliera y que caminara despacio—. Camine en sentido opuesto al tráfico, por favor.

Giré el cuello.

—No mire a su alrededor —continuó, un poco molesto—. Le espero a una manzana y media de donde está. Párese durante un minuto o minuto y medio en el cruce. Voy a asegurarme de que no le sigue nadie.

Mientras me hacía dar un rodeo por el barrio de Hell's Kitchen, intenté echar otro vistazo a mi alrededor.

—No mire, camine con naturalidad. En sentido contrario al tráfico. Bien, siga así.

Me dijo que me parara en un restaurante peruano ubicado en un sótano que no tenía cobertura telefónica.

—Pida una mesa al fondo, al fondo del todo.

Hice como me dijo. Diez minutos más tarde, un hombre se sentó frente a mí. Tenía el cabello negro y rizado, y un poco de tripa. Tenía un marcado acento ucraniano.

—Soy una de las partes implicadas —me dijo Igor Ostrovsky.

Deslizó un teléfono móvil por la mesa. Me hizo seña de echar un vistazo a las fotografías. Eran de mi edificio, de mi portal, de mi conserje en el exterior. Y se veía el Nissan, con dos hombres dentro: Ostrovsky, moreno y regordete; y Khaykin, pálido, calvo y de mirada fiera.

Ostrovsky me dijo que trabajaban para una agencia local de detectives privados con licencia en Nueva York.

—Pero el producto final, los informes finales, es Black Cube quien los firma.

—¿Por qué hace esto? —le pregunté.

Aunque gran parte del trabajo de los subcontratistas era rutinario —seguir a esposas infieles o hurgar en los trapos sucios en casos de custodia que «puede que no sean éticos, pero sí legales»—, las misiones para Black Cube eran de otra índole. Ostrovsky me contó que me habían vigilado, en persona y a través de mi teléfono. Recordé los mensajes de texto *spam*: las actualizaciones meteorológicas y luego la avalancha de encuestas políticas que recibí en el World Trade Center. Él no sabía si ambas cosas estaban conectadas, pero me confirmó que recibió información precisa de mi ubicación más o menos al mismo tiempo que yo recibí los mensajes de la encuesta. «Tuve miedo de que pudiera ser ilegal», me dijo. Discrepaba de las tácticas empleadas contra mí. Y no solo contra mí. Los subcontratistas seguían siguiendo a personas para Black Cube. Ostrovsky quiso saber la razón.

Me leyó una lista de nombres, de objetivos, y las fechas y las horas de las operaciones de vigilancia. En numerosos restaurantes de hoteles de lujo, los subcontratistas habían vigilado reuniones entre agentes de Black Cube y objetivos que resultaron ser expertos en tecnología y delitos cibernéticos. Varios de ellos conocían nuevas soluciones agresivas para piratear y controlar teléfonos móviles, como el *software* Pegasus de la empresa de ciberinteligencia israelí NSO Group, que inquietaba a Sleeper.

Ostrovsky dijo que la limitada información en su poder estaba «diseñada para rastrearme». Le preocupaba que lo estuvieran vigilando, tanto que había barrido la zona que rodeaba el restaurante antes de entrar.

Yo también me estaba volviendo cauto. Le había pedido a una colega que me siguiera a una distancia de algunas manzanas y que le echara un ojo al restaurante. Unjin Lee era una mujer estadounidense de origen coreano menuda, de apenas un metro y medio, que no practicaba *krav magá* precisamente, pero era capaz de localizar sospechosos.

Ostrovsky y yo salimos del restaurante por separado, con diez minutos de diferencia. Cuando estuve a una distancia prudente, Unjin Lee me llamó. Al parecer, un hombre nos había seguido y se había rezagado cuando entramos en el restaurante. Después se había demorado en la entrada durante más de una hora.

No hay nada certero, parece ser, salvo la muerte, los impuestos y las investigaciones del distrito sur de Nueva York.

La fiscalía federal empezó a buscar información sobre Black Cube después de mi artículo sobre la agencia de espías a finales de 2017, y su unidad de fraudes complejos y ciberdelitos puso en marcha una investigación. No pasó mucho tiempo antes de que los investigadores, también interesados en Harvey Weinstein y AMI, quisieran conocerme, no como periodista, sino como testigo.

Las llamadas y los mensajes del distrito sur empezaron a llegar en los días posteriores a la publicación del artículo de Karen McDougal en febrero de 2018 y no disminuyeron en los meses siguientes. El interés procedía de la propia fiscalía del distrito sur e intermediarios, entre ellos Preet Bharara, el antiguo fiscal de Estados Unidos en este distrito. Querían hablar conmigo y con Fabio Bertoni, el abogado de *The New Yorker*.

Un compañero de la facultad de Derecho que trabajaba en la policía también me envió varios mensajes para vernos y ponernos al día. Al poco tiempo de reunirme con Ostrovsky el primer día, una noche de mucho calor fui a cenar a un pequeño restaurante cerca del World Trade Center.

Estaba en la barra, sudado y desaliñado, cuando oí su voz.

—Buenas.

Levanté la mirada de mi teléfono. Una hilera de dientes perfectos destelló. Preet Bharara era tan simétrico como un modelo de catálogo. Incluso tenía nombre de actor, de ficción, el nombre de un médico de confianza en un barrio residencial de los años cincuenta.

Se acercó más y me regaló otra sonrisa cegadora.

—¡Cuánto tiempo!

—He estado liado —le respondí con torpeza.

—No puedo imaginarme con qué.

Pidió algo de beber para los dos y luego nos sentamos a una mesa.

Fue una cena muy agradable, durante la cual hablamos mucho de nuestra vida. Me di cuenta de lo mucho que me había encerrado en mí mismo en los últimos tiempos y había descuidado mi vida. Al menos me habían espiado a conciencia; de lo contrario, mi vida social se habría reducido a nada.

Bharara me dijo que estaba casado.

—¿Y cómo va?

Se encogió de hombros.

—Es complicado. ¿Y tú?

—Yo bien. Es un tío estupendo. —Se hizo el silencio. Pensé en el año largo y tenso con Jonathan.

—Pero ¿es complicado también? —me preguntó.

—Bueno, la distancia es dura.

Me miró apenado.

—Tienes un montón de presión ahora mismo.

—Ya ha pasado lo peor. Seguro que tú también la tienes.

Se inclinó hacia delante y me ofreció la sonrisa más cálida de la noche, aunque no la más apropiada para los catálogos de moda.

—No tiene por qué ser así, ¿sabes? —me dijo. Yo podía sentir su aliento desde el otro lado de la estrecha mesa—. Tener que aguantar todo eso. Tú solo.

Jugueteaba con el cuchillo que tenía delante, recorriendo el filo plateado con el dedo.

—¿Te refieres a…?

—Deberías venir.

—¿A?

—A testificar. No tendrás que revelar tus fuentes si no quieres.

Me enderecé en mi silla.

—Sabes que eso no puedes garantizármelo.

—¿Y? Si eres una víctima, lo propio es que hables.

Su interés personal parecía genuino y separado del profesional. Pero las dos dinámicas chocaban entre sí. Cuando salimos del restaurante, ya de noche, y nos despedimos, se demoró un momento durante el abrazo.

—Llámame si cambias de opinión —me dijo. A continuación me sonrió por encima del hombro y desapareció en la noche.

Bertoni y yo le dimos vueltas al dilema. Colaborar con la policía era una decisión difícil para cualquier periódico. Existían escenarios en los que, claramente, los periodistas debían acudir a la policía, sobre todo si recibían el aviso de que alguien corría un peligro físico inminente. Pero en este caso no había decisiones sencillas. No era inconcebible que yo hubiera sido víctima de un delito, entre la vigilancia telefónica y los engaños ideados para sustraer material de mis investigaciones. Pero yo estaba convencido de no correr tanto peligro, ni yo ni los míos, como para sentarme con la fiscalía y responder a preguntas que pudieran conducir rápidamente a las fuentes y a una información que había prometido mantener en secreto. Proteger a estas fuentes, incluido Ostrovsky, debía ser mi prioridad. Y, además, el asunto no iba solo conmigo. Bertoni temía que cualquier conversación con la policía sentara un peligroso precedente para *The New Yorker*. ¿Podríamos negarnos fácilmente a colaborar en investigaciones sobre, pongamos por caso, un chivato del gobierno después de haber dicho que sí una vez?

54

Pegasus

$\mathcal{A}$l principio, Ostrovsky no quería darme el nombre de su jefe. Pero había pistas de sobra. En una de las fotografías que me había enseñado se veía incluso la matrícula del Nissan. Tecleé el nombre que encontré y me salió un vídeo promocional. «Soy el hombre que trabaja sobre el terreno. Un hombre de acción —decía un hombre calvo con acento ruso en el vídeo—. Me llamo Roman Khaykin y soy el fundador de InfoTactic Group.»

Sonaba una música tecno marchosa. Sobre imágenes de cámaras ocultas en ojales planeaban rótulos que prometían «el mejor equipo de vigilancia de alta tecnología». Ofreciendo su mejor imitación de James Bond o de Ethan Hunt, Khaykin se lanzaba atléticamente en medio de la multitud. Era seductoramente cursi. InfoTactic era una agencia de poca monta, con apenas un puñado de trabajadores por cuenta propia, la mayoría con otra ocupación diurna. Aun así, Khaykin, en el curso del año anterior, cuando trabajaba para Black Cube, había intentado superarse y se jactaba de la vigilancia telefónica y de sus habilidades para conseguir ilegalmente documentos financieros.

En el vídeo, Khaykin hablaba de sus capacidades con la mayor seriedad del mundo. «Cuando era pequeño y aprendí a leer, dejaba fascinados a mis padres con mi capacidad de memorizar el texto de mi libro preferido: Sherlock Holmes.»

Υ

Ostrovsky siguió pasándome información sobre las operaciones en curso para Black Cube. A veces yo iba a los lugares señalados, o enviaba a colegas que corrían menos riesgo que yo de llamar la atención para que vigilaran desde lejos. La pauta siempre era la misma: descubrir a agentes de Black Cube que se reunían con expertos en delitos cibernéticos y tecnología en hoteles de lujo.

Ostrovsky y yo nos reuníamos igualmente, en restaurantes cutres que abandonábamos de inmediato para seguir conversando a trompicones en recorridos laberínticos por calles secundarias. Una vez nos sentamos en un rincón tenuemente iluminado del vestíbulo de un hotel y hablamos durante media hora antes de que Ostrovsky se excusara bruscamente y al cabo volviera inquieto, diciendo que teníamos que irnos y rápido. Sospechaba que dos hombres sentados cerca de nosotros nos estaban siguiendo. Parecían profesionales. Nos habían estado observando muy de cerca. Paramos un taxi y luego otro. Ostrovsky pidió al taxista que se detuviera en la West Side Highway y se hiciera a un lado de la autovía, y aguardó para ver si algún coche nos seguía o aminoraba la marcha. Un año antes, esta paranoia me habría parecido excesiva.

Durante el resto de 2018 seguí investigando el mundo de la inteligencia privada israelí, sin perder de vista a Black Cube. Eido Minkovsky, el genial *free lance* que manejaba las relaciones públicas de la agencia, era uno de mis contactos habituales. «Ronan, cielo, no te divorcies de mí», me escribió respondiendo evasivamente a mi última pregunta para la investigación. En enero de 2019 aceptó tomar una copa durante una de sus visitas regulares a Nueva York.

Varias horas antes de la reunión, Ostrovsky me llamó. Black Cube había ordenado a Roman Khaykin y a InfoTactic que buscaran un bolígrafo que pudiera grabar a escondidas. Ostrovsky envió una fotografía del bolígrafo espía que había encontrado. Era negro con un clip plateado: si no lo sabías, no había nada raro en él, pero tenía elementos que podías reconocer, como un pequeño círculo de cromo a una altura específica de la caña.

Minkovsky y yo convinimos en vernos en una vinoteca del barrio de Hell's Kitchen. Cuando llegué, él estaba en un rincón con una sonrisa de oreja a oreja. Minkovsky pidió un cóctel con su habitual zalamería. Luego anunció que iba a tomar notas sobre mis preguntas. Sacó, del bolsillo de su chaqueta, un bolígrafo negro con un clip plateado.

—Qué gracia, tengo el mismo —le dije.

Su sonrisa se borró.

—Es un bolígrafo especial. De Minkovsky Industries.

Le pregunté a Minkovsky si estaba grabando. Me miró ofendido. Él informaba a Zorella, el fundador de Black Cube, de todas las reuniones, por supuesto. No tenía alternativa: lo sometían al polígrafo periódicamente. Sin embargo: «Ronan, yo jamás grabaría, en la vida».

Más tarde, Minkovsky sostendría que el bolígrafo que había sacado era perfectamente inofensivo, y que no tenía conocimiento de que existiera ningún otro. Sin embargo, al salir de la reunión esa noche, le envié un mensaje a Ostrovsky: «¿Sabe a quién le han entregado el bolígrafo?», y me contestó con una ristra de fotografías, todas de Minkovsky, justo antes de nuestra cita, de pie en una esquina, aceptando la entrega del bolígrafo espía.

Unos días después, el bolígrafo espía reapareció en la última operación de Black Cube. Un hombre de mediana edad y barba blanca recortada que se identificó como Michael Lambert se sentó a almorzar con John Scott-Railton, que investigaba para el grupo de vigilancia Citizen Lab. Lambert dijo trabajar para CPW-Consulting, una empresa de tecnología agrícola con sede en París, y pidió una cita para hablar de la investigación doctoral de Scott-Railton sobre el uso de cámaras montadas en cometas para crear mapas, que es toda una historia, según parece.

Pero cuando llegó la comida, los intereses de Lambert se desviaron por otros derroteros. Citizen Lab, que vigila los intentos gubernamentales de hackear y espiar a periodistas, había informado recientemente de que el *software* Pegasus de NSO Group había comprometido un iPhone que pertenecía a un amigo del periodista Jamal Khashoggi, poco antes de que los agentes saudíes lo descuartizaran con un serrucho. La investigación levantó fuertes críticas de NSO Group, que desmintió que su *software* hubiera sido utilizado para localizar a Khashoggi, pero se negó a responder si el *software* se había vendido o no al gobierno saudí. Lambert quería saber más del trabajo de Citizen Lab sobre NSO Group. Preguntó si existía un «elemento racista» por la atención prestada al grupo israelí. Insistió en conocer la opinión de Scott-Railton sobre el Holocausto. Mientras hablaban, Lambert sacó un bolígrafo negro con un clip plateado y un círculo de cromo en la caña. Lo dejó tal cual encima del cuaderno de notas enfrente de él, con la punta mirando en dirección a Scott-Railton.

El guion era conocido. En las operaciones en las que participaba Stella Penn Pechanac y que fijaban como objetivos a empleados de West Face Capital y detractores de AmTrust Financial Services, los agentes de Black Cube también habían pedido declaraciones antisemitas. Pero esta vez el objetivo lo detectó: sospechando un subterfugio, Scott-Railton se había equipado de dispositivos de grabación. Grabó la conversación entera.

Fue una suerte de enfrentamiento de espía contra espía, y cada cual había llevado una sombra de refuerzo. Raphael Satter, un periodista de Associated Press que colaboraba con Scott-Railton, llegó con una cámara y se puso a interrogar al hombre que finalmente no se llamaba Michael Lambert. La tapadera del agente de Black Cube fue descubierta. Desde una mesa cercana, Ostrovsky había observado y fotografiado la reunión también. Khaykin, que había llegado antes y luego se esfumó, empezó a llamar, furioso: «¡Han pillado a nuestro hombre! —exclamó—. ¡Ve ahora mismo al vestíbulo! Hay que sacarlo de aquí».

El agente de Black Cube se escabulló por una puerta de servicio. Ostrovsky pescó al agente y su maleta con el coche y se puso a dar vueltas para despistar por si les seguían. Mientras circulaban, el agente se puso a hacer llamadas frenéticas para reservar el primer vuelo que saliera de Nueva York. En su maleta llevaba una etiqueta con el nombre «ALMOG» y una dirección en Israel. Era su nombre real: el agente Aharon Almog-Assouline, un agente de seguridad israelí jubilado que, como se supo después, había estado implicado en numerosas operaciones de Black Cube.

Black Cube y NSO Group negarían después cualquier conexión con la operación contra Citizen Lab. Pero en muchas de las reuniones que Ostrovsky me había descrito en los meses anteriores, Almog-Assouline había estado presente para fichar a personajes que criticaban a NSO Group y sostenían que su *software* se usaba para dar caza a periodistas.

Black Cube estaba furioso por la operación fallida. La agencia ordenó que todo el mundo al corriente del asunto se sometiera al polígrafo de inmediato. Ostrovsky me llamó preocupado para decirme que solo era cuestión de tiempo que lo descubrieran. Quería hablar, pero no solo con un periodista. Tenía información sobre operaciones de espionaje y sobre agentes estrechamente vinculados con un gobierno extranjero en suelo estadounidense. Ya había probado a hablar con el FBI, pero lo único que consiguió es que le pasaran de un agente escéptico a otro y terminaran colgándole el teléfono. Me preguntó si tenía un buen contacto en la policía. Llamé a Bertoni. Su postura sobre mantener en mínimos el contacto directo con los abogados de la acusación seguía siendo inflexible, pero reconoció que no había nada malo en informar a una fuente sobre cómo ponerse en contacto con las autoridades.

La última vez que comenté el asunto con mi antiguo compañero de clase fue en otro restaurante del barrio financiero. Yo salí como pude de un aguacero y él, perfectamente seco, esbozó otra sonrisa perfecta y pidió las bebidas.

—Deberías pensártelo —me dijo de nuevo. En la mesa, su mano estaba a un pelo de la mía—. No tienes por qué comerte el marrón tú solo.

Sopesé la posibilidad. Luego, retiré mi mano unos centímetros. Le dije que yo no hablaría, pero que mis fuentes a lo mejor sí. Le pregunté quién era la persona idónea para hablar con ellas.

Poco después, le pasé a Ostrovsky un nombre en el distrito sur de Nueva York. Ostrovsky contrató a un abogado —John Tye, el mismo abogado soplón que yo había consultado— e inició el proceso de presentarse como testigo por voluntad propia.

55

Deshaciendo

*E*n NBC News, el año posterior al caso Weinstein fue un año tenso. A finales de noviembre de 2017, Savannah Guthrie salió con un vestido negro estampado de flores idóneo para un funeral televisivo matutino y anunció que habían despedido a Matt Lauer la víspera. En menos de cuarenta y ocho horas les había llegado «una denuncia detallada de una colega sobre conducta sexual indebida en el trabajo». Guthrie dijo que estaba «desconsolada», llamaba a Lauer «mi querido, queridísimo amigo» y señalaba que «mucha, muchísima gente lo quiere en esta casa».

Guthrie leyó unas declaraciones de Andy Lack que sugerían que la dirección también estaba asombrada por lo de Lauer. La colega anónima había interpuesto «la primera denuncia sobre su comportamiento en los más de veinte años que Lauer llevaba en NBC News». La cadena se apresuró a reforzar esta idea en toda la prensa.

Después del anuncio, Noah Oppenheim reunió a los miembros de la unidad de investigación en la sala de conferencias de la cuarta planta. Dijo que, si bien la conducta denunciada por la colega anónima era «inaceptable», se trataba de una falta de conducta profesional, no de una falta criminal. «Estas conductas tuvieron lugar en el trabajo. Y Matt Lauer es Matt Lauer —dijo—. Por lo tanto, se da un desequilibrio de poder evidente.» Sin embargo, recalcó Oppenheim, los empleados de la cadena que habían hablado con la colega anónima «dijeron que ella no había empleado las palabras "criminal" o "agresión"».

Pronto se publicaron artículos en los que contribuía el equipo de comunicación de la NBC transmitiendo el mismo mensaje. Cuando la cadena colaboró con la revista *People* en un artículo de portada que anunciaba que Hoda Kotb sustituiría a Lauer —«Hoda y Savannah: "Nos han roto el corazón"», rezaba el titular—, su postura se volvió más explícita. «Múltiples fuentes afirman que la causa del despido ha sido una aventura que violaba los términos de empleo de la NBC», decía el artículo. «Inicialmente, las fuentes contaron a The Post que Lauer había sido acusado de agresión sexual —informó *Page Six*—, pero luego dijeron que fue por conducta sexual indebida.» Los medios de comunicación entonces en contacto con la NBC dijeron que la cadena no hizo ningún intento por tergiversar la historia como una aventura amorosa.

Oppenheim también se hizo eco de la sugerencia de Lack, según la cual la cadena no había tenido conocimiento de ninguna denuncia contra Lauer hasta dos días antes, cuando la colega anónima decidió hablar. Varios periodistas presentes se extrañaron al oír estas declaraciones. Tanto *Variety* como el *New York Times* llevaban semanas trabajando en artículos que acusaban a Lauer de reiterada conducta sexual indebida, y habían hablado por teléfono con muchas personas de la cadena en el proceso. Y, en el edificio, mucha gente llevaba tiempo oyendo quejas contra Lauer. En la reunión con Oppenheim, McHugh volvió a alzar la voz: «Antes de este lunes, muchos habíamos oído rumores de… movidas sobre Matt, por decirlo de alguna manera. Antes del lunes, ¿estaba la NBC al corriente de alguna acusación de conducta sexual indebida contra Matt?».

«No —dijo Oppenheim—. Lo comprobamos y vimos, como hemos dicho en las declaraciones, que en veinte años no ha habido una sola acusación interna» en «ningún lugar susceptible de tener constancia de algo así». El lenguaje empleado era importante: el hecho de que en recursos humanos no constaran registros oficiales sobre un personaje de la importancia de Lauer era prácticamente una prueba. Weinstein también había sostenido con firmeza que no existían registros «oficiales» de acusaciones de conducta sexual indebida en su expediente. Lo mismo que Bill O'Reilly en Fox News, pero esa no era la cuestión. McHugh no había preguntado sobre los registros oficiales; había preguntado si la NBC había tenido «constancia». Y en esto Oppenheim fue claro. «Todos leemos el *New York Post* y pasamos por los cajeros de los supermercados con las revistas y vemos el *National Enquirer* —dijo—. No es que puedas hacer mucho al respecto, especialmente cuando las partes implicadas denuncian las tonterías del *National Enquirer*.»

Oppenheim tenía razón: Lauer, como revelarían después los empleados de AMI y los registros internos, había sido de gran interés para el *National Enquirer* durante todo 2017 y 2018. Un intercambio de correos electrónicos con el tabloide contenía incluso el currículum vitae de la colega anónima cuyas acusaciones habían precipitado el despido de Lauer.

Poco después, Greenberg llamó a McHugh a su despacho para intentar averiguar, como sospechaba este último, si estaba hablando con la prensa. McHugh dijo que lo que estaba descubriendo sobre los problemas internos de la NBC y el peso que hubieran podido tener en nuestro reportaje sobre Weinstein le desasosegaba.

—La gente está hablando de eso, todo el mundo está diciendo…

—Que estaban encubriendo a Matt Lauer —terminó Greenberg.

—Sí —respondió McHugh.

—¿De verdad crees que teníamos constancia del problema con Matt Lauer? —le preguntó Greenberg.

McHugh lo miró fijamente y respondió:

—Lo creo.

En el curso de los meses siguientes, el mensaje de que nadie en la NBC sabía lo de Lauer se convirtió en un redoble de tambor constante. En mayo de 2018, NBCUniversal anunció los resultados finales de una investigación interna: «No hemos encontrado pruebas que indiquen que ningún responsable de NBC News o del programa *Today*, de sus recursos humanos u otras personas en posiciones de autoridad en la sección informativa recibiera ninguna queja anterior al 27 de noviembre de 2017 sobre el comportamiento de Lauer en el trabajo», concluía el informe de la casa. La cadena había rechazado las propuestas de una investigación independiente, tanto dentro de la compañía como en la prensa. Contrataron a abogados de fuera de la cadena para que revisaran las conclusiones *a posteriori*, pero quien se encargó de realizar la investigación entera fue el equipo de Kim Harris, incluida Stephanie Franco, la vicepresidenta de la compañía para el derecho laboral. El día en que se anunció el informe interno, Oppenheim y Harris convocaron otra reunión de crisis con la unidad de investigación. Los periodistas reunidos dispararon preguntas escépticas. McHugh se encontraba entre ellos. «¿Ha pagado la NBC alguna vez a una empleada que presentó información sobre Matt para que firmara un contrato de confidencialidad?», preguntó. Harris pestañeó. «Ummm —dijo—, no.»

A continuación preguntó si se habían producido acuerdos en los últimos «seis o siete años» con alguna empleada relacionados con el acoso en general. Más vacilaciones. «No que yo sepa», dijo finalmente Harris.

En un punto de la reunión, Harris se mostró cada vez más impaciente con la insistencia de los periodistas porque se hiciera una investigación independiente.

—Tenemos la sensación de que una voz externa, llegara o no a las mismas conclusiones, ayudaría a zanjar el asunto más rápidamente —dijo una mujer en la sala—. Es muy frustrante.

—Bueno, si la *prensa* dejara de hablar del asunto, quedaría zanjado —dijo Harris.

Se produjo un silencio y después otro periodista de investigación dijo:

—Pero la prensa *somos* nosotros.

Desde el principio, otros medios de comunicación publicaron artículos que no encajaban con las declaraciones de Oppenheim y de Harris sobre lo que la cadena sabía. Horas después de que la NBC anunciara el despido de Lauer, *Va-*

riety afirmó que «varias mujeres... denunciaron ante sus superiores el comportamiento de Lauer, que cayó en oídos sordos habida cuenta de la lucrativa publicidad que rodeaba a *Today*». La publicación insinuaba que las denuncias contra Lauer eran un secreto a voces. Lauer le había regalado a una colega un juguete sexual con una nota que explicaba cómo deseaba usarlo con ella. Jugaba a juegos de «follar, casarse o matar» con el micro abierto durante los cortes publicitarios. Empezaron a aflorar vídeos del mismo tenor, como uno de 2006 en el que Lauer le decía a Meredith Vieira: «Sigue agachándote así. Es una vista preciosa». Durante una cena en el club privado Friars Club en 2018, Katie Couric hizo un numerito en el que incluyó una «lista top 10» al estilo de David Letterman, en la que hacía referencia a una relación sexual entre Lauer y Ann Curry, mientras que Jeff Zucker, a la sazón director de NBCUniversal, dijo que la mujer de Lauer lo había obligado a dormir en el sofá como castigo a sus indiscreciones. Donald Trump, entonces presentador de *The Celebrity Apprentice*,[12] estaba presente. «La idea era que presentara el programa y después se acostara con la gente, con las empleadas», explicó Joe Scarborough ante las cámaras. «¿Todo esto lo susurraban a puerta cerrada? No. Lo gritaban a los cuatro vientos y todo el mundo se partía de risa.»

Varias jóvenes empleadas de *Today* dijeron que Lauer las había perseguido descaradamente para tener relaciones sexuales con ellas en la oficina. Addie Collins, antigua asistente de producción, me contó que Lauer había intentado ligar con ella agresivamente, casi obsesivamente, en el año 2000, cuando ella tenía veinticuatro años. Ella conservaba muchas de las notas que él le enviaba al correo electrónico del trabajo o en el *software* utilizado para la emisión del programa. «ME VA A DAR UN ATAQUE... ¡HAS VENIDO GUAPÍSIMA HOY! UN POCO DIFÍCIL CONCENTRARSE», decía uno de tantos. Por la posición de poder que Lauer ostentaba en el trabajo, Collins me dijo que le había resultado difícil negarse cuando él empezó a or-

---

12. Progama de televisión conocido en España como *El aprendiz*.

denarle que fuera a su vestidor o, incluso, en una ocasión, a un cubículo del cuarto de baño, para que le prestara favores sexuales. Ella consintió, pero sintió mucho asco y miedo a perder su empleo, miedo a las represalias. Aunque no podía demostrarlo, sospechaba que Lauer frustró en parte sus oportunidades profesionales.

Algunas mujeres clamaron que sus encuentros en el despacho de Lauer no habían sido consentidos. Una antigua empleada de la NBC le dijo al *New York Times* que en 2001 Lauer la llamó a su despacho y luego apretó el botón de su mesa, que, como en numerosos despachos del 30 Rock, cerraba la puerta por control remoto. Ella dijo que se sintió indefensa cuando él le bajó los pantalones, la recostó sobre una silla y tuvo relaciones sexuales con ella. Ella se desmayó. La asistente de Lauer la llevó a ver a una enfermera.

En el año 2018 escuché siete denuncias de conducta sexual indebida contra Lauer por parte de mujeres que habían trabajado con él. La mayoría me indicó documentos o personas con las que habían hablado y que podían corroborar sus relatos. Varias dijeron que lo habían contado a colegas del trabajo y creían que la cadena tenía constancia del problema.

Yo también empecé a tener constancia de una pauta en torno a las mujeres que denunciaban. En los años posteriores a 2011 o 2012 —el marco temporal durante el cual Kim Harris había asegurado que la NBC no había llegado a ningún acuerdo extrajudicial con ninguna empleada por motivos de acoso—, la cadena en realidad sí que firmó acuerdos de confidencialidad con al menos siete mujeres que habían sufrido supuestamente acoso o discriminación en la empresa. Los acuerdos también exigían que las mujeres renunciaran a su derecho a presentar una demanda. En la mayoría de los casos, las mujeres recibieron cuantiosas indemnizaciones que, en opinión de las partes implicadas en las transacciones, eran desproporcionadas con cualquier compensación convencional por despido. Cuando Harris dijo que desconocía cualquier acuerdo por acoso, estaba aprovechando un tecnicismo: la cadena llamaba «indemnizaciones mejoradas» a un gran número de las indemnizaciones que ofrecían a las mujeres cuando dejaban la empresa. Pero los individuos implicados —también por parte de la empresa— cuestionaban esta definición y decían que la finalidad de los acuerdos era impedir que las mujeres hablaran públicamente de sus acusaciones.

Varias mujeres que habían firmado estos acuerdos de confidencialidad no tenían quejas contra Lauer, sino contra otros altos cargos de NBC News. Dos de los acuerdos alcanzados en los primeros años del período descrito por Harris habían sido con mujeres que sufrieron supuestamente acoso de dos antiguos directivos que luego dejaron la empresa. «Todo el mundo dentro de la empresa sabía por qué los dejaron marcharse», dijo un miembro de la jerarquía de la NBC que había estado muy implicado en la partida de los dos hombres. La NBC también firmó el acuerdo de 2017 con la mujer que había acusado a David Corvo —el productor de *Dateline* encargado de supervisar la investigación del caso Weinstein— de acosarla sexualmente.

Pero otros pactos pusieron en duda que la cadena no supiera nada de las supuestas acusaciones contra Lauer, como aseguraba.

Una celebridad televisiva, que firmó un acuerdo de confidencialidad en 2012, dijo que la NBC se lo pidió después de haber enseñado a otros compañeros los mensajes que ella había interpretado como proposiciones, tanto de Lauer como de otro de los directivos que después dejó la empresa. Los colegas recordaron que ambos hombres hacían comentarios obscenos sobre esta mujer, con los micrófonos abiertos, durante los programas. «Yo era como un trozo de carne colgando —dijo ella—. Iba a trabajar con un nudo en el estómago. Cuando volvía a casa, me echaba a llorar.» Después de rechazar las proposiciones, se dio cuenta de que le daban menos encargos. «Me castigaron —dijo—. Mi carrera cayó en picado.» Decidió no denunciarlo formalmente porque dudaba de la eficacia del departamento de recursos humanos de la empresa y temía un mayor perjuicio para su carrera. Sin embargo, sí que empezó a contárselo a sus compañeros de trabajo y a planear su partida de la empresa.

Cuando NBC le propuso el acuerdo antes de irse, ella recordó que su agente le dijo: «Nunca había visto esto en mi vida. Quieren que firmes un contrato de confidencialidad». Y añadió: «Tienes que tener algo muy gordo contra ellos». El agente me dijo que recordaba esa conversación. El contrato, que revisé más tarde, despojaba a esta mujer de su derecho a presentar una demanda. También le prohibía hacer declaraciones negativas sobre NBCUniversal, «salvo en el caso de que una investigación periodística de buena fe así lo exija». En él figuraba el membrete de NBC News y las firmas de ella y del directivo que la había acosado.

En 2013 se firmó otro acuerdo con una mujer que reveló una acusación seria contra Lauer en el seno de la empresa. Unos meses después de que saltara el caso de Lauer, quedé con Ann Curry, su antigua copresentadora, en un restaurante italiano de Greenwich Village. Ella estaba sentada en un taburete a mi lado, con expresión grave. Me dijo que las quejas contra Lauer por acosar verbalmente a las mujeres en la oficina eran conocidas en su época, y que, una vez, en 2010, una colega la llevó a un despacho vacío y estalló diciendo que Lauer se había exhibido delante de ella y le había hecho proposiciones. «Eso fue lo más cerca que puedes estar de una mujer que se está *deshaciendo* delante de ti del dolor», dijo Curry.

Más tarde me enteré de la identidad de la mujer: Melissa Lonner, la productora de *Today* que se había reunido conmigo después de dejar su trabajo en la radio. Como Lonner contó a sus colegas, ella y Lauer estaban en una velada de trabajo en el 30 Rock el día antes de que ella explotara delante de Curry. Lauer le pidió que lo acompañara a su despacho y ella lo entendió como una petición profesional. Cuando llegaron, él cerró la puerta a sus espaldas.

Ella recordó que lo miró expectante y le dijo: «Creía que querías hablar». Él le pidió que se sentara en el sofá y se puso a parlotear. Bromeó sobre lo mucho que odiaba los cócteles de trabajo como ese en el que acababan de estar. Después, contó ella a sus colegas, él se bajó la cremallera de los pantalones y le enseñó el pene erecto.

Melissa Lonner estaba separada de su marido, pero seguían casados. Había nacido en los arrabales de Bangkok y se había dejado la piel para llegar adonde estaba. Recordó que la actitud de Lauer la estremeció, que se rio nerviosa e intentó escaparse con una broma, diciendo que no quería intimar en un despacho donde «todo el mundo lo había hecho».

Lauer le dijo que sabía que ella quería, y, en respuesta a la broma sobre sus escarceos de despacho, que imaginaba que a ella le gustaba el sexo guarro y que para ella «sería la primera vez». Entonces, según cuenta ella, él se puso furioso y le dijo: «Melissa, eres una calentorra. Esto no me gusta nada. Me has engatusado».

Fuentes cercanas a Lauer me dijeron que había contrarrestado su versión de los hechos, diciendo que recordaba haber hecho un gesto obsceno de broma pero que no se había exhibido ni insinuado. Sin embargo, Lonner, visiblemente disgustada, empezó a contar lo ocurrido con detalle al día siguiente y siguió contándolo años después. Le rogó a Curry y a otra famosa de la televisión que no dijera su nombre, pues sabía que Lauer destruiría su carrera. Sin embargo, Curry habló con los dos altos directivos y les dijo que tenían que hacer algo con Lauer. «Les dije que Lauer era un problema para la empresa. Que tenía un problema con las mujeres. Que tenían que vigilarlo de cerca.» Y luego, hasta donde Curry sabía, no hicieron nada.

Lonner les dijo a sus colegas que después de lo ocurrido estaba deprimida. Lauer se pasó semanas enteras sin dirigirle la palabra. Por miedo a que la despidieran, se puso a buscar otros empleos. Pero cuando la CNN le hizo una oferta, sucedió algo extraño: varios directivos de NBC News la llamaron a su despacho y todos le comunicaron el mismo mensaje. Uno a uno, le dijeron que Lauer había insistido en que permaneciera en su cargo. «No sé qué hay entre vosotros —le dijo uno—, pero tengo que tenerle contento.»

Lonner se quedó en la cadena. Varios años después, cuando su contrato estaba a punto de extinguirse, la despidieron de todos modos. Dijo a sus colegas que nunca le explicaron la razón. Según un abogado que consultó, retrasar su partida de la empresa le impidió presentar una demanda por acoso debido a los plazos de prescripción. Cuando Looner dejó NBC News, su agente la llamó para informarle de algo inusual: además de las cláusulas habituales de confidencialidad y de no descrédito, la cadena le ofrecía una suma de seis cifras a cambio de que firmase una cesión de derechos. «Nunca había visto nada igual —le dijo su agente—. Debes de saber dónde tienen escondidos todos los cadáveres.» Lonner entendió que el principal interés de la indemnización era impedir que hablase con la prensa.

A pesar de que Lonner no era una persona pública, proliferaron los artículos de los tabloides que aseguraban que era una persona difícil en el trabajo. Lonner dijo a sus amigos que estaba convencida de que la calumniaban por haber rechazado las insinuaciones de Lauer.

Cuando pregunté a Lonner sobre la NBC, me dijo que no podía comentar su época en la cadena. La NBC negaba que la indemnización de Lonner guardara relación con sus acusaciones contra Lauer. Pero la cadena sí que parecía albergar cierta conciencia de esta conexión. En 2018, cuando un reportero del *Daily Beast* llamado Lachlan Cartwright investigó los supuestos acuerdos económicos de la NBC con víctimas de acoso sexual, Stephanie Franco, la abogada laboralista de NBCUniversal, llamó a la abogada de Lonner para recordarle la existencia, y la vigencia, de su pacto. El equipo jurídico de la NBC diría más tarde que la llamada se había producido en respuesta a una pregunta de la abogada de Lonner, y que había sido para notificarle que era libre de hacer demandas legales, no para hablar de ninguna cláusula de confidencialidad.

Los acuerdos continuaron en los años posteriores. En 2017, una empleada de *Today* que yo había visto llorar en el plató un año antes recibió una indemnización de siete cifras a cambio de firmar un acuerdo de confidencialidad. En las comunicaciones que revisé en torno al contrato, los abogados recalcaban que el primer objetivo era la promesa de silencio, no una cláusula secundaria. Cuando su contrato con la cadena finalizó, ella planteó sus inquietudes relativas al acoso y la discriminación, si bien la cadena dijo que la indemnización no tenía que ver con ninguna acusación específica. Lonner también le habló de Lauer y del acoso sexual a un vicepresidente, aunque sin compartir con él el material que yo revisé más tarde y que mostraba que Lauer le había dejado mensajes de voz y le había enviado mensajes de texto para tirarle los tejos. Como él se tomó sus respuestas con indiferencia, Lonner tuvo la sensación de que se vengaba difundiendo rumores sobre ella en la oficina.

56

Zdorovie

*L*a acusación que provocó el despido de Matt Lauer terminó de la misma manera: con una indemnización y un acuerdo de confidencialidad. La primera vez que hablamos, Brooke Nevils, la colega anónima cuya historia los jefes de NBC y la prensa habían considerado una aventura consensuada, dudó de si hablaría alguna vez en público. Cuando entré en su apartamento de Nueva York huyendo de un aguacero, ella miró por encima de mi hombro y luego cerró la puerta con llave. «Es que vivo aterrorizada —me dijo—. Y después de tu historia de los espías tengo más miedo todavía. Yo sabía a quién me enfrentaba. Y las movidas turbias que hacían.»

Tenía poco más de treinta años y un aire desgarbado, adolescente. «Alta, incómoda y de pecho plano», dijo con una sonrisa. Su apartamento estaba repleto de objetos de arte y de libros. Como en una novela de Murakami, había gatos por todas partes. Brooke Nevils había tenido seis hasta esa misma mañana, en la que había tenido que sacrificar a uno por una insuficiencia renal.

Me lo contó con el desafecto de alguien que ha pasado por mucho. En el curso de los dos últimos años, Brooke Nevils había intentado suicidarse. La habían hospitalizado por trastorno por estrés postraumático y había caído en la bebida antes de remontar ella sola. Había adelgazado seis kilos y había acudido a médicos veintiuna veces en un único período de diez meses. «He perdido todo lo que me importaba —dijo—. Mi trabajo. Mis objetivos.»

Nevils había crecido en las afueras de Chesterfield, Misuri. Sus boletines escolares decían que era muy habladora, muy sonriente y que tenía un agudo sentido del humor. Su padre fue marine en Vietnam, se sacó un Doctorado en *marketing* y trabajó de contratista civil para el Pentágono. Su madre, azafata de la aerolínea TWA, murió de un infarto poco más de un año después de que yo la conociera. Nevils me contó que su madre era «esa clase de personas que quieren que el mundo sea mejor».

Brooke Nevils quería ser periodista desde los trece años y se enteró de que Hemingway escribía para el *Kansas City Star*. «Te dedicas al periodismo porque crees en la verdad. Que las historias de las personas importan.» Frunció el ceño. La lluvia repicaba en las ventanas. «Creía que nosotros éramos los buenos.» Después de estudiar en Johns Hopkins, hizo prácticas en algunos periódicos. En 2008 consiguió el trabajo de sus sueños como becaria de NBC Page, el programa de desarrollo profesional de la cadena. Durante los años posteriores, se fraguó una carrera, empezando con visitas guiadas por la cadena y más tarde contribuyendo en artículos importantes y contratando a grandes estrellas.

En 2014 se dedicaba exactamente a esto, trabajando para Meredith Vieira, una de sus heroínas personales y cuya carrera era un modelo para ella. Cuando encargaron a Vieira cubrir los Juegos Olímpicos de 2014, las dos viajaron a Sochi, una ciudad vacacional costera de Rusia. Al final de una de sus largas jornadas de trabajo, Vieira y Nevils fueron a la barra del lujoso hotel en el que se alojaba el equipo de la NBC. Rieron y charlaron mientras se tomaban unos martinis. Era tarde, medianoche quizá, cuando apareció Matt Lauer y recorrió la barra en busca de caras conocidas. «Siempre me ha intimidado mucho. En el trabajo era un poco tirano, la verdad. Si no hubiéramos estado de tan buen humor esa noche…» No terminó la frase. Pero las mujeres estaban contentas esa noche. Y habían bebido. Ella dio un golpecito al asiento a su lado, invitando a Lauer a sentarse con ellas.

Cuando se sentó a su lado, Lauer miró los martinis y dijo: «¿Sabes qué? Lo que me gusta de verdad es un buen vodka frío». Pidió chupitos de vodka Beluga. Nevils se tomó seis. «*Na zdorovie!*», exclamó Lauer, que significa literalmente «salud». Cuando Lauer sacó su iPhone y empezó a sacar fotos, Nevils sintió que la inquietud empañaba la diversión. Lauer era famoso por difundir en directo fotos de colegas después del trabajo; era parte de la cultura bromista que él presidía en *Today*. Nevils se notaba borracha y le preocupaba dar esa impresión en las fotos.

Después de separarse —Lauer a su habitación, las mujeres a las suyas, en una planta más alta—, Vieira sonrió y sacó la credencial de prensa oficial de Lauer, que le garantizaba el acceso a los actos que cubrían. Vieira y Lauer tenían una relación fraternal y guasona. Esta fue la última de una larga historia de bromas mutuas. Las mujeres llamaron a Lauer y le preguntaron, entre risas achispadas, si no echaba algo en falta. Nevils recordó que Lauer le preguntó si no echaba *ella* en falta su credencial. La tenía él.

Nevils fue a la habitación de Lauer, una *suite* inmensa con vistas panorámicas del Mar Negro, para recuperar su credencial. Él seguía vestido con el traje de trabajo y tuvieron una conversación banal sobre el robo de la credencial. Nevils se fijó en su papel para cartas elegante, con «Matthew Todd Lauer» impreso en letras azul marino, y pensó en escribir «apesta» debajo, a modo de broma borracha, pero se lo pensó mejor. Lauer a veces era formal y prepotente con empleados jóvenes como ella. Llevaba viéndolo en televisión desde que tenía trece años. No quería meterse en líos.

Nevils volvió a subir a su planta y, mientras ella y Vieira se daban las buenas noches, envió un mensaje similar a Lauer también, con una referencia graciosa a lo mucho que les había costado insertar sus tarjetas en la puerta con la melopea que llevaban. Unos minutos después, mientras Nevils se estaba lavando los dientes, su BlackBerry de trabajo sonó. Un mensaje enviado desde el correo electrónico de trabajo de Lauer le decía que bajara. Ella respondió que solo iría si le dejaba borrar las fotografías en las que salía borracha en la barra. Él le dijo que la oferta expiraba al cabo de diez minutos. Más tarde, fuentes cercanas a Lauer me dijeron que él creyó que la preocupación de Nevils por las fotos solo había sido un débil pretexto y sus mensajes, insinuaciones. Nevils dijo que la idea de coquetear con Lauer era impensable para ella. Sus mensajes solo pretendían seguir el juego que los tres habían llevado toda la noche. En retrospectiva, pensaba que ir a la habitación de un hombre de noche, ella sola, no había sido muy inteligente. Dijo que estaba ebria, que no pensó mucho en las implicaciones y que, basándose en su experiencia previa, no tenía razones para sospechar que Lauer se comportaría de otro modo que no fuera amistoso. «Siempre me trató como a una hermana pequeña —dijo—. He ido muchas veces a su habitación.» No se acicaló para bajar. Seguía con la ropa del trabajo puesta: unos vaqueros Uniqlo granate, un suéter verde ancho de Target y una de las chaquetas Nike Sochi Olympics que la NBC había regalado a sus empleados. Llevaba semanas sin depilarse las piernas. Dijo que pensaba que estaría de vuelta en su habitación enseguida.

En su casa, años después, Nevils intentaba no llorar, y lo hizo de todas formas. «Sigo una terapia de trastorno por estrés postraumático, ¿sabes? Todas las semanas hay algo nuevo que me altera. No sabes cómo me enfurece que aquello desestabilizara mi vida.» Cuando Nevils llegó a su puerta, Lauer se había cambiado de ropa y estaba en camiseta y calzoncillos bóxer. Cuando la empujó contra la puerta y empezó a besarla, ella se dio cuenta de su grado de embriaguez. La habitación le daba vueltas, recordó. «Creí que iba a vomitar —dijo—. Solo pensaba: "voy a vomitarle encima a Matt Lauer".» Dijo que se sintió sumamente avergonzada por llevar ropa ancha y las piernas sin depilar.

A los pocos minutos, Lauer la tiró encima de la cama, le dio la vuelta y le preguntó si le gustaba el sexo anal. Nevils lo rechazó varias veces y, en un punto, le dijo: «No, eso no me va». Nevils dijo que seguía diciéndole que no le interesaba cuando él «simplemente lo hizo». Lauer no utilizó lubricante. El acto fue extremadamente doloroso. «Me dolió muchísimo. Recuerdo haber pensado si aquello era normal.» Me contó que dejó de decir que no, pero lloró en silencio sobre un cojín.

Cuando Lauer hubo terminado, le preguntó si le había gustado. «Sí», respondió ella mecánicamente. Se sentía humillada y dolorida. Le dijo que quería borrar sus fotos y él le dio el teléfono para que lo hiciera.

—¿Le has contado algo a Meredith? —le preguntó él.

—No —respondió ella.

—No lo hagas. —Nevils no supo si era un consejo o una advertencia.

Cuando llegó a su habitación vomitó. Se quitó los pantalones y se durmió. Al despertar, vio sangre por todas partes, impregnada en su ropa interior, impregnada en sus sábanas. «Me dolía al andar. Me dolía al sentarme.» Tenía miedo de hacer una búsqueda en Google en sus dispositivos electrónicos. Después tuvo miedo de hacerse una prueba de enfermedades de transmisión sexual... ¿qué diría su novio, con el que llevaba cinco años? Sangró durante días.

Lauer difundió más tarde unas declaraciones diciendo que «practicamos sexo oral los dos, practicamos sexo vaginal y practicamos sexo anal» y, contrariamente a las acusaciones de Nevils, que dijo que nada había sido consensuado, sostuvo que «es categóricamente falso, omite los hechos y desafía el sentido común». «No fue consentido porque yo iba demasiado borracha como para consentir —dijo—. No fue consentido porque dije, múltiples veces, que no quería sexo anal.»

Al día siguiente, Lauer le envió un correo electrónico bromeando por el hecho de que ella no le había escrito ni llamado. Nevils le dijo que no le pasaba nada. Me contó que tenía terror a cabrearle, una preocupación que se acrecentó durante el resto del viaje porque él hizo como si no existiera. Cuando finalmente ella reunió el valor de llamarlo, Lauer dijo que ya hablarían cuando volvieran a Nueva York.

A su vuelta, Nevils dijo que Lauer le pidió que fuera a su palaciego piso del Upper East Side, donde tuvieron dos relaciones sexuales, y a su despacho, donde tuvieron más. Fuentes cercanas a Lauer recalcaron que ella era la que iniciaba el contacto a veces. Lo que es indiscutible es que Nevils, como otras muchas mujeres con las que hablé, había seguido teniendo relaciones sexuales con el hombre que acusaba de haberla agredido. «Es la cosa por la que más me culpo —me dijo—. Era una pura transacción. No era una relación.» En aquella época, Nevils dijo a amigos suyos que se sentía atrapada. La posición de autoridad de Lauer —tanto sobre ella como sobre su novio, cuyo hermano trabajaba para Lauer— le impedía negarse. Dijo que, en las semanas posteriores a la supuesta agresión, intentó transmitir que se sentía a gusto en los encuentros, y que le apetecían. Incluso intentó convencerse a sí misma. Reconoció sin reparos que su comunicación con Lauer podría haber parecido amistosa y atenta.

Pero también dijo que vivía aterrorizada de que Lauer pusiera en peligro su carrera y que los encuentros le provocaban tanta ansiedad y vergüenza que terminó rompiendo con su novio. Dijo que logró evitar los encuentros durante varios meses, pero que, en última instancia, descubrió que debía interactuar con Lauer por razones profesionales.

En septiembre de 2014, Meredith Vieira estaba decorando el plató de su programa con fotografías de colegas. La asistente de Lauer le dijo a Nevils que fuera a recoger las fotos de Lauer a su despacho. A las nueve y media de la mañana, en el pequeño despacho secundario que había encima del estudio de *Today*, donde él y yo nos habíamos visto a veces, Lauer señaló un marco de fotos digital, regalo de Savannah Guthrie, colocado sobre una ancha repisa delante de la ventana. «Está ahí», le dijo. Ella tuvo que inclinarse sobre la repisa para alcanzarlo. Nevils dijo que, mientras pasaba las fotos y se las enviaba a su propio correo electrónico, él la agarró de las caderas y le metió los dedos. Nevils me dijo que ella solo estaba intentando hacer su trabajo. «Me quedé petrificada. En mi fuero interno, me digo que fallé porque no dije que no.» A Nevils le salen cardenales con facilidad. Lauer le dejó marcas moradas oscuras cuando la obligó a abrir las piernas. Corrió, llorando, a ver al chico con el que estaba saliendo entonces, un productor que trabajaba en la sala de control esa mañana, y le contó lo sucedido.

En noviembre, se prestó voluntaria para montar un vídeo de despedida para su exnovio, que dejaba su empleo en la cadena. Estos vídeos era un gesto habitual que los colegas tenían con los empleados que se marchaban, y solían incluir sus buenos deseos. Cuando ella le pidió a Lauer que saliera en el vídeo, él le dijo que fuera a su despacho a grabarlo. Cuando ella llegó, me dijo, él le pidió que se la chupara. «No sabes el disgusto. Me sentí fatal —me dijo—. Yo estaba intentando hacer algo bonito y tuve que hacerle una mamada para conseguir que participara en un vídeo de despedida. Sentí asco.» Le preguntó: «¿Por qué haces esto?», y Lauer le respondió: «Porque es divertido».

No hubo más encuentros sexuales después de ese día. Nevils me contó que un mes después, mientras bregaba con la depresión y se sentía insegura respecto de su relación con él, le envió un mensaje preguntándole si estaba en Nueva York. Él le contestó diciendo que no.

Nevils contó lo de Lauer a «un millón de personas». Se lo contó a su círculo de amigos íntimos. Se lo contó a colegas y superiores de la NBC. Como en muchos otros casos que yo había investigado, Nevils les contó a algunos de ellos solo una parte de la historia, saltándose algunos detalles. Pero nunca se contradijo en su relato, y dejó clara la gravedad de lo ocurrido. Cuando cambió de empleo en la misma compañía y empezó a trabajar como productora para Peacock Productions, informó a uno de sus nuevos jefes. Quería que lo supieran por si se hacía público y se convertía en un problema para ellos. No era ningún secreto.

Después, pasaron varios años sin que nada ocurriera. Ella no sabía nada de las acusaciones de acoso dentro de la compañía, ni de las indemnizaciones y otros tejemanejes para ocultarlas. No sabía que el control de Peacock Productions, específicamente, una vez había estado en manos de la mujer que había acusado a David Corvo.

Υ

«Si las acusadoras de Weinstein no hubiesen hablado contigo, yo nunca habría dicho una palabra —me dijo Nevils—. Me vi reflejada en esos relatos. Y cuando ves la peor parte de tu vida en las páginas de *The New Yorker*, te cambia la vida.» Mientras el caso Weinstein se aceleraba, los colegas de Nevils empezaron a hacerle preguntas sobre Lauer. Un día, cuando tomaban una copa, una colega del programa *Today* comentó lo mucho que Nevils parecía haber cambiado. Nevils, antes segura de sí misma y extrovertida como ya anunciaran sus boletines escolares, se había retraído. Había dejado escapar oportunidades laborales, por miedo a que sus experiencias con Lauer salieran a la luz si ella desempeñaba un cargo más público. Se dio a la bebida. Después de años de relaciones comprometidas a largo plazo, fue de flor en flor.

Nevils se lo contó todo a su colega de *Today*. «No es culpa tuya —le dijo la colega, echándose a llorar—. Y, créeme, no estás sola.» La colega había vivido su propia experiencia con Lauer, y el fracaso profesional a raíz de aquello. Le dijo a Nevils que tenía que contárselo a Vieira. Nevils fue enseguida a casa de Vieira y volvió a contar toda la historia. «Es Matt, ¿verdad? —le preguntó Vieira al principio de la conversación—. Lo estaba pensando y él es el único con suficiente poder sobre ti para hacerlo.» Vieira estaba consternada. Se culpó de no haber hecho más para proteger a Nevils, y temió que hubiera más víctimas. «Piensa en todas las mujeres a las que les he encontrado un empleo allí», dijo Vieira. Nevils no dejaba de disculparse.

Ambas sabían hasta dónde llegaría la cadena para blindar a su mayor talento. Pero Nevils sentía que debía hacer algo para proteger a otras mujeres. Vieira le dijo que, antes de hacer nada, debía depositar una queja formal en el despacho de recursos humanos de la NBC. Y así es como en noviembre de 2017 Nevils contrató a un abogado y terminó sentada con él frente a dos mujeres de NBCUniversal, a quienes relató toda la historia.

Pidió anonimato, y se lo prometieron. Pero no se dejó ningún detalle. Reveló el contacto continuado que tuvieron después, pero aclaró que no fue ningún idilio. Describió el incidente con detalle, dejando claro que ella estaba demasiado ebria como para consentir y que se negó repetidas veces a la petición de sexo anal de Lauer. Ese primer día no empleó la palabra «violación»; aún era demasiado pronto en su proceso de revivir el trauma. No habló de violación, pero describió una, sin ambigüedades. Su abogado, Ari Wilkenfeld, interrumpió su relato en un punto para reiterar que la interacción no había sido consentida. Una de las representantes de la NBC respondió que lo entendían, si bien luego la cadena diría que no había llegado a ninguna conclusión oficial sobre el asunto. Stephanie Franco, la abogada de NBCUniversal que era la misma que había llamado al abogado de Melissa Lonner para recordarle la vigencia de su acuerdo, estaba presente en la reunión.

Unos días después en la oficina, cuando Nevils supo que Lack y Oppenheim se empecinaban en que el incidente no había sido «criminal» ni una «agresión», se levantó de la mesa, fue hasta el cuarto de baño más a mano y vomitó. Su angustia aumentó cuando los artículos del equipo de comunicación de la NBC empezaron a tildar el incidente de «aventura». Una avalancha de cartas furiosas inundó el despacho de su abogado. «Debería darte vergüenza abrirte de piernas para un hombre casado», decía una.

La vida laboral de Nevils se convirtió en una tortura. La hicieron asistir a las mismas reuniones que el resto para debatir las noticias y, en todas ellas, colegas leales a Lauer lanzaban una sombra de duda sobre las acusaciones y la juzgaban. En una reunión del personal de *Dateline*, Lester Holt preguntó con escepticismo: «¿Es proporcional el castigo al delito?». Los colegas apartaban la vista cuando se cruzaba con ella en los pasillos. Después de que se publicaran los artículos que caracterizaban la relación de «aventura», su novio de entonces le dio la espalda y le preguntó: «¿Cómo has podido?». La dirección de la NBC la convirtió en una paria. «Que sepas que me violaron —le dijo a una amiga—, y que la NBC ha mentido sobre ello.»

La cadena tampoco es que hiciera mucho por proteger la identidad de Nevils. Lack anunció que el incidente había ocurrido en Sochi, lo que limitaba las posibles demandantes a un grupito de mujeres en ese viaje, muy cercanas a Lauer. Un miembro del equipo de comunicación identificó a Nevils por su nombre en conversaciones con colegas. Fuentes familiares con el asunto dijeron más tarde que Kornblau había advertido a ese miembro del equipo que no lo hiciera. Wilkenfeld acusó públicamente a la NBC de haber revelado la identidad de Nevils. «Saben perfectamente lo que han hecho y tienen que parar», dijo.

Al principio, Nevils no pidió dinero. Quería hacer justicia a otras mujeres y luego desempeñar un trabajo que adoraba. Pero, a medida que el escrutinio público de la historia y de Nevils aumentó, la NBC le ofreció un año de salario para que se marchara y firmara un contrato de confidencialidad. Nevils sabía que su reputación estaba dañada. Tenía miedo de perder tanto el trabajo que amaba como la posibilidad de encontrar un futuro empleo. Amenazó con demandar a la cadena, y se inició una negociación prolongada y agotadora. Fuentes familiares con las conversaciones dijeron que los abogados de la cadena afirmaron que la angustia de Nevils se debía al fallecimiento de su madre y no tenía que ver con la supuesta agresión. Al final, su abogado le aconsejó que no mencionara el duelo a su terapeuta, por miedo a que la NBC requiriera los informes de la terapia. La cadena negaría más tarde haberla amenazado o haber evocado el fallecimiento de la madre. Cuando las conversaciones siguieron alargándose durante todo 2018, Nevils pidió la baja médica. Finalmente la hospitalizaron por estrés postraumático y alcoholismo.

Al final, la NBC quería quitarse el problema de encima. Ofreció a Nevils una mayor compensación de siete cifras a cambio de su silencio. La cadena propuso un guion que ella leería, sugiriendo que se marchaba para emprender otras iniciativas, que la habían tratado bien y que NBC News era un buen ejemplo de cómo debía combatirse el acoso sexual. Las fuentes familiares con las conversaciones dijeron que, inicialmente, la cadena quiso incluir una cláusula que habría impedido que Nevils hablara con otras acusadoras de Lauer, pero ella no transigió. La cadena negaría más tarde que hubiera presionado para incluir esta cláusula.

Los abogados cerraron filas en torno a la oferta y presionaron a Nevils para que la aceptara, como habían hecho con Ambra Gutiérrez y tantas otras mujeres. Para Comcast, la cantidad pagada era un error de redondeo. Para Nevils, una cuestión de vida. A tenor del futuro profesional que había perdido y del daño que la cadena había hecho a su buen nombre, pensó que no tenía alternativa. La NBC dio el extraordinario paso de conseguir que no solo Nevils, sino también sus abogados y otras personas cercanas a ella, renunciaran por escrito a su derecho a hablar alguna vez de la cadena.

57

Cortapisas

*L*as acusaciones contra Lauer no eran las únicas que estaban saliendo a la luz. Desde los primeros días después de la publicación del artículo sobre Weinstein, la NBC recibió una avalancha de acusaciones contra algunos de sus cuadros directivos. Poco después del primer artículo sobre Weinstein de *The New Yorker*, la cadena despidió a Mark Halperin, el analista político más prominente de MSNBC y NBC News, cuando cinco mujeres contaron a la CNN que llevaba acosando y agrediendo a mujeres en el trabajo —haciéndoles tocamientos, exhibiendo su pene o restregándoselo— desde su época en la ABC, más de una década antes.

Días después, la NBC despidió a Matt Zimmerman, el vicepresidente de contrataciones en *Today* e íntimo confidente de Lauer, por haberse acostado con dos subalternas. Menos de un mes después de que estallara el escándalo de Lauer, múltiples medios de comunicación informaron de que la cadena había pagado 40 000 dólares a una asistente de producción en 1999 después de que acusara de acoso verbal a Chris Matthews, una de las mayores estrellas de MSNBC.

Y la cosa continuaba. Se había producido un suculento pago a la mujer que había acusado a David Corvo durante su implicación en el caso Weinstein. Y hubo una acusación más pasmosa que me chocó personalmente: tres mujeres habían acusado a Tom Brokaw de insinuaciones indeseadas, muchos años antes. No eran acusaciones de agresión, pero colaboradoras que eran jóvenes entonces, que empezaban sus carreras, mientras que él estaba en la cumbre de la suya, dijeron que les había hecho proposiciones y que se habían asustado. Brokaw estaba furioso y desconsolado, y lo negó todo.

Brokaw había sido prácticamente la única personalidad destacada de NBC News que se había opuesto a tumbar el reportaje sobre Weinstein. Me contó lo mucho que se había quejado a los jefes de la cadena. En un correo electrónico dijo que tumbar el reportaje era una «herida que la NBC se autoinfligía». Pero ambas cosas podían ser verdad. Tom Brokaw, defensor convencido de artículos duros, también había formado parte de una cultura mediática que hacía sentir mal y en peligro a las mujeres y dejaba poco espacio a la responsabilidad que rodeaba a las grandes estrellas.

Seis, y luego doce, y luego docenas de empleadas actuales y antiguas me ofrecieron un relato similar de la atmósfera permisiva de acoso entre hombres importantes de la cadena. Varias empleadas me dijeron estar convencidas de que los años enteros de acuerdos habían dado rienda suelta a esta clase de comportamientos. Algunas dijeron que los problemas se habían agravado durante el liderazgo de Andy Lack. Cuando este asumió el cargo de presidente de NBC News, en los noventa, «se produjo un cambio fundamental, de la noche a la mañana se toleró la conducta abusiva, daba igual que fuera acoso sexual o solo verbal —me contó Linda Vester, la primera en alzar la voz contra Brokaw—. Palabras degradantes, humillantes, sobre todo a las mujeres. Y eso se convirtió en el clima durante la presidencia de Andy Lack. Fue… fue muy duro».

Todas las empleadas dijeron que les preocupaba el efecto que las demandas y los acuerdos pudiera tener en la cobertura mediática para la cadena. El efecto dominó, dijo Linda Vester, era una de las marcas personales de Lack. «Ponía cortapisas a los escándalos sobre mujeres —me dijo—. Y esto era moneda corriente.»

La NBC estaba sitiada. Durante el año 2018, el *Washington Post*, la revista *Esquire* y el *Daily Beast* publicaron artículos de investigación que describían una cultura del acoso en la cadena. Cuando el *Washington Post* se disponía a informar de que Ann Curry había contado a directivos de la NBC que Lauer acosaba sexualmente a mujeres, Stephanie Franco, la misma abogada laboralista de NBCUniversal que había asistido a la reunión con Brooke Nevils, llamó a Ann Curry. Stephanie Franco, según recordó Curry, quería saber qué pensaba contar a la prensa. «Fue una llamada para intimidarme, no hay duda —dijo Curry—. Esa fue mi impresión.» Consternada porque, según entendía ella, la prioridad de la cadena era silenciar a las mujeres en lugar de abordar el problema del acoso sexual, habló sin tapujos. «Tiene que cuidar a estas mujeres —le dijo Curry a Stephanie Franco—. Ese es su trabajo. Debería asegurarse de que estas mujeres están a salvo de esos hombres.»

«Eso es lo que intento hacer cuando me dejan hacerlo» respondió Stephanie Franco. Más tarde, el informe interno sobre Lauer citaría esta llamada a Curry como parte de su investigación. Curry dijo que Stephanie Franco no mencionó el informe y que no hizo preguntas sobre el acoso sexual en la cadena.

Varias de las empleadas antiguas y actuales recordaron otras ocasiones en las que la cadena se esforzó a todas luces por anticipar las revelaciones. En un caso, la NBC contrató a un periodista en calidad de colaborador que, hasta antes de ser contratado, se había dedicado a llamar a mujeres de la cadena para interesarse por el tema del acoso. Una de las mujeres contactadas por el periodista me escribió: «Encubrimiento».

Ningún periódico escarbó tanto en las denuncias de acoso sexual en la cadena, y las acusaciones contra Lauer, como el *National Enquirer*. En el transcurso de los años, el tabloide había perseguido a las acusadoras de Lauer. En 2006, cuando Addie Collins trabajaba de presentadora local en West Virginia, volvió a casa y descubrió que la estaban vigilando: un periodista del *National Enquirer* se le acercó y la acribilló a preguntas sobre Lauer. Después de su despido, el tabloide se centró en Nevils, cuyo nombre todavía no se había hecho público. Fue su *curriculum vitae*, adjunto a un correo electrónico interno de AMI, el que yo revisé después. Poco después de presentar su queja, el *National Enquirer* empezó a llamar a colegas de Nevils y, por último, a la propia Nevils.

En mayo de 2018, después de la reunión en la que Oppenheim y Harris intentaron explicar la investigación interna de
Lauer a una unidad de investigación escéptica, William Arkin,
un miembro respetado de esta unidad, me llamó, inquieto. Me
dijo que dos fuentes, una de ellas conectada con Lauer y la otra
de la propia NBC, le habían dicho que Weinstein había puesto
en conocimiento de la cadena que él sabía de la conducta de
Lauer y que era capaz de revelarla. Dos fuentes de la AMI me
dirían más tarde que ellas habían oído lo mismo. La NBC negó
que les hubiera llegado tal amenaza.

Pero no cabía duda de que las acusaciones contra Lauer, y
el extenso uso de los acuerdos de confidencialidad entre la NBC
y las mujeres que habían sufrido acoso, corrían el riesgo de
exponerse públicamente durante nuestra investigación. La
precaria cultura del secretismo hizo a la NBC más vulnerable a
las intimidaciones y los incentivos que Harvey Weinstein les
hacía llegar a través de sus abogados e intermediarios, y de las
llamadas a Lack, Griffin, Oppenheim, Roberts y Meyer, que la
cadena ocultó inicialmente. El recurso a los acuerdos de confidencialidad y a las amenazas constantes para que los cumplie-
ran probaba que la cadena daba la razón a Weinstein, quien
creía que sus pactos, muy similares, eran inquebrantables y
jamás verían la luz. Y mientras Weinstein se codeaba con
Dylan Howard, todos estos secretos habían corrido peligro. El
National Enquirer sacó el archivo de Lauer y llamó, uno tras
otro, a los empleados de la NBC preguntando sobre él. También empezó a publicar artículos que amenazaban el futuro del
célebre presentador que simbolizaba los valores de la cadena.

58

Blanqueamiento

*R*ich McHugh tuvo que lidiar con las repercusiones de este asunto también. En su reunión con Oppenheim, no quiso ceder al relato que el presidente de la cadena hacía de la investigación y observó a un Oppenheim cada vez más nervioso que lo insultaba, y se preguntó qué implicaciones tendría todo aquello para su futuro. Como siguió hablando sin pelos en la lengua en las reuniones de grupo, McHugh me dijo: «Básicamente, me tenían vigilado». El departamento de recursos humanos empezó a llamarlo y le ofreció un aumento de sueldo si se quedaba y —esta fue su impresión después de reunirse con Oppenheim—, se sumaba a la línea de la cadena. Por otra parte, la cadena le recordó que su contrato estaba a punto de expirar.

—Nadie sabe mi nombre —me dijo mientras tomaba asiento en el restaurante de la esquina de mi casa en el Upper West Side—. Pueden decir lo que quieran de mí. Pueden impedir que me den trabajo.

—Haz lo que sea mejor para tus hijas —le dije.

McHugh negó con la cabeza.

—No sé si puedo.

Invocar a su familia era inútil: era justamente la concienciación del mundo que les dejaría a sus hijas lo que había provocado este arranque de principios.

Al final decidió que no podía aceptar el dinero.

—Yo estaba en las reuniones en las que mentían a todo el mundo —dijo McHugh—. Mordiéndome la lengua. Y entonces decidí que ya estaba bien.

Un año después de que le ordenaran dejar de investigar a Weinstein, McHugh dimitió. Después concedió una entrevista al *New York Times* y dijo que habían tumbado el reportaje por encargo de «los más altos niveles de la NBC», que le ordenaron que dejara de responder a las llamadas sobre el reportaje y que la cadena había mentido sobre los verdaderos hechos.

A Mark Kornblau y a la máquina de relaciones públicas de NBC News casi les da un ataque. Andy Lack, que rechazaba las solicitudes de una supervisión independiente como había hecho con el caso de Lauer, publicó en la prensa otro informe interno. Me senté en uno de los despachos acristalados de *The New Yorker*, leí su memoria y no supe qué hacer con ella. Más tarde la cadena reconocería que no había sometido la memoria a una comprobación de datos. A las pocas horas de su publicación, muchas de las fuentes citadas dieron comunicados públicos que cuestionaban su contenido.

«Farrow nunca tuvo una víctima o un testigo dispuesto a identificarse públicamente —repetía la memoria interna, cosa que no había sido cierta en ninguna fase del reportaje en la NBC—. Ambra siempre ha estado dispuesta a que Farrow la identificara por su nombre y usara su grabación, y yo grabé una entrevista con ella con su perfil en la sombra», escribió Emily Nestor en una declaración furiosa que publicó en la prensa poco después de la memoria interna de Lack. «Después de que Rose McGowan se retirara de la investigación y tras comprender que la investigación corría el peligro de no ver la luz, Farrow y yo hablamos y yo llegué a proponerle que bien vinculáramos mi nombre a la primera entrevista, bien volviéramos a grabarla a rostro descubierto. Aun así, esta entrevista no les interesaba.» Gutiérrez añadió: «Estuve disponible para Ronan antes de que dejara la nbc y después de que se fuera. Nunca he vacilado lo más mínimo». Rose McGowan hizo unas declaraciones en el programa de Megyn Kelly y repitió que había estado dispuesta a hablar durante meses.

La memoria contenía un hilo muy largo en el que Lack y su equipo de comunicación intentaban socavar y desmontar la credibilidad de las fuentes. Descartaron los recuerdos que Abby Ex tenía de las reuniones con Weinstein concebidas como trampas sexuales diciendo que «su relato se basaba únicamente en sospechas». Abby Ex también publicó unas declaraciones diciendo que eso no era cierto. «Eso es objetivamente incorrecto —escribió—. Harvey me pidió muchas veces que fuera a esas reuniones, a lo que me negué. Pero fui testigo y hasta presencié de primera mano una de sus agresiones verbales y físicas. Y Ronan lo tiene todo grabado durante la entrevista que me hizo.» La memoria interna insinuaba que Dennis Rice, el director de *marketing*, no se había referido a Weinstein y que yo había hecho un uso engañoso de sus citas. En verdad, las declaraciones de Rice habían sido concebidas para abrirle la posibilidad de la negación plausible en caso de represalias, y había aceptado el uso que se hizo de sus citas. Rice le dijo a un periodista que McHugh y yo «no sacamos nada de contexto. Siempre supe que lo que estaba diciendo ante las cámaras terminaría en un reportaje sobre Harvey». *The New Yorker* utilizó más tarde estas palabras sin problemas.

La memoria interna de Lack era un «relato engañoso e incorrecto», escribió Abby Ex, que expresó su incredulidad ante el afán de la cadena de atacar y exponer a las fuentes sin consultarlas. «Ver esta memoria filtrada en la prensa con las fuentes enumeradas, incluso sin nuestros nombres, y sin una descripción completa y sincera de la investigación, es de todo menos honesto y directo.»

La memoria reconocía —por primera vez, contradiciendo los comunicados de prensa anteriores— las «numerosas» llamadas y correos electrónicos de Weinstein a Lack, a Griffin y a Oppenheim. El retrato que pintaba de estas conversaciones contradecía los documentos que descubrí más tarde, y las versiones de las personas implicadas en el asunto. No mencionaba las garantías que Griffin le había ofrecido a Weinstein, ni su amistosa relación, como daba fe la botella de vodka Grey Goose.

Varios periodistas de investigación de la cadena confesaron que les resultaba incomprensible que la memoria se centrara en desacreditar la investigación en curso. Cierto número de periodistas de televisión a los que consulté convinieron en que el audio ya era en sí mismo digno de ser difundido. Pero McHugh y yo nunca aseguramos que la investigación estuviera concluida en la NBC, o que no tuviera espacio para crecer y dar un resultado más completo, como ocurrió al cabo de unas pocas semanas en *The New Yorker*. El problema, por el contrario, fue que recibimos la orden categórica de no seguir adelante con ella. La memoria de Lack no hacía mención a la orden que Greenberg me había dado de cancelar una entrevista, y achacaba la culpa a Oppenheim. Omitía que ordenaron a McHugh que se retirara y que Oppenheim fue el primero en sugerirnos que le vendiéramos el reportaje a un medio impreso. «Es irrelevante —dijo un corresponsal veterano a Oppenheim y a Greenberg, en respuesta a sus protestas sobre la cantidad de material que teníamos—. Sé distinguir entre un reportaje que queremos hacer público y otro que no.» El corresponsal dijo que «en privado, el relato interno es que metimos la pata».

La prensa acogió la memoria con el mismo escepticismo. En la propia cadena, Megyn Kelly cuestionó en directo la investigación interna de la NBC y se unió a las voces que pedían una revisión independiente. No tardaron en despedirla también por un comentario que la cadena consideró racista. Para la cadena, y según varias fuentes, el despido tuvo el beneficio añadido de zanjar las crecientes tensiones que Kelly estaba provocando por su interés en Weinstein y Lauer.

La memoria solo fue uno de los pasos concebidos para reescribir la historia del reportaje en la cadena. La NBC contrató a Ed Sussman, un «blanqueador de Wikipedia», para censurar referencias a Oppenheim, a Weinstein y a Lauer en la enciclopedia de contenido libre que cualquiera puede editar. El caso Lauer, escribió Sussman, justificando una de las ediciones, «debería tratarse por separado». Sussman maquilló el material a favor de la NBC, a veces incurriendo en errores. En una de las ediciones, propuso que se corrigiera el texto diciendo que habían transcurrido «varios meses», y no uno, entre la fecha en que *The New Yorker* había dado luz verde al artículo y la fecha de su publicación. En otras ocasiones, Sussman borraba directamente todas las menciones a las controversias.

«Este es uno de los ejemplos más flagrantes y vergonzosos de manipulación que he visto jamás en Wikipedia, y no he visto pocos», se lamentó un editor veterano de Wikipedia. Pero Sussman casi siempre se salía con la suya: siguió haciendo cambios con una obstinación que los editores altruistas no podían igualar. Y recurrió a una red de cuentas amigas para blanquear sus cambios y asegurarse de que nadie los modificara. Varias páginas de Wikipedia, incluida la de Oppenheim, fueron despojadas de toda evidencia de que la cadena había tumbado el reportaje sobre Weinstein. Era como si jamás hubiera existido.

59

Fichados

*D*espués de mi primer artículo en *The New Yorker*, me enfrenté a un dilema parecido al de McHugh. Durante un tiempo hice como había prometido a mi pesar durante mi discusión con Oppenheim y Kornblau, y evité las preguntas sobre la historia de este artículo en la NBC. En la CBS, Stephen Colbert me miró fijamente cuando le dije que no quería protagonizar la historia y cambié de tema. «Una parte de esta historia es que la historia ha tardado mucho tiempo en contarse —dijo—. Y que usted lo ha vivido.»

Mi hermana me llamó durante el curso de estas entrevistas evasivas.

—Los estás encubriendo —me dijo.

—No estoy mintiendo —repuse.

—No. Estás omitiendo. Es deshonesto.

Las horas bajas entre nosotros se me vinieron a la mente. Recordé los años duros, cuando le dije que se resignase y se dejara de acusaciones. Cuando entré en su dormitorio después de que volviera del hospital; cuando vi que se bajaba la manga para ocultar la escalera de cortes rojo sangre en el antebrazo; cuando le dije que me perdonara y que ojalá hubiera podido hacer más.

Durante el otoño, la cadena analizó el mensaje de Oppenheim en el que proponía un nuevo trato. «Deberías imponer todas tus condiciones», añadió. Griffin llamó a mis agentes y dijo: «Yo soy su hombre. ¿Qué tenemos que hacer?». Antes de que las acusaciones contra él salieran a la luz, Tom Brokaw me envió un correo electrónico para hablar de mis apariciones en los medios de comunicación: «Lo has manejado a la perfección. Ahora, en el futuro...». Me llamó para decirme que la cadena le había pedido que me convenciera para volver con ellos. «Soy consciente de que esta propuesta puede ser excesiva, pero deberías pensártelo. Sigue siendo un sitio estupendo para hacer periodismo.» Dijo que confiaba en que la cadena aceptaría publicar un comunicado reconociendo sus errores y fijar nuevas directrices para evitar las interferencias editoriales. Yo quería recuperar mi trabajo y punto. Y creía en los valores que la NBC había representado en sus mejores días. Me convencí de que, tal vez, enterrar el reportaje de Weinstein había sido una excepción y no un signo de males mayores. Le respondí que quería oír las razones de la cadena, y les dije lo mismo a mis agentes.

Sin embargo, entre el rechazo de McHugh a comprometerse y las fuentes que llamaban para sostener que existía un patrón sistemático de acoso y acuerdos económicos en la cadena, cada vez era más difícil llevarse bien. Desde los primeros días después de que estallara el caso Weinstein, hablé con un grupo de fuentes que describieron malas conductas sistemáticas en la CBS: un ejecutivo con fama de acostarse con subordinadas y acosar y agredir a otras; un patrón de indemnizaciones para silenciar a mujeres; docenas de empleados que describieron hasta qué punto las tapaderas desvirtuaban las prioridades de la agencia. Al final, no creí que me fuera posible informar de las acusaciones contra Leslie Moonves y otros ejecutivos de la CBS si al mismo tiempo tenía que acallar las constantes quejas que salían del 30 Rockefeller Plaza.

Les dije a mis agentes que pararan las negociaciones.

Las represalias fueron tajantes. Si bien por cada escándalo de AMI me habían invitado a todos los programas de MSNBC y la NBC a todas horas, de pronto dejaron de hacerlo. Me llamaron personalidades de la televisión, alguna casi llorando, para decirme que Griffin había dado la orden directa de que no me invitaran a sus programas, a pesar de sus objeciones. Un alto directivo de la cadena diría más tarde que Lack también había emitido un edicto. «Es gente maliciosa —escribió un presentador—. Estoy enfadadísimo.» Luego me llamaron algunos ejecutivos para decirme que sabían que estaba a punto de publicar un libro —yo había conseguido terminar el libro sobre la política exterior que había descuidado durante tanto tiempo— y que les gustaría considerar la idea de tenerme en sus platós para promocionarlo, siempre que firmara un acuerdo formal para no remover el pasado. Llamé a Maddow, que me escuchó y me dijo que nadie le decía cómo tenía que hacer su programa. Y así es como, dos años después del caso Weinstein, salí en su programa y nunca más en un programa de la NBC o MSNBC. Más tarde, cuando terminaba el libro, el departamento de litigios de la NBC se puso en contacto con la editorial, Hachette.

La última conversación que tuve con Noah Oppenheim después de este asunto fue por una llamada telefónica suya. Hablé con él mientras paseaba arriba y abajo por el hogar seguro de Chelsea y Jonathan escuchaba de fondo. «Me he convertido en el icono de todo esto», me dijo Oppenheim. El torpedeo que habían provocado sus falacias en los medios de comunicación había alcanzado la esfera política. Unos días antes, Tucker Carlson, de Fox News, se había sentado enfrente de una imagen de Oppenheim y había pedido su dimisión. «Seamos claros. La NBC está mintiendo —dijo Carlson—. Muchas personas poderosas sabían lo que Harvey Weinstein estaba haciendo y no solo pasaron por alto sus delitos, sino que tomaron parte activa contra sus numerosas víctimas. Es una lista larga, pero en lo más alto de la lista figura NBC News.» Parecía que Carlson estaba saboreando la oportunidad de poder atacar a un medio generalista, a los liberales de Hollywood y a un depredador sexual, todo al mismo tiempo. «Los responsables de la prensa no pueden permitirse decir mentiras», dijo, como si nunca hubiera conocido a ninguno.

Mientras yo caminaba por la casa, Oppenheim dijo:

—¿Sabes?, esta mañana he recibido una llamada de NBC Global Security diciendo que tienen que enviarme un coche de policía a casa por todas las amenazas de muerte en Internet. —Sonaba furioso, no asustado—. Tengo tres hijos pequeños que se están preguntando por qué hay policías delante de casa.

Le dije que lamentaba oír eso. Y lo dije en serio.

—Incluso si piensas que la NBC actuó cobardemente o inapropiadamente o lo que sea, cosa que tienes todo el derecho a creer, espero que te des cuenta de que no es justo ni exacto que todo haya recaído sobre *mi* persona —añadió—. Incluso si crees que hay un villano, el villano no soy *yo*.

Estaba alterado y me levantaba la voz. Todo el mundo, al parecer, tenía parte de culpa de sus apuros excepto él. Cuando le dije que los periodistas me estaban diciendo que sus críticas apuntaban a Kornblau por haber blanqueado a la prensa con declaraciones falsas, aulló:

—¡Kornblau trabaja para Andy! ¡Trabaja para el grupo de prensa! ¡No trabaja para mí! ¡*No trabaja para mí*! —Y luego—: Yo no puedo decirle qué es lo que tiene que hacer. Puedo intentarlo y lo he intentado.

Cuando me dijo que nunca me había amenazado, le recordé que Susan Weiner lo había hecho explícitamente por orden suya.

—¡Susan Weiner es la abogada de *Andy*! —me gritó—. ¡Esta gente no trabaja para mí!

Más tarde, otros implicados pondrían en duda esta caracterización de la autoridad de Oppenheim como presidente de NBC News.

—Sigues diciendo que tú eres quien se lleva el golpe y que no has sido tú. Entonces, ¿quién se responsabiliza? —le pregunté finalmente.

—¡Mi jefe! ¿Vale? Tengo un jefe. La NBC no la dirijo yo solo —dijo, y luego pareció controlarse—: *Todo el mundo* tuvo que ver con la decisión, ¿entiendes? Puedes especular sobre los motivos de Kim Harris, puedes especular sobre los motivos de Andy, puedes especular sobre mis motivos. Lo único que puedo decirte es que, a fin de cuentas, hubo un *consenso de no seguir adelante por el bienestar de la organización.*

Me recordó, dos veces, que él había resucitado mi carrera después de que cancelaran mi programa. Que habíamos sido amigos. Que esperaba poder tomarse una cerveza y reírse de todo esto dentro de unos meses. Yo no lograba entender qué me estaba pidiendo. Poco a poco, lo fue soltando.

—Solo te pido una cosa —dijo—. Si alguna vez se te presenta la oportunidad de decir que quizás el villano de toda esta historia no *soy yo*, te lo agradecería.

Y, al final de sus razonamientos, asomó su falta de voluntad no solo de asumir su responsabilidad, sino de reconocer que esta responsabilidad pudiera existir en algún lugar, en manos de alguien. Fue un *consenso de no seguir adelante por el bienestar de la organización* lo que frenó las investigaciones. Fue un *consenso de no seguir adelante por el bienestar de la organización* lo que dio paso a abogados y amenazas; a arrinconar y a poner reparos, a analizar y a cruzarse de brazos; a enterrar múltiples acusaciones creíbles de conducta sexual indebida y a hacer caso omiso de una admisión de culpabilidad grabada. Esa frase anodina, ese lenguaje de indiferencia sin propietario, apuntalaba mucho silencio en muchos lugares. Fue un *consenso de no seguir adelante por el bienestar de la organización* lo que protegía a Harvey Weinstein y a los hombres como él; lo que, abriendo su bocaza y bostezando, envolvía a bufetes de abogados y agencias de relaciones públicas y *suites* ejecutivas e industrias; lo que se tragaba a mujeres enteras.

Noah Oppenheim no era el villano.

—No creo que dentro de pocos meses te estés tomando una cerveza con Noah Oppenheim —me dijo Jonathan muy serio después. Era una tarde soleada en su casa de Los Ángeles.

—Se acabó la televisión matinal, supongo —respondí. Estaba tomando conciencia de que me pasaría el año siguiente buscando pistas sobre la CBS y la NBC.

—Yo te cuidaré, cielo —me dijo—. Te haré cariñitos.

Me abrazó por la cintura como un niño abraza a un peluche. Me reí y apoyé una mano en la suya. Había sido un año muy largo, para mí y para nosotros, pero habíamos aguantado.

Más tarde, cuando decidí que una parte del reportaje saliera publicado en un libro, le envié el manuscrito e incluí una pregunta dentro, justo en esta página: «¿Matrimonio?». En la luna o incluso aquí en la tierra. Leyó el manuscrito y encontró la propuesta y me dijo: «Fijo».

La primera vez que vi a mi hermana Dylan después de que se publicaran los primeros artículos, ella también me dio un abrazo. Estábamos en su casita de campo, junto a mi madre y varios hermanos, bajo un manto de nieve, un universo aparte de la tormenta periodística en curso. La hija de dos años de Dylan, el vivo retrato de su madre —y llevaba puesto uno de los viejos peleles de su madre—, arrulló pidiendo algo y moviendo los brazos. Mi hermana le dio un chupete con un monito de peluche enganchado a él, y la observamos alejarse con paso vacilante.

Repasé imágenes mentales con Dylan a esa misma edad y durante los años que siguieron: disfrazados para las obras de teatro escolares, esperando el autobús, construyendo un reino mágico que nadie podía tocar. Yo volvía a vernos, colocando nuestros reyes y dragones de peltre, y recordaba haber oído una voz de adulto llamando a mi hermana. Me acordaba de su mirada de sorpresa, de su miedo. Me preguntó si yo estaría allí si algo malo llegaba a pasarle. Y recuerdo haberle prometido que sí.

En el campo, con su hija correteando a nuestro alrededor, me dijo que estaba orgullosa del reportaje. Que se sentía agradecida. Y luego se quedó sin voz.

—Tú no tuviste tu reportaje —le dije. Cuando ella habló, primero siendo una niña y de nuevo varios años antes de todo esto, sintió que la gente miraba hacia otro lado.

—Cierto —respondió.

Había llegado el momento de una recién descubierta rendición de cuentas. Pero, por cada relato que era escuchado, había muchos otros que no lo eran. Dylan estaba frustrada. Ella, como tantas otras fuentes que habían sufrido a manos de los incomprensiblemente poderosos, y cuyas historias llenaban ahora la bandeja de entrada de mi correo electrónico, estaba enfadada. Y no mucho tiempo después, se sumó a otras mujeres —en una industria tras otra— para decirle al mundo que ella también estaba frustrada. Invitó a un equipo de televisión a su casita de campo, y la iluminaron como un quirófano. Una presentadora de noticias le dio la palabra y Dylan respiró hondo y dio un paso hacia la luz. Y esta vez la gente la escuchó.

Había anochecido cuando entré en el despacho de David Remnick en *The New Yorker*. Lo encontré hojeando un documento.

—¡Oh! —exclamé, sonrojándome un poco—. Eso era para mí.

Le había pedido a un colega que me lo imprimiera y me lo dejara en el despacho para recogerlo más tarde. Solo eran unas notas, no un texto que fuera a publicarse. La asistente de Remnick se lo había llevado a él en vez de a mí.

—Es interesante —me dijo con una sonrisa pícara.

Nos sentamos junto a un ventanal con vistas al río Hudson. Remnick había sido bondadoso conmigo y me había dado consejos sobre mi futuro profesional. Me veía como un «chico de la televisión», acaso un pelín obsesionado con ver su cara en la pantalla. Es posible que estuviera en lo cierto.

—Tú no quieres seguir haciendo esto toda tu vida, ¿verdad? —me preguntó, señalando los despachos de la revista que nos rodeaban. Pero comprendí que sí.

Señalé las notas. La siguiente ola de posibles artículos. Algunos eran sobre la violencia sexual. Uno trataba de Eric Schneiderman, el fiscal general de Nueva York, sobre el que Jane Mayer, la articulista de *The New Yorker* y yo publicaríamos cuatro acusaciones de abusos físicos, obligándole a dimitir. Otro era la investigación de la CBS, que terminaría incluyendo doce denuncias de agresión y acoso contra Leslie Moonves, forzando su renuncia —la primera, en esta nueva era, del presidente de una de las quinientas empresas más grandes del mundo—, así como cambios en la junta directiva de CBS y su sección informativa. Otras pistas eran sobre las diferentes formas de corrupción: despilfarro, fraude y tapaderas en los medios de comunicación y el gobierno. Algunas han trascendido, otras no.

Remnick volvió a mirar el documento y me lo devolvió.

—¿Demasiado? —le pregunté. Al otro lado de la ventana, el cielo estaba cambiando.

Remnick me miró.

—Iba a decir que tenemos trabajo por delante.

En los meses siguientes no estaba seguro de si estos planes incluirían las denuncias de acoso en la NBC. En la cadena todo estaba en su sitio: los artículos de Wikipedia se habían depurado; los informes internos se aseveraron como los definitivos. Las personas que habrían dicho lo contrario fueron recibiendo dinero y tenían demasiado miedo como para infringir sus contratos de confidencialidad. Los hombres de NBC News dijeron la última palabra sobre Brooke Nevils: que había tenido una aventura, que no la habían agredido y que la empresa no había tenido conocimiento de ello.

Solo que no todo iba miel sobre hojuelas. Volví a ver a Brooke Nevils y me senté en un salón lleno de libros una vez más. En esta ocasión, me llevé a Lavery, la persona encargada de corroborar datos de *The New Yorker*. La luz de la tarde se colaba por las ventanas. Gatos, blancos, negros y grises, rodeaban a Nevils. Entre ellos había un nuevo gatito que sustituía al que había perdido.

Nevils hojeaba las cartas que su difunta madre le había escrito en vida. Notas meticulosas, en una letra redondeada y soñadora; el amor de una madre por su hija saltaba de las páginas amarillentas. «Mi queridísima hija —decía una—, cada vez que se cierra una puerta, se abre otra.»

Nevils tenía la sensación de que había echado a perder su vida por no callarse. Y cada vez estaba más convencida de qué era lo que había que hacer. «Todas las mujeres antes que yo sienten que la culpa de lo mío es suya —dijo—. Y si hubo mujeres después de mí, yo siento que la culpa es mía.» Me dijo que estaba dispuesta a correr otro riesgo y a volver a contar su historia por el bien de las mujeres venideras.

Cuando me disponía a irme, me miró a los ojos y repitió su respuesta a todas mis preguntas sobre la cadena. «Me veo obligada a decirte que no puedo desacreditar a Andy Lack o a Noah Oppenheim, o a ningún otro empleado de NBC News.»

Asentí. Mientras la observaba, una sonrisa empezó a torcer la comisura de sus labios.

Al final, la valentía de las mujeres no puede erradicarse. Y las historias —las grandes, las verdaderas— pueden apresarse pero nunca enterrarse.

EPÍLOGO

$\mathcal{N}$o mucho tiempo después de mi reunión con Brooke Nevils, Igor Ostrovsky y yo volvimos a vernos en un bistró francés del Upper West Side. El sol entraba por la ventana detrás de él y resbalaba sobre nuestra pequeña mesa. Parecía agotado, como si llevara días sin dormir. Le pregunté qué le había llevado a cometer este loco equilibrismo de filtrar información para mí durante meses.

—Me gusta poder leer la prensa sin pensar que hay alguien apuntando con una pistola en la cabeza del periodista y decidiendo lo que debe escribir —me dijo—. Viniendo de una sociedad en la que los poderosos controlan las noticias, nunca jamás permitiré que esto suceda en el país que nos dio una oportunidad a mí, a mi mujer y a mi hijo.

Al parecer su mujer acababa de tener un hijo. Un niño estadounidense de primera generación.

—Me vi en la encrucijada de estar siguiendo a periodistas que escribían artículos que yo leía, y pensaba que estaban haciendo algo honesto y bueno por la sociedad. Si alguien quiere atacar eso, está atacando mi país. Está atacando mi hogar.

Lo miré detenidamente. Qué discurso tan extraño, de alguien que se había pasado el verano siguiéndome, intentando frenar mi reportaje.

Cuando se negó a seguir sometiéndose al polígrafo de Black Cube, dejaron de llegarle encargos de InfoTactic. Ahora estaba montando su propia agencia, Ostro Intelligence. Seguiría siendo un detective privado, pero orientado al servicio público, anunció, orgulloso y sincero, totalmente en serio y deseando que yo supiera que lo decía en serio. Quizá pudiera ayudar a grupos como Citizen Lab.

—Avanzar, voy a intentar implicarme más en este tipo de historias, mejorar la sociedad, buscar a esta clase de actores y darlos a conocer —dijo—. La prensa también es parte de nuestra democracia, ¿sabes? Tanto como el Congreso o el poder ejecutivo o el poder judicial. Tiene que tener las cosas bajo control. Y cuando los poderosos controlan la prensa o la vuelven inútil, si el pueblo no puede confiar en la prensa, el pueblo sale perdiendo. Y los poderosos pueden hacer y deshacer a su antojo.

Ostrovsky fue enseñándome fotografías que tenía en su teléfono, con una sonrisa lejana en los labios. Una madre, colorada y exhausta después de dar a luz. Un recién nacido en casa. Un padre imaginando cómo ser un hombre bueno para su familia. Un gato gris azulado con ojos inteligentes y saltones, mirando sorprendido al recién llegado.

El gato, dicho sea de paso, se llamaba Espía.

«La última parte de la historia de Harvey Weinstein, la parte que se está contando en estos momentos es la historia de cómo fue posible contar siquiera la historia», dijo Rachel Maddow una vez más ante las cámaras y una vez más sentada a su mesa de metacrilato. «¿Las acusaciones de que personas con cargos de autoridad en este edificio pudieron ser cómplices a su manera para proteger a estos tipos de su responsabilidad y no rindieran cuentas? —dijo, aludiendo a Weinstein y a Lauer—. Estas acusaciones son muy muy difíciles de digerir. ¿Y si le digo que dentro de este edificio, este asunto, la historia de Weinstein, ha tenido que salir del edificio para que se sepa? ¿Y si le añadimos a eso otra historia anterior, tremenda, sobre un asunto relacionado con este caso, el de la cinta de Billy Bush que publicó *Access Hollywood*, que también ha tenido que salir de este edificio para que se sepa? Sería casi imposible exagerar la enorme consternación que todo esto ha causado entre las personas comunes que trabajan aquí».

Fue a finales de 2019. Desde que había revelado los acuerdos secretos dentro de la NBC, con todos los pormenores de la ocultación de la historia de Weinstein, la NBC lo había negado todo. La historia no merecía retransmitirse, sencillamente. El hecho de que las mujeres firmaran acuerdos había sido una coincidencia.

Steve Burke —el directivo de NBCUniversal, que había comentado despreocupadamente a sus colegas que el reportaje de Weinstein no se iba a difundir— había protegido a Andy Lack y a Noah Oppenheim supuestamente renovando el contrato de Oppenheim antes de la publicación de su libro.

Algunos periodistas de la cadena volvieron a hacer llamadas para realizar investigaciones independientes. Más de una semana antes, Chris Hayes había abordado la cuestión a bocajarro, señalando el poco tiempo que había pasado entre mi salida de la NBC con el reportaje y su publicación por parte de *The New Yorker*. «El camino del mínimo esfuerzo siempre está ahí —dijo—. Hay cosas más importantes que hacer que dedicarte a seducir a los lectores con un artículo de portada que pueda resultar completamente verosímil. Uno no quiere terminar ahí, la historia no está lista todavía. Pero, claro, lo fácil que resulta tomar ese camino es la razón por la que un periodista debería huir de él; no es el trabajo que se supone que debemos hacer los periodistas.»

En su programa de la tarde, Maddow zanjó uno de los desmentidos de su cadena. «En cuanto a si le dijeron o no a Ronan Farrow que parase momentáneamente cualquier reportaje de la época en que la NBC no creía que hubiera mucha miga que retransmitir, nosotros hemos confirmado con una investigación independiente que NBC News así lo hizo. Que sí que pasó. Le dijeron que dejara de investigar», prosiguió. A propósito del informe de la cadena sobre lo que sabía de Lauer —el informe que remitió el equipo jurídico que impuso simultáneamente cláusulas de confidencialidad relativas a Lauer—, añadió: «Mire, ha producido cierta consternación incluso dentro de este edificio, dentro de MSNBC y NBC News, el hecho de que trataran este asunto con una investigación interna, dentro de la compañía en realidad, el hecho de que se investigara a sí misma en lugar de contratar a otra compañía externa para hacerlo… Por lo que sabemos, nunca ha habido una investigación independiente sobre este asunto».

Por la noche, la NBC emitió varios comunicados nuevos. Ahora «sentía profundamente» su decisión de no haber aireado la historia de Weinstein. En cuanto a los acuerdos cuya existencia había negado la compañía: «Cualquier persona que haya trabajado en NBC News que crea que no puede hablar de abusos sexuales sufridos por haber firmado una cláusula de confidencialidad o de no descrédito en el acuerdo de desvinculación laboral debe ponerse en contacto con NBCUniversal y le eximiremos de dicha obligación». Fue humo. Las mujeres que esgrimían las acusaciones más graves se preguntaron por qué la cadena había pedido de forma tan poco clara a quienes querían liberarse de la «obligación percibida» que se pusieran en contacto con ella para negociar esta liberación. Otras lo intentaron con escaso éxito. Si llamabas a un número proporcionado por la cadena, respondía un asistente en recepción que «no tenía la más remota idea de qué estabas hablando», me escribió una de las fuentes. Una insistencia prolongada para explicarlo te conducía a un gabinete jurídico. «Como era de esperar, esa llamada iba directamente a un buzón de voz. A continuación, te salía un mensaje diciéndote que el buzón estaba lleno y que volvieras a llamar… Supongo que NBCUniversal piensa que si te van dando largas y retrasándolo, el problema desaparecerá.»

Pero el problema no desaparecía. Investigadores del despacho del Fiscal General de Nueva York empezaron a inquirir sobre el acoso en la cadena entre empleados antiguos y actuales. Cuando Maddow y yo hablamos, los periodistas digitales de la NBC se estaban preparando para sindicarse, en parte como forma de protesta por las revelaciones de este libro. «Las últimas semanas han revelado serias preguntas sobre NBC News y su manejo de los incidentes de abusos sexuales en el trabajo, así como de los procesos y los procedimientos opacos a la hora de informar sobre poderosos depredadores y desenmascararlos», decía su declaración. «NBC News rechazó continuamente las peticiones de una investigación independiente sobre ambos cargos a pesar de las numerosas solicitudes de las empleadas. Esta falta de transparencia y la inquietante tendencia de NBC News de pasar reportajes que investigan a los poderosos termina por perjudicar nuestra credibilidad como periodistas.» Se produjeron protestas fuera de la sede de la cadena, y los manifestantes exigían un cambio en la jerarquía con pancartas que rezaban: «LAS SUPERVIVIENTES EXIGEN JUSTICIA EN LA NBC». Unas semanas más tarde, comunicaron que Burke renunciaría a su cargo en breve. Poco después, Andy Lack se marchó también.

El reportaje —el de Weinstein y los que vinieron después— había «cambiado nuestra forma de entender la depredación sexual por parte de hombres muy muy poderosos en este país», dijo Maddow esa noche. Sus ojos parpadearon mirando hacia un lado, hacia el set iluminado del estudio 3A del 30 Rockefeller Plaza, dentro del edificio de Comcast, antes conocido como el edificio GE, y antes de eso como el edificio RCA. «Y nuestra forma de entender los vastos recursos que son capaces de aportar, sobre todo a poderosas instituciones, para escudarse ante la rendición de cuentas.»

Desde finales de ese año y entrado el siguiente, AMI redujo el gasto y recortó su plantilla. La fiscalía siguió evaluando si David Pecker y Dylan Howard habían incumplido el acuerdo de no enjuiciamiento de AMI. Un año después de que se anunciara la venta del *National Enquirer*, el trato no se había cerrado aún.

Howard estaba cada vez más enfurecido con el escrutinio. Después de que un periodista de 60 Minutes Australia se le acercara en el vestíbulo de AMI («¿Podemos hablar del trabajo que ha estado haciendo con su amigo Harvey Weinstein?», le preguntó), Howard demandó al programa por allanamiento, pero el asunto se revolvió con un acuerdo. Ese otoño, durante una fiesta que Howard celebró para la presentación de su libro —con varias Real Housewives presentes en un local que un periodista describió más tarde como «sexi y provocador»—, otro reportero lo abordó para preguntarle sobre las repercusiones del embrollo de Bezos, en concreto el pleito del hermano de la amante de Bezos (es una larga historia). Howard le dio un golpecito en el pecho y le susurró al oído: «Yo hablo de Bee-zos si me sale de la polla. ¿Tengo cintas de audio, sabe? Tengo cintas de audio». Se pasó los meses siguientes contratando a abogados por todo el mundo y amenazando a las librerías para que dejaran de recibir ese libro. (Amazon paralizó momentáneamente las ventas en Australia, pero luego las reanudó. Los propietarios de librerías entrevistados por Associated Press dijeron que hicieron oídos sordos a las amenazas legales. «Es imposible que hubiera tenido tanta publicidad si no hubiera sido porque intentaron prohibirlo», dijo uno que había vendido todos los ejemplares que tenía.) A principios de 2020, cuando *The Hollywood Reporter* reveló documentos de recursos humanos que concluían que Howard había violado la cláusula de acoso sexual en Celebuzz, el hombre amenazó, y al parecer sin ironía alguna, con revelar los vínculos del *Reporter* con Harvey Weinstein.

Poco después, Howard fue depuesto de su cargo en AMI. «Nos estamos enviando mensajes y espero que podamos dar una fiesta para marcar el fin de una época —dijo un colega—. Una época fea.»

En sus años de inocencia, Pecker y Howard crearon una base de datos con los titulares que vendían y los que no. Varios empleados recordaron uno de ellos, un eterno favorito que describía la atmósfera en AMI después de sus colaboraciones con Weinstein y Trump: fueron, decían, los «Años de Indecencia».

Poco después de la condena a Harvey Weinstein y de su detención, llegó un médico para hacerle un chequeo. «Estoy muy enfermo como para estar aquí», dijo Weinstein mientras lo examinaba. «Eso no es verdad», repuso el médico. Weinstein estaba más delgado, envejecido, más encorvado que antes. Llevaba un tacatá que cambió durante el juicio por una silla de ruedas. Seguía sufriendo del corazón. Pero miró al médico a los ojos y le dijo, un poco con su bravuconería de antes: «No pasa nada, saldré de esta con mi apelación. He tenido abogados muy buenos, pero ahora tengo a los mejores.»

Weinstein iba a pasar el resto de sus días entre rejas probablemente. En la calle, las autoridades de Los Ángeles y Londres investigaban nuevos casos criminales. En los tribunales, Weinstein se contó a sí mismo y a todo aquel que quisiera escucharlo otra historia. «La película que voy a hacer cuando salga de aquí será mejor que *Pulp Fiction*», dijo mientras hojeaba un guion. Un día le dio una nota a un policía que lo custodiaba. «¿Puede llevar esto a recepción?», le preguntó Weinstein, como si estuviera de nuevo en el hotel Península, como si fuera a estarlo alguna vez.

El policía respondió: «¿Qué recepción?».

Agradecimientos

Depredadores ha sido rigurosamente analizado por Sean Lavery, la persona encargada de contrastar datos en *The New Yorker*, que ha trabajado igualmente en numerosas investigaciones que he hecho para la revista. Sin su juicio firme y su falta de equilibrio entre la vida profesional y la personal, este libro no habría sido posible. Noor Ibrahim y Lindsay Gellman, mis impecables investigadoras, le han dedicado largas jornadas. La brillante e incansable Unjin Lee ha supervisado y asistido al equipo de investigación, me ha consolado durante momentos bajos de mucho estrés y ha realizado pequeñas tareas de contravigilancia. Sigue pensando en aprender *krav magá*.

Gracias igualmente a todos mis compañeros de HBO, entre ellos, Richard Plepler, Casey Bloys, Bob Greenblatt, Nancy Abraham y Lisa Heller, que apoyaron mi investigación en cada una de sus fases (incluso si el permiso para escribir este libro duró más de lo que la ciencia creía posible).

Espero que *Depredadores* sirva de tributo a otros periodistas que admiro. Sin su trabajo, las personas poderosas jamás tendrían que rendir cuentas a nadie. Cada día me siento agradecido al inigualable equipo de *The New Yorker* que rescató el reportaje sobre Weinstein y sigue apoyando una difícil investigación tras otra.

No sé cómo darle las gracias a David Remnick. Sus acertadas decisiones con los artículos, y conmigo, han cambiado mi visión del periodismo y de la vida. ¿Conocen ese vídeo en el que Oprah Winfrey dice de Gayle King: «Es la madre que nunca tuve. Es la hermana que todo el mundo desearía tener. Es la amiga que todo el mundo merece. No conozco a una persona más buena que ella»? Pues ese es David Remnick. Esther Fein, una periodista maravillosa y la mujer de David Remnick, es la persona más cariñosa del mundo. Deirdre Foley-Mendelssohn, mi redactora jefe, posee un talento único y un sentido moral infalible. A ella le debemos el tono de nuestros artículos de *The New Yorker* y es ella quien sacó tiempo de su trabajo, sus viajes y un embarazo para comentar con rigurosidad este libro. David Rohde es mi intrépido colaborador. No me convencen nada, como he descrito en estas páginas, las razones que esgrime para decir que no es un ángel. Él y Michael Luo han sido importantes defensores de la investigación.

Fabio Bertoni es un duro abogado que enfrentó los espinosos escollos jurídicos y las amenazas con integridad y sentido común. Es muy fácil para los abogados decir no. Los mejores abogados de los medios de comunicación aconsejan cómo decir que sí con prudencia y equidad. Natalie Raabe, la jefa de comunicaciones de *The New Yorker*, fue a las barricadas para defender nuestros artículos contra ciertas máquinas de propaganda muy eficaces. Muchas otras personas, entre ellas, Peter Canby, el jefe del servicio de verificación de datos de la revista, E. Tammy Kim, que se encargó de contrastar con tanta diligencia el primer artículo sobre Weinstein, y Fergus McIntosh, que también me ayudó a desentrañar a Black Cube y AMI. Natalie Meade analizó los artículos complementarios. Todos ellos garantizaron que la investigación era precisa, exacta y justa. Otros redactores veteranos de la revista, como Pam McCarthy y Dorothy Wickenden, han sido amables y generosos. Roger Angell tuvo la amabilidad, sin saberlo, de prestarme su mesa de despacho. Adoro *The New Yorker* y a su gente, que me inspiran para ser mejor periodista.

Gracias igualmente a mis jefes de HBO, entre ellos, Richard Plepler, Casey Bloys, Nancy Abraham y Lisa Heller, que apoyaron la investigación en cada una de sus fases y estuvieron conmigo durante los largos meses de permiso para escribir este libro.

Estoy asimismo en deuda con los numerosos periodistas y las publicaciones que han contribuido a sacar a la luz historias relevantes para este libro. Gracias a los periodistas que persiguieron la historia de Weinstein y compartieron sus opiniones conmigo, incluso si no me conocían y nada les obligaba a hacerlo, sino sus principios. Ken Auletta es un dechado de integridad y la historia del caso Weinstein habría sido diferente sin su trabajo. Ben Wallace fue igualmente generoso. Janice Min, Matt Belloni y Kim Masters también lo fueron. Vaya mi admiración por Jodi Kantor y Megan Twohey, cuyas poderosas historias me hicieron sentirme menos solo y me enseñaron a teclear más rápido.

Gracias a los periodistas que arrojaron luz sobre el caso de AMI, entre ellos, Jeff Horwitz y Jake Pearson de Associated Press y Joe Palazzolo y Michael Rothfeld del *Wall Street Journal*. Gracias a Shachar Alterman de *Uvda*, la documentalista Ella Alterman, Adam Ciralsky de *Vanity Fair*, Raphael Satter de Associated Press, John Scott-Railton de Citizen Lab y Adam Entous, mi colega en *The New Yorker*, por su ayuda con la investigación sobre Black Cube.

Gracias a quienes revelaron acusaciones de abuso en NBC News, entre ellos, Ramin Setoodeh y Elizabeth Wagmeister de *Variety*, Sarah Ellison del *Washington Post* y Lachlan Cartwright del *Daily Beast*, que analizó tenazmente la regularidad de los acuerdos económicos.

Gracias a los periodistas y productores de NBC News que siguen investigando historias importantes y creen en la promesa y los principios de la organización. Antes de que intervinieran sus directivos, el reportaje sobre Weinstein fue defendido a capa y espada por Rich McHugh y mis colegas. Me siento muy agradecido a Anna Schechter, Tracy Connor, William Arkin, Cynthia McFadden, Stephanie Gosk y muchos otros de la unidad de investigación. Rachel Maddow fue la viva voz de la creencia en unos principios. Phoebe Curran, productor asociado, ayudó a llevar a cabo la investigación en sus primeros días.

Rich McHugh obró bien en todo momento, incluso si fue en detrimento de su carrera. Sin su acerada ética y sentido del deber inculcado hasta la médula, por no hablar de la justificada indignación de su mujer Danie, habríamos estado perdidos. Es un héroe y vive en Nueva Jersey.

Y, lo más importante, gracias a las Fuentes. Me inspiran quienes revelaron conductas contrarias a la ética y en ocasiones a la ley desde dentro. El valor de Sleeper quebró un muro de mentiras y ayudó a las víctimas de engaños y manipulaciones. Igor Ostrovsky antepuso sus principios y el patriotismo a su seguridad personal en todo momento, primero al informarme a mí y después aceptando que incluyese su nombre en este libro. Gracias asimismo a John Tye por apoyarle en este proceso y por ser de ayuda con mis miedos relativos a mi seguridad. La lista de objetores de conciencia incluye a numerosos empleados de Miramax y de la Weinstein Company, de NBC News y AMI, de la oficina del fiscal del distrito de Manhattan, del Departamento de Policía de Nueva York y del distrito sur de Nueva York. No puedo nombrar a la mayoría. Pero estos son unos pocos a quienes debo mi gratitud: Abby Ex, Dede Nickerson, Dennis Rice e Irwin Reiter.

Me siento especialmente agradecido a las mujeres que arriesgaron tanto por revelar verdades importantes y difíciles. Rosanna Arquette superó sus miedos para ayudarme con el reportaje de Weinstein, y luego permaneció en la contienda, alentando a una fuente tras otra para que lo denunciaran públicamente. Ella ha sido indispensable para mis artículos complementarios sobre Weinstein, mi investigación de la CBS y otros artículos que todavía no han visto la luz.

Ambra Gutiérrez es una fuente para la posteridad, con el valor de un ladrón de joyas. Su historia habla por sí sola en estas páginas. Emily Nestor es una persona compasiva y sólida como he conocido pocas. Antes de que el reportaje fuera cosa segura, ella lo apoyó. Y continuó haciéndolo, pese a los continuos intentos de desacreditarla a ella y a otras Fuentes.

Las que quedan son demasiado numerosas como para mencionarlas a todas, pero aquí van algunas: Ally Canosa, Annabella Sciorra, Asia Argento, Brooke Nevils, Daryl Hannah, Emma de Caunes, Jane Wallace, Jennifer Laird, Jessica Barth, Karen McDougal, Lauren O'Connor, Lucia Evans, Melissa Lonner, Mira Sorvino, Rose McGowan, Sophie Dix y Zelda Perkins.

Las historias difíciles no envejecen si los redactores y los editores no están dispuestos a capear el temporal. Gracias a Vanessa Mobley, la redactora con la que todo escritor sueña y una aliada inquebrantable para que este libro saliera bien. Gracias a Sabrina Callahan y Elizabeth Garriga por su empeño en defender el mensaje de este libro. También conté con la ayuda de Mike Noon, nuestro editor de producción, tan trabajador, de Janet Byrne, nuestra meticulosa correctora de manuscritos, y de Gregg Kulick, nuestro talentoso diseñador, que se mostró colaborador y paciente con mis constantes consejos. Liz McNamara y Carol Fein Ross defendieron el reportaje con su supervisión jurídica. Y la legendaria Lynn Nesbit, mi agente literaria y querida amiga, estuvo a mi lado durante el largo viaje del caso Weinstein y durante el proceso de escritura de este libro.

Me he enterado, por los informes de prensa, que Hachette, si bien apoyó este libro a través de un prolongado informe y proceso de verificación de datos, ha adquirido secretamente las memorias de Woody Allen después de que otras editoriales importantes las rechazaran. Nos ocultó esta adquisición, a mí y a sus propios empleados, mientras trabajábamos en este libro, que documenta cómo los hombres poderosos, entre ellos Woody Allen, evitan su responsabilidad en los abusos sexuales que cometen. Hachette aceptó supuestamente un acuerdo poco ortodoxo, en virtud del cual renunció a los comentarios y la supervisión que se hace tradicionalmente en una editorial. Ahora sabemos, cuando el libro finalmente ha encontrado otro editor, que Hachette pensaba publicar un libro repleto de ataques horribles y demostradamente falsos contra mí y mi familia, mientras cosechaba las recompensas económicas de nuestro acuerdo. Si hubieran contrastado los datos, habrían visto muchas de estas inexactitudes y mi hermana habría podido responder contra cualquier negación de los abusos que sufrió a manos de Woody Allen; una acusación creíble, mantenida durante casi tres décadas y respaldada por testimonios y pruebas de la época. Pero incluso si Hachette no hubiera querido contrastar las memorias, una supervisión jurídica básica habría hecho saltar las alarmas, y eso es quedarse corto. Gracias a los numerosos empleados de Hachette que se declararon en huelga —en Nueva York primero y luego en Boston, hombres y mujeres, unos tras otros— para protestar contra un evidente conflicto de intereses, habida cuenta de la relación que existía entre la compañía y yo, y defendiendo vehementemente que habría que prestar cierto grado de cuidado a los libros que pretenden ser no ficción e intentan refutar o desacreditar acusaciones de abusos creíbles y la debida diligencia antes de su publicación.

Finalmente, gracias a mi familia. A mi madre, que apoyó a una superviviente de abusos a pesar de que la calumniaron, la incluyeron en una lista negra y la intimidaron, es una fuente de inspiración constante para ser mejor persona. El valor de mi hermana Dylan me ayudó a continuar y a entender lo inexplicable. Y, además, las ilustraciones de *Depredadores* son suyas. Mi hermana Quincy, cuya boda me perdí por estar cerrando el reportaje sobre Weinstein, fue muy comprensiva. ¡Lo siento, Quincy!

Jonathan ya ha tenido su dedicatoria y lo he citado a lo largo de estas páginas. ¿Necesita más atención todavía?

Notas

Capítulo 1

23 publicado un artículo: David A. Fahrenthold, «Trump Recorded Having Extremely Lewd Conversation About Women in 2005», *The Washington Post*, 8 de octubre de 2016.

24 Donald Trump salía perorando sobre cómo agarrar a una mujer «del coño»: grabación de Access Hollywood de Billy Bush con Donald Trump, 2005.

24 «¿Cómo lleva tener ese culo?»: entrevista de Billy Bush con Jennifer Lopez, Access Hollywood, 2002.

24 ocultado a propósito: Jack Shafer, «Why Did NBC News Sit on the Trump Tape for So Long?», *Politico Magazine*, 10 de octubre de 2016.

24 Las distintas versiones filtradas presentaban distintas cronologías: «NBC Planned to Use Trump Audio to Influence Debate, Election», TMZ, 12 de octubre de 2016.

24 «El directivo desconocía»: Paul Farhi, «NBC Waited for Green Light from Lawyers Before Airing Trump Video», *Washington Post*, 8 de octubre de 2016.

25 vídeo «Conoce mejor a Billy»: «Get to Know Billy Bush from Billy Himself, As His Parents Send Special Wishes», programa *Today*, 22 de agosto de 2016.

25 «Hasta que se investigue más a fondo el asunto»: «Here's How the Today show Addressed Billy Bush's Suspension On-Air», *Entertainment Tonight*, 10 de octubre de 2016.

25 contra el director de esa cadena: Michael M. Grynbaum and John Koblin, «Gretchen Carlson of Fox News Files Ha-

rassment Suit Against Roger Ailes», *The New York Times*, 6 de julio de 2016.

25 mujeres de al menos quince ciudades protagonizaron sentadas y protestas: Edward Helmore, «Anti-Trump Protests Continue Across US as 10,000 March in New York», *The Guardian*, 12 de noviembre de 2016.

26 Un *hashtag*: Emanuella Grinberg, «These Tweets Show Why Women Don't Report Sexual Assault», CNN, 13 de octubre de 2016.

26 «hora de que haya un poco de honradez»: Rose McGowan citada en Gene Maddaus, «Rose McGowan Says a Studio Executive Raped Her», *Variety*, 14 de octubre de 2016.

Capítulo 2

27 contribuyó a reinventar el modelo de cine independiente: Ronan Farrow, «From Aggressive Overtures to Sexual Assault: Harvey Weinstein's Accusers Tell Their Stories», *The New Yorker*, 10 de octubre de 2017. (Hay más referencias a este artículo en capítulos posteriores.)

27 se ha llevado más agradecimientos que cualquier otra persona: Catherine Shoard, «They Know Him as God, but You Can Call Him Harvey Weinstein», *The Guardian*, 23 de febrero de 2012.

27 «película de sexo»: Ken Auletta, «Beauty and the Beast», *The New Yorker*, 8 de diciembre de 2002.

28 «Denny el Buscavidas no aceptaba un no por respuesta»: Harvey Weinstein citado en Margaret Sullivan, «At 18, Harvey Weinstein Penned Tales of an Aggressive Creep. It Sure Sounds Familiar Now», *The Washington Post*, 17 de octubre de 2017.

28 cientos de millones de dólares: Edward Jay Epstein, «The Great Illusionist», *Slate*, 10 de octubre de 2005.

29 la pared tembló: Donna Gigliotti citado en Ken Auletta, «Beauty and the Beast», *New Yorker*, 8 de diciembre de 2002.

29 en un cóctel en honor a William J. Bratton: Leena Kim, «A Night Out with NYC's Former Police Commissioner», *Town & Country*, 30 de octubre de 2016.

29 riéndose con Jay-Z: Ashley Lee, «Weinstein Co. Sets Exclusive Film and TV First- Look Deal with Jay Z», *Hollywood Reporter*, 29 de septiembre de 2016.

29 «A punto de remitírsela a un creativo»: Harvey Weinstein citado en Zaid Jilani, «Harvey Weinstein Urged Clinton Campaign to Silence Sanders's Black Lives Matter Message», *Intercept*, 7 de octubre de 2016.

29 recaudado cientos de miles de dólares: Ashley Lee, «Harvey Weinstein, Jordan Roth Set Star- Studded Broadway Fundraiser for Hillary Clinton», *Hollywood Reporter*, 30 de septiembre de 2016.

29 Bañada en una luz púrpura, la cantante y compositora Sara Bareilles: Robert Viagas, «Highlights of Monday's All-Star Hillary Clinton Broadway Fundraiser», *Playbill*, 18 de octubre de 2016.

30 «Harvey Weinstein, el hijo pródigo»: Stephen Galloway, «Harvey Weinstein, the Comeback Kid», *Hollywood Reporter*, 19 de septiembre de 2016.

30 representado a Al Gore: James B. Stewart, «David Boies Pleads Not Guilty», *New York Times*, 21 de septiembre de 2018.

30 «Son estrategas y dicen que tu despacho ha trabajado con ellos»: correo electrónico de Harvey Weinstein, 16 de octubre de 2016.

30 «altamente experimentados y entrenados en las unidades de élite de la inteligencia militar»: página de incio del sitio web de Black Cube, «What makes us unique», bajo «Cutting-Edge Analytical Skills».

Capítulo 3

33 aceptado un encargo a petición: Joe Palazzolo, Michael Rothfeld y Lukas I. Alpert, «National Enquirer Shielded Donald Trump From Playboy Model's Affair Allegation», *Wall Street Journal*, 4 de noviembre de 2016.

34 Conseguir historiales médicos por medios ilícitos: «Cedars Sinai Fires Six over Patient Privacy Breaches After Kardashian Gives Birth», Associated Press, 13 de julio de 2013.

35 «Ese hombre es un buen amigo mío»: David Pecker citado en Jeffrey Toobin, «*The National Enquirer*'s Fervor for Trump», *The New Yorker*, 26 de junio de 2017.

35 había tumbado quizá diez reportajes enteros: Maxwell Strachan, «David Pecker's DARKEST TRUMP SECRETS: A National Enquirer Insider Tells All!», *HuffPost*, 24 de agosto de 2018.

36 revelaba sobre Trump: Jack Shafer, «Pravda on the Checkout Line», *Politico Magazine*, enero/febrero de 2017.

36 llegó a ponerse en contacto con Alex Jones: «Uno de tus mayores fans es Dylan Howard. Te escucha todos los días», escribió Lenny Dykstra, el exjugador de baloncesto acusado, entre otros, de exhibicionismo, posesión de cocaína y hurto mayor de un automóvil (el último de los delitos terminó en condena). Dykstra puso a Howard y a Jones en copia, y los dos hombres consensuaron una cita. Correo electrónico de Lenny Dykstra a Alex Jones, 10 de octubre de 2015.

37 cerrado un acuerdo de producción: «The Weinstein Company Partnering with American Media, Inc. to Produce Radar Online Talk Show», *My New York Eye*, 5 de enero de 2015.

37 denunció que el jefe de un estudio la había acosado sexualmente: Ramin Setoodeh, «Ashley Judd Reveals Sexual Harassment by Studio Mogul», *Variety*, 6 de octubre de 2015.

37 «está GRABADA»: correo electrónico de Dylan Howard a Harvey Weinstein, 7 de diciembre de 2016.

Capítulo 4

39 televisión local en West Virginia: Jared Hunt, «*Today* Show Host Left $65 in W.Va.», *Charleston Gazette-Mail*, 19 de octubre de 2012.

39 en helicóptero a su casa: Emily Smith, «NBC Pays for Matt Lauer's Helicopter Rides to Work», Page Six, *New York Post*, 3 de septiembre de 2014.

40 «Ronan Farrow pasa de la mesa del presentador al cubículo de detrás»: Ian Mohr, «Ronan Farrow Goes from Anchor's Desk to Cubicle», Page Six, *New York Post*, 14 de diciembre de 2016.

43 «se pusieron a hablar con unas chicas universitarias en un bar»: Oppenheim citado en Mike Fleming Jr., «Rising Star Jackie

Screenwriter Noah Oppenheim Also Runs NBC's *Today*? How Did That Happen?», *Deadline*, 16 de septiembre de 2016.

44 regalos navideños: «Oppenheim to Lauer: "There Is No Summer House"», Today.com, 16 de octubre de 2007.

44 «me impacienté»: Noah Oppenheim citado en Mike Fleming Jr., «Rising Star *Jackie* Screenwriter Noah Oppenheim Also Runs NBC's *Today*? How Did That Happen?», *Deadline*, 16 de septiembre de 2016.

44 «Steven Spielberg en su despacho»: Noah Oppenheim citado en Mike Fleming Jr., «Rising Star Jackie Screenwriter Noah Oppenheim Also Runs NBC's *Today*? How Did That Happen?», *Deadline*, 16 de septiembre de 2016.

45 incluidas las que el *Atlantic*: Alex French y Maximillion Potter, «Nobody Is Going to Believe You», *Atlantic*, 23 de enero de 2019.

Capítulo 5

47 de sus progresos: correo electrónico de Avi Yanus a Christopher Boies, 25 de noviembre de 2016.

47 habían cubierto rápidamente el último pago para la Fase 2A: correo electrónico de Avi Yanus a Christopher Boies, 28 de noviembre de 2016.

48 se la veía en el Aeropuerto Internacional de Kandahar: PJF Military Collection, fotografía de archivo de Alamy.com, fotografía de Rose McGowan y de la suboficial de la Marina de Estados Unidos Jennifer L. Smolinski, especialista de inteligencia del 22.º Regimiento de Construcción Naval en la base aérea de Kandahar, Afganistán, 29 de marzo de 2010.

48 «una bomba sexual»: Rose McGowan, *Brave*, New York: HarperCollins, 2018, 154.

50 a través de una red de procuradores y subcontratistas: Andy Thibault, «How Straight-Shooting State's Attorney Frank Maco Got Mixed Up in the Woody-Mia Mess», *Connecticut Magazine*, 1 de abril de 1997.

51 «Esta clase de silencio»: Ronan Farrow, «My Father, Woody Allen, and the Danger of Questions Unasked», *Hollywood Reporter*, 11 de mayo de 2016.

Capítulo 6

55 «me persiguen»: Richard Greenberg, «Desperation Up Close», blog de *Dateline NBC*, última visita el 23 de enero de 2004.

59 «cogerse de la mano y saltar»: Jennifer Senior (@JenSeniorNY) en Twitter, 30 de marzo de 2015.

59 escribió un artículo de fondo sobre Weinstein: David Carr, «The Emperor Miramaximus», nymag.com, 3 de diciembre de 2001.

Capítulo 7

62 «andares de chica roquera»: Bill Carter, «NBC News President Rouses the Network», *The New York Times*, 24 de agosto de 2014.

64 secta de los Niños de Dios: Michael Phillips, «"Brave": Rose McGowan's Memoir Details Cult Life, Weinstein Assault and Hollywood's Abuse of Women», *Chicago Tribune*, 6 de febrero de 2018.

Capítulo 8

70 amenazó públicamente: Michael Schulman, «Shakeup at the Oscars», *The New Yorker*, 19 de febrero de 2017; y Jesse David Fox, «A Brief History of Harvey Weinstein's Oscar Campaign Tactics», *Vulture*, 29 de enero de 2018.

70 «se embolsa el diez por ciento y conduce un Ferrari»: Variety Staff, «Partners Get Chewed in UTA's Family Feud», *Variety*, 15 de enero de 1995.

70 «miedo a que los demandaran y más miedo aún a perder anunciantes de publicidad»: Gavin Polone, «Gavin Polone on Bill Cosby and Hollywood's Culture of Payoffs, Rape and Secrecy (Guest Column)», *Hollywood Reporter*, 4 de diciembre de 2014.

72 fiesta Bunga Bunga: Danika Fears y Maria Wiesner, «Model who accused Weinstein of molestation has sued before», Page Six, *New York Post*, 31 de marzo de 2015.

Capítulo 9

77 la oficina del fiscal del distrito anunció: James C. McKinley Jr., «Harvey Weinstein Won't Face Charges After Groping Report», *The New York Times*, 10 de abril de 2015.

78 contribuyó con 26 450 dólares a las campañas de Cyrus Vance: Jay Cassano y David Sirota, «Manhattan DA Vance Took $10 000 From Head Of Law Firm On Trump Defense Team, Dropped Case», *International Business Times*, 10 de octubre de 2017.

79 contribuyó con 10 000 dólares a la campaña de reelección de Cyrus Vance: David Sirota y Jay Cassano, «Harvey Weinstein's Lawyer Gave $10 000 To Manhattan DA After He Declined To File Sexual Assault Charges», *International Business Times*, 5 de octubre de 2017.

Capítulo 11

88 Nueva York y Toledo: Rebecca Dana, «Slyer Than Fox», *New Republic*, 25 de marzo de 2013.

90 «la credibilidad evidente de Dylan»: correo electrónico de Lisa Bloom a Ronan Farrow, 14 de marzo de 2014.

90 «Lo veo todos los días»: Lisa Bloom sobre Ronan Farrow *Daily*, MSNBC, 27 de febrero de 2015.

90 «calumnian a las mujeres»: Lisa Bloom sobre Ronan Farrow *Daily*, MSNBC, 27 de febrero de 2015.

Capítulo 12

95 impuesto el cierre de *Gawker*, una web de noticias chismosas: Jason Zengerle, «Charles Harder, the Lawyer Who Killed Gawker, Isn't Done Yet», *GQ*, 17 de noviembre de 2016.

Capítulo 13

102 «se sentían "violados"»: Ken Auletta, «Beauty and the Beast», *The New Yorker*, 8 de diciembre de 2002.

103 proyecto de caridad llamado Women in Focus: correo elec-

trónico de Diana Filip to Ronan Farrow, 31 de julio de 2017.

104 El correo electrónico de Reuben Capital Partners venía firmado por Diana Filip: correo electrónico de Diana Filip, forwarded by Lacy Lynch to Rose McGowan, 10 de abril de 2017.

104 «información que he recabado sobre Ronan Farrow»: correo electrónico de Sara Ness a Harvey Weinstein, 11 de abril de 2017.

105 Nick y Nora Charles: Nora Gallagher, «Hart and Hart May Be Prime-Time Private Eyes but Jack & Sandra Are for Real», *People Magazine,* 8 de octubre de 1979.

105 Clinton contrató a Jack Palladino: Michael Isikoff, «Clinton Team Works to Deflect Allegations on Nominee's Private Life», *Washington Post,* 26 de julio de 1992.

105 se había ganado el apodo de El Capullo del Presidente: Jane Mayer, «Dept. of Snooping», *The New Yorker,* 16 de febrero de 1998.

105 «al límite»: Jack Palladino citado en Seth Rosenfeld, «Watching the Detective», *San Francisco Chronicle,* 31 de enero de 1999.

Capítulo 14

111 su más ardiente defensor: Manuel Roig-Franzia, «Lanny Davis, the Ultimate Clinton Loyalist, Is Now Michael Cohen's Lawyer. But Don't Call It Revenge», *Washington Post,* 23 de agosto de 2018.

111 Davis hizo su agosto: Christina Wilkie, «Lanny Davis Wins Lobbying Fees Lawsuit Against Equatorial Guinea», *HuffPost,* 27 de agosto de 2013.

112 «información que cambie las reglas del juego»: correo electrónico de Avi Yanus a Christopher Boies, 24 de abril de 2017.

114 varios anuncios publicitarios: Phyllis Furman, «Proud as a Peacock», *New York Daily News,* 1 de marzo de 1998.

114 fue el artífice de un cambio de rumbo: «The Peripatetic News Career of Andrew Lack», *New York Times,* 9 de junio de 2015.

115 «revelación de datos de primer orden»: correo electrónico de Avi Yanus a Christopher Boies, 5 de mayo de 2017.

Capítulo 15

118 «un montón de información»: correo electrónico de Seth Freedman a Benjamin Wallace, 8 de febrero de 2017.

Capítulo 16

126 Weinstein aplaudía: Anna Palmer, Jake Sherman y Daniel Lippman, *Politico Playbook,* 7 de junio de 2017.
128 «otras insinuaciones no deseadas»: mensaje de LinkedIn de Irwin Reiter a Emily Nestor, 30 de diciembre de 2014.
128 «si usted fuera mi hija»: mensaje de LinkedIn de Irwin Reiter a Emily Nestor, 14 de octubre de 2016.

Capítulo 17

132 con una factura adjunta de 600 000 dólares: correo electrónico de Avi Yanus a Christopher Boies, 6 de junio de 2017.
132 «algo sobre el estado del pago»: correo electrónico de Avi Yanus a Christopher Boies, 12 de junio de 2017.
132 «revisó a conciencia nuestras conclusiones»: correo electrónico de Avi Yanus a Christopher Boies, 18 de junio de 2017.
133 «no había resuelto completamente su problema»: correo electrónico del jefe de proyectos de Black Cube, 23 de junio de 2017.

Capítulo 18

140 «¿(…) sigues escribiendo sobre los AC?»: mensaje de texto de Lisa Bloom, 13 de julio de 2017.
142 otro informe, más detallado: «Confidential memo to counsel Re: Jodi Kantor/Ronan Farrow Twitter Contacts and Potential Sources», informe de PSOPS, 18 de julio de 2017.
145 «Relevancia: Cámara que trabaja con Ronan Farrow»: «JB Rutagarama», perfil de Black Cube, 2017.

Capítulo 19

148 «Desde la primera vez que me dejaron a solas con Harvey»: Zelda Perkins citado en Ronan Farrow, «Harvey Weinstein's Secret Settlements», *The New Yorker*, 21 de noviembre de 2017. Hay más referencias a este artículo en otros capítulos.

151 intentó rescatarlo: Peter Kafka, «Why Did Three Sites Pass on a Story About an Amazon Exec Before It Landed at The Information?», *Recode*, 12 de septiembre de 2017.

153 «hombre a favor de las mujeres»: correo electrónico de Diana Filip a Rose McGowan, 24 de julio de 2017.

Capítulo 22

172 «su aporte podría ser muy valioso en nuestras actividades»: correo electrónico de Diana Filip a Ronan Farrow, 31 de julio de 2017.

Capítulo 23

174 «me regocija oír que estás a punto de concluir tu proyecto de libro»: carta de Hillary Clinton, 20 julio de 2017.

Capítulo 24

185 mensajes obscenos a sus colegas de trabajo: Yashar Ali, «Fox News Host Sent Unsolicited Lewd Text Messages To Colleagues, Sources Say», *HuffPost*, 4 de agosto de 2017.

186 premio inaugural Truthteller: *Hollywood Reporter* Staff, «Jay Z, Harvey Weinstein to Receive Inaugural Truthteller Award from L.A. Press Club», *Hollywood Reporter*, 2 de junio de 2017.

Capítulo 26

193 Fue generoso con: Jon Campbell, «Who Got Harvey Weinstein's Campaign Cash and Who Gave It Away», *Democrat and Chronicle*, 9 de octubre de 2017.

194 organizó una fiesta literaria: Emily Smith, «George Pataki Fetes His Daughter's New Book», Page Six, *New York Post*, 9 de marzo de 2016.

Capítulo 28

206 «Leyendo "Apuntes sobre el clítoris"»: Noah Oppenheim, «Reading "Clit Notes"», *Harvard Crimson*, 3 de abril de 1998.

206 «El absurdo del transgénero»: Noah Oppenheim, «Transgender Absurd», Harvard Crimson, 24 de febrero de 1997.

206 «mis adversarios más apasionados»: Noah Oppenheim, «Remembering Harvard», *Harvard Crimson*, 22 de mayo de 2000.

206 «merecen un espacio más protegido»: Noah Oppenheim, «Considering 'Women's Issues' at Harvard», *Harvard Crimson*, 17 de diciembre de 1999.

206 «apaciguar las sensibilidades femeninas»: Noah Oppenheim, «The Postures of Punch Season», *Harvard Crimson*, 9 de octubre 1998.

212 «alterado, disgustado, descontento»: testimonio de Sam Anson en The People of the State of New York v. Harvey Weinstein, Ind. nos. 2335-18, 2673-19, Tribunal Supremo de Nueva York, 24 de enero de 2020.

212 «las alarmas»: Elizabeth Wagmeister, "Private Investigator Testifies Harvey Weinstein Asked Him to Look into 'Red Flag List' of Women," Variety, January 24, 2020.

Capítulo 29

217 «tenemos cierta experiencia»: correo electrónico de David Remnick a Ronan Farrow, 9 de agosto de 2017.

222 «Espero que podamos tener una reunión con él»: correo electrónico de Diana Filip a John Ksar, 11 de agosto de 2017.

Capítulo 30

225 «la reportera del *Wall Street Journal* que finalmente dio a

conocer su caso»: Dorothy Rabinowitz, «Juanita Broaddrick Meets the Press», *Wall Street Journal*, actualizado el 19 de febrero de 1999.

225 «Estoy seguro de que no figuro en la tarjeta de Navidades de Matt Lauer»: Jeffrey Toobin, entrevista inédita para «The National Enquirer's Fervor for Trump», The New Yorker, 26 de junio de 2017.

226 «siempre que vayas a la piscina tienes que decírmelo antes»: David Corvo citado en Lachlan Cartwright y Maxwell Tani, «Accused Sexual Harassers Thrived Under NBC News Chief Andy Lack», *Daily Beast*, 21 de septiembre de 2018.

226 «Me encanta el clima cálido, pero ¿vas a ir a una celebración del colegio así vestida?»: David Corvo citado en Lachlan Cartwright y Maxwell Tani, «Accused Sexual Harassers Thrived Under NBC News Chief Andy Lack», *Daily Beast*, 21 de septiembre de 2018.

227 redactaron un pliego de condiciones: correo electrónico de David Glasser a Harvey Weinstein, 27 de septiembre de 2017.

Capítulo 31

232 le ofrecieron una suma suculenta a cambio de que firmara un acuerdo de confidencialidad: Lachlan Cartwright y Maxwell Tani, «Accused Sexual Harassers Thrived Under NBC News Chief Andy Lack», *Daily Beast*, 21 de septiembre de 2018.

235 «no podemos avanzar»: mensaje de texto de Noah Oppenheim a Ronan Farrow, 17 de agosto de 2017.

237 «no la harás en nombre de la NBC, ni con su beneplácito»: mensaje de texto de Noah Oppenheim a Ronan Farrow, 21 de agosto de 2017.

237 su primera nota a Weinstein: Jodie Kantor y Megan Twohey, She Said (Estados Unidos, Nueva York: Penguin Publishing Group, 2019), 100-104.

243 ella solo le había «seguido la corriente»: Megan Twohey, Jodi Kantor, Susan Dominus, Jim Rutenberg y Steve Eder,

«Weinstein's Complicity Machine», New York Times, 5 de diciembre de 2017.

Capítulo 32

244 «La NBC da otra oportunidad a Lauer el guarro»: «NBC Gives Sleazy Lauer One More Chance», *National Enquirer*, 19 de diciembre de 2016.

244 «¡Oye, Matt, que no es tu mujer!»: «Hey Matt, That's Not Your Wife!», *National Enquirer*, 25 de septiembre de 2017.

Capítulo 33

245 «¿Puedes hablar si te llamo ahora?»: correo electrónico de Harvey Weinstein a David Pecker, 28 de septiembre de 2017.

245 «Estoy en Arabia Saudí de viaje de negocios»: correo electrónico de David Pecker a Harvey Weinstein, 28 de septiembre de 2017.

245 revista *Rolling Stone*: correo electrónico de Harvey Weinstein a David Pecker, 28 de septiembre de 2017.

245 «Puedo reducir costes»: correo electrónico de David Pecker a Harvey Weinstein, 28 de septiembre de 2017.

245 «espacios Hillary»: correo electrónico de Deborah Turness a Harvey Weinstein, 20 de septiembre de 2017.

246 «quería proponerte que Universal hiciera nuestro cine en casa»: correo electrónico de Harvey Weinstein a Ron Meyer, 27 de septiembre de 2017.

246 «Me encantaría hacer ese trabajo»: correo electrónico de Ron Meyer a Harvey Weinstein, 27 de septiembre de 2017.

246 Redactaron un pliego de condiciones: correo electrónico de David Glasser a Harvey Weinstein, 27 de septiembre de 2017.

246 dos responsables del entretenimiento en casa: correo electrónico de David Glasser a Harvey Weinstein, 27 de septiembre de 2017.

246 «Estoy deseando que empecemos a hacer negocios jun-

tos»: correo electrónico de Ron Meyer a Harvey Weinstein, 2 de octubre de 2017.

249 [pidieron perdón] públicamente por haber oído los relatos pero sin escucharlos realmente: Lisa O'Carroll, «Colin Firth Expresses Shame at Failing to Act on Weinstein Allegation», Guardian, 13 de octubre de 2017. 250 «en bandos opuestos»; «¡se agradecen los buenos deseos!»: intercambio de correos electrónicos entre Harvey Weinstein y Noah Oppenheim, 25 de septiembre de 2017.

250 «Noah Oppenheim ha recibido una botella de vodka Grey Goose»: correo electrónico a los empleados de Weinstein, 25 de septiembre de 2017. (Una fuente cercana a Oppenheim dijo que, «si» Weinstein envió la botella de Grey Goose, Oppenheim no la habría bebido y un asistente la habría regalado a otra persona.)

Capítulo 34

251 «Creo que el reportaje sigue adelante seguro»: correo electrónico de Bryan Lourd a Harvey Weinstein, 26 de septiembre de 2017.

252 empezaron a llegar copias de una carta a las distintas oficinas de la Creative Artists Agency: carta de Harder Mirell & Abrams, 29 de septiembre de 2017.

Capítulo 35

258 «una campaña de calumnias de Miramax»: Peter Jackson citado en Molly Redden, «Peter Jackson: I Blacklisted Ashley Judd and Mira Sorvino Under Pressure from Weinstein», *The Guardian*, 16 de diciembre de 2017.

260 que podría, que debería, haber hecho más: Jodi Kantor, «Tarantino on Weinstein: "I Knew Enough to Do More Than I Did"», *New York Times*, 19 de octubre de 2017.

260 A esas alturas, Black Cube ya había puesto en circulación otro perfil: «Rosanna (Lisa) Arquette», perfil Black Cube, 2017.

261 «esto le iría como anillo al dedo a Jay Z»: correo electróni-

co de Harvey Weinstein a David Glasser, 27 de septiembre de 2017.

261 ella solo le había seguido la corriente: Megan Twohey, Jodi Kantor, Susan Dominus, Jim Rutenberg y Steve Eder, «Weinstein's Complicity Machine», *New York Times*, 5 de diciembre de 2017.

Capítulo 36

265 un acuerdo de compensación económica con el actor: Yohana Desta, «Asia Argento Accuser Jimmy Bennett Details Alleged Assault in Difficult First TV Interview», *Vanity Fair*, 25 de septiembre de 2018.

265 «agredir sexualmente»: Dino-Ray Ramos, «Asia Argento Claims Jimmy Bennett "Sexually Attacked Her", Launches "Phase Two" Of #MeToo Movement», *Deadline*, 5 de septiembre de 2018.

267 pidieron públicamente «perdón» por haber oído los relatos pero sin escucharlos realmente: Lisa O'Carroll, «Colin Firth Expresses Shame at Failing to Act on Weinstein Allegation», *Guardian*, 13 de octubre de 2017.

Capítulo 37

270 «El equilibrio de poder»: Lauren O'Connor citado en Jodi Kantor y Megan Twohey, «Harvey Weinstein Paid Off Sexual Harassment Accusers for Decades», *New York Times*, 5 de octubre de 2017.

271 «no hice esa llamada»: Claire Forlani citado en Ashley Lee, «Claire Forlani on Harvey Weinstein Encounters: "I Escaped Five Times"», *Hollywood Reporter*, 12 de octubre de 2017.

271 «Estoy en plena organización y cocinando, tirándome de los pelos»: correo electrónico de Meryl Streep a Ronan Farrow, 28 de septiembre de 2017.

272 seis mujeres acusarían a Ratner: Amy Kaufman y Daniel Miller, «Six Women Accuse Filmmaker Brett Ratner of Sexual Harassment or Misconduct», *Los Angeles Times*, 1 de noviembre de 2017.

Capítulo 38

277 «el *New York Times* va a publicar hoy su artículo»: correo electrónico de Harvey Weinstein a Dylan Howard, 22 de septiembre de 2017.

277 el *New York Times* anunció una noticia de última hora: Megan Twohey, «Tumult After AIDS Fund-Raiser Supports Harvey Weinstein Production», *New York Times*, 23 de septiembre de 2017.

Capítulo 39

281 «Les exigimos que se abstengan de publicar este artículo»: carta de Harder Mirell & Abrams, 2 de octubre de 2017.

282 «si pueden verse delante del edificio del *New York Times*»: correo electrónico de la oficina de Harvey Weinstein a Dylan Howard, 4 de octubre de 2017.

284 «carecen de cualquier fundamento»: correo electrónico de Fabio Bertoni a Charles Harder, 4 de octubre de 2017.

285 Kim Masters publicó un artículo para el *Hollywood Reporter*: Masters y Chris Gardner, «Harvey Weinstein Lawyers Battling *N.Y. Times, New Yorker* Over Potentially Explosive Stories», *Hollywood Reporter*, 4 de octubre de 2017.

285 El *Variety* publicó su versión unos minutos más tarde: Brent Lang, Gene Maddaus y Ramin Setoodeh, «Harvey Weinstein Lawyers Up for Bombshell *New York Times*, New Yorker Stories», *Variety*, 4 de octubre de 2017.

Capítulo 40

287 mujeres en ciudades de todo el mundo: Adam Ciralsky, «"Harvey's Concern Was Who Did Him In": Inside Harvey Weinstein's Frantic Final Days», *Vanity Fair*, 18 de enero de 2018.

290 «un viejo dinosaurio aprendiendo modales nuevos»: Lisa Bloom (@LisaBloom) en Twitter, 5 de octubre de 2017.

290 «Yo prefiero hablar de *falta profesional*»: Lisa Bloom cita-
da en Nicole Pelletiere, «Harvey Weinstein's Advisor, Lisa
Bloom, Speaks Out: "There Was Misconduct"», *ABC
News*, 6 de octubre de 2017.

290 «Lisa Bloom es mi guía»: declaración de Harvey Weinstein al *New York Times*, 5 de octubre de 2017.

Capítulo 41

293 habían tapado cosas: Shawn Tully, «How a Handful of
Billionaires Kept Their Friend Harvey Weinstein in
Power», *Fortune*, 19 de noviembre de 2017.

293 «me vendría bien algo de apoyo»: correo electrónico de
Harvey Weinstein a Brian Roberts, 6 de octubre de
2017.

294 fundado por el padre de Roberts: Ellen Mayers, «How
Comcast Founder Ralph Roberts Changed Cable», *Chris-
tian Science Monitor*, 19 de junio de 2015.

294 poder inquebrantable: Tara Lachapelle, «Comcast's Roberts, CEO for Life, Doesn't Have to Explain», *Bloomberg*,
11 de junio de 2018.

294 Burke trabajó en Disney: Jeff Leeds, «Ex-Disney Exec
Burke Knows His New Prey», *Los Angeles Times*, 12 de
febrero de 2004.

296 dio eco sobre todo a las réplicas de Weinstein: Yashar Ali,
«At NBC News, the Harvey Weinstein Scandal Barely
Exists», *HuffPost*, 6 de octubre de 2017.

296 no mencionaba a Weinstein ni una sola vez: Dave
Itzkoff, «SNL Prepped Jokes About Harvey Weinstein,
Then Shelved Them», *New York Times*, 8 de octubre de
2017.

Capítulo 42

301 sus planes para desacreditar a las acusadoras: Megan Twohey y Johanna Barr, «Lisa Bloom, Lawyer Advising Harvey Weinstein, Resigns Amid Criticism From Board
Members», *New York Times*, 7 de octubre de 2017.

Capítulo 43

307 «Hablando de complicidad mediática»: Jake Tapper (@ jaketapper) en Twitter, 10 de octubre de 2017.

308 «No tenían nada que ver con lo que ha publicado finalmente»: Lloyd Grove, «How NBC 'Killed' Ronan Farrow's Weinstein Exposé», *Daily Beast*, 11 de octubre de 2017.

310 «una larga aventura»: The *Rachel Maddow Show*, 10 de octubre de 2017.

Capítulo 44

314 «fue en ese momento en el que Mark supo la verdad»: Rielle Hunter, *What Really Happened: John Edwards, Our Daughter, and Me* (Dallas; BenBella Books, 2012), posición 139 de 3387, Kindle.

314 no habían hecho las preguntas pertinentes: Joe Johns y Ted Metzger, «Aide Recalls Bizarre Conversation with Edwards Mistress», CNN, 4 de mayo de 2012.

315 me puso al corriente de la situación: el programa *Today* con Matt Lauer, Hoda Kotb y Savannah Guthrie, 11 de octubre de 2017.

316 «Yo no lo habría expresado mejor»: David Remnick on *CBS Sunday Morning*, 26 de noviembre de 2017.

317 había advertido al equipo de Clinton: Megan Twohey, Jodi Kantor, Susan Dominus, Jim Rutenberg y Steve Eder, «Weinstein's Complicity Machine», *New York Times*, 5 de diciembre de 2017.

317 «que Harvey es un violador y que esto se sabrá algún día»: Lena Dunham citada en Megan Twohey, Jodi Kantor, Susan Dominus, Jim Rutenberg y Steve Eder, «Weinstein's Complicity Machine», *New York Times*, 5 de diciembre de 2017.

317 «conmocionada y horrorizada»: Jeremy Barr, «Hillary Clinton Says She's "Shocked and Appalled" by Harvey Weinstein Claims», *Hollywood Reporter*, 10 de octubre de 2017.

318 «evitar una atmósfera de caza de brujas»: «Harvey Weinstein a Sad, Sick Man – Woody Allen», *BBC News*, 16 de octubre de 2017.

318 artista callejero de extrema derecha: Rory Carroll, «Rightwing Artist Put Up Meryl Streep "She Knew" Posters as Revenge for Trump», *Guardian*, 20 de diciembre de 2017.

318 «No todo el mundo lo sabía»: Meryl Streep citada en Emma Dibdin, «Meryl Streep Speaks Out Against Harvey Weinstein Following Sexual Harassment Allegations», *Elle*, 9 de octubre de 2017.

Capítulo 45

320 «solo quería decirte que has sido muy valiente»: correo electrónico de Diana Filip a Rose McGowan, 10 de octubre de 2017.

321 «lo único que quería era colgar el teléfono»: Annabella Sciorra citada en Ronan Farrow, «Weighing the Costs of Speaking Out About Harvey Weinstein», *The New Yorker*, 27 de octubre de 2017. Hay más referencias a este artículo en otros capítulos.

Capítulo 46

328 un personaje pintoresco: Miriam Shaviv, «IDF Vet Turned Author Teases UK with Mossad Alter Ego», *Times of Israel*, 8 de febrero de 2013.

328 *Dead Cat Bounce*: Seth Freedman, *Dead Cat Bounce*, Londres, Cutting Edge Press, 2013, posición 17 de 3658 en Kindle.

329 quién había realizado las entrevistas y por qué: Mark Townsend, «Rose McGowan: "Hollywood Blacklisted Me Because I Got Raped"», *Guardian*, 14 de octubre de 2017.

331 crearon una cartera de agentes entrenados que siempre estaban disponibles: Adam Entous y Ronan Farrow, «Private Massod for Hire», *The New Yorker*, 11 de febrero de 2019.

331 veteranos de una unidad de inteligencia secreta israelí: personal de Haaretz, «Ex-Mossad Chief Ephraim Halevy Joins Spy Firm Black Cube», *Haaretz*, 11 de noviembre de 2018.

331 describió a un magnate de los servicios de Black Cube: Adam Entous y Ronan Farrow, «Private Massod for Hire», *The New Yorker*, 11 de febrero de 2019.

331 más de un centenar de agentes que en total hablaban treinta lenguas: Yuval Hirshorn, «Inside Black Cube - the "Mossad" of the Business World», *Forbes Israel*, 9 de junio de 2018.

331 «el proveedor exclusivo de las mayores organizaciones y ministerios públicos»: Hadas Magen, «Black Cube - a "Mossad-style" Business Intelligence Co», *Globes*, 2 de abril de 2017.

333 «nueva información adjunta relativa al asunto HW&BC»: correo electrónico de Sleeper1973, 31 de octubre de 2017.

Capítulo 47

334 Este último acuerdo: acuerdo entre Boies Schiller Flexner LLP y Black Cube, 11 de julio de 2017.

335 encarcelaron a dos agentes de Black Cube en Rumanía: Yuval Hirshorn, «Inside Black Cube - the "Mossad" of the Business World», *Forbes Israel*, 9 de junio de 2018.

336 «Es complicado»: correo electrónico de David Boies a Ronan Farrow, 4 de noviembre de 2017.

338 «a través de una mujer que responde al nombre de "Ana"»: correo electrónico de Sleeper1973 a Ronan Farrow, 1 de noviembre de 2017.

Capítulo 48

340 los prominentes defensores del acuerdo recibieron un torrente de solicitudes singulares: Ronan Farrow, «Israeli Operatives Who Aided Harvey Weinstein Collected Information on Former Obama Administration Officials», *The New Yorker*, 6 de mayo de 2018.

341 su trabajo que pudiera utilizarse contra ellos: Mark Maremont, «Mysterious Strangers Dog Controversial Insurer's Critics», *Wall Street Journal*, 29 de agosto de 2017.

341 Maja Lazarov: Mark Maremont, Jacquie McNish y Rob

Copeland, «Former Israeli Actress Alleged to Be Operative for Corporate-Investigation Firm», *Wall Street Journal*, 16 de noviembre de 2017.

341 una empresa canadiense de gestión de activos: Matthew Goldstein y William K. Rashbaum, «Deception and Ruses Fill the Toolkit of Investigators Used by Weinstein», *New York Times*, 15 de noviembre de 2017.

342 un documental sobre la guerra: *The Woman from Sarajevo* (2007, dir. Ella Alterman).

343 relojes que son cámaras; bolígrafos que graban: Yuval Hirshorn, «Inside Black Cube – the "Mossad" of the Business World», *Forbes Israel*, 9 de junio de 2018.

344 «he vivido en un espejismo»: Rose McGowan citado en Ronan Farrow, «Harvey Weinstein's Army of Spies», *The New Yorker*, 6 de noviembre de 2017. (Hay más referencias a este artículo en otros capítulos.)

Capítulo 49

346 «debido al miedo a las represalias de HW, de acuerdo con HW»: «Confidential memo to counsel, Re: Jodi Kantor/Ronan Farrow Twitter Contacts and Potential Sources», informe de PSOPS, 18 de julio de 2017.

346 once fotografías: correo electrónico de Dan Karson a Harvey Weinstein, 22 de octubre de 2016.

346 «es la foto del millón»: correo electrónico de Blair Berk a Harvey Weinstein, 23 de octubre de 2016.

346 «Ninguna información negativa»: correo electrónico de Dan Karson a Harvey Weinstein, 13 de octubre de 2016.

346 crítica de los artículos previos de Wallace: correo electrónico de Dan Karson a Harvey Weinstein, 13 de octubre de 2016.

346 en respuesta a un libro que había escrito: correo electrónico de Dan Karson a Harvey Weinstein, 23 de octubre de 2016.

346 «Mentiras/Exageraciones/Contradicciones»: «Confidential memo to counsel, Re: Weinstein Inquiry, Re: Rose Arianna McGowan», informe de PSOPS, 8 de noviembre de 2016.

346 «acusación personal de Moss»: «Confidential memo to counsel, Re: Weinstein Inquiry, Re: Adam Wender Moss», informe de PSOPS, 21 de diciembre de 2016.

346 «relevante para nuestra estrategia de respuesta»: «Confidential memo to counsel, Re: Weinstein Inquiry», informe de PSOPS, 11 de noviembre de 2016.

347 «Kantor NO sigue a Ronan Farrow»: «Confidential memo to counsel, Re: Jodi Kantor/Ronan Farrow Twitter Contacts and Potential Sources», informe de PSOPS, 18 de julio de 2017.

347 «discutir los siguientes pasos con cada uno de ellos»: correo electrónico de Dylan Howard a Harvey Weinstein, 7 de diciembre de 2016.

348 «INCREÍBLE... al final atacó a Rose a lo bestia»: correo electrónico de Dylan Howard a Harvey Weinstein, 7 de diciembre de 2016.

348 «Esto es mortal. Sobre todo si no hay huellas mías»: correo electrónico de Harvey Weinstein a Dylan Howard, 6 de diciembre de 2016.

349 «adoptarían las medidas apropiadas contra nosotros»: correo electrónico del bufete jurídico de Black Cube en el Reino Unido a Ronan Farrow, 2 de noviembre de 2017.

349 «Deseamos eliminar todos los documentos e información que poseemos»: correo electrónico de Avi Yanus, 31 de octubre de 2017.

351 «lo nunca visto, querido»: correo electrónico de Sleeper1973 a Ronan Farrow, 2 de noviembre de 2017.

351 Celebuzz, donde había motivado otra investigación: Gary Baum, «Dylan Howard's Hollywood Reboot: Why Are So Many A-Listers Working With a Tabloid Henchman?», Hollywood Reporter, 3 de febrero de 2020.

Capítulo 50

353 «Me da miedo hasta pronunciar su nombre»: Karen McDougal citada en Ronan Farrow, «Donald Trump, a Playboy Model, and a System for Concealing Infidelity», *The New Yorker*, 16 de febrero de 2018. (Hay más referencias a este artículo en otros capítulos.)

354 pirateado las cuentas de correo electrónico de sus adversarios: Jordan Robertson, Michael Riley y Andrew Willis, «How to Hack an Election», *Bloomberg Businessweek*, 31 de marzo de 2016.

354 haber vendido historias salaces: Beth Reinhard y Emma Brown, «The Ex-Playmate and the Latin American Political Operative: An Untold Episode in the Push to Profit from an Alleged Affair with Trump», *Washington Post*, 28 de mayo de 2018.

354 más de noventa: Ronan Farrow, «"I Haven't Exhaled in So Long": Surviving Harvey Weinstein», The New Yorker, 25 de febrero de 2020.

355 para pedirle ayuda: Joe Palazzolo, Nicole Hong, Michael Rothfeld, Rebecca Davis O'Brien y Rebecca Ballhaus, «Donald Trump Played Central Role in Hush Payoffs to Stormy Daniels and Karen McDougal», *Wall Street Journal*, 9 de noviembre de 2018.

355 «Limítese a negarlo todo y estará a salvo»: correo electrónico de Keith Davidson a Karen McDougal, 5 de agosto de 2016.

355 El publicista era Matthew Hiltzik: Cameron Joseph, *«Enquirer Gave Trump's Alleged Mistress a Trump Family Associate to Run Her PR»*, *Talking Points Memo*, 27 de marzo de 2018.

356 «ENVÍE ESTO»: correo electrónico de Dylan Howard a Karen McDougal, 23 de junio de 2017.

356 «Extensión del contrato de McDougal»: correo electrónico del asesor jurídico de AMI, 30 de enero de 2018.

356 «otra noticia falsa»: Ronan Farrow, «Donald Trump, a Playboy Model, and a System for Concealing Infidelity», *The New Yorker*, 16 de febrero de 2018.

356 Weisberg había contribuido a «descubrir materiales»: Benjamin Brafman, citado en Lachlan Cartwright y Pervaiz Shallwani, «Weinstein's Secret Weapon Is a "Bloodhound" NYPD Detective Turned Private Eye», Daily Beast, 12 de noviembre de 2018.

Capítulo 51

357 Dino Sajudin, antiguo portero de la Torre Trump, contó la

historia a AMI: Ronan Farrow, «The National Enquirer, a Trump Rumor, and Another Secret Payment to Buy Silence», *The New Yorker*, 12 de abril de 2018. (Hay más referencias a este artículo en otros capítulos.)

357 Llevaban carteles: Lauren Aratani, «Harvey Weinstein Accusers Gather in Solidarity to Mark Start of Trial», Guardian, 6-7 de enero de 2020.

357 «al señor Weinstein le han destrozado la vida»: Carta de Damon M. Cheronis, Donna Rotunno y Arthur Aidala al juez James M. Burke, 9 de marzo de 2020.

357 «Yo tenía veintitrés años cuando me arruinó la vida»: Ambra Gutierrez citada en Ted Johnson, «Hollywood Reacts to Harvey Weinstein Sentencing», Deadline, 11 de marzo de 2020.

358 «Ha visto al Chupacabras»: Nikki Benfatto citado en Edgar Sandoval y Rich Schapiro, «Ex-Wife of Former Trump Building Doorman Who Claimed the President Has a Love Child Says He's a Liar», *New York Daily News*, 12 de abril de 2018.

359 Horwitz se pasó días enteros sin acudir al trabajo: Michael Calderone, «How a Trump 'Love Child' Rumor Roiled the Media», *Politico*, 12 de abril de 2018.

361 un *post* reconociéndolo todo: «Prez Love Child Shocker! Ex-Trump Worker Peddling Rumor Donald Has Illegitimate Child», RadarOnline.com, 11, 2018.

361 «*pasto de primera para el* Enquirer»: correo electrónico de Dylan Howard a David Remnick, 11 de abril de 2018.

361 resucitó su borrador: Jake Pearson y Jeff Horwitz, «$30 000 Rumor? Tabloid Paid For, Spiked, Salacious Trump Tip», Associated Press, 12 de abril de 2018.

362 Siguieron acusaciones espeluznantes de violencia sexual: *Katie Johnson v. Donald J. Trump and Jeffrey E. Epstein*, Case 5:16-cv-00797-DMG-KS, United States District Court Central District of California, demanda presentada el 26 de abril de 2016 y *Jane Doe v. Donald J. Trump and Jeffrey E. Epstein*, Case 1:16-cv-04642, United States District Court Southern District of New York, demanda presentada el 20 de junio de 2016.

362 eran amigos íntimos: Landon Thomas Jr., «Jeffrey Epstein: International Moneyman of Mystery», *New York*, 28 de octubre de 2002.

362 extendidas acusaciones contra Epstein por abusar sexualmente de menores: Julie K. Brown, «How a Future Trump Cabinet Member Gave a Serial Sex Abuser the Deal of a Lifetime», *Miami Herald*, 28 de noviembre de 2018.

363 intermediario de la demandante en la prensa: Jon Swaine, «Rape Lawsuits Against Donald Trump Linked to Former TV Producer», *Guardian*, 7 de julio de 2016.

363 tenía tantas dudas como la mayoría de los periodistas: Emily Shugerman, «I Talked to the Woman Accusing Donald Trump of Rape», *Revelist*, 13 de julio de 2016.

363 AMI publicó varios artículos que desacreditaban las declaraciones de la demanda judicial: «Trump Sued by Teen "Sex Slave" for Alleged "Rape" – Donald Blasts "Disgusting" Suit», RadarOnline.com, 28 de abril de 2016; y «Case Dismissed! Judge Trashes Bogus Donald Trump Rape Lawsuit», RadarOnline.com, 2 de mayo de 2016.

364 mediado directamente por Michael Cohen: Michael Rothfeld y Joe Palazzolo, «Trump Lawyer Arranged $130 000 Payment for Adult-Film Star's Silence», *Wall Street Journal*, actualizado el 12 de enero de 2018.

364 presentaron demandas formales: Greg Price, «McDougal Payment from American Media Was Trump Campaign Contribution, Watchdog Group Claims to FEC», *Newsweek*, 19 de febrero de 2018.

365 Pecker visitó el Despacho Oval: Jim Rutenberg, Kate Kelly, Jessica Silver-Greenberg, y Mike McIntire, «Wooing Saudi Business, Tabloid Mogul Had a Powerful Friend: Trump», *New York Times*, 29 de marzo de 2018.

Capítulo 52

369 «material pornográfico»: Jake Pearson y Jeff Horwitz, «AP Exclusive: Top Gossip Editor Accused of Sexual Misconduct», Associated Press, 5 de diciembre de 2017.

370 «El *National Enquirer* piensa publicar un artículo»: correo electrónico de AMI, 17 de abril de 2018.

371 en busca de archivos: Michael D. Shear, Matt Apuzzo y Sharon LaFraniere, «Raids on Trump's Lawyer Sought Records of Payments to Women», *New York Times*, 10 de abril de 2018.

371 «identificar estas historias para poder comprarlas y evitar que se publicaran»: carta del fiscal de Estados Unidos para el distrito sur de Nueva York para American Media Inc., 20 de septiembre de 2018.

372 «En lugar de ceder»: Jeff Bezos, «No Thank You, Mr. Pecker», Medium.com, 7 de febrero de 2019.

372 si Howard había incumplido: Devlin Barrett, Matt Zapotosky y Cleve R. Wootson Jr., «Federal Prosecutors Reviewing Bezos's Extortion Claim Against *National Enquirer*, Sources Say», *Washington Post*, 8 de febrero de 2019.

372 un millón de dólares en el *bat mitzvá*: Edmund Lee, «*National Enquirer* to Be Sold to James Cohen, Heir to Hudson News Founder», *New York Times*, 18 de abril de 2019.

372 «un círculo grande»: Keith J. Kelly, «Where Did Jimmy Cohen Get the Money to Buy AMI's *National Enquirer*?», *New York Post*, 14 de mayo de 2019.

372 El número ascendió: Brooks Barnes y Jan Ransom, «Harvey Weinstein Is Said to Reach $44 Million Deal to Settle Lawsuits», *New York Times*, 23 de mayo de 2019.

374 antiguos colegas llamaban a Weisberg: Lachlan Cartwright y Pervaiz Shallwani, «Weinstein's Secret Weapon Is a "Bloodhound" NYPD Detective Turned Private Eye», *Daily Beast*, 12 de noviembre de 2018.

374 la había agredido sexualmente en su casa en 2006: Elizabeth Wagmeister, «Former Weinstein Production Assistant Shares Graphic Account of Sexual Assault», *Variety*, 24 de octubre de 2017.

374 mensajes amistosos de Mimi Haleyi: Jan Ransom, «Weinstein Releases emails Suggesting Long Relationship With Accuser«, *New York Times*, 3 de agosto de 2018.

374 Brafman ya tenía en su poder toda la munición necesaria: Tarpley Hitt y Pervaiz Shallwani, «Harvey Weinstein Bombshell: Detective Didn't Tell D.A. About Witness Who Said Sex-Assault Accuser Consented», *Daily Beast*, 11 de octubre de 2018.

374 «cualquier logro que se me pueda atribuir»: Benjamin Brafman citado en Lachlan Cartwright y Pervaiz Shallwani, «Weinstein's Secret Weapon Is a 'Bloodhound' NYPD Detective Turned Private Eye», *Daily Beast*, 12 de noviembre de 2018.

374 Weisberg había contribuido a «descubrir materiales»: Benjamin Brafman citado en Lachlan Cartwright y Pervaiz Shallwani, «Weinstein's Secret Weapon Is a "Bloodhound" NYPD Detective Turned Private Eye», *Daily Beast*, 12 de noviembre de 2018.

375 un pequeño artículo sobre él: Mara Siegler y Oli Coleman, «Harvey Weinstein spotted meeting with PI in Grand Central Terminal», *Page Six*, *New York Post*, 20 de marzo de 2019.

375 que uno era detective privado, que el otro era abogado: Mara Siegler y Oli Coleman, «Harvey Weinstein Spotted Meeting with PI in Grand Central Terminal», *Page Six*, *New York Post*, 20 de marzo de 2019.

Capítulo 53

379 su unidad de fraudes complejos y ciberdelitos puso en marcha una investigación: Alan Feuer, «Federal Prosecutors Investigate Weinstein's Ties to Israeli Firm», *New York Times*, 6 de septiembre de 2018.

Capítulo 54

382 vídeo promocional: vídeo promocional del grupo Infotactic, colgado en las cuentas del grupo Infotactic en Facebook y YouTube, 3 de marzo de 2018.

384 los intereses de Lambert se desviaron por otros derroteros: Raphael Satter, «APNewsBreak: Undercover Agents Tar-

get Cybersecurity Watchdog», Associated Press, 26 de enero de 2019.

385 el *software* Pegasus de NSO Group había comprometido un iPhone: Miles Kenyon, «Dubious Denials & Scripted Spin», Citizen Lab, 1 de abril de 2019.

385 habían pedido declaraciones antisemitas: Ross Marowits, «West Face Accuses Israeli Intelligence Firm of Covertly Targeting Employees», *Financial Post*, 29 de noviembre de 2017.

385 «practicamos sexo oral los dos», declaración de Matt Lauer citada en Maane Khatchatourian, «Matt Lauer Denies "False and Salacious" Rape Allegation, Says Affair Was "Consensual"», Variety, 9 de octubre de 2019.

386 Aharon Almog-Assouline, un agente de seguridad israelí jubilado: Raphael Satter y Aron Heller, «Court Filing Links Spy Exposed by AP to Israel's Black Cube», Associated Press, 27 de febrero de 2019.

Capítulo 55

389 «una aventura que violaba los términos de empleo de la NBC»: Charlotte Triggs y Michele Corriston, «Hoda Kotb and Savannah Guthrie Are Today's New Anchor Team», People.com, 2 de enero de 2018.

389 «luego dijeron que fue por conducta sexual indebida»: Emily Smith y Yaron Steinbuch, «Matt Lauer Allegedly Sexually Harassed Staffer During Olympics», Page Six, *New York Post*, 29 de noviembre de 2017.

390 «No hemos encontrado pruebas»: Claire Atkinson, «NBCUniversal Report Finds Managers Were Unaware of Matt Lauer's Sexual Misconduct», NBC News, 9 de mayo de 2018.

391 había rechazado las propuestas de una investigación independiente: Maxwell Tani, «Insiders Doubt NBC Did a Thorough Job on Its #MeToo Probe», *Daily Beast*, 11 de mayo de 2018, y David Usborne, «The Peacock Patriarchy», *Esquire*, 5 de agosto de 2018.

392 las denuncias contra Lauer eran un secreto a voces: Ramin

Setoodeh y Elizabeth Wagmeister, «Matt Lauer Accused of Sexual Harassment by Multiple Women», *Variety*, 29 de noviembre de 2017.

392 «Sigue agachándote así»: Matt Lauer citado en David Usborne, «The Peacock Patriarchy», *Esquire*, 5 de agosto de 2018.

392 «Lo gritaban a los cuatro vientos»: Joe Scarborough citado en David Usborne, «The Peacock Patriarchy», *Esquire*, 5 de agosto de 2018.

392 «ME VA A DAR UN ATAQUE»: Ramin Setoodeh, «Inside Matt Lauer's Secret Relationship with a Today Production Assistant (EXCLUSIVE)», *Variety*, 14 de diciembre de 2017.

393 le bajó los pantalones, la recostó sobre una silla y tuvo relaciones sexuales con ella: Ellen Gabler, Jim Rutenberg, Michael M. Grynbaum y Rachel Abrams, «NBC Fires Matt Lauer, the Face of *Today*», *New York Times*, 29 de noviembre de 2017.

Capítulo 56

408 «Saben perfectamente lo que han hecho»: Ari Wilkenfeld citado en Elizabeth Wagmeister, «Matt Lauer Accuser's Attorney Says NBC Has Failed His Client During Today Interview», *Variety*, 15 de diciembre de 2017.

Capítulo 57

410 despidió a Mark Halperin: Oliver Darcy, «Five Women Accuse Journalist and *Game Change* Co-Author Mark Halperin of Sexual Harassment», sitio web de CNNMoney, 26 de octubre de 2017.

410 días después, la NBC despidió a Matt Zimmerman: *Variety* Staff, «NBC News Fires Talent Booker Following Harassment Claims», *Variety*, 14 de noviembre de 2017.

410 acusara de acoso verbal a Chris Matthews: Erin Nyren, «Female Staffer Who Accused Chris Matthews of Sexual Harassment Received Severance from NBC», *Variety*, 17 de diciembre de 2017.

410 tres mujeres habían acusado a Tom Brokaw de insinuacio-

nes indeseadas: Emily Stewart, «Tom Brokaw Is Accused of Sexual Harassment. He Says He's Been "Ambushed"», *Vox*, actualizado el 1 de mayo de 2018.

411 dijeron que les había hecho proposiciones y que se habían asustado: Elizabeth Wagmeister y Ramin Setoodeh, «Tom Brokaw Accused of Sexual Harassment By Former NBC Anchor», *Variety*, 26 de abril de 2018.

411 furioso y desconsolado, y lo negó todo: Marisa Guthrie, «Tom Brokaw Rips "Sensational" Accuser Claims: I Was 'Ambushed and Then Perp Walked'», *Hollywood Reporter*, 27 de abril de 2018.

411 «herida que la NBC se autoinfligía»: correo electrónico de Tom Brokaw a Ronan Farrow, 11 de enero de 2018.

411 el *Washington Post*: Sarah Ellison, «NBC News Faces Skepticism in Remedying In-House Sexual Harassment», *Washington Post*, 26 de abril de 2018.

411 *Esquire*: David Usborne, «The Peacock Patriarchy», *Esquire*, 5 de agosto de 2018.

411 *Daily Beast*: Lachlan Cartwright y Maxwell Tani, «Accused Sexual Harassers Thrived Under NBC News Chief Andy Lack», *Daily Beast*, 21 de septiembre de 2018.

412 respondió Stephani Franco: Maxwell Tani, «Insiders Doubt NBC Did a Thorough Job on Its #MeToo Probe», *Daily Beast*, 11 de mayo de 2018. (NBC News afirmó después que se había puesto en contacto con Curry porque formaba parte de su investigación oficial para su informe interno sobre Lauer. En unas declaraciones al *Daily Beast*, dijo: «En cuanto supimos de las declaraciones de Ann Curry a *The Washington Post*, las cuales consideramos relevantes para nuestra investigación, un abogado laboralista del equipo de investigación de NBCUniversal la llamó directamente y mantuvieron una conversación el 25 de abril de 2018».)

Capítulo 58

415 dijo que habían tumbado el reportaje: John Koblin, «Ronan Farrow's Ex-Producer Says NBC Impeded Weinstein Reporting», *New York Times*, 30 de agosto de 2018.

415 «Farrow nunca tuvo una víctima»: memoria interna de Andy Lack, «Facts on the NBC News Investigation of Harvey Weinstein», 3 de septiembre de 2018.

415 «esta entrevista no les interesaba»: Emily Nestor citada en Abid Rahman, «Weinstein Accuser Emily Nestor Backs Ronan Farrow in Row with "Shameful" NBC», *Hollywood Reporter*, 3 de septiembre de 2018.

415 «Nunca he vacilado lo más mínimo»: Ambra Battilana (@AmbraBattilana) en Twitter, 4 de septiembre de 2018.

416 «no sacamos nada de contexto»: ex alto directivo de Miramax citado por Yashar Ali (@Yashar) en Twitter, 4 de septiembre de 2018.

416 «relato engañoso e incorrecto»: Abby Ex (@abbylynnex) en Twitter, 4 de septiembre de 2018.

417 «debería tratarse por separado»: Ed Sussman, correcciones propuestas a la página de Wikipedia de NBC News, «Talk:NBC News», Wikipedia, 14 de febrero de 2018.

418 una red de cuentas amigas: Ashley Feinberg, «Facebook, Axios and NBC Paid This Guy to Whitewash Wikipedia Pages», *HuffPost*, 14 de marzo de 2019.

Capítulo 59

420 «Ahora, en el futuro...»: correo electrónico de Tom Brokaw a Ronan Farrow, 13 de octubre de 2017.

421 «Muchas personas poderosas sabían lo que Harvey Weinstein estaba haciendo»: *Tucker Carlson Tonight*, Fox News, 11 de octubre de 2017.

Índice onomástico

Abramowitz, Elkan 78-9, 347
Accosta, Alexander 362
Adams, Amy 128
Affleck, Ben 66
Ailes, Roger 25, 139, 296
Allen, Woody 22, 50-1, 56, 78, 105, 208, 210, 256, 258, 273, 281, 313, 318, 339
Almog-Assouline, Aharon 386
Anna. *Véase* Pechanac, Stella Penn
Argento, Asia 57, 118, 263-7, 284, 437
Argento, Dario 263
Arkin, William 413, 436
Arquette, Rosanna 57, 71, 95, 104, 259-60, 263, 276, 436
Auletta, Ken 101-3, 105, 112, 143, 147-8, 150, 152, 163-5, 201, 209, 211, 216-7, 227, 278, 293, 316, 435
Avellan, Elizabeth 347-8

Barak, Ehud 30, 332
Bareilles, Sara 29
Barth, Jessica 285, 437
Bashford, Martha 77
Belloni, Matt 70, 435
Bennett, Jimmy 265
Berdimuhamedow, Gurbanguly 45
Berger, Alan 99-100, 202, 204, 210, 251-2, 272
Berk, Blair 346
Berlusconi, Silvio 72, 77, 79, 85
Bertoni, Fabio 236-7, 254, 256, 283-5, 301, 304, 379-81, 386, 434
investigación federal y 379-81
en llamadas de Weinstein 301, 304
Bezos, Jeff 372
Bharara, Preet 379
bin Salmán, Mohamed 365
Black Cube 30-1, 47, 111-2, 115-6, 132-3, 145-6, 222, 248, 260, 274, 330-2, 334-5, 337-8, 340-1, 343, 349-50, 376-9, 382-6, 431, 434-5. *Véase también* Khaykin, Roman; Ostrovsky, Igor
amenazas de 349
bolígrafo espía 383-5
búsqueda de fuentes 350-1
Citizen Lab 384-386, 431
investigación federal de 384-6
Ostrovsky sobre 376-8, 382-4, 386-7
Pechanac y 31-2, 117-8, 274, 334, 339-40, 341-4, 385
sobre Arquette 260
Bloom, Lisa 90-3, 104, 123, 140, 252, 254-5, 280, 282, 287-90, 300-1, 320, 364
acusación de violación contra Trump y 364
dimisión 301
McGowan y 320
Boies, Christopher 116, 132
Boies, David 30, 79, 89, 92-3, 94-5, 103, 116, 133, 184, 194, 221, 232-3, 246, 252, 280, 336, 343
Bolling, Eric 185
Bonnekamp, Ulli 237
Bourdain, Anthony 266, 284
Brafman, Benjamin 373-4
Bratton, William J. 29
Broaddrick, Juanita 225
Brokaw, Tom 122-3, 164, 209, 410-1, 420
Brown, Julie K. 362
Brown, Tina 317
Burger, Corky 27-8
Burke, Steve 62, 74, 161-2, 233, 294-5
Burstein, Judd 348
Bush, Billy 24-6

Buzbee, Sally 358-9

Canby, Peter 278, 434
Canosa, Ally 180, 182-5, 187-92, 218,
    229-31, 235, 237-8, 242, 268, 273,
    372, 437
Carlson, Gretchen 25
Carlson, Tucker 421
Carr, David 59-60, 101, 147, 345
Carr, Jill, Rooney 60
Cartwright, Lachlan 397, 435
Cassidy, Eva 188
Chapman, Georgina 289
Chung, Steve 55-6, 68, 84, 133, 168
Chyna, Blac 140, 254
Clinton, Bill 105, 111, 225
Clinton, Hillary 29, 36, 98, 112, 174-5,
    194, 317-8
Cohen, James 372
Cohen, Michael 36, 355, 358, 363-5, 371
Colbert, Stephen 419
Collins, Addie 392, 412
Connolly, Daniel S. 80
Corvo, David 119, 126, 218, 224-6, 230-
    1, 235, 394, 405, 410
Cosby, Bill 25, 70, 90, 127, 310
Couric, Katie 96, 392
Crawford, Johnny 354-5
Crokin, Liz 369
Crudup, Billy 336
Cruise, Tom 336
Cruz, Ted 36
Cuomo, Andrew 193
Curry, Ann 44, 392, 395-6, 411-2

Dagan, Meir 331
Daniels, Stormy 364-5
Dart, Leslee 318
Davidson, Keith M. 354-5, 364
Davis, Lanny 111-2, 184, 230, 240-1,
    246, 359
de Caunes, Emma 267-8, 437
del Toro, Guillermo 257
Diesel, Vin 263
DiGaudio, Nick 373-4
Dix, Sophie 266-8, 330, 332, 437
Doyle Chambers, Denise 221, 287, 329
Dunham, Lena 317

Edwards, John 314
Epstein, Jeffrey 362

Evans, Lucia 299-300, 373-5, 437
Ex, Abby 130, 138, 416, 436

Farrow, Dylan 105
Farrow, Mia 22, 50
Fassbender, Michael 247
Fawcett, Farah 35
Fein, Esther 285, 434
Feinberg, Scott 69
Feldman, Corey 45
Fili-Krushel, Patricia 62
Filip, Diana 104, 116, 135, 142, 152, 172,
    178, 201, 222-3, 261-2, 320, 340
Firth, Colin 266-7
Fitzgerald, Erin 170
Foley-Mendelssohn, Deirdre 227-9, 235-
    6, 240, 241-2, 275, 278, 283, 285, 289-
    91, 301, 304-5, 325, 434
    sobre artículo del *Times* 289-91
    en llamadas de Weinstein 301
Forlani, Claire 271
Franco, Stephanie 391, 397, 407, 412
Freedman, Seth 32, 51-3, 103, 118, 135,
    146, 247-8, 321, 328-30, 337, 343

Galloway, Stephen 30
Gavrilo, Adriana. *Véase* Pechanac, Stella
    Penn
George, Jerry 35, 365-6
Gigliotti, Donna 29, 59, 113, 144, 148-9
Gillibrand, Kirsten 193
Giuliani, Rudolph 78, 80
Glasser, David 246, 261
Gore, Al 30
Gosk, Stephanie 104, 436
Grdina, Jay 354-5
Greenberg, Richard 55-6, 68-9, 83-4, 89,
    94-5, 98-9, 105-6, 122, 133, 134, 138,
    140-1, 155-8, 160-4, 167-9, 173, 176-8,
    180-5, 200-1, 208, 217, 233, 235, 246,
    248, 277, 295, 390, 417
    aprobación del reportaje 200
    cautela de 98-9, 105-7, 122, 133-4,
    160-3, 167, 169-70, 177-8, 180-3
    Lauer y 390
    memoria de Lack sobre 417
    retrasos de 217, 233-5
    sobre McHugh 295
Griffin, Phil 43, 88-9, 92, 194-9, 313,
    413, 416, 419, 420
Guthrie, Savannah 25, 198, 388, 404

Gutiérrez, Ambra Battilana 68, 72-3, 74-81, 82-3, 85-7, 88, 89, 91, 94-5, 99, 102, 103, 119-21, 125, 145, 154, 156, 185, 205, 211, 218, 225, 242-3, 266, 277, 294, 322, 336, 347, 373, 376, 408, 415, 437
   investigación de 77-78, 347
   memoria de Lack y 415
   Sciorra sobre 322

Haleyi, Mimi 374
Hall, Tamron 40
Halperin, Mark 410
Hanks, Danno 358
Hannah, Daryl 325-6, 437
Hansen, Chris 55
Harder, Charles 95, 151, 184, 252, 254, 256, 273, 281-4, 287, 300, 320
Harris, Kim 24, 161, 163, 165, 168, 173-5, 177-8, 309, 391, 393-4, 413, 422
   sobre acuerdos por acoso de NBC 390-1, 393-4
Heller, Carol 352
Hicks, Hope 96
Hiltzik, Matthew 96-9, 101, 139-40, 151, 355
Hofmeister, Sallie 301, 303-4, 315
Holt, Lester 126, 309, 407
Horwitz, Jeff 358-9, 435
Houdini, Harry 247
Howard, Dylan 33-8, 79, 111-2, 243-4, 245, 277, 282, 287, 289, 347-9, 352, 355-6, 357, 358, 361, 363-4, 365, 369-72, 413
   acusación de violación contra Trump y 362-3
   colaboración con Trump 361-4, 365-6
   hijo ilegítimo de Trump y, 357-60
   historia de Bezos 372
   intento de venganza 369-71
   McDougal y 355
   redada del FBI y 371
Hunter, Rielle 314
Hutensky, Steve 144
Ilic, Diana. Véase Pechanac, Stella Penn

Jackson, Peter 257
Jameson, Jenna 354
Jay-Z 29
Johnson, Katie 362
Jones, Alex 36

Judd, Ashley 37, 95, 104, 134, 257, 288, 290

K2 Intelligence 347
Kahl, Colin 340
Kahl, Rebecca 340
Kantor, Jodi 142, 276, 302, 305, 312, 346-7, 435
Karson, Dan 345-6
Kelly, Megyn 62, 113, 158, 207, 250, 415, 417
Khashoggi, Jamal 385
Khaykin, Roman 17-8, 60, 158-9, 171-2, 224-5, 226-9, 231, 349-50, 377, 382, 383, 385
Kilmer, Val 160
Kim, E. Tammy 278-9, 304, 434
Kornblau, Mark 119, 296, 307, 311, 314, 408, 415, 419, 422
Kotb, Hoda 389
Kristof, Nicholas 134, 142
Kristof, Nick 290
Kroll, Jules 330, 347
Ksar, John 222-3
Kunis, Mila 75

Lack, Andy 62, 92, 114, 119, 122, 152, 161, 163, 194, 221, 225, 232-3, 246, 388-9, 407, 411, 413, 415-7, 421, 427
   acoso sexual de 232-3
   cultura de NBC y 411
   Lauer y 388
   memoria de 415-7
   Nevils sobre 427
   sobre Nevils 399, 407-8
Laird, Jennifer 233, 437
Lambert, Michael 384-5
Lauer, Matt 23, 39-42, 44, 54, 243-4, 295-6, 308, 315, 388-98, 399, 400-8, 410-413, 415, 417
   acusaciones contra 388-409
   National Enquirer y 412
   Nevils y 399-409
Laurent, Paul 261
Lavery, Sean 361, 426, 433
Lazarov, Maja. Véase Pechanac, Stella Penn
Lee, Peggy 305
Lee, Unjin 378, 433
Levin, Jackie 42, 45
Levine, Barry 33

Lombardo, Fabrizio 263-4
Lonner, Melissa 41, 306, 395-8, 407, 437
López, Jennifer 24, 45
Lourd, Bryan 251-2
Lovett, Jonathan 84-5, 111, 120, 130-1, 140, 168, 183, 188-9, 209, 216, 220, 234, 237, 240, 247, 271, 282-3, 291, 307, 359, 370-1, 380, 421, 423
Lubell, Pam 221-2, 287-8, 293, 329
Lubow, Norm 362
Luo, Michael 304, 434
Lynch, Lacy 51, 103-4, 116, 194, 260-1

MacFarlane, Seth 286
Maco, Frank 51
Maddow, Rachel 309-11, 313-4, 421, 436
Maerov, Lance 292-3
Mancuso, Michael 358
Masters, Kim 142, 151-2, 285, 302, 435
Matthews, Chris 43, 410
Mayer, Jane 425
McDougal, Karen 352-6, 357, 358, 361, 364-6, 371, 379, 437
McFadden, Cynthia 104, 436
McFadden, Thomas 141, 220
McGowan, Rose 26, 27, 29, 37, 46, 48-9, 51-3, 54, 57, 64-6, 69, 71, 89, 91-2, 95, 97, 102, 103-4, 112, 116, 125, 134-6, 142, 145, 151, 152, 154, 160-1, 163-4, 167-9, 194, 211, 225, 247, 255, 260-2, 274, 278, 320, 329-30, 332, 335, 339-40, 343-4, 346, 347, 373, 415, 437
    Anna y 339-40, 343-4
    Arquette y 260
    Avellan y 347, 348
    cuando se publicó el artículo 320
    Filip y 116, 152-3
    Freedman y 329-30
    informe de PSOPS sobre 346
    libro de 274, 334
    memoria de Lack y 415
    segunda entrevista 160-1, 168, 169
    Weinstein sobre 112
McHugh, Rich 21-3, 25, 42, 44, 45, 48, 55, 68-9, 83, 94, 99, 104, 105-6, 119, 126, 129, 133-4, 136, 140-1, 145, 147, 151, 152, 154-8, 163, 167-8, 174-8, 180-4, 200-1, 203, 208, 215, 217, 219-20, 230-1, 233, 235, 237, 246, 248, 277-8, 291, 295, 309, 315-7, 389-91, 414-7, 419-20, 436

    conflicto con 174-5
    dimisión de 414-5
    Greenberg sobre 295
    investigación de Auletta 147-8
    Lauer y 389, 390, 391
    memoria de Lack sobre 416, 417
    negaciones de Oppenheim 315-7
    sobre el artículo de *Times* 291
    sobre retrasos 167-8, 178, 180-1, 184, 200-1, 215-6, 217, 219-20, 233, 235
McIntosh, Fergus 278-9, 304, 434
Melvin, Craig 295
Menounos, Maria 195
Merrill, Nick 174-5, 318
Meyer, Ron 246, 293, 413
Miller, Jan 260-1
Min, Janice 50-1, 70, 150-1, 295, 435
Minkovsky, Eido 332, 383-4
Moonves, Leslie 420, 425
Moss, Adam 118, 346
Murdoch, Elisabeth 44

Nash, Don 246
Nash, John 70
Ness, Sara 105, 142
Nestor, Emily 125-9, 145, 154, 170, 176, 185, 211, 218, 225, 230, 235, 239, 242-3, 276, 287, 290, 304, 336, 415, 437
    Weinstein sobre 303-4
Nevils, Brooke 399-409, 412, 426, 431, 437
Nickerson, Dede 47-8, 58-60, 436
Norris, Ann 340-1
Novak, Eva. *Véase* Pechanac, Stella Penn

Obama, Barack 173, 340-1
O'Connor, Lauren 270-1, 290, 437
Oppenheim, Noah 42-6, 58, 62, 68, 83, 114-5, 122, 126, 135-9, 141-2, 156-8, 160-1, 164, 166-8, 170, 184, 194, 202-3, 204-12, 215-16, 218, 224, 228, 231, 233-5, 237, 241-2, 245-50, 276-7, 282, 293, 295-6, 307-11, 313-7, 388-91, 407, 413, 414, 416-8, 419, 421-3, 427
    cautela de 164-6, 167
    Farrow lo suelta 249
    Lauer y 388-90
    memoria de Lack sobre 417
    Nevils sobre 427

retrasos de 182-3, 215, 217-9, 233-235, 237-8, 241, 246, 250
según el artículo del *Times* 307-8
según Maddow 313-17
sobre Nevils 407
última conversación con 421-3
Weinstein protegido por 296
O'Reilly, Bill 90, 296, 390
Ostrovsky, Igor 17-8, 60-1, 158-9, 171-2, 224-9, 231, 349-50, 377-9, 381, 382-7, 431-2, 436
    sobre Black Cube 376-8, 381, 382-4, 386-7

Page, Maxine 35, 366, 369
Palladino, Jack 105, 142, 145, 346
Paltrow, Gwyneth 66
Pataki, Allison 194
Pataki, George 193-4
Pearson, Jake 358, 435
Pechanac, Stella Penn 341-3, 385
Pecker, David 33, 35-7, 79, 245, 355-6, 358, 363-6, 371-2
    acusación de violación contra Trump y 363, 364
    AMI y 365-6
    hijo ilegítimo de Trump y 358
    McDougal y 355-6
    redada del FBI y 371
Penn, Stella. *Véase* Pechanac, Stella Penn
Pérez, Rosie 323, 324-5
Perkins, Zelda 102, 143-4, 148-50, 321, 330, 437
Plank, Liz 26
Polk, Davis 144, 161
Polone, Gavin 70, 276
Previn, Soon Yi 22
psops 105, 346

Raabe, Natalie 242, 307, 434
Rabinowitz, Dorothy 225
Racic, Monica 305
Raffel, Josh 96
Ratner, Brett 272
Reiter, Irwin 126, 128, 154, 185, 242, 287, 436
Remnick, David 103, 217, 220, 227-9, 236, 241-3, 273, 275, 278, 283-5, 289-91, 300-5, 316-7, 325, 357, 361, 425-6, 434

en llamadas de Weinstein 289, 301, 303, 304
sobre el artículo del *Times* 290-1
sobre el hijo ilegítimo de Trump 357
Rendón, J. J. 354
Reynolds, Ryan 138
Rhodes, Ben 340
Rice, Condoleezza 177
Rice, Dennis 56-8, 60, 416, 436
Roberts, Brian 62, 161, 293-4
Rodríguez, Robert 49, 347
Rohde, David 325, 332, 337, 339, 434
Rose, Charlie 56
Rotstein, Daniel 34
Rutagarama, Jean-Bernard 145-6

Sajudin, Dino 357-62, 364
Sanders, Bernie 29
Sarandon, Susan 272
Satter, Raphael 385, 435
Scarborough, Joe 392
Schneiderman, Eric 193, 425
Schwarzenegger, Arnold 366
Sciorra, Annabella 71, 95-6, 104, 142, 211, 242, 321-7, 328, 332, 437
Scott-Railton, John 384-5, 435
Senior, Jennifer 59, 101, 117
Shugerman, Emily 363
Singer, Bryan 45
Sleeper1973 333, 339-40, 350-1
Smith, Will 45
Sorvino, Mira 256-60, 266, 437
Spears, Britney 35
Spielberg, Steven 27, 44
Stallone, Sylvester 366
Stefani, Gwen 196-7
Stephanopoulos, George 290
Stevens, Carrie 354
Stone, Roger 36
Streep, Meryl 27, 271-2, 318-9
Sussman, Ed 417-8
Sutherland, Sandra 105, 346

Tambor, Jeffrey 126
Tapper, Jake 307-8
Tarantino, Quentin 260, 267
Thatcher, Margaret 271
Thiel, Peter 95
Thompson, Anne 309
Thompson, Keri 373
Toobin, Jeffrey 280, 355

Truffaut, François 27
Trump, Donald 23-6, 33-7, 52, 96, 128, 171, 205, 229, 296, 310, 340, 352-5, 357-8, 361-6, 371, 392
    acusación de violación a menor contra 361-4
    AMI y 365-6, 371
    hijo ilegítimo 357-60
    Lauer y 392
    McDougal y 352-6
    Pecker y 33-4, 35-6
Trump, Ivanka 96, 355
Trump, Melania 353-4
Turness, Deborah 62, 245
Twohey, Megan 276-7, 295, 305, 435
Tye, John 178-9, 387, 436

Vance, Cyrus, Jr. 77-9, 303, 347
Velshi, Ali 40
Vester, Linda 411
Vieira, Meredith 392, 400-1, 404, 406
Villiers-Farrow, John Charles 370

Wachtell, Mark 366
Wallace, Ben 31-2, 51, 117-8, 125, 139, 142, 332, 340, 346, 435
Wallace, Jane 232, 437
Wachtell, Herb 144
Weiner, Susan 25, 155-8, 161, 163, 168-9, 173-4, 181-2, 185, 203, 246, 248-50, 251, 253, 309, 422
Weinstein, Bob 28, 154
Weinstein, Harvey 27-32, 37-8, 47-8, 49, 56-9, 65-6, 68-70, 72, 74-80, 82-3, 86-7, 89-90, 91-2, 94-5, 97-100, 101-7, 111-2, 115-6, 117-20, 123, 126-30, 132-3, 135-6, 139, 141-5, 148-52, 154, 156-8, 160, 162, 169, 174, 177, 180, 184-6, 187-91, 193-4, 198-9, 201, 205, 208, 211, 215-8, 220-2, 225, 227, 229, 231, 232, 235, 237-8, 240-4, 245-6, 248-50, 251-2, 254, 256-62, 263-8, 270-4, 277-8, 280-6, 287-90, 292-6, 299-304, 305, 308, 309-10, 313-4, 315-6, 317-8, 320-6, 329-32, 334, 336, 337, 342, 344, 345-9, 350, 352, 355, 359, 370, 372-5, 376, 379, 388, 389-90, 394, 405-6, 410-1, 413, 415, 416-8, 420-1, 423, 434-7
    acusaciones adicionales contra 372-5
    amenazas de 70, 101-2, 137, 236-7, 252-4
    Black Cube y 115-6, 132-3, 145-6, 274, 330-8
    campañas de los Óscar 69-70
    control de daños 245-6
    cultura en torno a 413
    denuncias formales contra 389-90
    entrevistas con Farrow 288-9, 301-4
    equipo de abogados 287-8
    Farrow investigado por 104-5
    Gutiérrez y 72-83, 86-7
    investigadores para 345-7 (Véase también Black Cube)
    junta de directores 292-3
    Lack y 92, 416
    McGowan sobre 65-67
    Nestor y 126-9
    periodistas utilizados por 347-8
    premio Truthteller 186
    represalias de 323-7
    reunión de Tribeca Grill 111-2
    sondeo de 273
    triunfo de 250
Weisberg, Herman 373-4
Weisz, Rachel 267
Wickenden, Dorothy 242, 435
Wilkenfeld, Ari 407-8
Wise, Robert 70
Wolfe, Katrina 143, 144, 149, 221-2
Woods, Tiger 366
Wright, Lawrence 243

Yanus, Avi 112, 115, 132-3, 274, 331, 335, 349

Zemeckis, Robert 70
Zimmerman, Matt 45, 410
Zorella, Dan 331, 384
Zucker, Jeff 392